Eine Arbeitsgemeinschaft der Verlage

Böhlau Verlag · Wien · Köln · Weimar
Verlag Barbara Budrich · Opladen · Farmington Hills
facultas.wuv · Wien
Wilhelm Fink · München
A. Francke Verlag · Tübingen und Basel
Haupt Verlag · Bern · Stuttgart · Wien
Julius Klinkhardt Verlagsbuchhandlung · Bad Heilbrunn
Mohr Siebeck · Tübingen
Nomos Verlagsgesellschaft · Baden-Baden
Ernst Reinhardt Verlag · München · Basel
Ferdinand Schöningh · Paderborn · München · Wien · Zürich
Eugen Ulmer Verlag · Stuttgart
UVK Verlagsgesellschaft · Konstanz, mit UVK / Lucius · München
Vandenhoeck & Ruprecht · Göttingen · Oakville
vdf Hochschulverlag AG an der ETH Zürich

Basiswissen der Sonder- und Heilpädagogik im Ernst Reinhardt Verlag

Ingeborg Hedderich
Einführung in die Körperbehindertenpädagogik
2., überarb. u. erw. Auflage 2006. UTB-M (978-3-8252-2102-7) kt

Clemens Hillenbrand
Einführung in die Pädagogik bei Verhaltensstörtungen
4., überarb. Auflage 2008. UTB-M (978-3-8252-2103-4) kt

Annette Leonhardt
Einführung in die Hörgeschädigtenpädagogik
3., überarb. und erw. Auflage 2010. UTB-M (978-3-8252-2104-1) kt

Renate Walthes
Einführung in die Blinden- und Sehbehindertenpädagogik
2. Auflage 2005. UTB-M (978-3-8252-2399-1) kt

Alfons Welling
Einführung in die Sprachbehindertenpädagogik
2006. UTB-M (978-3-8252-2609-1) kt

Rolf Werning / Birgit Lütje-Klose
Einführung in die Pädagogik bei Lernbeeinträchtigungen
3., überarb. Auflage 2012. UTB-M (978-3-8252-3690-8) kt

Rolf Werning · Birgit Lütje-Klose

Einführung in die Pädagogik bei Lernbeeinträchtigungen

3., überabeitete Auflage

Mit zahlreichen Übungsaufgaben

Ernst Reinhardt Verlag München Basel

Prof. Dr. Rolf Werning, Professor für Pädagogik bei Beeinträchtigungen des Lernens an der Leibniz Universität Hannover.

Prof. Dr. Birgit Lütje-Klose, Professorin für Sonderpädagogik mit dem Schwerpunkt Heterogenität an der Universität Bielefeld.

Bibliografische Information der Deutschen Bibliothek

Die Deutsche Bibliothek verzeichnet diese Publikation in der Deutschen Nationalbibliografie; detaillierte bibliografische Daten sind im Internet über <http://dnb.ddb.de> abrufbar.

UTB-Band-Nr.: 2391
ISBN 978-3-8252-3690-8

Printed in Germany
Einbandgestaltung: Atelier Reichert, Stuttgart
Satz: Arnold & Domnick, Leipzig

Ernst Reinhardt Verlag, Kemnatenstr. 46, D-80639 München
Net: www.reinhardt-verlag.de Mail: info@reinhardt-verlag.de

Inhalt

Vorwort zur dritten Auflage

Wir haben das Buch für die dritte Auflage gründlich durchgesehen und an vielen Stellen überarbeitet. Insbesondere die durch die UN-Behindertenrechtskonvention eingeforderte inklusive Bildung und Erziehung von Schülerinnen und Schülern hat dazu geführt, bestimmte Bereiche neu zu diskutieren. Dabei werden die Begriffe integrativ / Integration und inklusiv / Inklusion nicht als Beschreibungen völlig unterschiedlicher Phänomene, sondern im Sinne einer kontinuierlichen Entwicklung hin zu einer gemeinsamen Beschulung möglichst aller Kinder und Jugendlichen verstanden und je nach Verwendung in der Originalliteratur herangezogen. Übergreifend wird der international anschlussfähige und aktuellere Begriff der Inklusion verwendet.

Hannover und Bielefeld, im März 2012
Rolf Werning und Birgit Lütje-Klose

Vorwort zur ersten Auflage

Schülerinnen und Schüler, denen ein sonderpädagogischer Förderbedarf im Bereich des Lernens attestiert wurde, sind individuell sehr verschieden und werden in unserem Schulsystem in unterschiedlicher Weise unterstützt. Die theoretische und didaktische Sichtweise von Lernbeeinträchtigungen hat sich in den letzten Jahren stark gewandelt und wird sicher in Zukunft weiterhin Veränderungen unterworfen sein, ebenso wie die gesellschaftliche und schulpolitische Einschätzung des Phänomens. Darauf haben in der Vergangenheit zum einen schulpolitische Entwicklungen im Zusammenhang mit der Integrationsdiskussion und das Konstrukt des „sonderpädagogischen Förderbedarfs", zum anderen theoretische Vorstellungen von Lernen und Lernbeeinträchtigungen und daran anknüpfend auch veränderte didaktische Konzepte einen großen Einfluss gehabt.

Diese Einführung in die sonderpädagogische Fachrichtung „Pädagogik bei Beeinträchtigungen des schulischen Lernens" versteht sich als eine Momentaufnahme, die bisherige Entwicklungen beschreibt, einen aktuellen Standort formuliert und Perspektiven aufzeigen will.

Das Buch richtet sich vor allem an Studierende der Pädagogik bei Lernbeeinträchtigungen, aber auch an Kolleginnen und Kollegen anderer sonderpädagogischer und allgemein pädagogischer Fachrichtungen, die sich einen Überblick über den Stand der Auseinandersetzung in diesem Bereich verschaffen wollen.

Der Information und Transparenz in Bezug auf den je eigenen Standort kommt im Zuge der zunehmenden Kooperation zwischen Pädagoginnen und Pädagogen unterschiedlicher Profession eine besondere Bedeutung zu. Wir wollen dazu mit diesem Buch einen Beitrag leisten und plädieren für eine pädagogische Zusammenarbeit, im Rahmen derer die mit dem Kind zusammenarbeitenden Lehrkräfte ihre unterschiedlichen Sichtweisen zugunsten einer umfassenden Einschätzung des Menschen in seiner Lebenswelt, seiner Biografie und seiner schulischen Lernsituation austauschen und nutzbar machen.

Auch in unserer Zusammenarbeit an diesem Buch haben wir vor dem Hintergrund einer gemeinsamen erkenntnistheoretischen Position – der systemisch-konstruktivistischen Perspektive – unsere unterschiedlichen theoretischen wie praktischen Erfahrungsbereiche und Sichtweisen als Ressourcen genutzt. Wir haben unterschiedliche

Schwerpunkte bearbeitet und uns gegenseitig Rückmeldung und Ergänzungsvorschläge zu Inhalten und Darstellungsformen gegeben, so dass wir das gesamte Buch gemeinsam verantworten. Rolf Werning hat schwerpunktmäßig die Kapitel zur geschichtlichen Entwicklung, zu theoretischen Vorstellungen von Lernen und Lernbeeinträchtigungen sowie zur schulorganisatorischen und politischen Einordnung bearbeitet (Kapitel 1, 2, 3 und 5), Birgit Lütje-Klose hat vor allem die didaktischen Konzepte, Prinzipien und Umsetzungsmöglichkeiten beschrieben (Kapitel 4).

Die einzelnen Kapitel bauen von der Systematik her aufeinander auf und stehen in einer bestimmten Reihenfolge, die einen roten Faden beim Lesen ermöglichen soll. Je nach Interessenschwerpunkt der Leserinnen und Leser ist es aber auch möglich, einzelne Kapitel herauszugreifen und für sich zu lesen. Daher ergeben sich an der einen oder anderen Stelle Redundanzen und Verweise, die zugunsten der inneren Geschlossenheit jedes Kapitels in Kauf genommen werden.

Einleitend wird die Klientel der Schülerinnen und Schüler, die als lernbeeinträchtigt bezeichnet werden, anhand von Fallbeispielen, Daten und Zahlen beschrieben, Definitionsversuche aus unterschiedlichen Perspektiven werden ausgeführt (Kapitel 1). Es folgt die Darstellung der historischen Entstehung und Entwicklung der sonderpädagogischen Fachrichtung, die sich zu unterschiedlichen Zeiten als Hilfsschulpädagogik, Lernbehindertenpädagogik und Pädagogik bei Beeinträchtigungen des Lernens bezeichnet hat (Kapitel 2). Daran anschließend werden die theoretischen Positionen der Fachrichtung erläutert und erkenntnistheoretisch eingeordnet (Kapitel 3). Ein Schwerpunkt liegt dabei auf der Darstellung der systemisch-konstruktivistischen Position und ihren Konsequenzen für das Verständnis von schulischem Lernen und Lernbeeinträchtigungen.

In Kapitel 4 werden historische und aktuelle didaktische Konzepte zur Unterrichtung und Förderung von Schülerinnen und Schülern mit Lernbeeinträchtigungen vorgestellt und verglichen. Didaktische Prinzipien aus systemisch-konstruktivistischer Perspektive werden entwickelt, ihre Umsetzung wird anhand von Beispielen aus dem Unterricht der Förderschule mit dem Förderschwerpunkt Lernen sowie aus dem inklusiven Unterricht veranschaulicht. Abschließend werden Perspektiven der Förderung auf schulorganisatorischer und pädagogisch-konzeptioneller Ebene beschrieben, die einerseits die Bedingungen der zunehmenden schulischen Integration und Inklusion von Schülerinnen und Schülern mit Lernbeeinträchtigungen und andererseits mögliche neue Profile und Entwicklungen von Sonderschulen fokussieren (Kapitel 5).

Hinweise zur Benutzung dieses Lehrbuches

Das vorliegende Buch will Studienanfängern der Pädagogik bei Lernbeeinträchtigungen sowie interessierten Studierenden verwandter
Studienfächer (Pädagogik, Psychologie, Sozialpädagogik und Sozial-
arbeit) einen Einblick in die vielfältigen Aufgabengebiete und Hand-
lungsfelder der Pädagogik bei Lernbeeinträchtigungen geben. Eine
weitere Zielgruppe sind Lehrkräfte der allgemeinen Grund-, Haupt-
und Realschulen, die sich im Kontext inklusiver Maßnahmen in das
Thema einarbeiten und sich über Unterstützungsmöglichkeiten für
Schülerinnen und Schüler mit Lernbeeinträchtigungen informieren
möchten.

Der beabsichtigte Überblickscharakter des Buches macht inhaltliche Verkürzungen unvermeidbar, will aber gerade hierdurch Studi-
enanfänger zu weiterführender Auseinandersetzung mit Einzelfragen
des Faches motivieren. Die formale Gestaltung des Buches soll das
Selbststudium erleichtern.

Die in den Randspalten angegebenen Hinweise und Piktogramme
dienen der schnellen Orientierung und die gezielten Fragen und Aufgaben am Ende eines Kapitels der Reflexion des Gelesenen. Denk-
anstöße und spezifische Literaturhinweise sollen zur weiterführenden
Vertiefung von Einzelaspekten anregen. Das Glossar am Ende des Buches klärt zentrale Fachbegriffe.

Definition

   Literaturempfehlung

   Beispiel

   Übungsaufgaben

   Kritik

   Online-Zusatzmaterial

Auf der Hompegage des Ernst Reinhardt Verlages und der UTB GmbH finden Sie bei der Darstellung dieses Titels Musterlösungen zu den im Buch enthaltenen Übungsaufgaben zum Herunterladen.

www.reinhardt-verlag.de, www.utb.de

1   Wenn das Lernen beeinträchtigt ist

Dass beim Lernen Probleme und Schwierigkeiten auftreten können, weiß jeder. Der eine hat Schwierigkeiten, sich Zahlen zu merken, für die andere ist Zeichensetzung ein echtes Problem. Einem Dritten liegen vielleicht Aufgaben, bei denen räumliches Denken gefordert wird, überhaupt nicht. Meist bleiben solche Lernschwierigkeiten – insbesondere dann, wenn sie vorübergehend und auf einzelne Lernbereiche begrenzt sind – ohne nachhaltige negative Auswirkungen. Bei überdauernden und auf mehrere Lernbereiche bezogene Schwierigkeiten wird die Situation jedoch kritischer. Insbesondere in der Schule – wo Lernen ja im Mittelpunkt steht – können dann gravierende Konsequenzen eintreten. So bleiben ca. 24 % der Schülerinnen und Schüler in der Bundesrepublik bis zum Ende der Sekundarstufe I mindestens einmal sitzen (Tillmann/Meier 2001, 473). Viele dieser Kinder und Jugendlichen durchlaufen die Schule jedoch anschließend mit hinreichendem Erfolg. Dramatischer steht es um jene, die die Schule verlassen müssen, ohne mindestens den Hauptschulabschluss erreicht zu haben. Im Schuljahr 2010/11 waren davon immerhin 53.058 Jugendliche betroffen. Ihr Anteil an allen Schulentlassenen von allgemein bildenden Schulen lag damit bei 6,1 % (Statistisches Bundesamt 2011).

Von gravierendem schulischen Lernversagen sind auch jene Schülerinnen und Schüler betroffen, bei denen ein sonderpädagogischer Förderbedarf im Schwerpunkt Lernen diagnostiziert wurde. Dies traf 2010 auf 200.175 Schülerinnen und Schüler zu und entspricht damit einem Anteil von ca. 2,4 % aller Schülerinnen und Schüler der Primarstufe und der Sekundarstufe I. Die Mehrheit davon, nämlich 154.959 Schülerinnen und Schüler (77,4 %), wird in Förderschulen unterrichtet. Die deutlich kleinere Gruppe (45.216, 22.6 %) wird in allgemein bildenden Schulen integrativ/inklusiv beschult (Statistisches Bundesamt 2011, 200 ff und eigene Berechnungen).

Der Anteil von Schülerinnen und Schülern an Förderschulen mit dem Schwerpunkt Lernen variierte dabei in den einzelnen Bundesländern erheblich. So war er nach Angaben der Kultusministerkonferenz beispielsweise im Jahr 2006 in Bremen mit 1,0 % am niedrigsten und in Mecklenburg-Vorpommern mit 5,3 % am höchsten. Die Unterschiede erklären sich unter anderem dadurch, dass neben der Förderung in Förderschulen in den einzelnen Bundesländern in sehr unterschiedlichem Umfang Schülerinnen und Schüler mit Beeinträchtigungen des Lernens in integrativen/inklusiven Maßnahmen – also an allgemeinen Schulen – unterrichtet werden.

Im Zentrum dieser Einführung stehen die Schülerinnen und Schüler, denen ein sonderpädagogischer Förderbedarf im Bereich des Lernens attestiert wurde. Bei diesen Kindern und Jugendlichen wird davon ausgegangen, dass ihr schulisches Lernen so erschwert ist, dass sie deshalb an der Sonder-/Förderschule oder integrativ/inklusiv an der allgemeinen Schule nach einem besonderen Lehrplan unterrichtet werden müssen und spezifischer Förderung bedürfen. Zu fragen ist nun, was diese Kinder und Jugendlichen kennzeichnet, warum sie so erhebliche Lernbeeinträchtigungen haben, ob und wenn ja, wie sie sich von Schülerinnen und Schülern ohne Förderbedarf unterscheiden und wie sie gefördert werden können.

Bevor dazu in diesem Buch wissenschaftliche Positionen vorgestellt und diskutiert werden, soll die erste Annäherung an das Phänomen des schulischen Lernversagens durch die Vorstellung einiger Kinder geschehen, bei denen ein sonderpädagogischer Förderbedarf im Schwerpunkt Lernen diagnostiziert worden ist und die nun eine Sonder-/Förderschule besuchen oder integrativ an einer allgemein bildenden Schule unterrichtet werden.

Michael ist ein 10-jähriger Junge, der die vierte Klasse einer Förderschule mit dem Schwerpunkt Lernen besucht. Er lebt mit seiner allein erziehenden Mutter und seinem jüngeren Bruder zusammen in einer beengten Sozialwohnung am Stadtrand. Die Kinder haben keinerlei Spielzeug, ein großer Fernseher dominiert das Wohnzimmer. Seine Mutter hat selbst die Sonderschule besucht und ist stolz auf ihren Sohn, weil er – anders als sie selbst – beginnt, lesen und schreiben zu lernen. Michael ist zu Hause der Bestimmer, wenn seine Mutter keinen Freund hat. Dann richtet sich die Mutter vollständig nach ihm, er bestimmt, wann er oder der Bruder oder die Mutter aufstehen, ins Bett gehen, ob er zur Schule geht oder nicht, was es zu essen gibt. Wenn seine Mutter dagegen einen Freund hat, muss Michael sich vollständig unterordnen und zum Beispiel schon um 18 Uhr ins Bett gehen. Er bekommt dann häufiger auch handgreiflichen Ärger und ist tagelang kaum ansprechbar.
Er konnte sich bei seiner Einschulung noch nicht allein anziehen, hatte noch nie zuvor seine Sachen selbst ein- oder ausgepackt oder war allein auch nur bis zum Spielplatz um die Ecke gegangen. Er kannte, bis sein Bruder geboren wurde, keine anderen Kinder, weil er den ganzen Tag mit der Mutter im Kiosk verbrachte und keinen Kindergarten besuchte. Seine Sprache war sehr reduziert, dadurch fiel es ihm schwer, seine Absichten den anderen Kindern oder Lehrkräften gegenüber deutlich zu machen. Wenn etwas nicht so war, wie er

es sich vorstellte, wurde er wütend und handgreiflich. Im Unterricht fühlte er sich schnell überfordert und verweigerte dann die Mitarbeit.

Katharina besucht die zweite Klasse einer integrativen Grundschule. Sie ist sehr klein und zierlich, zusätzlich macht sie sich durch ihre Körpersprache klein und wirkt dadurch wesentlich jünger. Ihre Kleidung ist manchmal ungepflegt und sie sieht krank aus. Sie lebt mit ihren Eltern und zwei jüngeren Brüdern sowie mehreren Haustieren in einer Sozialwohnung. Der Vater hat nach langer Arbeitslosigkeit eine Stelle in einer Reinigungsfirma gefunden und arbeitet oft bis spät abends. Trotz vieler Versuche konnte deshalb noch kein persönliches Gespräch der Lehrerinnen mit ihm stattfinden. Die Mutter ist Hausfrau und betreut tagsüber zusätzlich zu ihren eigenen Kindern noch ein weiteres Mädchen, das mit Katharina in eine Klasse geht und ihre beste Freundin ist. Mit ihr haben schon mehrere Gespräche stattgefunden, sie kommt aber jedes Mal mit offensichtlicher Angst in die Schule und will auf keinen Fall von den Lehrerinnen zu Hause besucht werden. Katharinas jüngster Bruder ist der „kleine Prinz" der Familie und wird besonders vom Vater bevorzugt. Beide Eltern haben die Sonderschule besucht und wollen für ihre Kinder um jeden Preis vermeiden, dass sie als „lernbehindert" stigmatisiert werden. Katharina berichtet von harten Strafen für schlechte Schulleistungen, die sie und auch ihre Mutter vom Vater bekommen.
Katharina spielt gern phantasievolle Spiele mit Puppen und Kuscheltieren. Auch für echte Tiere interessiert sie sich und kann gut mit ihnen umgehen. An guten Tagen mag sie vertraute, körperlich nahe Situationen, in denen gemeinsam gelesen oder erzählt wird. Oftmals weicht sie vor räumlicher Nähe oder körperlichen Berührungen allerdings zurück und verkrampft sich. Am Unterricht der Klasse nimmt Katharina nur begrenzt teil. Sie arbeitet extrem langsam und häufig nur dann, wenn ein Erwachsener sich um sie kümmert. Oftmals verweigert sie sich, beginnt Arbeiten gar nicht erst oder gibt auf, sobald sie eine Anforderung nicht auf Anhieb bewältigen kann. In verbalen Phasen des Unterrichts beteiligt sich Katharina nur selten an guten Tagen oder wenn sie direkt unterstützt wird. Zum Ende des zweiten Schuljahres wird sonderpädagogischer Förderbedarf festgestellt, um die „zieldifferente" Unterrichtung und Beurteilung nach den Rahmenrichtlinien der Schule für Lernhilfe zu ermöglichen.

Hatice besucht die erste Klasse einer integrativen Grundschule, in der eine Sonderpädagogin mit der Klassenlehrerin zusammenarbeitet. Sie ist eine Schülerin kurdischer Herkunft, die mit den drei Sprachen kurdisch, türkisch und deutsch aufwächst. Zusammen mit einem älteren und einem jüngeren Bruder, ihrer nicht deutsch sprechenden Mutter und ihrem Vater lebt sie in einer kleinen Wohnung in der Nähe der Schule. Der Vater kümmert sich sehr um Hatice und ihre Geschwister und kommt regelmäßig in die Schule, um mit der Klassenlehrerin zu sprechen. Er sorgt sich um seine Tochter, weil sie Schwierigkeiten mit dem Erwerb der deutschen und auch der kurdischen Sprache hat. Vermutlich deshalb hat Hatice auch erhebliche Probleme beim Erwerb der Schriftsprache. Ihr Wortschatz und ihre grammatischen Strukturen reichen in der deutschen Sprache noch nicht aus, um die Verständigung zu sichern und ihr den Ausdruck eigener Absichten zu ermöglichen. Sie vertauscht die Laute [g] und [d] sowie stimmhafte und stimmlose Konsonanten, außerdem ist sie nicht sicher in der Unterscheidung der Vokale [i] und [e] sowie [o] und [u]. Weiterhin ist sie auch insgesamt in ihrem Abstraktionsvermögen noch nicht so weit entwickelt wie ihre Klassenkameraden. Die Vermutung, dass ihr Hörvermögen eingeschränkt ist, hat sich diagnostisch nicht bestätigt; möglicherweise liegt ein Problem in einer eingeschränkten Hörverarbeitung. Hatice schaltet in frontalen Phasen und Erzählkreisen häufig ab, sie beteiligt sich nur sporadisch an Tänzen und Bewegungsspielen unter Anleitung und verweigert sich in psychomotorischen Situationen. Dagegen spielt sie in selbstbestimmten, freien Phasen sehr gerne und ausdauernd mit anderen Kindern. Seit kurzer Zeit entwickelt sie ein erstes Interesse am Lesen von Bilderbüchern mit Bildwörtern und macht Fortschritte im Bereich Buchstabenkenntnis. Die Sonderpädagogin und die Grundschullehrerin unternehmen präventiv große Anstrengungen, um die Verfestigung einer Lernbeeinträchtigung zu vermeiden.

Anna besucht die zweite Klasse einer Förderschule mit dem Schwerpunkt Lernen. Ihre Familie kommt aus Bosnien und ist dort vor drei Jahren vor dem Bürgerkrieg geflohen, sie lebt seitdem in einem Asylbewerberheim in der Stadt. In Bosnien lebte die Familie auf einem Bauernhof. Anna hat noch einen älteren Bruder, der ebenfalls die Förderschule besucht. Er ist der einzige in der Familie, der ausreichend deutsch sprechen kann, um als Dolmetscher der Familie bei allen wichtigen Gesprächen oder Behördengängen zu übersetzen. Anna hat nach ihrer Ankunft in Deutschland ein Jahr lang überhaupt nicht gesprochen, sie begann erst in ihrem zweiten Jahr im Kindergarten, mit den Erwachsenen nonverbal Kontakt aufzunehmen. Der Kindergarten empfahl den Eltern aufgrund von Annas umfangreicher Entwicklungsverzögerung eine Einschulung in die Förderschule mit dem Förderschwerpunkt Lernen, die sie von Anfang an besucht. Anna bewegt sich nur sehr vorsichtig und kleinräumig, mit hochgezogenen Schultern und gesenktem Kopf. Sie kann inzwischen mit einzelnen Kindern und der Lehrerin Kontakt aufnehmen, manchmal erzählt sie sogar etwas im Gesprächskreis, benötigt dabei aber viel Unterstützung durch Fragen und Interpretationen der Lehrerin. Anna kann automatisiert bis zehn zählen, sie beginnt sich auf der handelnden Ebene mit Mengen bis fünf zu beschäftigen und hat erstes Interesse daran entwickelt, ihren eigenen Namen schreiben zu lernen.

Markus ist ein großer, zierlicher Junge, der durch seine motorische Unruhe und seine Tics auffällt. Er hat nach seiner Einschulung den Schulkindergarten besucht und sich dort in seinem sozialen und Arbeitsverhalten etwas stabilisiert. In der ersten Klasse fällt es ihm sehr schwer, den für ihn langen Schultag durchzustehen. Häufig ist er nach den ersten beiden Stunden erschöpft und will nach Hause gehen. Er fühlt sich schnell überfordert und legt sich dann auf den Fußboden. Mit anderen Kindern verträgt sich Markus meistens nur kurze Zeit. Er ist leicht zu provozieren, was einige seiner Mitschüler ausnutzen. Seinerseits provoziert er die anderen Schüler ebenfalls häufig und findet sich dann – für ihn offenbar völlig überraschend – in handfesten Auseinandersetzungen wieder. Markus rechnet zum Ende des ersten Schuljahres im Zahlenraum bis zehn mit konkretem Material durch Abzählen. Seine simultane Mengenerfassung reicht je nach Tagesform bis vier oder fünf, ohne konkrete Handlung kann er Mengen bis vier zerlegen. Markus tut sich schwer mit dem Schriftspracherwerb und verweigert sich besonders in Situationen, in denen er lesen soll. Seine Mutter übt täglich mit ihm und ist verzweifelt, dass sie so wenig Erfolg damit hat. Nach einer psychologischen Untersuchung wird ihr die Überweisung des Sohnes auf die Förderschule mit dem Schwerpunkt Lernen empfohlen.

Die Porträts zeigen: Lernerschwernisse sind so vielfältig wie die Lebenssituationen der betroffenen Schülerinnen und Schüler. Das verbindende Element ist das Versagen in der Schule und / oder vielleicht auch das Versagen der Schule.

Über viele Jahrzehnte hat man versucht, eine klare Definition für dieses Phänomen oder besser für diese Phänomene des schulischen Lernversagens zu entwickeln. Bis heute ist dies jedoch nicht gelungen.

Terminologie   Zu Beginn des 20. Jahrhunderts wurden Schulversager als „Schwachsinnige" bezeichnet. Anfang der 1960er Jahre setzte sich dann in der BRD der Begriff der „Lernbehinderung" durch, während in der DDR die Bezeichnung „schulbildungsfähig Schwachsinnige" (Baudisch u.a. 1987) beibehalten bzw. von „intellektuell Geschädigten" (Fünfte Durchführungsbestimmung zum Gesetz über das einheitliche sozialistische Bildungssystem 1984) gesprochen wurde. Seit den Empfehlungen der Kultusministerkonferenz zur Sonderpädagogischen Förderung in den Schulen der Bundesrepublik Deutschland von 1994 spricht man offiziell von Kindern und Jugendlichen mit sonderpädagogischem Förderbedarf im Schwerpunkt Lern- und Leistungsverhalten. Daneben finden sich heute Begriffe wie Lernbeeinträchtigungen oder Lernschwierigkeiten. Aus einer wissenschaftlichen Perspektive sind alle diese Begrifflichkeiten ungenau. Bis heute gibt es z.B. keine allgemein akzeptierte Theorie der Lernbehinderung oder der Lernbeeinträchtigung. Außerdem bezeichnen die oben genannten Begriffe weder eine exakt abgrenzbare Gruppe von Kindern und Jugendlichen noch ein klar umrissenes Symptom oder Syndrom. Kanter (1998, 19) weist zu Recht darauf hin, dass „Bezeichnungen, Begriffsbildung und Definitionen (…) in der Sonderpädagogik (wie in vielen anderen Bereichen auch) nicht klar und eindeutig festgelegt (sind)". Er schlägt vor, statt sich über Wortbedeutungen zu streiten, genauer nachzusehen, wo und wie die Wörter verwendet werden. Dies ist gerade bei den Phänomenen Lernen und Lernbeeinträchtigungen recht kompliziert. Der Begriff „Lernen" wird auf so unterschiedliche Prozesse angewandt wie Laufen lernen, Sprechen lernen, Rechnen lernen, Schwimmen lernen; lernen, Personen, Objekte, Tätigkeiten mit Namen zu benennen; lernen, mit Eltern, Spielkameraden und Lehrern sowie mit fremden Personen umzugehen; Zeichnen lernen, Selbstständigkeit lernen, Disziplin lernen, die Nebenflüsse des Rheins auswendig lernen etc. Diese Liste ließe sich beinahe endlos fortsetzen.

Lernprozesse sind so unterschiedlich und durchziehen die menschliche Entwicklung so weitgehend, dass McGeoch (1952, 3) berechtigter Weise feststellte, dass nicht viel mehr als vegetative (biologische) Prozesse übrig blieben, wenn man die Lerneffekte aus dem menschlichen Leben streichen würde. Personen, die in der Schule versagen, sind somit nicht grundsätzlich in ihrem Lernen behindert. Bis heute hat die aus empirischen Untersuchungen abgeleitete Feststellung Kanters Bestand, dass „es keine globale Lernfähigkeit des Menschen und damit umgekehrt keinen globalen Mangel an Lernfähigkeit im Sinne einer generellen Lernbehinderung (gibt)". Vielmehr ist „vorwiegend von aufgabenspezifischen Schwierigkeiten auszugehen, die sich in bestimmten Bereichen allerdings häufen können" (Kanter 1980, 47). Klauer und Lauth (1997, 707) weisen ferner darauf hin, dass sich leistungsschwache Schüler bzw. Schüler mit Lernbeeinträchtigungen „weniger durch dauerhafte Fähigkeitsdefizite (etwa im Bereich des Gedächtnisses oder des Denkens) (auszeichnen), als vielmehr durch die Art ..., wie sie Lernvorgänge bewältigen (z. B. „Raten" statt systematischer Inspektion der Materialvorlage)".

Es bleibt festzustellen, dass es bei dem Phänomen, das früher als Lernbehinderung bezeichnet wurde und heute als sonderpädagogischer Förderbedarf im Schwerpunkt Lernen beschrieben wird, um das Versagen in der Schule geht – wobei auch hier schon nicht klar ist, wer versagt: der Schüler oder die Schule. Die Folgen – insbesondere die heute immer noch sehr häufig stattfindende Überweisung an eine Förderschule – führen dabei nicht selten zu massiven Eingriffen in die Biografie eines Kindes und sind mit erheblichen Stigmatisierungen und deutlichen Benachteiligungen im zukünftigen Leben verbunden.

Klassische Definitionsversuche

Lange Zeit, von Beginn der 1960er Jahre bis Mitte der 1990er Jahre, hat der Begriff der „Lernbehinderung" die Diskussion um erhebliches Schulversagen dominiert. Das Etikett „Lernbehinderung" wurde zur Beschreibung von Personen verwendet, die sich den schulischen Anforderungen nicht angemessen gewachsen zeigten. Mit der Einführung dieser Begrifflichkeit wollte man die kausalanalytisch bestimmenden Begriffe wie Schwachsinn und Schwachbefähigung überwinden (Kanter 1998, 3 f.), die eng mit einer nicht haltbaren medizinisch-pathologischen Erklärung von Lernbeeinträchtigungen verbunden war. Eine Lernbehinderung wurde definiert als schwerwiegende, umfängliche und langdauernde Beeinträchtigung des Lernens, wodurch sich deutlich normabweichende Leistungs- und Verhaltensformen bei den Schülern zeigten und deshalb eine angemessene Förderung in der allgemeinen Schule nicht möglich und die Einweisung in die Schule für Lernbehinderte notwendig sei (Kanter 1980, 57). Die Merkmalsdimensionen Schwere, Dauer und Umfang sind jedoch sehr umstritten. So weist Randoll (1991, 38) darauf hin, dass es völlig unklar ist, ob den jeweiligen Dimensionen ein gleicher oder unterschiedlicher Stellenwert zukommt. Ferner wird kritisiert, dass es sich um relative Größen handelt, die von zu bestimmenden Normen bzw. Verhaltenserwartungen abhängen. Trotz dieser Kritik kommt Grünke (2004, 65) nach 24 Jahren zu fast der gleichen Definition: „Eine Lernbehinderung liegt dann vor, wenn schwerwiegende, anhaltende und umfängliche Defizite bei der Bewältigung von intellektuellen Leistungsanforderungen festgestellt werden."

Damit war (und ist) der Begriff „Lernbehinderung" an eine vorrangig individualisierende Betrachtung des Phänomens Schulversagen gebunden und wies gleichzeitig eine enge Koppelung an die sonderschulische Förderung der Schülerinnen und Schüler auf. Aufgrund der historischen Weichenstellung zu Beginn des 20. Jahrhunderts, schulversagende Kinder aus der Volksschule auszusondern, haben die entwickelten Begriffe zur Erklärung oder Beschreibung des Schulversagens auch immer die Funktion, die Differenz zwischen Regel- und Hilfs-, Sonder- bzw. Förderschülern zu markieren. Hier ist unverkennbar, dass Lernbehinderung keine primär wissenschaftliche Begrifflichkeit darstellt, sondern auch aus dem pragmatischen Interesse heraus entstanden ist, eine spezifische Schülergruppe zu kennzeichnen, die aus der allgemeinen Schule an die Sonderschule verwiesen wurde und noch immer wird. Begemann (1979, 450) sprach hier von einer „administrativen Setzung" und Thimm und Funke (1980, 586) konstatierten, dass Lernbehinderung ein theoretisches Konstrukt sei „mit der Funktion, die Selektion von Kindern, die dem Leistungsanspruch der Hauptschule nicht entsprechen können, zu begründen".

Das grundlegende Problem der Definitionsversuche von Lernbehinderung bestand darin, dass man quasi objektiv versuchte, spezifische Merkmale zur zweifelsfreien Bestimmung und Abgrenzung dieses Phänomens bezogen auf die Person herauszuarbeiten. Dabei wurde nicht berücksichtigt, dass es sich bei Lernbehinderungen nicht um personale Eigenschaften oder individuelle Störungen handelt, sondern damit vielmehr eine Beziehung in einem spezifischen gesellschaftlichen Kontext beschrieben wird (Werning/Reiser 2002). Lernbehinderung ist damit zu einem „belasteten Begriff" (Mand 2003, 20) geworden. Die gleichen Vorbehalte, die hier gegen den Begriff Lernbehinderung formuliert wurden, gelten auch für die in der DDR verwendeten Termini „Intelligenzgeschädigte" und „schulbildungsfähig Schwachsinnige" (Baudisch u.a. 1987), die ebenso durch Individualisierung und Pathologisierung der Problemlagen und durch eine enge Anbindung an die Hilfsschulen gekennzeichnet waren (vgl. Fünfte Durchführungsbestimmung zum Gesetz über das einheitliche sozialistische Bildungssystem der DDR vom 23. März 1984, 86).

In anderen europäischen Ländern wie auch in den USA gibt es keine vergleichbare Begrifflichkeit. So kennzeichnet der in den USA verwendete Begriff der „learning disabilities" eine erheblich größere Schülerpopulation (ca. 5 % der Gesamt-Schülerschaft), die überwiegend durchschnittliche Werte in Intelligenztests erreicht, in der Schule jedoch deutliche Lernschwierigkeiten zeigt (Schröder 2002). **Begriffe wie Learning Disabilities...**

Daneben gibt es in den USA den Begriff der „educable mentally handicapped". Hierunter fallen Schüler, bei denen in einem Intelligenztest ein Wert zwischen IQ 55 und IQ 70 ermittelt wurde. Diese Gruppe ist somit kleiner als die Gruppe der sog. lernbehinderten Schüler, deren IQ-Werte ein größeres Spektrum umfassen (Suhrweier 1993, 38 ff.). So gibt es einen beträchtlichen Anteil sog. lernbehinderter Schüler, die in Intelligenztests Werte von über 80, teilweise über 100 erreichen (Schröder 1998, 59). **...und Educable Mentally Handicapped**

Die internationale statistische Klassifikation der Krankheiten und verwandter Gesundheitsprobleme (ICD 10) differenziert zwischen der Kategorie Intelligenzminderung (F70–F79) und Entwicklungsstörungen (F80–F89). Leichte Intelligenzminderungen werden durch den IQ-Bereich 50–69 definiert und entsprechen somit ungefähr der amerikanischen Kategorie der „educable mentally handicapped". Bei den Entwicklungsstörungen gibt es neben Lese-, Rechtschreib- und Rechenstörungen eine Sammelkategorie „kombinierter Störungen schulischer Fertigkeiten", die man mit der Kategorie der „learning disabilities" vergleichen kann: „Dies ist eine schlecht definierte Restkategorie für Störungen mit deutlicher Beeinträchtigung der Rechen-, der Lese- und der Rechtschreibfähigkeiten. Die Störung ist jedoch nicht allein durch eine allgemeine Intelligenzminderung oder eine unangemessene Beschulung erklärbar" (ICD F81.3). **ICD 10**

ICF Mit der Einführung der International Classfication of Functioning (ICF) wurde 2005 eine systematische Unterscheidung verschiedener Ebenen eingeführt, die für die Entstehung und Aufrechterhaltung von Behinderungen relevant sein können. In der ICF wird Behinderung als soziale Kategorie interpretiert, an deren Entstehung und Aufrechterhaltung neben individuellen Kontextfaktoren immer auch Umweltfaktoren beteiligt sind. Behinderung wird nicht (mehr) als Eigenschaft einer Person verstanden, sondern entsteht durch einen sozialen Zuschreibungsprozess unter bestimmten Kontextbedingungen. Die Entstehung von Beeinträchtigungen und Behinderungen wird auf drei Ebenen beschrieben:

a) Die *Ebene der beeinträchtigten Funktionen und Strukturen* des menschlichen Organismus betrifft medizinisch beschreibbare Aspekte einer Lernstörung, die auf unterschiedliche Weise entstanden sein kann, z.B. durch eine Intelligenzminderung aufgrund genetischer Faktoren, Sauerstoffmangels unter der Geburt, einer Krankheit, eines Unfalls oder durch eine Entwicklungsstörung. Dies trifft allerdings nur für einen geringen Anteil der Kinder zu, die als lernbeeinträchtigt diagnostiziert werden.

b) Auf der *Ebene der möglichen Aktivitäten einer Person* wird beschrieben, wie die Handlungsfähigkeit durch die Schädigung oder Störung eingeschränkt sein kann, z.B. die Schwierigkeit, bei eingeschränkter Merkfähigkeit die Einmaleins-Reihen abzurufen, bei einer eingeschränkten Graphomotorik eine handschriftliche Klassenarbeit mitzuschreiben oder bei einer Sprachentwicklungsverzögerung ein Gespräch zu organisieren.

c) Daraus können auf der *Ebene der sozialen Teilhabe der Person an den in ihrer Kultur bedeutsamen Situationen und Lebenswelten* Einschränkungen entstehen, z.B. bei der Beteiligung an Klassengesprächen, bei der Teilnahme an Freizeitaktivitäten oder beim Besuch der Regelschule und der Berufswahl. Diese „participation restriction" macht im Sinne der ICF erst die eigentliche Behinderung aus.

Die Weltgesundheitsorganisation betont, dass die Bedingungen in der physikalischen und sozialen Umwelt entscheidend dafür mitverantwortlich sind, inwieweit ein Mensch mit einer Schädigung oder diagnostizierten Störung in seinen Aktivitäten eingeschränkt oder von sozialer Teilhabe ausgeschlossen wird. Nicht die Schädigung an sich erzeugt demnach die Behinderung, sondern Behinderung entsteht erst aufgrund von Bedingungen in der Umwelt – etwa im Gesundheits- und Bildungssystem oder in der Arbeitswelt – die nicht in der Lage ist, die entstehenden Benachteiligungen auszugleichen. Aus diesem Verständnis heraus wird von „special educational needs" oder besonderen pädagogischen Bedürfnissen gesprochen, die in den jeweiligen Institutionen berücksichtigt werden müssen (Lütje-Klose 2009).

Im sonderpädagogischen Bereich zeigt sich auch in Deutschland in den letzten Jahren erfreulicherweise eine Abkehr von Versuchen, Schulversagen individualisierend zu definieren

Die in den letzten Jahren offiziell vorgenommene Veränderung der Terminologie – von „Lernbehinderung" zu „Beeinträchtigungen im (schulischen) Lernen" bzw. „Förderschwerpunkt Lernen" – wurde durch die Empfehlungen der Kultusministerkonferenz zur sonderpädagogischen Förderung in den Schulen der Bundesrepublik Deutschland 1994 festgeschrieben und in den Empfehlungen zum Förderschwerpunkt Lernen der Kultusministerkonferenz vom 1.10.1999 ausgeführt: **Aktuelle Terminologie**

„Bei Schülerinnen und Schülern mit Beeinträchtigungen des Lernens ist die Beziehung zwischen Individuum und Umwelt dauerhaft bzw. zeitweilig so erschwert, dass sie die Ziele und Inhalte der Lehrpläne der allgemeinen Schule nicht oder nur ansatzweise erreichen können. Diesen Kindern und Jugendlichen und ihren Eltern muss Hilfe durch Angebote im Förderschwerpunkt Lernen zuteil werden" (zit. nach Drawe u. a. 2000, 300).

Beeinträchtigungen des Lernens

Hier wird die Abkehr von einer individualisierenden Begrifflichkeit hin zur Berücksichtigung kontextueller Bedingungen bei Lernschwierigkeiten deutlich. Nun könnte man sagen, dass die Veränderung von Begriffen zwar ganz schön und gut sei, aber keine nennenswerten Auswirkungen auf die spezifischen Probleme und Schwierigkeiten der Schüler hat. Hier muss aber berücksichtigt werden, dass auf administrativer Ebene der Wechsel der Begrifflichkeiten mit Veränderungen der schulischen Förderperspektiven einhergeht. Die Bezeichnungen Lernbehinderung, Lernbehinderte, intelligenzgeschädigt und schulbildungsfähige Schwachsinnige waren direkt mit der Förderung in Sonder-/Hilfsschulen verknüpft. Der Terminus „Beeinträchtigung des Lernens" steht hingegen in keiner direkten Beziehung zu einer spezifischen Schulform. So heißt es in den Empfehlungen zum Förderschwerpunkt Lernen: „Die schulische Förderung im Förderschwerpunkt Lernen bezieht alle Schularten und Schulstufen ein. Dabei wird angestrebt, dass gemeinsames Lernen aller Schülerinnen und Schüler mit und ohne sonderpädagogischen Förderbedarf verwirklicht werden kann" (zit. nach Drawe u. a. 2000, 308).

Zusammenfassung Es kann festgestellt werden, dass der Begriff der Lernbehinderung, wie Kanter ihn 1998 beschrieben hat, ein Arbeitsbegriff war, der das Phänomen des erheblichen Schulversagens bezeichnen sollte. Seine enge Verknüpfung mit einer individualisierenden Sichtweise von (schulischem) Lernversagen und mit einer separierenden Förderung der Schülerinnen und Schüler in Sonderschulen hat ihn zu einem belasteten Begriff gemacht. Um dieser Begriffsbelastung zu entgehen, sprechen wir in diesem Buch von „Lernbeeinträchtigungen". Natürlich handelt es sich auch dabei im Sinne Wittgensteins um ein „Sprachspiel" (Kanter 1998, 18 ff); „Lernbeeinträchtigung" ist nicht wissenschaftlich exakter gefasst als „Lernbehinderung", und somit ist auch „Lernbeeinträchtigung" ein Arbeitsbegriff. Wenn es um die Förderung spezifischer Kinder und Jugendlicher geht, ist dieser Begriff zu unspezifisch. Auch er kann weder klar umrissene Lernerschwernisse bezeichnen oder ein spezifisches Erscheinungsbild umfassen, noch können aus diesem Begriff konkrete Hinweise für eine pädagogische / sonderpädagogische Förderung abgeleitet werden. Wenn es um die Förderung spezifischer Kinder und Jugendlicher geht, sind viel genauere und individuellere Beschreibungen notwendig. Mit dem Begriff der Lernbeeinträchtigungen wollen wir jedoch auf den Beziehungsaspekt und damit auf die Konstruktion von Lernproblemen in sozialen Kontexten hinweisen. Der Begriffswechsel ist ein Versuch, die Überwindung einer individualisierenden, auf das Kind reduzierten Betrachtung zu verdeutlichen. Damit bleibt auch „Lernbeeinträchtigung" ein Arbeitsbegriff, dem eine kontextbezogene Sichtweise von Lernversagen zugrunde liegt. Er kennzeichnet eine Gruppe von Menschen, die aufgrund erheblicher und vielfältiger Erschwernisse in ihrem Lernen beeinträchtigt sind und werden; die in der Schule häufig versagen und aufgrund ihrer meist erheblich erschwerten Lebens- und Entwicklungsbedingungen kompetenter pädagogischer Unterstützung bedürfen.

2 Die Entstehung einer besonderen Pädagogik für Kinder mit Lernbeeinträchtigungen

Die Geschichte der Pädagogik für Kinder mit Lernbeeinträchtigungen ist im Wesentlichen die Geschichte der Hilfsschule bzw. der Sonderschule. Sie setzt ein zu einer Zeit gesellschaftlicher Veränderungen gegen Ende des 19. Jahrhunderts, die sich auf das Bildungswesen auswirkten. Ein Verständnis der Entwicklung der Hilfsschule ist nur dann möglich, wenn man sie in den gesellschaftlichen wie auch in den bildungspolitischen Zusammenhang der jeweiligen Zeit – hier insbesondere in den Kontext der Volksschulentwicklung – stellt. Gerade der letzte Aspekt – die Einbettung in den bildungspolitischen Kontext – führt zu einer Unterscheidung der Ursachen für die Gründung von Schulen für sinnesgeschädigte Kinder und Jugendliche von solchen für Schülerinnen und Schüler, die in der Volksschule versagten:

Bei ersteren ging es um den Nachweis der Bildungsfähigkeit. Durch die Gründung von Taubstummenanstalten (z.B. 1770 in Paris) wurde durchgesetzt, dass Kinder, die bisher keine Bildung erhielten, nun die Möglichkeit bekamen, eine Schule zu besuchen. Auch der Gedanke der Bildung für alle Kinder – eben auch der ärmsten – wie er bei Pestalozzi zu finden ist, beschreibt eine Ausweitung der Beschulung für solche Kinder, die bisher kaum die Chance auf schulische Bildung bekamen. Hier ging es somit um die Ausweitung von Bildungsmöglichkeiten, um die Inklusion bisher Ausgeschlossener.

2.1 Die Hilfsschule als Abspaltung von der Volksschule

Die Entwicklung der Hilfsschule muss in einem anderen Zusammenhang gesehen werden. Sie stellt keine Ausweitung, sondern eine – positiv formuliert – Spezialisierung oder – negativ formuliert – Beschränkung von Bildung dar. Dies ergibt sich aus der Abspaltung der

H. E. Stötzner

Bildungspolitische Veränderungen im 19. Jh.

Hilfsschule von der Volksschule, wodurch eine spezifische Institution für Schulversager bzw. schulschwache Kinder geschaffen wurde.

Überlegungen hierzu wurden erstmals 1864 von dem Taubstummenlehrer Heinrich Ernst Stötzner vorgestellt, der zuvor Lehrer in der ersten öffentlichen Erziehungsanstalt Hubertusburg für sogenannte blödsinnige (heute würde man sagen geistigbehinderte) Kinder (Beschel 1980, 117) im damaligen Königreich Sachsen war. In seinem Buch mit dem Titel „Schulen für schwachbefähigte Kinder" zeigte er die Notwendigkeit von Nachhilfeschulen – wie Stötzner diese Institutionen nennen wollte – auf und beschrieb neben den organisatorischen und erzieherischen Grundsätzen auch die Grundzüge des Lehrplans wie des Unterrichts an dieser neu einzurichtenden Schulform. Der Name Nachhilfeschule wurde von Stötzner bewusst als Euphemismus ausgewählt: „Ich würde diese Anstalten also Nachhilfeschulen nennen, und zwar um der Eltern und Schüler willen; denn obschon dieser Ausdruck nicht vollkommen bezeichnend ist, so klingt er doch weniger hart und abstoßend, weniger niederdrückend als der Name Schule für Schwachsinnige" (Stötzner 1864/1963, 10).

Aus einer historischen Perspektive stellt sich nun die Frage, warum gerade in dieser Zeit der Gedanke aufkam, eine Schule unterhalb der Volksschule zu etablieren? Bedeutsam hierfür sind die gesellschaftlichen Veränderungen, die Mitte des 19. Jahrhunderts durch die Industrielle Revolution auch in Deutschland stattfanden. Durch den Übergang von einer Agrar- zu einer Industriegesellschaft setzte eine wissenschaftlich-technische Entwicklung im Industriebereich ein. Damit entstanden neue Produktionsverfahren, die die Notwendigkeit einer spezifischen Qualifikation der Arbeiter nach sich zogen. Die Volksschule hatte die Aufgabe, das notwendige Mindestmaß an allgemeinen Fähigkeiten und Fertigkeiten für die zukünftigen Arbeiter zu vermitteln. Dies fasst man allgemein als die Qualifikationsfunktion von Schule. Daneben hat Schule die Aufgabe der Legitimation bzw. der Integration zu erfüllen (Fend 1980). Damit ist gemeint, dass die Schüler so erzogen werden, dass sie die bestehenden politischen Verhältnisse akzeptieren und sich ihren Forderungen gemäß verhalten lernen. Als dritte Funktion wird allgemein die Selektion genannt. Schule verteilt Zugangsberechtigungen zu unterschiedlichen gesellschaftlichen Positionen nach vorgegebenen Leistungskriterien.

Im letzten Drittel des 19. Jahrhunderts zeigte sich schon, dass die Schüler, die in der Schule versagten bzw. bei denen die Schule versagte, zu einem zunehmenden institutionellen wie auch gesellschaftlichen Problem wurden. Sie wurden als „Hemmschuh", als Behinderung bei der pädagogischen Arbeit in der Volksschule angesehen. Die Umsetzung sowohl der Qualifikationsfunktion als auch der Integrationsfunktion der Volksschule schien damit sowohl für die leistungsstärkeren als auch für die leistungsschwächeren Schüler gefährdet. Erstere – so wurde angenommen – würden durch die schwächeren Mitschüler in ihrer Entwicklung behindert und Letztere hätten kaum eine Chance, unter den gegebenen Bedingungen angemessen gefördert zu werden.

Grundsätzlich können zunächst zwei Aspekte für die Entwicklung der Hilfsschule benannt werden: zum einen die desolate Situation der Kinder, die in der Volksschule nicht mitkamen (das sogenannte Sitzenbleiberelend) und zum anderen die konstatierte Notwendigkeit einer Entlastung der Volksschule von lernschwachen Schülern. Neben spezifischen gesellschaftlichen Interessen ist aber auch ein standespolitisches Interesse der Hilfsschullehrerschaft an der Entwicklung und dem Ausbau der Hilfsschule festzustellen. Im Folgenden sollen diese Faktoren ausgeführt werden, um dann anschließend die konkrete Entwicklung der Hilfsschule bis zur Förderschule nachzuzeichnen.

2.1.1 Die Situation von Schülern mit Lernschwierigkeiten in der Volksschule

Kinder, die Lernschwierigkeiten in der Volksschule zeigten, hatten gegen Ende des 19. Jahrhunderts wenig Aussicht auf eine angemessene Förderung. Häufig ließ man sie einfach sitzen, und sie verließen die Schule aus der 2. oder 3. Klasse. Dabei muss berücksichtigt werden, dass zu dieser Zeit ca. 60 bis 80 Schüler in einer Klasse unterrichtet wurden. Kielhorn (1908, 89) beschrieb eine solche Situation:

H. Kielhorn

„Eines Tages fing ich in einer zweituntersten Klasse den Rechenunterricht mit leichten Wiederholungsaufgaben an. Da erhob sich ein langer 14jähriger Bursche mit den Worten: ‚Na, so ein Exempel habe ich schon vor vier Jahren gelernt!' ‚Gut', sagte ich, ‚rechne einmal vor.' Aber die Sache wollte nicht gehen, die kleinen siebenjährigen Knaben lachten: ‚Der kann gar nichts!' Und der Lange ergab sich, indem er sagte: ‚Nun kann ich es nicht mehr!' In einer anderen Klasse fand ich zwischen den kleinen einen 13jährigen Knaben, der am Unterricht überhaupt nicht teilnahm, aber sich durch rüpelhaftes Betragen bemerkbar machte; er wurde durch Strafen zur Ruhe gebracht, d. h. zum Nichtstun gezwungen."

Vertreter der Hilfsschule gingen somit davon aus, dass Kinder mit Lernschwierigkeiten in der Volksschule nicht hinreichend gefördert werden konnten – ja dass sie oftmals sogar aufgrund ihrer Schwächen ungerecht behandelt würden. Zur Erklärung des Schulversagens stützte man sich auf eine medizinisch individualisierende Sichtweise. Lernprobleme, die als individuelle Minderbegabung interpretiert wurden, führte man auf (hirn-)organische (irreparable) Ursachen zurück, die eine besondere Beschulung nötig machen. So beschreibt Fuchs in seinem Lehrbuch die Schülerinnen und Schüler der Hilfsschulpädagogik folgendermaßen:

„Schwachsinnige Kinder sind solche, die eine durch pathologische Verhältnisse des Gehirns hervorgerufene allgemeine Schwäche offenbaren, und zwar auf körperlichem Gebiet durch körperliche und nervöse Auffälligkeit und Zurückbleiben in der körperlichen Entwicklung, auf geistigem durch Unzuverlässigkeit (Ungenauigkeit, Unvollständigkeit), Verlangsamung und Beschränktheit sowohl der geistigen Prozesse als auch der praktischen Betätigung, die darum in ihrer Entwicklung hinter den Normalen zurückbleiben und deren Vorsprung auf geistigem Gebiet nie einholen, die aber doch bildungsfähige Ansätze aufweisen und durch eine ihrer Eigenart angepassten Behandlung zu untergeordneten Hilfskräften der gesellschaftlichen Arbeit ausgebildet werden können" (Fuchs 1922, 263).

Interessant ist, dass schon in der damaligen Zeit Zweifel an der Gültigkeit des Schwachsinnskonzepts deutlich wurden. So weist Kanter (1998) auf Chotzen (1912) hin, der schon damals nachweisen konnte, dass für ca. 44 % der Hilfsschüler das Kriterium Debilität bzw. mindere Intelligenz nicht zutraf. Die Hilfsschulpädagogen sahen sich jedoch vorrangig in der Rolle der Anwälte für kranke, geschädigte Schüler.

„Die Bedeutung der Hilfsschule für ihre Zöglinge ist in der individuellen Behandlung derselben begründet. Schon die eingehende Anamnese bei der Aufnahme in die Hilfsschule veranlasst Beseitigung wesentlicher Fehler und Vernachlässigung der Kindespflege. Es werden dann z. B. blutarme ‚Schlafmützen', skrofulöse und tuberkulöse ‚Faulpelze', koreatische ‚Ruhestörer' und epileptische ‚Bettnässer' nicht mehr unverdienterweise getadelt, bestraft und verachtet, sondern als Kranke betrachtet und behandelt" (Delitsch 1908, 4).

Die spezifische Förderung und der Schutz des Kindes mit gravierenden Lernbeeinträchtigungen vor unangemessener Überforderung, ungerechter Behandlung und vor unzureichender Förderung in der Volksschule war somit sicherlich ein Element der Begründung einer besonderen Beschulung.

2.1.2   Die Entlastungsfunktion der Volksschule

Bei vielen Befürwortern einer speziellen Schule für sogenannte schwachbefähigte oder schwachsinnige Schüler wird die Entlastung der Volksschule als wichtiger Grund beschrieben. So schreibt Stötzner (1864 / 1963, 7):

> „Die Volksschule hat andere Aufgaben zu lösen, als sich mit geistig Schwachen und Stumpfsinnigen herum zu mühen. Diese mindern und hemmen nur! Wieviel Höheres würde sie erreichen, wenn sie von der Sorge um diese befreit würde? Man nehme die Schwächsten aus der Volksschule heraus, und man wird letztlichere instand setzen, um so eher den Forderungen der Gegenwart nachzukommen."

Ähnlich argumentiert Gustav Saarschmidt in seinem Bericht an das Herzogliche Konsistorium zu Wolfenbüttel vom 5.9.1884:

> „In allen Volksschulen gibt es eine Anzahl solcher im leichten Grade schwachsinniger Kinder, welche die Kennzeichen des Idiotismus nicht so stark und gehäuft an sich tragen, daß sie besonderen Anstalten überwiesen werden müssen, deren Erkenntnis und Wille aber so unterentwickelt und gehemmt sind, daß sie für den Lehrer eine Quelle unendlicher fruchtloser Mühe, und damit für die Mitschüler ein Nachteil sind. Diese Kinder erreichen in der öffentlichen Schule entfernt nicht das, was sie in einer für ihre Befähigung allein berechneten Klasse erreichen könnten. Es ist irrig zu glauben, mit der Entfernung von dem Gesunden entgehe ihnen ein Mittel des Fortschrittes; im Gegenteil sind die Geringschätzung, der Spott ihrer unduldsamen Mitschüler und die Vergleiche, die sie selbst unbewußt zwischen ihren eigenen Leistungen und denen der Gesunden anstellen, für sie nur beständige Quellen lähmender Demütigung."

Solche und ähnliche Argumente finden sich auch häufig in den Veröffentlichungen des Verbandsorgans „Die Hilfsschule" zu Anfang des 20. Jahrhunderts (vgl. z.B. Delitsch 1908, 4). Die Schaffung möglichst leistungshomogener Lerngruppen, die im „Gleichschritt" den Unterrichtsstoff bearbeiten sollten, war die gültige Vorstellung von Unterricht in der Volksschule. Individualisierung bzw. Differenzierung wurde für die Volksschule nicht in Betracht gezogen, wohl aber für die Hilfsschule:

Individualisierung und Differenzierung

> „Der Unterschied zwischen Volks- und Hilfsschule besteht in der Organisation und dem Schülermaterial. Die Hilfsschulklassen sind klein; individualisieren ist möglich. In den noch recht vollen Klassen der Volksschule ist es dem

Lehrer auch beim besten Willen recht schwierig zu individualisieren. Glücklicherweise wird die Schwierigkeit seiner Aufgabe dadurch etwas erleichtert, daß er normale Kinder mit durchschnittlich gleichem Verstande vor sich hat. Diese Schüler ähneln einander in ihrem Verhalten gegenüber sittlichen Einflüssen. Eine Maßnahme, die auf A wirkt, wird in der Regel nicht verfehlen, ihre Spuren auch bei B und C zu hinterlassen, vorausgesetzt allerdings, dass die nichtnormalen Kinder aus der Klasse ausgemustert worden sind" (Bartsch 1909, 40 f).

Pathologisierung und Aussonderung

Aufgrund der Pathologisierung von Lernschwierigkeiten wurden die Volksschullehrer für diese Kinder als nicht zuständig erklärt. Lückerath (1910, 225) forderte: „In die Volksschule gehören nur die geistig gesunden Kinder." Dass die Volksschullehrer keine Gegenposition eingenommen haben, zeigte sich darin, dass sie Hilfsschulgründungen nicht widersprochen, sondern diese eher gefördert haben. Auch wenn Fittje (1986, 265) darlegt, dass die reale zahlenmäßige Entlastung zu dieser Zeit aufgrund der wenigen Hilfsschulen kaum spürbar gewesen sein dürfte, bleibt die Tatsache, dass die Entlastungsfunktion sehr stark durch die Hilfsschulpädagogen in den Vordergrund gerückt wurde. Dies allein als taktisches Argument zu werten, wird dem Sachverhalt sicher nicht gerecht. Mit dem Entlastungsargument ist zudem sehr eng das Element des „wesensmäßigen Unterschiedes" des „Hilfsschulkindes" vom „Volksschulkind" verbunden. Mit der hypostasierten hirnorganisch bedingten sogenannten Schwachsinnigkeit wurde eine Nichtförderbarkeit in der Grundschule verbunden. „Für solche Kinder ist die Volksschule nicht geschaffen. Es ist unmöglich, daß ihr Gehirn dort die erforderliche Übung erfährt und dementsprechend weitergebildet wird" (Lückerath 1910, 229). Raatz (1920, 51) formulierte es noch deutlicher:

„Die Einheitsschule nach dem Grundsatz ‚freie Bahn dem Tüchtigen' ist auf dem Marsche. Die Hilfsschule für schwachsinnige Kinder wird eine notwendige Vorbedingung für sie sein; denn ihre Pflegebefohlenen sind von dem freien Wettlauf selbst durch die unterste Stufe der Einheitsschule ausgeschlossen. Ihr Verbleiben in der Grundschule würde den ungehemmten Aufstieg der Begabten beeinträchtigen."

Hinter der Aussonderung stand somit die unbewiesene These, dass Kinder mit Lernschwierigkeiten ihre Mitschüler in der Volksschule hemmen.

2.1.3 Das gesellschaftliche Interesse an der Entwicklung der Hilfsschule

Das gesellschaftliche Interesse der monarchistischen Staaten an der Hilfsschule kann auf zwei Ebenen betrachtet werden. Erstens versprach man sich von den Hilfsschulen eine Reduzierung der Sozialausgaben (Funktion der sozialen Brauchbarmachung der Schüler) und zweitens eine Erziehung der sozial deklassierten Kinder und Jugendlichen zur Loyalität gegenüber der Obrigkeit (Integrationsfunktion). Die Hilfsschule sollte so die zentralen gesellschaftlichen Funktionen, die Schule in einer kapitalistischen Gesellschaft zugewiesen bekommen hat, in spezifischer Weise erfüllen. Dies soll im Folgenden näher ausgeführt werden.

Soziale Brauchbarmachung der Schüler

Die Hilfsschule sollte die Kinder für einfache, ungelernte Tätigkeiten qualifizieren und dafür sorgen, dass sie für ihren Lebensunterhalt – auf niedrigstem Niveau – selbst sorgen können. Die Befähigung der Schüler, einen Beruf zu ergreifen, war deshalb ein wichtiges Ziel der Hilfsschulpädagogen (Altstaedt 1977, 68 f). Damit versprach sie eine Entlastung der Ausgaben der Kommune für die Armenfürsorge (Stötzner 1864 / 1963, 12). Es ist dabei davon auszugehen, dass die Schüler aufgrund ihrer unterdurchschnittlichen Qualifizierung äußerst unsichere Arbeitsplätze bekamen und ständig von Arbeitslosigkeit, Marginalisierung und Verarmung bedroht waren. Die minimale Qualifizierung zur Erarbeitung des eigenen Lebensunterhaltes veränderte somit nichts an der sozioökonomischen Randstellung der betroffenen Schüler. Angestrebt wurde aber durch die spezifische, auf unterem Niveau angesiedelte Qualifizierung die Befähigung der Schüler, ihren Lebensunterhalt selbst zu verdienen, um Fürsorgeleistungen zu vermeiden. Insgesamt kann der Feststellung Reichmanns (1981, 110), dass die Hilfsschule eine „Klassenschule für die schwächsten Mitglieder des Proletariats" war, sicherlich zugestimmt werden.

Die Integrationsfunktion

Neben der Funktion der sozialen Brauchbarmachung sollte die Hilfsschule ihre Schüler natürlich auch in das Gesellschaftssystem integrieren. Schüler der Hilfsschule waren zu Beginn des 20. Jahrhunderts – wie heute überwiegend auch – Kinder aus armen, unterprivilegierten gesellschaftlichen Milieus. Es waren Kinder, die in ihrer Lebenswelt mit einer großen Zahl von belastenden, bedrohlichen und beeinträchtigenden Bedingungen konfrontiert wurden. Die Akzeptanz der bestehenden gesellschaftlichen Verhältnisse und der gültigen Normen und Regeln sowie die Entwicklung einer loyalen Gesinnung sollten durch den Unterricht an der Hilfsschule gesichert werden. Auch im Kampf gegen die sozialistische bzw. sozialdemokratische Arbeiterbewegung kam der Hilfsschule aus obrigkeitsstaatlicher Sicht eine wichtige Bedeutung zu, indem sie zur pädagogischen Befriedung sozial randständiger Schüler beitragen sollte. Dies wird aus den damals formulierten Erziehungszielen sehr deutlich: Fleiß, Ordnung, freundlicher Gehorsam, sittlich religiöse Gesinnung, innere Festigkeit, Bekämpfung des zügellosen egoistischen Verhaltens und staatstreue Gesinnung wurden immer wieder genannt (Horrix 1899). Ellger-Rüttgardt (1985, 119) weist darauf hin, dass in der Spaltung des unteren Bildungswesens in Hilfs- und Volksschule auch ein Instrument zur Entsolidarisierung der Arbeiterklasse gesehen werden kann. Ferner kommt der Hilfsschule gerade in gesellschaftlicher Hinsicht neben der Integrationsfunktion auch die Funktion der sozialen Kontrolle zu, da ihrer Klientel ja nicht selten sozial abweichendes, normverletzendes Verhalten zugeschrieben wird.

Soziale Kontrolle   Mit der Gründung von Hilfsschulen wurde häufig eine präventive Wirkung gegen Kriminalität verbunden. So konstatiert Frenzel (1903, 24): „Öffnet eine (Hilfs-)Schule und ihr dürft ein Gefängnis schließen." Die Hilfsschulpädagogik wurde so als Element der Vermeidung bzw. Reduktion abweichenden, insbesondere kriminellen Verhaltens gesehen und übernahm somit Funktionen der sozialen Kontrolle für arme, ausgegrenzte und unterprivilegierte Personen. Gnerlich (1912, 248) forderte, dass Hilfsschullehrer als pädagogische Sachverständige bei Gerichten eingesetzt werden sollten. Ferner wurden sozial-statistische Daten der Schüler in einem sogenannten Personalbogen gesam-

Der Personalbogen   melt (Myschker 1969, 110 ff). Der Personalbogen sollte u. a. Angaben enthalten zu erblichen Belastungen des Kindes, zu sittlichen und wirtschaftlichen Verhältnissen der Familie, zu Beobachtungen während der Schulzeit, Angaben über das Kind am Schluss der Schulzeit sowie nach der Hilfsschulzeit (Schoelzel 1981, 62 ff). Kielhorn forderte, dass der Bogen Informationen enthalten sollte über die Beurteilung der Geisteskräfte, des Gemüts-, Willens- und Trieblebens (Charakter im engeren Sinne), des sittlichen Gehaltes sowie der volkswirtschaftlichen Tüchtigkeit und Verwendbarkeit (Schoelzel 1981, 64). Die Angaben und Informationen waren jedoch nicht in erster Linie für die pädagogische Förderung in der Schule vorgesehen, sondern sollten insbesondere staatlichen Stellen als Informationsquelle dienen. Dazu gehörten Justiz, Militär und Ortsbehörden. Kielhorn, der den Personalbogen den Juristen förmlich aufgedrängt haben soll (Schoelzel 1981, 65), konstatierte am 29. Juni 1909 vor dem Hilfsschulverband

Magdeburg-Braunschweig, „daß über jedes Hilfsschulkind beim Verlassen der Schule dem zuständigen Registeramte und der Ortsbehörde des Geburtsortes ein kurzer Auszug aus dem Personalbogen überwiesen wird, und daß über jeden Beschuldigten mit der Nachfrage über Vorstrafen auch die geistige Minderwertigkeit ermittelt werden soll".

Eine besonders brutale und perfide Form der sozialen Kontrolle findet sich in der lange vor der nationalsozialistischen Machtergreifung von Münter (1914, 150 f) erhobenen Forderung, dass die Hilfsschullehrer auch „Rassenhygieniker" sein sollten. Er schrieb im Verbandsorgan „Die Hilfsschule":

Rassenhygiene

„Wenn nun von uns Hilfsschullehrern eine Kenntnis der Psychopathologie gefordert wird, die sich auch auf Ursache und Folge, auf Heilung und Verhütung der Minderwertigkeiten erstreckt, so kann uns nicht abgesprochen werden, dass auch wir dadurch in die Lage kommen, Bausteine beizutragen zu dem Bau des Tempels, dem ich über seine Pforte die Inschrift setzen möchte: ‚Deutschtum ist Kraft' und auf dessen Altar mit Flammenzeichen verzeichnet steht: Erkenne dich, beherrsche dich, veredle dich! Sehen Sie, auch darin liegt eine ideale, ich möchte sagen, die idealste Seite unseres Berufes; denn sie ist nationaler Natur. Lassen Sie uns daher im Sinne unserer Prüfungsordnung auch Rassenhygieniker sein, deren Aufgabe ist, durch Erforschung der Familieneigentümlichkeiten in aufklärender Weise eine Herabminderung des Schwachsinns herbeizuführen."

Die barbarische Realisierung dieser Forderung fand zur Zeit des Nationalsozialismus statt.

2.1.4 Standespolitische Interessen einer sich entwickelnden Hilfsschullehrerschaft

Schon zu Anfang des Jahrhunderts machten die Hilfsschullehrer deutlich, dass sie besondere Lehrer sein wollten. Dies bedeutete eine Abgrenzung von den Volksschullehrern. Sowohl auf der Ebene der beruflichen Inhalte, der Ausbildung und der Besoldung proklamierten sie einen Sonderstatus. Der Hilfsschulberuf wurde als besonders belastend und anspruchsvoll aufgrund der Schwierigkeiten und Mängel der Schüler beschrieben.

„Der Unterricht an diesen Anstalten (Hilfsschulen, R. W.) ist äußerst mühsam und aufreibend. Infolge der mangelhaften geistigen Kräfte der Kinder kann der Lehrer nur ein Stoffgebiet von geringem Umfange vorbereiten. Hierbei wird der Gedankenfortschritt des Lehrers stetig gehemmt, weil die Kinder nur schwer zu folgen vermögen. … Hierzu kommt noch, daß die schwachbefähigten Kinder oft mit körperlichen Fehlern und Gebrechen behaftet sind. Nicht selten zeigen sie auch unsaubere, unmoralische, widerwärtige Gewohnheiten, die der Lehrer täglich ertragen und bekämpfen muß. … Nur die erbarmende, edle Menschenliebe kann ihnen (den Hilfsschullehrern, R. W.) die Kraft verleihen, auf einem solchen Posten auszuharren" (Mitteilung des Verbandsvorstandes 1908, 37).

Aufgrund der vorherrschenden medizinisch-psychiatrischen, auf das Individuum reduzierten Erklärungskonzepte von Lernschwierigkeiten wurde die Nähe zur Medizin, insbesondere zur Psychiatrie, proklamiert. Hierdurch konnte man an der besonders hohen Professionalität der Medizin partizipieren.

„Der Hilfsschullehrer hat es mit einem ganz anderen Material zu tun als der Volksschullehrer. Er arbeitet mit pathologischen Kindern…" (Lückerath 1910, 229). Besonders wurden auch die diagnostischen Anforderungen herausgestellt.

Nähe zur Psychiatrie   „Es kann nicht unbeschadet der Fähigkeiten unserer Kollegen von der Volksschule gesagt werden, daß dem Volksschullehrer die entsprechenden Vorkenntnisse zu einer Intelligenzprüfung und zu einer detaillierten Bezeichnung der vorliegenden Defekte im allgemeinen abgehen" (Jansen 1914, 98).

Zudem wurde schon damals die beratende Aufgabe der Hilfsschullehrer gegenüber den Volksschullehrern (vgl. Die Hilfsschule 1919, 30) sowie der Wunsch, als pädagogische Sachverständige vor Gericht zu agieren (Gnerlich 1912, 246), herausgestellt.

Aufgrund der besonderen Aufgaben des Hilfsschullehrers wurde aus den eigenen Reihen eine Zusatzausbildung gefordert. Hierzu wurden Fortbildungskurse in verschiedenen Städten angeboten, die die Hilfsschullehrer neben ihrer Unterrichtstätigkeit besuchten und selbst finanzierten (Friederici 1911).

Spezialausbildung für Hilfsschullehrer   Gefordert wurde eine staatlich organisierte und finanzierte *Spezialausbildung*, die sich an eine mehrjährige (mindestens dreijährige) praktische Tätigkeit in der Volksschule anschließen sollte. Friederici (1911) wünschte die Ausbildung an einer Hochschule oder einem Seminar für Hilfsschullehrer bzw. die Einrichtung einer allgemeinen Bildungsanstalt für alle Zweige der Abnormenpädagogik. Die deklarierten Inhalte der „Spezialausbildung" entsprachen der individualisierenden Sichtweise von Lernbeeinträchtigungen. Genannt wurden immer wieder: Psychiatrie, Psychopathologie, Anatomie und Physiologie des zentralen Nervensystems, Psychologie und Anatomie der Sinnesorgane und der Sprachorgane, Phonetik, Sprachstörung, Fürsorge für die entlassenen Zöglinge, Geschichte der Heilpädagogik, Falt- und Fröbelarbeiten, Knabenhandarbeit und praktische Ausbildungsteile wie Hospitieren und Halten von Lektionen (Friederici 1911).

Die Einführung einer Prüfungsordnung für Hilfsschullehrer Ende 1913 wurde von den Kollegen mit großer Zustimmung aufgenommen (Münter 1914, Koch 1914). Damit konnte man sich von den Volksschullehrern absetzen und besondere Ansprüche und Privilegien geltend machen: Dazu zählte neben einer besseren Besoldung, die sich an den Taubstummen- und Blindenlehrern (vgl. Die Hilfsschule, Mitteilung des Verbandsvorstandes 1908) bzw. an den Fortbildungsschullehrern oder den Mittelschullehrern (Weiß 1909, 185 ff) orientieren sollte, auch die Ermäßigung der Pflichtstundenzahl (Raatz 1920, 55). Deutlich wird das Bemühen, sich über die besonderen Schüler, für die eine besondere Schule notwendig ist, als besondere Lehrer zu präsentieren, um spezifische Privilegien durchzusetzen.

Bei einigen wenigen Pädagogen gab es jedoch auch expliziten Widerstand gegen die Entwicklung von Hilfsschulen. Diese frühen integrationspädagogischen Ansätze sollen im Folgenden skizziert werden.

2.2   Widerstand gegen die Entwicklung von Hilfsschulen

Zu Beginn der Hilfsschulentwicklung gab es auch Pädagogen, die die Problematik einer solchen Entwicklung erkannten und benannten. Interessant in diesem Zusammenhang ist die Tatsache, dass sich die wenigen Gegner einer besonderen Beschulung für Kinder mit Beeinträchtigungen, Schädigungen oder Lernschwierigkeiten durch integrativen Unterricht positive Auswirkungen auf die Volksschule versprachen. Bemühungen, die Volksschullehrer mit den notwendigen (heil-)pädagogischen Verfahren zur Unterrichtung von Kindern mit Beeinträchtigung bzw. Schädigung vertraut zu machen, gab es besonders bei den Taubstummenpädagogen und bei den Blindenpädagogen (Heese 1954, 342). Auch für den Bereich des Hilfsschulwesens schlug Witte 1901 vor (vgl. Ellger-Rüttgardt 2003, 170 ff), die bereits bestehenden Hilfsklassen und -schulen aufzulösen und die Schüler durch besondere Förderung in der Volksschule zu belassen. Ellger-Rüttgardt

Frühe Integrationsbewegung

(1981; 1994, 48 und 2003, 124 ff) weist u. a. auf den Direktor der Berliner Idiotenanstalt in Dalldorf, Pieper, den Berliner Volksschulrektor Hinz sowie den Hamburger Lehrer Armack und den Lehrer Esche an der Braunschweiger Hilfsschule hin, die ihre Argumente gegen eine separierte Erziehung von Kindern mit Lernbeeinträchtigungen veröffentlicht haben. Die Vertreter dieser frühen Integrationsbewegung erkannten auch, dass eine Erweiterung des Volksschulunterrichts durch heilpädagogische Verfahren eine Verbesserung der Lernbedingungen für alle Kinder mit sich bringen würde (vgl. auch Möckel 1988, 114).

Die Kritik der Hilfsschulgegner   Die Kritik der Hilfsschulgegner beinhaltete schon damals wesentliche Aspekte, die auch heute gegen eine separierende Beschulung von Kindern und Jugendlichen mit Lernschwierigkeiten vorgetragen werden.

So wurde die Ungenauigkeit der Begriffe „Schwachbefähigung" und „Schwachsinn" kritisiert und es wurde angeprangert, dass die Hilfsschule nicht nur sogenannte schwachsinnige Kinder aufnimmt, sondern auch solche, die aufgrund von Vernachlässigung oder temporärer Lernschwierigkeiten aus der Volksschule ausgesondert wurden.

Gleichzeitig wurde auch die Mitbeteiligung der Volksschule am Schulversagen von Kindern herausgestellt: „…je weniger auf die Leistungsfähigkeit der Kinder Rücksicht genommen wird, desto mehr muß sich die Differenz zwischen den Leistungen schwachbegabter und geistig normaler Kinder steigern" (Hintz 1897, 821). Kritisiert wurde ferner die Aussonderung gerade der Kinder aus „ungünstigen häuslichen Verhältnissen" (Armack 1890), wobei man den Zusammenhang von Schulversagen und – wie man heute sagen würde – sozialer Randständigkeit schon deutlich erkannte. Auch die Möglichkeit der Stigmatisierung der Schüler durch den Hilfsschulbesuch stellte Armack damals heraus. Statt einer separierten schulischen Förderung forderten die Hilfsschulgegner deshalb eine grundlegende Reform der Volksschule sowie eine sozialpädagogische Orientierung und eine ganztägige Betreuung der Schüler (Hintz 1897, 822; Armack 1890).

Wie der „Fall Esche" (Ellger-Rüttgardt 1981) zeigt, wurden Kritiker an der herrschenden Auffassung jedoch mit disziplinarischen Mitteln bekämpft und mundtot gemacht. Esche, der an der Hilfsschule in Braunschweig unter Kielhorn unterrichtete, rüttelte am Schwachsinnskonzept, propagierte prophylaktische Förderung schulschwacher Kinder in der Bürgerschule und trat für die Rückschulung von Hilfsschülern ein. Damit stand er den standespolitischen Interessen der Hilfsschulvertreter im Wege und musste 1890 die Hilfsschule verlassen.

Widerstand gegen die Hilfsschule bzw. gegen die Einweisung in die **Widerstand** Hilfsschule gab es ebenfalls von Elternseite. Wie heute auch erleb- **der Eltern** ten die Väter und Mütter diesen Schritt damals als Demütigung und Schmach und – genau wie heute – wussten sie, dass damit die Berufsaussichten ihrer Kinder erheblich reduziert wurden (Ellger-Rüttgardt 1981). Der „Segen", den die Hilfsschulvertreter in ihrer Einrichtung sahen, fand bei den betroffenen Kindern und ihren Eltern keinen Widerhall. Wie unpädagogisch, rigoros und obrigkeitsstaatlich die besondere Beschulung gegen die Einwände der Eltern durchgesetzt wurde, zeigen die Beispiele, die Ellger-Rüttgardt (1981) aufführt. Zwang und staatliche Macht sicherten so die Hilfsschule. Der Elternwille war – wie heute auch – keine bedeutsame Größe.

Letztlich konnte sich eine integrationspädagogische Orientierung gegenüber den Verfechtern eigenständiger Hilfsschulen nicht durchsetzen. Ein bedeutsamer Grund hierfür liegt sicherlich auch in den standespolitischen Interessen der Lehrer an besonderen Schulen.

2.3   Die Entwicklung der Hilfsschule im Überblick

Zunächst entstanden gegen Ende der 60er und in den 70er Jahren des 19. Jahrhunderts sogenannte Nachhilfeklassen zuerst in Dresden (1867), dann in Gera (1876), in Apolda (1877) und in Elberfeld (1879).

Hier war das Ziel noch die Rückschulung der Schüler in die Bürgerschulen. In Braunschweig und Leipzig wurden 1881 die ersten Hilfsschulen gegründet. Auch hier ging man davon aus, die Kinder zu befähigen, wieder am Unterricht der Bürgerschulen teilzunehmen. Sowohl in den Nachhilfeklassen wie auch in den neu gegründeten Hilfsschulen wurde diese Orientierung aber schnell fallengelassen und es etablierte sich unterhalb der Volksschule eine neue Schulform. Auch in Berlin, wo man zunächst an der Einrichtung von sogenannten Nebenklassen an bestehenden Volksschulen festhielt, wurden zwischen 1906 bis 1911 diese Einrichtungen in Hilfsschulen umgewandelt oder aufgelöst (Myschker 1983, 141 f).

Aus dem Schwachsinnskonzept leitete man dann spezielle Grund- **Förderung nach** sätze der schulischen Förderung ab: „So anschaulich – ich möchte fast **dem Schwachsinns-** sagen – so handgreiflich wie möglich! Man gehe nicht Schritt für **konzept** Schritt, sondern Schrittchen für Schrittchen vorwärts! Und zuletzt: Man langweile die Kinder nie, sondern wechsele fleißig mit den Unterrichtsgegenständen ab; im Anfang alle viertel Stunden!" (Stötzner 1864/1963, 16).

Hatte Stötzner dabei noch eine Schule gefordert, die sich an der Eigenart der Kinder orientierte, entwickelte sich die Hilfsschule jedoch immer mehr zu einer „Minusvariante" der Volksschule. Auch hier wurde versucht, die Lerngruppen zu homogenisieren, indem Schüler Klassen wiederholen mussten oder – bei mehrzügigen Hilfsschulen – Parallelklassen mit schwächeren bzw. stärkeren Schülern gebildet wurden. Schüler, die auch in der Hilfsschule versagten, wurden dann in sogenannten Sammelklassen zusammengefasst, die ab 1917 (zunächst in Berlin) eingerichtet wurden. Damit differenzierte sich das Hilfsschulsystem und eine neue Aussonderung wurde etabliert. Statt die Bedürfnisse der Schülerinnen und Schüler in das Zentrum der Hilfsschulpädagogik zu stellen – wie dies noch von Stötzner (1864/1963) angedacht war – wurden auch hier allgemeinverbindliche Normen durch den Lehrplan vorgegeben, an denen die Lernentwicklung der Kinder bewertet wurde.

„Angenommen, die von Arno Fuchs für seine Berliner Hilfsschule errechneten Zahlen seien repräsentativ gewesen, ... so wären etwas über 20 % der Schüler nicht über die Mittelstufe hinausgekommen und etwas weniger als 5 % auf der Unterstufe der Hilfsschule verblieben. Das heißt, daß sich für ein Viertel aller Schüler ihr Schicksal in der Volksschule nach der Umschulung in der Hilfsschule wiederholte" (Beschel 1980, 130).

An dieser Stelle sei aber auch auf eine bis heute sehr interessante pädagogische Konzeption jener Zeit verwiesen, die der Hilfsschullehrer Johannes Langermann in seiner Schrift: „Der Erziehungsstaat nach Stein-Fichteschen Grundsätzen" (1. Aufl. 1911) ausführte. Jank und Meyer (1994, 349 ff) sehen in Langermann einen Begründer des Konzeptes des „Handelnden Unterrichts" und zeigen auf, wie er Schüler zum selbsttätigen Handeln im Unterricht anregte.

Die Hochblüte der Heilpädagogik   Die Zeit von 1920 bis 1932 wird häufig als „Hochblüte der Heilpädagogik" beschrieben. Durch den Weimarer Schulkompromiss (Blankertz 1982) wurde die gemeinsame vierjährige Grundschule für (fast) alle Kinder eingeführt. Die Tatsache, dass gleichzeitig das Hilfsschulwesen ausgebaut und differenziert wurde, zeigt, dass die Konzeption der Grundschule dabei nicht die Förderung von lern- und leistungsschwachen Schülern beinhaltete. Diese Schüler, die die normativen Vorgaben nicht erfüllen konnten, wurden immer häufiger den Hilfsschulen zugeführt. 1928 gab es in fast allen größeren Orten Hilfsschulen, und auch in vielen kleineren Gemeinden wurden ein- oder zweiklassige Hilfsschulen eingerichtet (Myschker 1983, 139). Dies geschah, obwohl in der Weimarer Zeit ebenfalls eine Vielzahl von pädagogischen Innovationen im Rahmen der Reformpädagogik entwickelt wurde. Hier waren durchaus auch integrative Orientierungen erkennbar (z. B. bei Peter Petersens Jena-Plan-Schule), die sich aber im Regelschulbereich nicht durchsetzen konnten. Die Funktionen der Hilfsschule:

- Entlastung der Grundschule,
- wirtschaftliche Brauchbarmachung und
- Vermeidung von Fürsorgeleistung

blieben vielmehr erhalten. Beschel (1980, 138) macht jedoch deutlich, dass auch in der Hilfsschule gegen Ende der 1920er Jahre pädagogische Reformbemühungen initiiert wurden.

„Der Lehrer stand nicht mehr einem ‚Schülermaterial' (z. B. noch bei Henze 1928) gegenüber, das gemäß seiner Subnormalität gewertet wurde, sondern schwachen Kindern, die recht verstanden, als Menschen geachtet … und nicht mehr dem Sammelbegriff ‚medizinischer Schwachsinn' untergeordnet wurden … Damit war die eigentliche Voraussetzung einer pädagogischen Reform in der Hilfsschule gegeben, und sie kündigte sich in den Versuchen an, die Sozialformen und Unterrichtsverfahren des ‚Jena-Plans' (P. Petersen) in Hilfsschulen zu erproben …" (Beschel 1980, 138).

Die Zeit des Nationalsozialismus setzte nun den in der Weimarer Republik mit den reformpädagogischen Ansätzen verbundenen fortschrittlichen pädagogischen Bestrebungen ein vollständiges Ende. So führt Altstaedt (1977, 164 ff) aus, dass Tausende von Lehrern, die eine Demokratisierung des Schulwesens vorangetrieben hatten und sich für die Verbesserung der schulischen Bildung eingesetzt hatten, entlassen wurden. Sozialdemokraten und Kommunisten wurden vollständig aus dem Schuldienst entfernt. Die Funktionen und Strukturen des Hilfsschulwesens behielt man jedoch im Grundsatz bei. Das medizinisch fundierte Schwachsinnskonzept, das mit erbbiologischen Ursachen begründet wurde, gliederte sich problemlos in nationalsozialistisches Gedankengut ein. Die karitativen und humanen Anliegen der Hilfsschulbewegung wurden jedoch völlig zugunsten einer Ausweitung der Selektionsfunktion zurückgenommen. Die Hilfsschule wurde als Ausleseinstanz bei niedrigen Kosten konsolidiert und der Aspekt der Brauchbarmachung – im Zusammenhang mit der Hochrüstung der Kriegswirtschaft – trat in den Vordergrund. Damit

Hilfsschule im Nationalsozialismus

spricht man ca. ab 1938 von einer Umorientierung der Hilfsschule zur Leistungsschule.

Dazu gehörte, dass die Sammelklassen abgeschafft wurden und damit in ihrer Lernfähigkeit schwerer beeinträchtigte Kinder nunmehr, nachdem sie zuvor schon in eigenen Klassen abgesondert worden waren, als bildungsunfähig ausgeschult und damit teilweise in sogenannten Euthanasieprogrammen ermordet wurden. Viele Hilfsschüler wurden im Rahmen von „rassenhygienischen Maßnahmen" zwangssterilisiert.

Die Hilfsschullehrer standen dieser Entwicklung teils hilflos gegenüber, teils unterstützten sie diesen Prozess. 1942 wurden mit dem Erlass des Reichsministers für Wissenschaft, Erziehung und Volksbildung allgemeine Richtlinien für den Unterricht an den Hilfsschulen ausgegeben, die den Forderungen nach einer eigenen gesetzlichen Regelung des Hilfsschulwesens und nach Hebung des Unterrichtsniveaus durch Aussonderung der sogenannten hilfsschulunfähigen Kinder entgegen kamen. Abgeschlossen wurde die gesetzliche Konstituierung der isolierten Hilfsschule bereits durch das Reichsschulpflichtgesetz vom 6. Juli 1938, das erstmals reichseinheitlich nach § 6 (1) die Sonderschulbedürftigkeit der sonderschulpflichtigen Kinder festlegte (Altstaedt 1977, 164 f).

Restauration des Schulsystems   Nach dem Zweiten Weltkrieg ist eine Restauration und ein gleichzeitiger Ausbau der Sonderschule sowohl in der Bundesrepublik als auch in der DDR festzustellen. In der Bundesrepublik wurde das sogenannte dreigliedrige Schulsystem, begründet durch die „natürliche Begabungsstruktur" der „deutschen Jugend" (Huth 1952, 133) nach 1945 zementiert. Auch die Hilfsschulpädagogik knüpfte im Wesentlichen wieder an die Tradition der Hilfsschulbewegung vor 1933 an. Gleichzeitig wurde der im Faschismus forcierte Ansatz der Leistungsschule weitergeführt.

Die Entlastungsfunktion für die Volksschule wurde weiterhin als bedeutsam herausgestellt. So stellte der Kultusminister Schenkel (1951) vor dem Württemberg-Badischen Landtag fest: „Um das Niveau der Schulleistungen für das Normalkind in unseren Volksschulen hochhalten zu können, war der Ausbau des Hilfsschulwesens nötig."

In der DDR erfolgte nach dem Krieg ein schneller Aufbau von Sonderschulen, wobei sogenannte „bildungsunfähige" Kinder aus dem allgemeinen Bildungswesen ausgeschlossen blieben. Obgleich zwischen 1959 und 1964 flächendeckend die Einführung der zehnklassigen allgemein bildenden Polytechnischen Oberschule als Gesamtschule umgesetzt wurde, blieben die Hilfsschüler von dieser Form der gemeinsamen Beschulung ausgeschlossen. Im Gegensatz zur Bundesrepublik Deutschland, in der gerade die Sonderschulen für Lernbehinderte seit Mitte der 1970er Jahre durch eine gravierende Legitimationskrise erschüttert wurden, entwickelte und konsolidierte sich das System der Hilfsschulen in der DDR, ohne in seiner ideologischen Begründung oder in seiner organisatorischen Ausgestaltung in Frage gestellt zu werden (Ellger-Rüttgardt 1998, 236 ff.).

Grundlage der Kritik an den Sonderschulen in der Bundesrepublik waren die in den 1960er Jahren einsetzenden Reformbestrebungen im bundesdeutschen Bildungswesen. Picht konstatierte – ausgelöst durch den sogenannten Sputnik-Schock Ende der 1950er Jahre – die deutsche Bildungskatastrophe (1964, 14). Ähnlich wie heute fürchtete man um den Wirtschaftsstandort Deutschland. Bildungsreserven sollten aktiviert werden. Dies bedeutete, dass auch Kinder, die bisher – aufgrund ihrer sozialen Herkunft – kaum die Chance auf eine höhere Bildung erhielten, nun gefördert werden sollten. Die Gesamtschule wurde konzipiert, um damit die Starrheit und soziale Selektivität des dreigliedrigen Schulsystems zu überwinden. 1968 legte der deutsche Bildungsrat unter der Leitung von Heinrich Roth das Gutachten „Begabung und Lernen" vor.

> **Reformphase des Bildungswesens**

Hier wurde ein dynamischer Begabungsbegriff eingeführt, der beinhaltet, dass Kinder durch pädagogische Förderung begabt werden können und Begabung nicht als statische Größe anzusehen ist. Diese Reform ging an der Sonderschule jedoch weitgehend vorbei. So schreiben Reichmann-Rohr und Weiser (1996, 30): „Bis weit in die siebziger Jahre waren Politiker, Pädagogen und Theoretiker geradezu euphorisch an institutionellen Isolierungen und Aussonderungen interessiert, der fortgesetzte Ausbau der Sonderschule begeisterte." Der in der Erziehungswissenschaft eingeführte dynamische Begabungsbegriff führte damit zunächst nicht zur Infragestellung von isolierten Sonderschulen. Von 1960 – 1973 verdreifachte sich gar die Zahl der Sonderschüler und -schülerinnen (Reichmann-Rohr / Weiser 1996, 31).

Seit Anfang der 1970er Jahre gab es jedoch bei Vertretern aus Wissenschaft und Lehrerverbänden sowie im Gesamtschulbereich vermehrt kritische Stimmen zur schulischen Separation und der damit verbundenen sozialen Diskriminierung von schulschwachen Kindern. Der Gedanke der Integration wurde verstärkt thematisiert. So widmete 1970 der Gesamtschulinformationsdienst des pädagogischen Zentrums in Berlin ein Heft ausschließlich dem Thema: „Lern- und verhaltensgestörte Schüler in der Gesamtschule". Das Gutachten der Kultusminister-Konferenz 1972 vertrat jedoch noch ausdrücklich die

> **Perspektiven der Integration und Inklusion**

isolierte Form der Lernbehindertenschule als Ganztagseinrichtung. Ein Wechsel wurde erst 1973 durch die Empfehlung des deutschen Bildungsrates „Zur pädagogischen Förderung behinderter und von Behinderung bedrohter Kinder und Jugendlicher" auf offizieller Ebene eingeleitet.

> „Sie (die Bildungsratskommission, R. W.) legt in der vorliegenden Empfehlung eine neue Konzeption zur pädagogischen Förderung Behinderter und von Behinderung bedrohter Kinder und Jugendlicher vor, die eine weit mögliche gemeinsame Unterrichtung von Behinderten und Nichtbehinderten vorsieht und selbst für behinderte Kinder, für die eine gemeinsame Unterrichtung mit Nichtbehinderten nicht sinnvoll erscheint, soziale Kontakte mit Nichtbehinderten ermöglicht. Damit stellt sie der bisher vorherrschenden schulischen Isolation Behinderter ihre schulische Integration entgegen" (Deutscher Bildungsrat 1973, 15f).

Die hohen Erwartungen, die mit dieser Empfehlung verbunden waren, sind jedoch weitgehend enttäuscht worden. Dass es überhaupt zu integrativen Projekten der Unterrichtung gekommen ist, geht vielmehr auf das Engagement von Eltern und Lehrern und einigen Wissenschaftlern zurück, die trotz der Ignoranz in den Schulverwaltungen nicht länger hinnehmen wollten, dass ein Teil der Kinder und Jugendlichen schulisch ausgegrenzt wurde. Gegenwärtig wird die Diskussion über die Förderung von Schülerinnen und Schülern mit Lernbeeinträchtigungen in allgemeinen Schulen wieder intensiv unter dem Begriff der Inklusiven Bildung diskutiert. „Inklusion" ist seit der 2009 in Deutschland in Kraft getretenen UN-Behindertenrechtskonvention wieder ein zentrales pädagogisches Thema geworden. In Artikel 24 heißt es: „Die Vertragsstaaten erkennen das Recht von Menschen mit Behinderung auf Bildung an. Um dieses Recht ohne Diskriminierung und auf der Grundlage der Chancengleichheit zu verwirklichen, gewährleisten die Vertragsstaaten ein inklusives Bildungssystem auf allen Ebenen" (vgl. United Nations 2006).

2.4   Übungsaufgaben zu Kapitel 2

Diskutieren Sie, inwieweit die Funktionen der Hilfsschule zu Beginn des 20. Jahrhunderts auch heute noch gültig sind bzw. welche Veränderungen Sie erkennen oder vermuten!   **Aufgabe 1**

Überlegen Sie, warum die Gegner der Hilfsschule sich mit ihrer Kritik nicht durchsetzen konnten!   **Aufgabe 2**

Die Zeit von 1920 bis 1932 wird häufig als „Hochblüte der Heilpädagogik" beschrieben. Was versteht man darunter und welche kritischen Anmerkungen können Sie zu dieser Einschätzung machen?   **Aufgabe 3**

Musterlösungen unter www.reinhardt-verlag.de, www.utb.de

3 Theorien in der Pädagogik bei Lernbeeinträchtigungen

3.1 Wissenschaftstheoretische Positionen

In diesem Kapitel wird es darum gehen, Positionen zu den wissenschaftlichen Phänomenen der Lernbeeinträchtigungen vorzustellen. Dabei wird deutlich, dass kein einheitliches Bild vorliegt, sondern sehr unterschiedliche, teilweise gar widersprüchliche Vorstellungen existieren. Dies liegt im Besonderen an der Tatsache, dass die Grundlagen, auf denen wissenschaftliche Erkenntnisse gesammelt und wie daraus Theorien entwickelt werden, kontrovers diskutiert werden. Das bedeutet, dass es auf einer metatheoretischen Ebene unterschiedliche Vorstellungen über die Anforderungen an Theoriebildung im erziehungswissenschaftlichen bzw. sozialwissenschaftlichen Bereich gibt.

Positivismusstreit Bekannt geworden ist hier besonders der sogenannte Positivismusstreit der deutschen Soziologie als metatheoretische Auseinandersetzung (Adorno u. a. 1972, 24), der auch in der deutschen Erziehungswissenschaft ausgetragen wurde (Brezinka 1989, 78 ff). Der Disput fand statt zwischen den Anhängern eines positivistischen Wissenschaftsverständnisses, das sich dem *Kritischen Rationalismus* verbunden sah, und den Vertretern der *Kritischen Theorie*.

Die erste Position ist durch ein Wissenschaftsverständnis gekennzeichnet, nach dem Erfahrungswissenschaften im Unterschied zu den Formalwissenschaften (Logik und Mathematik) als

Kritischer Rationalismus „ein System von methodisch gewonnenen Aussagen über bestimmte Ausschnitte der Wirklichkeit anzusehen (sind), die intersubjektiv nachprüfbar sind. Zwischen Naturwissenschaften und sogenannten Geisteswissenschaften besteht in forschungslogischer Hinsicht kein wesentlicher Unterschied. In jedem Fall handelt es sich um Hypothesen, die durch Zurückgehen auf die Fakten grundsätzlich überprüfbar sein müssen" (Brezinka 1989, 81).

Es geht also primär um die Ermittlung und Analyse sogenannter objektiver Fakten, Ereignisse bzw. Sachverhalte, die zu als gesichert geltenden Gesetzmäßigkeiten führen sollen. Solche Sätze lauten dann z. B. wie folgt: „Je niedriger der Intelligenzquotient eines Kindes ist, desto wahrscheinlicher versagt es in der Schule." Im Rahmen einer Theoriebildung werden solche Gesetze der ständigen kritischen Prüfung unterzogen (Popper 1994, 8). Dabei wird nicht versucht, Gesetzesaussagen zu verifizieren (also als wahr zu beweisen), sondern sie werden als Hypothesen interpretiert und möglichst strengen Prüfungen unterzogen. So lange es nicht gelingt, sie in solchen Überprüfungen zu falsifizieren (also als unrichtig zurückzuweisen), werden sie als bewährt beibehalten. Indem nun solche bewährten Gesetze widerspruchsfrei zusammengefügt werden, entstehen Theorien. Die empirische Basis – also beobachtbare Phänomene – stellen die Grundlage dieser wissenschaftlichen Orientierung dar. Daran knüpft sich die Forderung nach der Wertfreiheit von Wissenschaft an. Über den jeweiligen Gegenstandsbereich dürfen lediglich beschreibende und analysierende, aber niemals normative oder wertende Aussagen gemacht werden.

„Die Forderung nach Wertfreiheit bezieht sich im Kritischen Rationalismus ausschließlich auf die eigentlichen Werturteile: Wissenschaft, so das Ergebnis, setzt mit der Wertbasis selbstverständlich Wertentscheidungen voraus, aber darf selbst innerhalb der Wissenschaft keine Normen aufstellen" (König/Zedler 1998, 49).

Die Aufgabe wissenschaftlicher Theoriebildung liegt in der Beschreibung, Erklärung und Vorhersage von Phänomenen, verbunden mit der Entwicklung von Technologien, um erwünschte Ergebnisse herbeizuführen bzw. unerwünschte zu vermeiden.

Für die empirische Erziehungswissenschaft stellt Brezinka heraus, dass sie „zum Zweck der realwissenschaftlichen Erkenntnis des Kulturphänomens Erziehung entworfen (ist) und … auf empirische Probleme oder Tatsachenfragen beschränkt (ist)" (König/Zedler 1998, 328). An anderer Stelle führt er weiter aus:

Empirische Erziehungs- wissenschaft

„Die empirische Erziehungswissenschaft hat Erziehungsphänomene zum Gegenstand, aber sie gibt keine Vorschriften für das Erziehen. Sie informiert über die Wirkzusammenhänge, die in Erziehungsfeldern bestehen; insbesondere über die Beziehungen zwischen zu erziehenden Menschen, den für sie gesetzten Erziehungszielen, den Bedingungen ihrer Erreichung, den Erziehern und ihren erzieherischen Handlungen als Mitteln und seinen Ergebnissen. Soweit darüber gesetzesartiges Wissen existiert, kann es auch erziehungstechnologisch zur Aufklärung über Handlungsmöglichkeiten genutzt werden" (Brezinka 1989, 330 f, Hervorhebung im Original).

Kritische Theorie Im Gegensatz zu dem positivistischen Verständnis einer wertfreien Wissenschaft ist eine grundlegende Prämisse der Kritischen Theorie, dass Wissenschaft immer Teil der gesellschaftlichen Arbeit ist. Die Gegenstände der Forschung im sozialwissenschaftlichen Bereich sind aus dieser Perspektive immer durch die Gesellschaft vermittelt. Für die Erziehungswissenschaft ergibt sich daraus die Notwendigkeit, ihre je gegebenen historisch-gesellschaftlichen Entstehungs- und Verwertungsbedingungen in ihr Wissenschaftsverständnis mit einzubeziehen. Das Ziel der Kritischen Theorie ist deshalb nicht die wertfreie Beschreibung, Erklärung und Vorhersage von Phänomenen, sondern die Aufklärung über gesellschaftliche Entstehungszusammenhänge sozialer Gegebenheiten, um hinter diese Erscheinungen zu blicken und damit das „Wesen" einer Gesellschaft erkennen zu können.

„Im Unterschied zur Ausklammerung des gesellschaftlichen Verwendungszusammenhanges wissenschaftlicher Erkenntnisse in der traditionellen Theorie, fordert Kritische Theorie die Einbeziehung und Vorwegnahme des Verwendungszusammenhanges durch eine Festlegung des Zwecks, dem die Theorie gesellschaftlich dient. Die Festlegung des Zweckes, der die Theoriebildung leitet, erfolgt als Antizipation von gesellschaftlichen Verhältnissen, in denen die Menschen selbstbestimmt und frei von Zwängen in der Lage sind, ihr Zusammenleben zu organisieren. Diese Antizipation wird für Theoriebildung wirksam als Frage nach den Ursachen und Gründen, die eine Selbstbestimmung und eine vernünftige Verfasstheit des gesellschaftlichen Zusammenlebens verhindern. Theorie, die sich in ihren Untersuchungen von dieser Frage leiten lässt, hat eine praktische Absicht, nämlich durch Aufklärung über den gesellschaftlichen Entstehungszusammenhang von Verhältnissen, die einer Selbstbestimmung entgegenstehen, zur Veränderung der gesellschaftlichen Verhältnisse beizutragen" (König/Zedler 1998, 117).

Aufklärung und Emanzipation Zentrale Orientierungen der Kritischen Theorie liegen damit in der Aufklärung und Emanzipation zur Befreiung aus der „unverschuldeten Unmündigkeit", indem durch Reflexionsprozesse Verdinglichung, Kommunikations- und Denkbarrieren aufgelöst werden. Eine Kritische Theorie in der Erziehungswissenschaft hat zum Ziel, „dass sie Prozesse der Unterdrückung, der sozialen Ungerechtigkeit, überflüssiger Herrschaft, der Verdinglichung und Selbstentfremdung im Bereich der Erziehung aufdeckt, ihre gesellschaftlichen und institutionellen Ursachen analysiert und mögliche Handlungskonsequenzen ins Auge fasst" (Wulf 1983, 193).

Paradigmen Diese kurze Nachzeichnung des Positivismusstreits macht deutlich, dass die Frage, was Wissenschaft im sozialen Bereich ist, welche Aufgaben, Ziele und Methoden sie umfasst, keineswegs eindeutig geklärt ist, sondern dass es vielmehr unterschiedliche Paradigmen gibt. Unter einem Paradigma in der Wissenschaft versteht man dabei nach Kuhn (1967) eine wissenschaftliche Schule oder Strömung, die einen gemeinsamen Fundus an Theorien, Methoden, empirischen Befunden, Meinungen und Wertungen aufweist.

Neben dem Positivismusstreit gibt es noch eine Vielzahl von weiteren metatheoretischen Disputen in den Sozialwissenschaften, die auch im erziehungswissenschaftlichen Bereich ausgetragen werden: zum Beispiel zwischen Marxisten und Interaktionisten, zwischen Behaviorismus, humanistischer Psychologie und Psychoanalyse, zwischen Systemtheorie und Individualpsychologie etc. In neuerer Zeit hat eine weitere Perspektive im Bereich der metatheoretischen Diskussionen für Auseinandersetzungen gesorgt: der *Radikale Konstruktivismus*.

Die Grundthese, die in diesem Ansatz vertreten wird, besagt, dass wir die Welt, in der wir leben, durch unser Zusammenleben, durch unsere Kommunikationen und Interaktionen, durch unser Erfahren, Wahrnehmen und Handeln konstruieren und nicht abbilden. Daraus ergibt sich die Perspektive, dass eine Trennung gemacht werden muss zwischen einer vor aller Wahrnehmung gegebenen „ontischen Wirklichkeit" und der Wirklichkeit, die wir im Prozess unseres Zusammenlebens erzeugen. Erstere – so der Radikale Konstruktivismus – bleibt uns immer verschlossen, denn keine Beschreibung von Wirklichkeit kann jemals ohne den Beobachter gemacht werden, der sie vornimmt. Damit ist aber jede Aussage, auch jede wissenschaftliche Aussage, niemals objektiv (also vom Beobachter unabhängig), sondern sie ist an den Möglichkeitsraum der Beobachtung des Beobachters gebunden.

Konstruktivismus

„Die Instrumente des Beobachtens (seien es Sinnesorgane, technische Beobachtungsinstrumente wie Mikroskope oder Ultraschallgeräte, oder seien es kognitive Strukturen, Begriffe, Theorien oder Weltsichten) definieren den Möglichkeitsraum der Beobachtung" (Willke 1994, 23).

Wissenschaftlich aufgestellte Gesetze, Modelle und Theorien bilden aus dieser Perspektive keine objektive Wirklichkeit ab. Wissen umfasst somit keine Repräsentationen einer „ontischen Wirklichkeit". Die Schaffung von Wissen ist vielmehr als Prozess der Konstruktion zu verstehen.

„Wissen als Resultat eines Erkenntnisprozesses ist demnach nicht ein Abbilden im Sinne eines Entdeckens der äußeren Wirklichkeit, sondern eher eine *Konstruktion* von Wirklichkeit" (Fischer 1995, 20, Zitat ohne Kursivdruck im Original).

Beziehung zwischen Wissen und Wirklichkeit Die Frage, die sich daraus ergibt, ist die Beziehung zwischen Wissen und Wirklichkeit, denn Wahrheit – als letztgültige Einsicht in die Wirklichkeit – kann nicht mehr das Kriterium für wissenschaftliches Handeln sein. Glasersfeld führt hier die Viabilität ein.

Viabilität „Wenn diese begrifflichen Gebilde, die der Konstruktivismus ‚Wissen' nennt, passen, so heißt dies nicht mehr und nicht weniger, als dass dieses Wissen sich der Erfahrungswelt als Selektionsmechanismus stellt und dass aus diesem Rückkoppelungsprozess ein für den erkennenden Organismus so lange gangbarer (‚viabler') Weg erzeugt wird, als dieser sein Überleben bzw. seine Anpassung sichert. Erkenntnis als Konstruktion in diesem Sinne heißt aber nicht, die Wirklichkeit als beliebige, willkürlich zuzurichtende phantastische Konstruktion zu begreifen, sondern als Konstruktion, die von der Widerständigkeit der ontischen Welt nicht negiert wird, und insofern ‚passt' bzw. viabel ist, als sie funktioniert. Im evolutionären Prinzip des ‚Passens' liegt die Parallele zur evolutionären Erkenntnistheorie und zum kritischen Rationalismus, der sich allerdings doch zu einer Form von Realismus bekennt" (Fischer 1995, 20).

Der Radikale Konstruktivismus ist dabei durch ein pragmatisches Wissenschaftsverständnis gekennzeichnet: Wissenschaft dient der Erhaltung und Erweiterung unserer Handlungsmöglichkeiten, sie trägt zur Optimierung der Lebensbedingungen und der längerfristigen Sicherung des Überlebens der Art bei (Schmidt 2000, 38).

An dieser Stelle soll die Darstellung metatheoretischer Dispute nicht vertieft werden. Das Ziel war es herauszuarbeiten, dass wissenschaftliches Arbeiten durch unterschiedliche metatheoretische Prämissen, unterschiedliche Theoriebegriffe und unterschiedliche methodische Orientierungen gekennzeichnet ist. Um wissenschaftliche Aussagen einordnen und einschätzen zu können, ist es deshalb sehr hilfreich, die zugrunde liegende wissenschaftstheoretische Position zu kennen.

Kriterien wissenschaftlicher Theoriebildung Trotz der aufgezeigten Differenzen gibt es jedoch grundlegende Anforderungen an wissenschaftliche Theoriebildung, die solche Theorien von Alltagstheorien, also Theorien, die prinzipiell jede Person im Alltag ständig aufstellt, unterscheiden. Hier hat Schulze (1980, 40) spezifische Kriterien formuliert, die bis heute hilfreich sind, wissenschaftliche Theorien von alltagswissenschaftlichen Theorien abzugrenzen:

„**1. Daten:** Sie berufen sich nicht allein auf persönliche Eindrücke und Erfahrungen. Sie versuchen, ihre Annahmen und Aussagen auf systematisch gesammelte, empirische Daten zu stützen, die im Prinzip jedermann zugänglich sind.

2. **Gegenstandsbereich:** Sie beziehen sich auf einen bestimmten, genauer umrissenen Gegenstandsbereich. Sie versuchen anzugeben, für welche Erscheinungen ihre Annahmen und Aussagen gelten sollen und für welche nicht.

3. **Konzepte:** Sie versuchen für den Gegenstandsbereich ein umfassendes Konzept zu entwerfen, ein Modell zu konstruieren, das einen logischen Zusammenhang herstellt zwischen den einzelnen Erscheinungen, und in vernünftiger Weise erklärt, was in diesem Bereich geschieht. Sie geben darüber hinaus zu verstehen, dass solche Konzepte nur Konstruktionen der Wirklichkeit sind und nicht diese Wirklichkeit selbst.

4. **Reflexion:** Sie suchen die einzelnen Schritte, die zu der Konstruktion geführt haben, zu kontrollieren und für andere nachvollziehbar zu machen. Sie enthalten Reflexionen über das methodische Vorgehen, über die Voraussetzungen, auf denen sie beruhen, und über die Reichweite und Geltung der gemachten Annahmen und Aussagen.

5. **Diskussionen:** Sie setzen ihre Annahmen und Aussagen Einwänden und widersprechenden Tatsachen oder Erfahrungen aus. Sie bringen sie in einen Diskussionszusammenhang ein, beziehen sich auf vorausgegangene Untersuchungen und Überlegungen.

6. **Fragen und Kritik:** Sie gehen von einer Fragestellung aus, wollen etwas herausfinden, zu neuen Erkenntnissen gelangen, die ihrerseits neue Handlungsmöglichkeiten eröffnen oder gewohnte Handlungsweisen besser verstehbar machen. Sie betrachten ihren Gegenstand kritisch, aber im Sinne einer neugierigen, konstruktiven Kritik, die noch offen und auf die Erweiterung unserer Vorstellungen und Pläne gerichtet ist" (Schulze 1980, 40f, ohne Hervorhebung im Original).

Die hier formulierten Kriterien bieten sich als Prüfkriterien für die Wissenschaftlichkeit theoretischer Aussagen an. Im Folgenden soll nun versucht werden, zentrale theoretische Modellvorstellungen von Lernbeeinträchtigungen vorzustellen, die historisch oder aktuell besonders bedeutsam waren bzw. sind. Die Einteilung der vorhandenen Ansätze ist bereits nicht unproblematisch. Eine Möglichkeit besteht in der *Zuordnung zu wissenschaftstheoretischen Konzepten*, also z. B. zur geisteswissenschaftlichen Pädagogik, zur Kritischen Theorie, zu marxistischen, interaktionistischen, psychoanalytischen, systemtheoretischen Ansätzen etc. Es ist aber auch möglich, *inhaltliche Gesichtspunkte* als Kriterium der Einteilung vorzunehmen. Hier wird unterschieden, welche Aspekte, welche Perspektiven bei der Betrachtung des Phänomens der Lernbeeinträchtigungen im Mittelpunkt stehen. Für ein einführendes Buch spricht einiges dafür, den zweiten Weg zu wählen, da davon auszugehen ist, dass die Leserinnen und Leser zunächst stärker an inhaltlichen Gegebenheiten und Problemen interessiert sind. Dabei soll jedoch nicht auf die wissenschaftstheoretische Einordnung der jeweiligen Ansätze verzichtet werden.

3.2 Lernbeeinträchtigungen als individuelle Defekte

Pathologische Ursachen Grundlage der theoretischen Ansätze, die Lernbeeinträchtigungen auf individuelle Defekte zurückführen, ist ein medizinisches Modell, das sich an einem positivistischen Wissenschaftsverständnis orientiert. Bestimmte Schülerinnen und Schüler – so ist zu beobachten – können den schulischen Lern- und Leistungsanforderungen nicht genügen. Da andere Schüler dies augenscheinlich können, liegt es zunächst nahe, die Ursache für Lernbeeinträchtigungen als Störung oder Defekt im Kind zu vermuten. Nach Suhrweier (1993, 37) kann Lernbehinderung im organfunktionellen Bereich auf

- „genetisch-metabolische,
- chromosomal-bedingte,
- exogen-bedingte Störungen der Hirnentwicklung (prä-peri-postnatal) sowie auf
- Endokrinopathien"

zurückgeführt werden. Der Autor fügt jedoch sofort hinzu, „dass nur bei einem Teil der lernbehinderten Kinder Schädigungen im Potential biologischer Lernvoraussetzungen nachweisbar sind" (Suhrweier 1993, 37). Und da dieser Teil eher sehr klein ist – Kniel gab 1979 für Kinder mit einem IQ zwischen 50 und 70 einen Anteil von 6% mit einem Nachweis pathologischer Ursachen an – bietet dieser Ansatz kein umfassendes Modell zur Erklärung des Phänomens der Lernbeeinträchtigungen.

An Stelle medizinisch fassbarer Schädigungen, die nur bei einer sehr kleinen Gruppe der Schülerinnen und Schüler mit Lernbeeinträchtigungen nachweisbar sind, erhielt das Konzept der Intelligenz eine herausragende Bedeutung in der Erklärung von Schulversagen. Alltagssprachlich wird unter Intelligenz meist eine stabile geistige Fähigkeit verstanden; ähnlich sah die ältere Psychologie Intelligenz als das „Ganze der Verstandesanlagen" (Rempler 1954, 55). In neuerer Zeit haben sich 52 Forscher auf die folgende Definition geeinigt: „Intelligenz ist eine sehr allgemeine geistige Fähigkeit, die unter anderem die Fähigkeiten zum schlussfolgernden Denken, zum Planen, zum Problemlösen, zum abstrakten Denken zum Verstehen komplexer Ideen, zum raschen Auffassen und zum Lernen aus Erfahrung einschließt." (Gottfredson, 1997a, 13, zit. nach Zimbardo/Gerrig, 2003, 405).

Intelligenz ist danach eine sehr allgemeine mentale Fähigkeit, die daran beteiligt ist, vernünftig zu urteilen, zu planen, abstrakt zu denken, komplizierte Ideen zu verstehen sowie schnell und aus Erfahrungen zu lernen. Sie ist nicht das Auswendiglernen von Büchern, nicht eine schmale akademische Begabung oder Cleverness beim Ausfüllen von Fragebögen. Vielmehr ist sie eine wesentlich breitere und tiefere Befähigung, unsere Welt zu begreifen, zu durchschauen und sinnvoll in ihr zu handeln.

Intelligenz

Zudem ist festzustellen, dass es heute keineswegs nur eine, sondern eine Vielzahl von Intelligenztheorien gibt und weiterhin darüber gestritten wird, wie Intelligenz gemessen werden kann. „Einige Psychologen glauben, dass menschliche Intelligenz quantifiziert und auf einen einzigen Wert reduziert werden kann. Andere behaupten, dass Intelligenz viele Komponenten hat, die einzeln erfasst werden sollten. Wieder andere sind der Ansicht, es gäbe mehrere unterscheidbare Arten von Intelligenz über die unterschiedlichen Lebensbereiche hinweg" (Zimbardo/Gerrig 2003, 405). Dabei ist zu beachten, dass Begriffe wie Intelligenz, Begabung, Kreativität, Lernbehinderung und Lernbeeinträchtigungen Konstruktbegriffe sind. Dies bedeutet, dass die damit beschriebenen Phänomene nicht direkt bzw. unmittelbar, sondern mittelbar, d.h. aus dem (beobachteten) Verhalten einer Person geschlossen werden. Um dies zu können, werden spezifische Testverfahren entwickelt.

Allgemein betrachtet handelt es sich dabei um standardisierte Beobachtungsinstrumente, die auf der Grundlage von definierten Gütekriterien, objektive, valide und reliable Aussagen über die Intelligenzleistung der Getesteten zulassen sollen. Die Tests sind in der Regel so konzipiert, dass sie die kognitiven Fähigkeiten anhand verschiedener Subtests (z.B. schlussfolgerndes Denken, abstrakt-kategoriales Denken, räumliches Vorstellungsvermögen, Gedächtnisleistung, Wortschatz, Zahlenverständnis, Allgemeinwissen) untersuchen. Ein standardisiertes Auswertungsschema soll dann eine möglichst objektive Beurteilung der Ergebnisse, die sich in Form des Intelligenzquotienten (IQ) ausdrücken lassen, sicher stellen. Der IQ beschreibt dabei die relative Position des Getesteten innerhalb einer Altersgruppe, in der ein IQ von 100 einer durchschnittlichen Intelligenz entspricht (vgl. Kail/Pellegrino 1989, 47).

Der Intelligenz kam (und kommt auch heute noch) insbesondere im Rahmen des Konzepts der Lernbehinderung ein zentraler Stellenwert zu. So definierte Bach: „Im allgemeinen wird ein Kind als lernbehindert angesehen, wenn seine seelisch-geistige Gesamtsituation um etwa ein bis zwei Sechstel unterhalb des Regelbereiches liegt, sich

Lernbehinderung und Intelligenz

also im Rahmen dessen befindet, was bei einem IQ von etwa 60/65 bis 80/85 unter mäßigen sonstigen Bedingungen an Lernleistungen zu erwarten ist" (Bach 1973, 9). Bleidick (1968, 455) formulierte:

> „Das wesentliche unterscheidende Kriterium zwischen Volksschule und Lernbehindertenschule ist ebenfalls zweifelsfrei die Höhe des IQ der Kinder. Es gibt neben dem Merkmal Niedrigkeit des IQs auch bei Lernbehinderten, trotz gut gemeinter Ansätze, noch keine bessere Markierungseinheit... Die Folgerung liegt insofern nahe – solange keine anderen psychodiagnostisch objektivierten Kriterien vorhanden sind – den niedrigeren IQ als relativ verlässliche Indikation für eine präzise Fassung der Hilfsschulbedürftigkeit und damit des pädagogischen Selbstverständnisses dieser Schule überhaupt anzusehen."

Klauer (1977, 6) relativiert die Bedeutung der Intelligenz für Schulerfolg etwas, indem er betont, dass „Intelligenz ... eine sehr wichtige Bedingung des Lernens (ist), aber keinesfalls die allein ausschlaggebende". Für ihn ist Lernbehinderung durch eine herabgesetzte Lernleistung gekennzeichnet, die durch eine Intelligenzschwäche mitbedingt ist.

Zur Feststellung des sonderpädagogischen Förderbedarfs im Schwerpunkt Lernen spielen bis heute Intelligenztests eine wesentliche Rolle. Diese werden immer noch in den Bundesländern bei vielen Verfahren vorgeschrieben.

Gleichwohl wird der Aspekt der Intelligenz bei der Erklärung und Vorhersage von Lernversagen in der Schule auch kritisch gesehen. So weisen Helmke und Weinert (1997, 105) darauf hin, „dass die Beziehung zwischen Leistungsfähigkeiten (z. B. Intelligenz, R. W.) und Leistungsergebnissen keineswegs perfekt ist".

Im Bereich der Lernbeeinträchtigungen wird dies an verschiedenen Stellen deutlich (vgl. hierzu auch Suhrweier 1993, 38 ff und Randoll 1991, 46 ff).

1. Moderne Konzepte von Intelligenz lehnen es ab, eine enge Verknüpfung zwischen dem IQ-Wert und der Intelligenz eines Menschen zu konstatieren (vgl. Zimbardo/Gerrig 2003, 418).
2. Der Wertbereich, angegeben als Intelligenzquotient, der Lernbehinderungen umfassen soll, ist nicht eindeutig definiert. Angaben zur unteren Grenze schwanken zwischen einem IQ 50 und einem IQ 65 und Angaben zu einer oberen Grenze liegen zwischen IQ 70 und IQ 85.
3. Es gibt einen großen Überschneidungsbereich der Verteilung von IQ-Werten in Förderschulen und Grund- bzw. Hauptschulen (vgl. hierzu Thimm/Funke 1980, 589 ff; Wocken 2000; 2005; 2007).

Das heißt, in Sonder- und Förderschulen findet man einen nicht unerheblichen Teil von Schülern mit durchschnittlichen manchmal auch überdurchschnittlichen Intelligenzwerten und an Grund- und Hauptschulen gibt es ebenfalls nicht wenige Schüler mit einem unterdurchschnittlichen Intelligenzquotienten.

Hierdurch wird deutlich, dass Intelligenz lediglich ein Faktor unter anderen zur Erklärung von Lernversagen in der Schule darstellt. Dabei muss berücksichtigt werden, dass Intelligenz keineswegs eine statische bzw. biologische Größe ist. Zwei Studien sollen dies verdeutlichen:

Rosenthal und Jacobson (1968) haben die Auswirkungen von Erwartungshaltungen auf IQ-Werte untersucht. Dabei konnte deutlich gemacht werden, dass eine Veränderung der Lehrererwartung Auswirkungen auf die intellektuelle Leistungsfähigkeit der Schüler hat. Den Lehrpersonen wurde erklärt, dass ein Test, der mit den Schülern in den Klassen K (Kindergarten) bis 5 durchgeführt wurde, „Aufblüher" identifizieren könne, die im folgenden Jahr mit großer Wahrscheinlichkeit ungewöhnliche Fortschritte in der Schule wie auch im intellektuellen Verhalten allgemein machen würden. Es handelte sich bei dem Test jedoch nur um einen nichtverbalen Gruppenintelligenztest. Den Lehrpersonen wurde nach der Testdurchführung eine Liste mit den Schülernamen vorgelegt, die als „Spurter" bezeichnet wurden. Die Auswahl dieser Schüler erfolgte rein zufällig. Bei der Wiederholung des Gruppenintelligenztests nach ein und nach zwei Jahren zeigte sich bei diesen Kindern (den „Spurtern") eine überdurchschnittliche Zunahme des Intelligenzquotienten, die auf die – künstlich erzeugten – Vorannahmen der Lehrkräfte zurückgeführt wird.

Die Relativität von Intelligenz

Die durch die Untersucher erzeugten Bedeutungszuschreibungen – „dieses Kind ist besonders intelligent und damit auch besonders lernfähig" – schaffen Interaktions- und Kommunikationsstrukturen, die anscheinend diese angenommenen Fähigkeiten tatsächlich anregen und fördern. Dieses Phänomen ist als *self-fulfilling prophecy* bekannt geworden. Natürlich wirkt es auch bei der Entstehung und Stabilisierung einer Behinderung des Lernens, denn die Annahme, dass ein Schüler dumm, unbegabt und wenig intelligent ist, kann vice versa zu einer Beeinträchtigung seiner Lernfähigkeit führen.

Die enge Beziehung zwischen dem, was Intelligenztests messen, und den Lebensbedingungen von Kindern hat eine Studie von Duyme / Dumret / Tomkiewicz (1999) deutlich gemacht. Bei Kindern aus äußerst schwierigen sozial randständigen Lebenswelten mit schwerwiegenden Deprivationserfahrungen in früher Kindheit konnte aufgrund eines Milieuwechsels durch Adoption ein signifikanter Zuwachs der in IQ-Tests gemessenen Werte nachgewiesen werden. In die Untersuchung wurden 65 Kinder einbezogen, die zwischen dem vierten und sechsten Lebensjahr adoptiert wurden und zu der Zeit einen IQ kleiner als 86 (Mittelwert 77, Standardabweichung [S. D.] = 6,3) aufwiesen. Alle Kinder wurden in der frühen Kindheit vernachlässigt oder missbraucht und wuchsen in sozial randständigem Milieu auf. Sie wurden nach vier Jahren, die sie in ihren Adoptivfamilien gelebt hatten, erneut untersucht. Die Ergebnisse zeigen einen deutlichen Anstieg der IQ-Werte. Je höher der sozio-ökonomische Standard der Adoptivfamilie war, desto höher waren die IQ-Werte bei der zweiten Untersuchung. Die Autoren kommen damit zu dem Schluss-Statement, "that, even after early childhood, some environmental factors highly increase borderline IQ's" (Duyme / Dumret / Tomkiewicz 1999, 8793).

Intelligenz ist also eng verknüpft mit sozialen Interaktionsprozessen und lebensweltlichen Entwicklungsbedingungen von Menschen. Kanter (1977, 54) kam schon unter Rückgriff auf die Ausführung von Aebli (1969, 166 ff) zu der Einschätzung, dass „Intelligenzleistungen … durch vielfältige Umweltfaktoren und ständig sich wiederholende(n) Lebenssituationen über Lernprozesse ausgebildet (werden)", und zwar im Sinne einer „ungeleiteten Entwicklung". In neuerer Zeit hat auch die pädagogische Psychologie diesen Sachverhalt wiederentdeckt. So weisen Helmke und Weinert (1997, 109) darauf hin, „dass die kognitive Entwicklung nicht nur Bedingung, sondern stets auch eine Folge, ja sogar ein Ziel schulischen Lernens darstellt…" (Helmke / Weinert 1997, 109).

Boringsches Diktum   Interessant ist in diesem Zusammenhang das sogenannte Boringsche Diktum:

> „Intelligenz als messbare Fähigkeit muss vorab als die Fähigkeit definiert werden, in einem Intelligenztest gut abzuschneiden. Intelligenz ist, was der Test testet" (zit. nach Herrnstein 1973).

Damit ist es nicht mehr verwunderlich, dass verschiedene Faktoren intelligenten Verhaltens unterschiedlich mit Schulerfolg korrelieren. Suhrweier (1993, 41) stellt heraus, dass stärkere Beziehungen zum Sprachentwicklungsstand und Schulleistungen bestehen, und Ingenkamp (1988, 45) kommt zu dem Ergebnis, dass

> „Intelligenz dann ein guter Prädiktor für Lernerfolg (ist), wenn die Intelligenztests in allgemeiner Form die Anforderungen stellen, die im Lernprozess spezi-

fisch gefordert werden, wenn also z.B. mathematische und verbale Denkpro-
zesse berücksichtigt werden. Hier kommen also wieder soziale Sachverhalte
ins Spiel, denn unterschiedliche sozio-kulturelle Lebensbedingungen führen
zu unterschiedlichen Vorerfahrungen im mathematischen und verbalen Bereich. Und gerade diese Vorerfahrungen haben bedeutsame Auswirkung auf
Lernerfolge von Schülern".

Dass das Phänomen Intelligenz und Intelligenztest zudem immer auch
im Kontext sozialer Kontrolle und Sicherung sozialer Privilegien zu
sehen ist, hat Chorover (1982, 52) deutlich gemacht.

Abschließend sollen hier die Schwächen der Intelligenzmessung
zur Erklärung des Phänomens Schulversagen, wie sie Suhrweier
(1993, 40 f) zusammengestellt hat, wiedergegeben werden:

- „Es wird etwas gemessen (Intelligenz), was in seiner Struktur und Entwick-
  lung noch nicht befriedigend aufgearbeitet ist.
- Gleiche Leistungen können durchaus unterschiedlich erbracht werden, so-
  dass nicht bei allen das Gleiche geprüft und gemessen wird.
- IQ ist ein ‚Sammelquotient', der ganz Verschiedenes vereint.
- Die meisten Intelligenztests sind verbalabstrakt ‚kopflastig'.
- Es wird nur ein Teil der Intelligenz (wenn überhaupt) erfasst, und zwar der,
  der in der Schule und später gebraucht wird.
- Der IQ stellt eine Summation von Ergebnissen dar, er bildet keine individu-
  elle Intelligenzstruktur ab.
- Die Lebenserfahrungen der Kinder bleiben weitgehend unberücksichtigt.
- In den meisten Fällen bieten Intelligenztests keine Ansatzpunkte für Inter-
  ventionen.
- Testergebnisse werden nicht selten durch die Prüfsituation verfälscht.
- Der Gesamt-IQ verdeckt Differenzen bei den einzelnen Items …
- Die bisherige Prozedur der Gütekriterien ist innovationsbedürftig …
- IQ-Werte sind nicht genau zu fixieren; sie zeigen einen Standardmessfeh-
  ler …
- Der prognostische Aussagewert von IQ-Testergebnissen ist umstritten"
  (Suhrweier 1993, 41).

3.3 Lernbeeinträchtigungen und soziale Randständigkeit

Behinderungen sind – im gesellschaftlichen Kontext – ungleich verteilt. Mit sinkender sozialer Schichtzugehörigkeit bzw. mit steigen-
der Armut nimmt – nicht nur bei Lernbeeinträchtigungen – das Risiko zu, behindert zu werden (Cloerkes 1997, 66 ff). Bei Schülerinnen
und Schülern, die in den so genannten Regelschulen versagen, tritt

**Soziale
Verursachung von
Lernbeeinträchti-
gungen**

dieses Phänomen in besonderer Deutlichkeit hervor und ist seit Anbeginn einer besonderen Beschulung, in Hilfsschulen, seit Ende des 19. Jahrhunderts bekannt. So schreibt Stötzner (1864, 7): „Gerade in den unteren Schichten, wo es oft an zweckmäßiger Ernährung, gesunder Wohnung, sorgfältiger Erziehung der Kinder fehlt, stellt sich die Zahl der Schwachsinnigen als eine wahrhaft schreckenserregende heraus."

Nicht die gesellschaftlich vermittelte soziale Lebenssituation, sondern der medizinische Erklärungsansatz des Schwachsinns und damit ein individueller Defekt wurde zu dieser Zeit jedoch noch für das Schulversagen verantwortlich gemacht. Die soziale Verursachung von Lernbeeinträchtigungen wurde in besonderer Weise erst in den 70er Jahren des 20. Jahrhunderts herausgestellt. In den 1960er Jahren zeigten Untersuchungen schichtspezifische Unterschiede in den Sozialisationsprozessen von Kindern auf, die sich auf die Bildungschancen auswirken. Eine Vielzahl von empirischen Ergebnissen machten deutlich, dass Kinder aus sozial benachteiligten Elternhäusern im Vergleich zu Kindern aus der sogenannten Mittelschicht – auch bei vergleichbaren Intelligenzquotienten – schlechtere Bildungs- und damit auch Zukunftschancen hatten (vgl. z. B. Whiteman/Deutsch 1968).

Roth (1968, 40 f) wies auf spezielle Untersuchungen von Kindern der Unterschicht in den USA hin, die aufzeigen, „daß diese wenig selbstständig aktiv, vor allem wenig zukunftsgerichtet und aufstiegsgerichtet orientiert sind, und dass sie weiterführende Schulen gar nicht erst ins Auge fassen". Weiter stellt er fest: „Die unbewussten und bewussten Erziehungs- und Sozialisierungsprozesse, die in der Familie dem Schuleintritt vorangehen, sind für die geistige Entwicklung von körperlich und geistig gesunden Kindern vermutlich wichtiger als die vererbten Anlagen." Die Benachteiligung von Unterschichtkindern im Schulsystem wurde im Weiteren durch eine Vielzahl an Studien nachgewiesen (vgl. z. B. Rolff 1972).

Sozialstatistiken der 1970er Jahre So war es nicht verwunderlich, dass auch im Bereich der sogenannten Lernbehindertenpädagogik – mit einiger Verspätung – die soziokulturelle Benachteiligung der Sonderschüler thematisiert wurde. Anfang bis Mitte der 1970er Jahre wurden vorrangig sozialstatistische Untersuchungen zu den Lebensbedingungen sogenannter Lernbehinderter durchgeführt.

 Vgl. hierzu Begemann 1970, Eggert 1972, Ferdinand und Uhr 1973, Klein 1973, Topsch 1975, Kerkhoff 1975.

Insgesamt wird in den sozialstatistischen Untersuchungen der 1970er Jahre deutlich, dass über 90 % der Schüler in der Schule für Lernbehinderte aus unteren bis untersten sozialen Schichten stammen, gegenüber einem damals zu erwartenden Anteil von rund 45 %. Eine besonders deutliche Überrepräsentation in der Schule für Lernbehinderte zeigt sich bei Schülerinnen und Schülern aus der unteren Unterschicht einschließlich der sozial verachteten (bei Begemann 50 %, bei Eggert 53,4 %). Der Anteil dieser Bevölkerungsgruppen an der Gesellschaft betrug zu dieser Zeit zwischen 15 % und 20 %.

Begemann (1970, 70 und 1974, 82 ff) und Klein (1973, 11 ff) konnten zudem spezifische Merkmale der Familienstruktur und der Wohnverhältnisse von so genannten Lernbehinderten nachweisen. „Lernbehinderte" kommen in der Regel aus größeren Familien als Hauptschüler (Klein 1973, 11), ihre Wohnverhältnisse sind beengter, sie haben im Vergleich zu den Wohnungen von Volks- bzw. Hauptschülern häufig kein Bad bzw. Zentralheizung und die Schüler haben in weit geringerem Maße ein eigenes Zimmer, ein eigenes Bett und einen eigenen Arbeitsplatz.

Ebenfalls war der Anteil von Lernbehinderten unter den früher so bezeichneten Fürsorgezöglingen bis zu 6 mal höher als der, den die KMK derzeit für die Gesamtbevölkerung annahm, und fast 10 mal höher als der entsprechende von der Bildungskommission kalkulierte Anteil (Thimm / Funke 1980, Eberhard / Kohlmetz 1973). Auch die Anzahl von Schülern der Schule für Lernbehinderte, die aus Obdachlosensiedlungen kommen, wurde als überproportional hoch angegeben. Thimm und Funke (1980, 597) fassen diesbezügliche Studien folgendermaßen zusammen:

„Im Regelfall geht jedes zweite Kind aus einer Obdachlosensiedlung in eine Lernbehindertenschule. Höchstens zwei von drei Kindern haben die Chance, in der Volksschule zu verbleiben, ohne jedoch die Garantie zu haben, diese erfolgreich zu durchlaufen" (vgl. auch die Untersuchung von Iben 1991).

Die Anfang der 1970er Jahre gefundenen Ergebnisse zeigen, dass die Schule für Lernbehinderte in überwiegendem Maße von sozial randständigen Schülerinnen und Schülern der sozialen Unterschicht besucht wird. Gleichzeitig zeichnet sich jedoch ab, dass keineswegs alle Kinder dieser Sozialschichten zur Schule für Lernbehinderte gehen. So zeigten Untersuchungen, dass nur etwa 10 % (Thimm / Funke 1980, 594) aller Unterschichtkinder die Sonderschule für Lernbehinderte besuchten. Der weit größere Teil, etwa 85 %, ging hingegen zur

Schule für Lernbehinderte als Schule für sozial randständige Schüler?

Volksschule / Hauptschule. Von einer linearen Beziehung zwischen sozialer Schicht und Lernbehinderung kann also nicht ausgegangen werden. Ein zentraler Schwachpunkt der damaligen Untersuchungen lag dabei in dem ungenauen und wenig aussagekräftigen Schichtungsmodell.

 Zur Kritik vgl. Bargel 1973, Klein 1976, 70 ff, zusammenfassend Preuss-Lausitz 1981, 19.

Die Kategorie der sozialen Unterschicht war äußerst heterogen und umfasste sozial randständige Familien genauso wie Facharbeiterhaushalte. Um hier eine genauere Beschreibung der Lebensbedingungen zu ermöglichen, forderte Klein (1976, 71) einen „Deprivationsindex", in dem das konkrete Maß sozialer Belastung angegeben werden sollte.

Preuss-Lausitz (1981, 21) versuchte auf der Grundlage einer marxistisch orientierten Klassentheorie eine genauere soziale Positionierung vorzunehmen und verortete die Schülerinnen und Schüler der Schule für Lernbehinderte in dem Teil der Arbeiterklasse, die dem „Kernbereich der materiellen Produktion" nahe stehen, also besonders schwierige ungesicherte Lebensbedingungen vorfinden. Die Kumulation entwicklungsbeeinträchtigender, sozio-kulturell benachteiligender Faktoren hat Klein (1985) durch die Analyse von Lebensläufen von Schülerinnen und Schülern der Schule für Lernbehinderte aufgezeigt.

Gegenwärtige Sozialstruktur   Diese Erfassung der Lebensbedingungen sogenannter lernbehinderter Schüler erfuhr dann über viele Jahre kaum wissenschaftliche Aufmerksamkeit. So konstatiert Mand (1996, 166) Mitte der 1990er Jahre: „20 Jahre sind eine lange Zeit, da könnte sich einiges geändert haben in der Sozialstruktur Deutschlands, in der Zusammensetzung der Schülerschaft der Schule für Lernbehinderte." Seit Anfang 2000 sind wieder einige Studien durchgeführt worden, die deutlich machen, dass sich die soziale Lage der Schülerinnen und Schüler an Sonder- / Förderschulen nicht wesentlich geändert hat (Klein 2001; Koch 2004a und b; vgl. zusammenfassend auch Werning / Löser / Urban 2008). Förderschüler kommen weiterhin überwiegend aus armen, sozial benachteiligten Milieus. Insbesondere zwei Aspekte aber haben sich geändert: Aufgrund der gesellschaftlichen Entwicklung gibt es zum einen einen deutlichen Anstieg der Arbeitslosigkeit in den Familien. Zum anderen lässt sich eine deutliche Überrepräsentierung von Kindern mit Migrationshintergrund in Förderschulen nachweisen (Golz 1996; Kornmann/Klingele 1996; Kornmann 1998; Kornmann/Kornmann 2003; Löser/Werning 2011). Die Ergebnisse der Untersuchung von Klein (2001, 55) zeigen zudem, dass die soziale Lage der Schüler ohne deutschen Pass an Förderschulen noch deutlich ungünstiger ist als bei ihren deutschen Mitschülern. Dazu zählt, dass die berufliche Qualifikation ausländischer Väter erheblich schlechter ist als bei deutschen Vätern. Die Wohnsituation ausländischer Kinder ist beengter und durch schlechtere Wohnlagen gekennzeichnet; die Zahl der ausländischen Kinder, die einen Kindergarten besucht haben, ist kleiner als die der deutschen Kinder. Ebenso werden ausländische Kinder tendenziell seltener von Frühfördermaßnahmen erreicht als deutsche Kinder.

Auch in der PISA-Studie zeigen die Ergebnisse zu Sozialschichtzugehörigkeit und Bildungsbeteiligung, dass die Wahrscheinlichkeit, eine Förderschule zu besuchen, insbesondere bei Kindern aus Familien unqualifizierter Arbeiter hoch ist (Baumert/Schümer 2001, 358).

Die besondere sozio-kulturelle Situation von Schülern der Schule für Lernhilfe hat auch Gotthilf G. Hiller im Rahmen der Beschreibung einer Schule für Lernbehinderte als „realitätsnahe Schule" (Hiller 1997, 15 ff) thematisiert (vgl. dazu ausführlich Kapitel 4.1.8).

Die Frage, die sich allgemein bei diesen Ansätzen aus der Verknüpfung sozialer Randständigkeit und Lernbehinderung ergibt, betrifft das Warum: Warum versagen sozial randständige Schüler überproportional häufig in der Regelschule?

Hier wiederum gibt es unterschiedliche Erklärungsansätze. Begemann (1996a, 135) schreibt der Sprache „ein zentrales, wenn nicht das wichtigste Moment (zu), um ihre Schulmisere zu verstehen". Sprache entwickelt sich in spezifisch soziokulturellen Kontexten. Da Schule eine mittelschichtspezifische „Hoch"-Sprache fordert, werden Kinder systematisch benachteiligt und in ihrem Lernen behindert, die abweichende, andere Spracherfahrung und Sprachkompetenz mitbringen.

Kommunikationsprobleme

Belusa, Mand, Eberwein und Michaelis (1992) haben in einem qualitativen empirischen Zugang zur Lebenswelt von sozial benachteiligten Kindern und Jugendlichen – insbesondere solche aus sozialen Brennpunkten – auf der Grundlage der Deutungsmusteranalyse Kommunikationsprobleme zwischen Kindern und Jugendlichen aus sozialen Brennpunkten und ihren Lehrern herausgestellt. Ein Ergebnis ihrer Befragung von Schülerinnen und Schülern der Schule für Lernbehinderte in Berlin ist die Herausstellung der Bedeutung der Beziehungsebene bei diesen Schülerinnen und Schülern und ihren Eltern.

„Normen der eigenen (der Schüler und Eltern, R. W.) Lebenswelt werden übertragen auf den schulischen Alltag. Leistungsprobleme und Konflikte in Folge abweichender Verhaltensnormen werden als Ausdruck einer persönlichen Abneigung des Lehrers interpretiert. Solche Einschätzungen erzeugen aggressives Verhalten der Schüler, beeinträchtigen die Motivation und setzen so eine Abwärtsspirale in Bewegung" (Eberwein/Mand 1992).

Nach diesem Ansatz versagen Schülerinnen und Schüler aus sozialen Randgruppen deshalb in der Schule, weil sie in ihren Primärmilieus Rituale, Spielregeln, Situationsdefinitionen entwickelt haben, die mit den schulichen Anforderungen konfligieren. Die Behinderung des Lernens entwickelt sich aus Kommunikationsproblemen zwischen zwei Kulturen (Mand 2003, 91).

Planungskompetenz   Werning und Wischer (2002) haben die sozio-kulturell bedingten Unterschiede im Bereich von Planungskompetenz beleuchtet. Schülern mit Lernbehinderungen wird nicht selten eine mangelnde Planungskompetenz als ursächlicher Faktor für Schulversagen zugeschrieben (Klauer/Lauth 1997, 707 f). Durch den Vergleich lebensweltlicher Bedingungen sogenannter moderner und sozial randständiger Kinder konnten die Unterschiede deutlich herausgearbeitet werden. Während erstere durch die aktive Führung ihres Alltagslebens, durch das Setzen und Einhalten von Terminen, durch das Management von Sozialbeziehungen auf eine stringente Planung kurz-, aber auch langfristiger Prozesse angewiesen sind, ist die Lebenswelt letzterer durch geringe Planungsanlässe gekennzeichnet. Statt aktiver Planung dominiert hier die Verplanung durch andere (insbesondere pädagogische Betreuungsinstanzen) oder durch Medien (z. B. unspezifischer Fernsehkonsum) und die Langeweile (z. B. an Wochenenden). Auch hier führen unterschiedliche sozio-kulturelle Bedingungen der Lebenswelt zur Benachteiligung sozial randständiger Schüler in einer an Mittelschichtsnormen orientierten Schule.

Vorkenntnisse erleichtern Lernen   Auch Ergebnisse aus dem Bereich der Pädagogischen Psychologie können auf dem Hintergrund unterschiedlicher Milieubedingungen interpretiert werden:

So zeigen Untersuchungen, dass die jeweils vorhandenen Vorkenntnisse eines Lerners die folgenden Lernprozesse im gleichen Bereich deutlich positiv oder negativ beeinflussen. So konstatiert Ausubel (1968, vi) "... if I had to reduce all of educational psychology to just one principle, I would says this: 'The most important single factor influencing learning is what the learner already knows. Ascertain this and teach him accordingly'."

Zielinski (1995, 99) sieht im Vorwissen ebenfalls den „mächtigsten Prädiktor des Schulerfolges" und konstatiert, dass Lernschwierigkeiten „auf Defizite in relevanten und gut strukturierten Vorkenntnissen sowie auf mangelndes prozedurales und metamemoriertes Wissen zurückgehen (können)" (1995, 34). Mietzel (1998, 30) bezieht sich auf Anderson, wenn er schreibt: „Grundsätzlich hängt es vom jeweils vorliegenden Wissen eines Menschen ab, wie er dargebotene, neue Informationen wahrnimmt, interpretiert und behält..." (vgl. auch Helmke und Weinert 1997, 106 ff).

Das Committee on Developments in the Science of Learning (2000, 14 f) stellt heraus, dass alle Schülerinnen und Schüler mit Vorwissen und Voreinstellungen in den Unterricht kommen, wie die Welt funktioniert. Wenn ihr grundlegendes Vorverständnis nicht einbezogen wird, werden sie Schwierigkeiten bekommen, die neuen Konzepte und Informationen zu integrieren, die gelernt werden sollen. Dies bestätigen auch die Metaanalysen von Hattie (2012, 37): "It is the case that prior achievement is a powerful predictor of the outcomes of lessons ..."

Vorwissen – gerade bei Grundschulkindern – ist jedoch in hohem Maße mit der familiären Sozialisation verbunden. Unterschiedliche primäre Sozialisationsbedingungen regen die Entwicklung unterschiedlicher kognitiver Strukturen an, die jedoch sehr unterschiedlich mit den schulischen Anforderungen korrespondieren. Die Überlegung ist dabei nicht von der Hand zu weisen, dass z. B. Kinder aus sozial randständigem Milieu weniger kompatibles und damit anschlussfähiges Vorwissen mit in die Grundschule bringen als sogenannte Mittelschichtskinder. Auch hier kann nicht von einer linearen oder kausalen Beziehung ausgegangen werden. Vielmehr ist das Vorwissen ein weiterer Faktor im Netzwerk lern- und leistungsförderlicher bzw. -hinderlicher Bedingungen.

Ein weiterer Aspekt zur Erklärung des überproportional häufigen Schulversagens sozial randständiger Kinder kann ferner im emotionalen Bereich vermutet werden. Lernen wird durch Gefühle beeinflusst. So wies Piaget in seiner Vorlesung 1953/54 an der Sorbonne darauf hin, dass es

Lernbeeinträchtigungen und Emotionen

„keine kognitiven Vorgänge ohne Gefühlsbeteiligung (gibt). Selbst die abstraktesten Intelligenzleistungen sind von Gefühlen begleitet. Wenn z. B. ein Schüler ein algebraisches Problem löst oder ein Mathematiker einen Lehrsatz findet, steht am Anfang immer ein Bedürfnis, ein intrinsisches oder extrinsisches Interesse. Während der Arbeit können Freude, Enttäuschung, Eifer,

Ermüdung, Anstrengung, Langeweile usw. aufkommen und bei ihrer Befriedigung Hochgefühle über den erreichten Erfolg oder Niedergeschlagenheit wegen des Mißerfolgs (auslösen)" (Piaget 1995, 19 f).

Gleichzeitig betont Piaget, dass es keine Gefühlszustände ohne kognitive Anteile gibt (Piaget 1995, 20). Aus seiner Sicht gestaltet sich die Beziehung zwischen Affekten und Kognition derart, dass erstere die Rolle einer Energiequelle spielen, selbst aber nicht kognitive Strukturen hervorbringen oder verändern.

Erfolg und Misserfolg Ein weiterer entscheidender Aspekt der Wirkung von Gefühlen auf Lernprozesse stellen Erfolgs- bzw. Misserfolgserlebnisse dar. Diese treten in leistungsbezogenen Kontexten auf. Es wird zwischen Emotionen direkt nach einer Leistungserbringung und Emotionen, die darauf folgend von den jeweils getroffenen Attribuierungsprozessen abhängen, unterschieden. Zunächst ist eine Person erfreut bzw. erleichtert, ein gutes Leistungsergebnis erbracht zu haben, oder bei Nichterfüllung der Leistungserwartung ist die Person traurig oder enttäuscht. Je nachdem, worauf im Folgenden der Erfolg bzw. Misserfolg zurückgeführt wird, entstehen länger andauernde Gefühle, die das Selbstwertgefühl beeinflussen. Führt man das eigene Versagen z. B. auf mangelnde Begabung zurück, können Hoffnungslosigkeit, Resignation, Gleichgültigkeit entstehen. Wird der Lehrer für die zu schwer gewählten Aufgaben verantwortlich gemacht, sind vielleicht Wut oder Ärger die Folge. Wird die eigene Anstrengungsbereitschaft als zu gering bewertet und als Ursachenfaktor herangezogen, können vielleicht Beschämung, aber auch Ärger darüber entstehen. Verfestigt sich bei Personen das Gefühl der Hoffnungslosigkeit und Resignation, sei es, weil sie sich selbst als unfähig oder unbegabt etc. ansehen, sei es, dass sie davon ausgehen, der Lehrer gibt ihnen keine Chance, wirkt sich dies auf die folgenden Lernprozesse meist negativ aus.

Erlernte Hilflosigkeit Seligman (1992) spricht hier – aus einer behavioristischen Perspektive – von einer „erlernten Hilflosigkeit". Diese stellt sich ein, wenn Personen die Überzeugung entwickeln, dass sie nur unzureichende Fähigkeiten entwickelt haben, die sie auch nicht verändern können. Dies führt in der Konsequenz zu einer spezifischen emotionalen Orientierung der Interesselosigkeit, der Gleichgültigkeit, die emotionale und kognitive Beschränkungen hervorbringen kann. Erlernte Hilflosigkeit führt dazu, Lernanstrengungen – die als aussichtslos angesehen werden – zu vermeiden. Damit werden Interesse und Neugierverhalten und damit die Lernbereitschaft eingeschränkt oder sogar weitgehend blockiert.

Einen entscheidenden Beitrag zur Analyse des Zusammenhangs zwischen Affekten und Kognitionen hat in neuerer Zeit Luc Ciompi (1997) vorgelegt. Ciompi versteht unter Affekt eine

„von inneren oder äußeren Reizen ausgelöste, ganzheitliche psycho-physische   **Affektologik**
Bestimmtheit von unterschiedlicher Qualität, Dauer und Bewußtseinsnähe".
Kognition bezeichnet „das Erfassen und die weitere neuronale Verarbeitung
von sensorischen Unterschieden und Gemeinsamkeiten bzw. von Varianzen
und Invarianzen" (Ciompi 1997, 67 und 72).

Er geht von einer phylogenetisch ausdifferenzierten Koppelung affektiver und kognitiver Dimensionen aus, die er als Extrempole in einem

„bipolaren Kontinuum von zwei obligat zusammengehörigen biologischen
Funktionsweisen oder ‚Axen' ... (auffasst), die sich von einem gemeinsamen
Ursprung aus in unterschiedliche Richtungen weiter differenziert haben ...:
Die ‚affektive Achse' in Richtung auf eine zunehmend differenzierte, aber
prinzipiell immer den gesamten Organismus affizierende Ausbreitung einer
spezifischen psycho-physischen ‚Gestimmtheit' oder Bereitschaft; die ‚kognitive Achse' dagegen in Richtung auf eine ständig zunehmende neuronale
Verdichtung und Verrechnung der einlaufenden sensorischen Information
in einem immer komplexer organisierten zentralen Nervensystem" (Ciompi
1997, 75).

Ciompi (1997, 94 ff) postuliert nun eine Operatorwirkung der Affekte auf die Kognitionen, die er mit sechs Thesen näher beschreibt. An dieser Stelle sollen zentrale, für das Lernen relevante Dimensionen seiner Darstellung diskutiert werden.

1. Ciompi sieht in Affekten einen entscheidenden *Energielieferanten* – also Anregungs- bzw. Motivationseffekte – für die kognitive Dynamik. Gefühle können Lernprozesse anregen, unterstützen, intensivieren oder aber beeinträchtigen, behindern bzw. lähmen. Ein Schüler, der große Angst hat, zu versagen oder ausgelacht zu werden, kann in seinem Lernen dadurch behindert werden. Fasziniert ihn ein Gegenstandsbereich und erlebt er seine soziale Umwelt als unterstützend, wird er interessiert und zuversichtlich gestimmt sein. Dies fördert sein Lernen.

2. Affekte beeinflussen den *Fokus der Aufmerksamkeit*. Ist eine Person freundlich gestimmt, sieht die Welt anders aus, als wenn sie wütend, traurig oder verzweifelt ist. Dadurch wird natürlich auch die Aufmerksamkeit beeinflusst. Ein Schüler, der tief bedrückt über

die dauerhafte Streitsituation seiner Eltern ist, oder ein Schüler, der sich in der Schule isoliert und verunsichert fühlt, kann seine Aufmerksamkeit häufig nicht auf den Lerngegenstand richten. Affekte prädisponieren somit Handlungstendenzen. Mitarbeits- und Lernbereitschaft, Offenheit für Unterrichtsinhalte, Kooperationsbereitschaft, Frustrationstoleranz, Kreativität, all dies ist nicht unabhängig von der Gefühlslage einer Person zu verstehen.

Motivations-psychologie
3. Affekte haben *Auswirkungen auf Gedächtnisleistungen.* Ciompi sieht Affekte als „Schleusen oder Pforten, die den Zugang zu unterschiedlichen Gedächtnisspeichern öffnen oder schließen" (Ciompi 1997, 97). Kognitionen werden mit Affektstimmungen gespeichert. Mit welchen Lerninhalten ich mich intensiv auseinandersetze, wie gut ich die Inhalte verarbeite und erinnere, ist mit den beteiligten Affekten verbunden. So zeigen Untersuchungen von Bower (1981), dass intensive Gefühle bei Lernprozessen und ein hoher Grad an Bedeutsamkeit des Lernmaterials wichtige Faktoren für die Gedächtnisleistung darstellen.

Ferner weist Ciompi (1997) darauf hin, dass Affekte die Hierarchie unserer Denkinhalte bestimmen und eine wichtige Beziehung zum Phänomen des Wollens oder Willens besitzen. Diese Orientierung wurde auch in der Motivationspsychologie Maslows (1973) schon deutlich. Er postulierte fünf Motivationen, die hierarchisch aufeinander aufbauen. D.h., die jeweils höhere Ebene kann erst wirksam werden, wenn die niedrigeren Ebenen befriedigt sind. Als basale Bedürfnisse nennt Maslow Hunger, Durst, Sexualität; dann folgen die Sicherheitsbedürfnisse, dann die Bedürfnisse nach Zugehörigkeit und Liebe, dann die Bedürfnisse, von anderen und sich selbst geschätzt zu werden, und schließlich das Bedürfnis nach Selbstverwirklichung. Dominieren Gefühle wie Unsicherheit und Ablehnung, so werden sie z.B. Interesse, Neugier und Lernfreude beeinträchtigen.

Affekte können somit Lernprozesse anregen wie auch behindern. Wenn Schüler die Schule als Institution, den Lehrer oder Unterrichtsinhalte als bedrohlich und fremd erleben, wenn auf ihre lebensgeschichtlich erworbenen Lernerfahrungen sowie auf ihre Bedeutungskonstruktionen wenig oder gar nicht eingegangen wird, ist mit der Behinderung von Lernen zu rechnen. Zu beachten ist ferner, dass gerade bei Schülern aus sozial randständigem Milieu von einer verstärkten emotionalen Belastung auszugehen ist. Erfahrungen von Armut, sozialer Unsicherheit, Zukunftsängste etc. können Emotionen hervorrufen, die die Konzentrationsfähigkeit, die Gedächtnisleistungen so-

wie die Lernmotivation und damit die schulische Leistungsfähigkeit
deutlich negativ beeinflussen können.

3.3.1 Etikettierungsansatz

Ein bedeutsamer Ansatz zur Erklärung des Scheiterns gerade von
sozial randständigen Schülerinnen und Schülern in der Schule ist im
Rahmen des sogenannten Etikettierungsansatzes (labeling approach)
formuliert worden (z. B. Homfeldt 1974). Die Basis dieses Ansatzes
ist der soziale Interaktionismus. Die Grundlagen dieses Ansatzes hat
Blumer (1973) wie folgt dargestellt:

Lernbeeinträchtigungen als soziale Zuschreibung

Der erste Grundsatz beinhaltet, dass Menschen all jenen Dingen
gegenüber, die sie in ihrer Welt wahrzunehmen vermögen, seien dies
nun Gegenstände, andere Menschen, Gruppen von Menschen, Institutionen, Leitideale, Handlungen etc., auf der Grundlage der Bedeutungen handeln, die diese Dinge für sie besitzen. Der symbolische Interaktionismus differenziert damit zwischen einer materiell gegebenen
Welt außerhalb der Vorstellung und des Bewusstseins des Menschen
einerseits und der erfahrenen Welt andererseits, die für den Menschen
dann existiert, wenn sie für ihn eine Bedeutung hat.

Sozialer Interaktionismus

Die zweite Prämisse besagt, dass die Bedeutungen der Dinge aus
den sozialen Interaktionen, die das Individuum mit anderen Personen
eingeht, abgeleitet oder hervorgebracht werden. Die Bedeutungen der
Dinge, die die Lebenswelt des Individuums ausmachen, sind somit
soziale Konstruktionen, die sich für ein Individuum daraus ergeben,
wie andere Personen ihm gegenüber in Bezug auf die Dinge ihrer Lebenswelt handeln.

Die dritte Prämisse beinhaltet, dass dem Handeln des Menschen
in seiner bedeutungsformierten Lebenswelt nicht eine mechanische,
unreflektierte Anwendung der erworbenen Bedeutungen zugrunde
liegt, sondern dass die Bedeutung der Dinge in einem interpretativen
Prozess, der zwischen der Person und den Dingen stattfindet, gehandhabt, benutzt und modifiziert wird. Die Anwendung von Bedeutungen
durch den Handelnden unterliegt einem ständig neuen Interpretations-
prozess. Bedeutungen und Handlungen sind somit rekursiv verknüpft.

Im Rahmen des sogenannten Etikettierungsansatzes (labeling approach) wurden spezifische Erkenntnisse der Theorie des sozialen
Interaktionismus auch auf (sonder-)pädagogische Fragestellungen
bezüglich der Entstehung bzw. Erklärung sozial auffälliger bzw. abweichender Verhaltensweisen übertragen. Hierbei war das Forschungs-

labeling approach

interesse nicht mehr vorrangig auf die Person gerichtet, die sich abweichend verhält (z. B. den lernschwachen Schüler), sondern vielmehr auf die sozialen Reaktionen der Umwelt auf ein konkretes Verhalten. Das Interesse richtete sich darauf, zu analysieren, wie ein Verhalten die Bedeutungszuschreibung eines abweichenden, eines nicht normgemäßen Verhaltens im Prozess der sozialen Interaktion erhält.

Aufgrund ihrer primären Sozialisation haben sozial randständige Kinder Verhaltensweisen in unterschiedlichen Bereichen (Sprache, Konfliktregulierung, Leistungsmotivation, Planungsverhalten, Sozialverhalten etc.) entwickelt, die mit institutionell gesetzten Normen in Konflikt geraten können. Im Rahmen des Etikettierungsansatzes wird Lernbehinderung dann als Ergebnis eines Interaktionsprozesses verstanden, in dem es gelungen ist, das Lernverhalten eines Schülers über einen längeren Zeitraum als normabweichend zu beschreiben. Wenn dies durch bedeutsame Erwachsene (z. B. Lehrer) geschieht, dann können Normalisierungsmechanismen des so etikettierten Schülers nicht mehr greifen, und schlussendlich übernimmt er die Zuschreibung der Lernbehinderung in sein Selbstbild und verhält sich danach. Der Zuschreibungsprozess ist dabei durch soziale Erwartungshaltungen, durch Vorurteile sowie durch Normen- und Wertmaßstäbe zwischen Schüler (Definierter) und bedeutsamen Erwachsenen (Definierenden) gekennzeichnet. Lernbehinderung ist aus dieser Perspektive kein *ätiologischer*, sondern ein *relationaler* Begriff, der im Kontext eines sozialen Interaktionsprozesses zugeschrieben wird. Die Bedingungen für eine erfolgreiche Zuschreibung und Übernahme einer (meist negativen) sozialen Etikettierung „... dürfte u. a. vom Machtgefälle zwischen Etikettierer und Etikettiertem ..., vom Öffentlichkeitscharakter der sozialen Etikettierung, von dem Ausmaß, in dem [signifikante] andere die Etikettierung unterstützen, von der Häufigkeit und Zeitdauer der Etikettierung sowie von diversen Bedingungen von Seiten des Adressaten (seine psychische Stabilität, seine Bereitschaft die angetragene Kategorisierung als legitim zu akzeptieren usw.) abhängen" (Peukert/Asmus 1979, 21; vgl. auch Hargreaves 1980).

Aus dieser Perspektive ist Lernbehinderung kein individueller Defekt oder keine individuelle Störung des Individuums. Das Phänomen Lernbehinderung wird vielmehr in seiner interaktionistischen Gebundenheit als prozessuales Ergebnis der sozialen Konstruktion von Abweichung verstanden (Homfeldt 1996, 176 ff). Bei der Entstehung von Zuschreibungen können sozialpsychologisch untersuchte Verzerrungen in der Wahrnehmung der signifikanten Anderen in dem Etikettierungsprozess eine bedeutsame Rolle spielen.

Dazu gehört z. B. der Halo-Effekt (auch Hofeffekt genannt): Hier **Halo-Effekt**
wird von einem Schülermerkmal (z. B. ungepflegtes Äußeres, spezifischer Sprachstil) auf andere – davon eigentlich unabhängige Merkmale (z. B. Intelligenz, Lernfähigkeit) – geschlossen. Ausgehend von
Einzelbeobachtungen werden dabei Einschätzungen der Persönlich-
keitsstruktur eines Schülers entwickelt. Brusten und Hurrelmann
(1973) konnten in einer Untersuchung aufzeigen, dass die Typisierung
von Lehrern und Schülern nach Leistung, Beliebtheit und Konformität mit der sozialen Herkunft der Schüler eng zusammenhängt.

„Schüler aus den unteren sozialen Schichten werden in signifikant höherem
Maße als relativ leistungsschwach, unbeliebt und delinquent typisiert. ... Sie
(die Typisierungsprozesse, R.W.) erreichen dann ganz besondere Intensität,
wenn nicht Schichtindikatoren, die von ‚objektiven' Merkmalen oder Kriterien
wie ‚Stellung im Beruf' und ‚Ausbildungsniveau der Eltern' ausgehen, sondern die subjektiven Einschätzungen der sozialen Herkunft durch die Lehrer
zugrunde gelegt werden" (Brusten/Hurrelmann 1973, 61).

Lehrer erwarten und beobachten bei sozial randständigen Schülern **Stigmatisierungs-**
und bei Schülern mit Migrationshintergrund eher normabweichendes **prozesse**
Verhalten und setzen sie somit schneller sozialen Stigmatisierungs-
prozessen aus. Besonders problematisch an solch „erfolgreichen" negativen Etikettierungsprozessen ist die Beobachtung, dass die Schüler
diese Zuschreibungen (z. B. lernschwach, dumm, faul, frech) in ihr
Selbstbild übernehmen. Dies führt zu einer Neuorganisation der Identität des Schülers, der sich in der Folge so verhält, wie es die Umwelt
von ihm z. B. als Sonderschüler erwartet. Diesen Prozess der negativen Etikettierung und Typisierung des Schülers hat Lösel (1975, 25)
vereinfacht im unten stehenden Schema verdeutlicht.

Am Ende eines solchen Prozesses steht also die Stigmatisierung des
Schülers. D. h., er ist damit in „unerwünschter Weise anders" (Goffmann 1967, 13) und wird einer Vielzahl von Diskriminierungen ausgesetzt, wodurch seine Zukunftschancen erheblich reduziert werden.

Zur Stigmatisierung sogenannter Lernbehinderter wird folgende Literatur empfohlen: Thimm 1975; Randoll 1991; Homfeldt 1996.

In diesem Zusammenhang ist auch die in den USA entwickelte Ste- **Stereotype-Threat-**
reotype-Threat-Theory (Theorie der Bedrohung durch Stereotype) **Theory**
bedeutsam (Steele 1997; Steele/Aronson 1995). Für den schulischen
Kontext beschreibt Steele (1997, 613), dass der Lernerfolg davon beeinflusst wird, wie sich der Schüler/die Schüler in der Situation oder

dem Kontext fühlt. Hat er das Gefühl, dass er kompetent ist, dass er akzeptiert und wertgeschätzt wird, wirkt sich dies positiv auf die Lernentwicklung aus. Wenn dies nicht der Fall ist, können Lernbeeinträchtigungen auftreten. In Versuchen konnte nachgewiesen werden, dass die Lernerfolge von Personen beeinträchtigt werden, wenn sie sich in einer Situation befinden, in der sie annehmen entweder auf Grund von negativen Stereotypen beurteilt zu werden oder durch ihr Verhalten das negative Stereotyp über ihre Gruppe zu bestätigen (vgl. Steel 1997, 614). Solche negativen Stereotype können sein: „Mädchen sind schlecht in Mathe" oder „Jungen können schlecht Rechtschreiben" oder „Kinder mit Migrationshintergrund sind leistungsschwächer als deutsche Kinder". Die Stereotype-Threat-Theory legt nahe, dass Schüler, die in Testsituationen mit solchen Stereotypen konfrontiert werden, schlechtere Lernleistungen zeigen. In den USA sind Geschlecht und Rasse häufig die Bezugspunkte für Stereotypisierungen. Die Grundannahmen der Theorie konnten empirisch untermauert werden. So führte Steel einen Versuch durch, bei dem männliche und weibliche Studierende an einem Test für mathematische Fähigkeiten teilnahmen. Dabei wurde vor dem Text der einen Hälfte der Probanden mitgeteilt, dass es bei dem Text in der Regel deutliche Geschlechtsunterschiede gibt. Der anderen Hälfte teilte man dies nicht mit. In der Gruppe, in der auf Geschlechtsunterschiede hingewiesen wurde (Sozialpsychologen sprechen hier davon, dass die Geschlechtsidentität der Probanden salient gemacht wird), schnitten die weiblichen Studierenden signifikant schlechter ab als die männlichen. Bei der anderen Gruppe gab es diese Geschlechtsunterschiede nicht. In einem weiteren Experiment schnitten in den USA schwarze Studenten dann schlechter als weiße ab, wenn ein Test als diagnostischer Test angekündigt wurde. Fehlte diese Ankündigung, gab es keine Leistungsunterschiede zwischen den Gruppen (Steele 1997, 620). Leistungsunterschiede zwischen schwarzen und weißen Studenten traten auch dann auf, wenn die Personen vor der Testdurchführung aufgefordert wurden, ihre „Rassenzugehörigkeit" zu benennen. Hier schnitten schwarze Studierende deutlich schlechter ab. Wenn man die „Rassenzugehörigkeit" vor Testbeginn nicht angeben musste, gab es keine bedeutsamen Leistungsunterschiede zwischen den Gruppen (Steele 1997). Die Stereotype-Threat-Theory legt somit nahe, dass die Selbstzuschreibung zu einer stigmatisierten Gruppe (z.B. Schüler mit Förderbedarf im Schwerpunkt Lernen oder Schüler mit Migrationshintergrund) in Leistungssituationen eine wahrgenommene Bedrohung der eigenen Identität auslösen kann, die die Lernleistungen negativ beeinflusst.

Im folgenden Ansatz wird nun ebenfalls die soziale Lage von Kindern und Jugendlichen in ihren Auswirkungen auf die Beeinträchtigung des Lernens untersucht. Hier steht aber nicht die Analyse der Interaktionen, sondern die Betrachtung gesamtgesellschaftlicher Verhältnisse in ihren Auswirkungen auf Bildungsprozesse im Mittelpunkt.

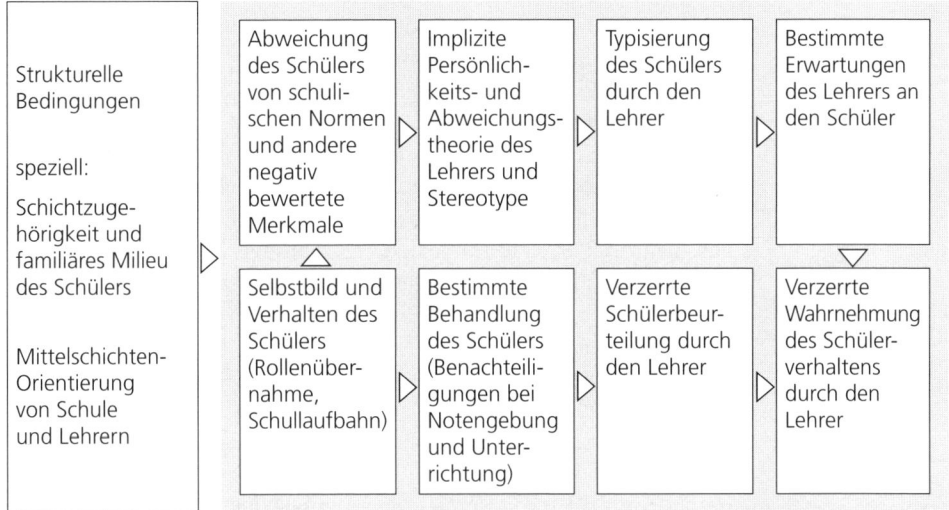

Abb. 3.1: Negative Etikettierung des Schülers nach Lösel (1975, 25)

3.3.2   Lernbeeinträchtigungen aus materialistischer Sicht

Der materialistische Ansatz beschreibt die enge Verknüpfung zwischen gesellschaftlich bedingter Klassenlage und schulischem Lern- und Leistungsversagen. Grundlage dieses Konzepts ist der dialektische Materialismus, dessen Zielsetzung die Analyse historisch-gesellschaftlicher Prozesse verbunden mit der Parteinahme für den politischen Kampf des Proletariats ist (Tillmann 1996, 157). Ohne hier auf die erkenntnistheoretischen Prämissen, die methodologischen Orientierungen und die anthropologischen Grundlagen (vgl. dazu Rohrmann 2000, 170 ff) eingehen zu können, ist die Beschreibung der Beziehung zwischen Subjekt und gesellschaftlicher Wirklichkeit hierbei von besonderer Bedeutung. Nach Marx ist das Wesen des Menschen „…kein dem einzelnen Individuum innewohnendes Abstraktum. In seiner Wirklichkeit ist es das Ensemble der gesellschaftlichen Verhältnisse" (Marx 1981, 584). Die Entfaltung der menschlichen Fähigkeit

Lernbeeinträchtigung und Gesellschaft

ist aus der Perspektive dieses Ansatzes unter den historischen Gegebenheiten des Kapitalismus abhängig von der Klassenzugehörigkeit.

Behinderung aus dialektisch-materialistischer Perspektive

Auch Behinderung wird aus dialektisch-materialistischer Perspektive nicht als dem Individuum anhaftendes Abstraktum verstanden. „Wenn unter konkreten, im historischen Prozess hervorgebrachten, gesellschaftlichen Bedingungen Menschen mit bestimmten – z. T. durchaus klassifizierbaren – Merkmalen als Behinderte bezeichnet werden, so handelt es sich bei diesem Vorgang zunächst einmal um nichts anderes als um einen gesellschaftlichen Zuschreibungstatbestand" (Rohrmann 2000, 177).

Jantzen fasst das Wesen von Behinderung allgemein durch die Kategorie der Isolation. Isolation liegt dann vor, wenn das Individuum nicht die Möglichkeit hat bzw. erhält, sich das jeweils gesellschaftlich-historisch erreichte Niveau der Erfahrungen, Kenntnisse, Bedeutungskonstruktionen etc. der Menschheit anzueignen.

„Isolation trennt das Individuum als je konkret historisches von der umfassenden Aneignung des gesellschaftlichen Erbes, von der umfassenden Realisierung seines menschlichen Wesens als Ensemble der gesellschaftlichen Verhältnisse" (Jantzen 1978, 159).

Behinderung ist somit durch einen mangelnden Vermittlungsprozess zwischen Individuum und Gesellschaft gekennzeichnet, der eine Beeinträchtigung der Entwicklung der Personen bewirkt (Jantzen 1990).

Reichmann, Struwe und Müller (1984, 410) definieren Lernbehinderung darauf aufbauend als „Einschränkung möglicher Teilhabe an umfassender Aneignung und demgemäß als mehr oder weniger umfassende Isolation vom gesellschaftlichen Erbe". Die Gemeinsamkeit der Schüler der Lernbehindertenschule liegt in ihrer „Arbeitskraft minderer Güte". Dies bedeutet, dass sie ihre Arbeitskraft nicht auf dem Arbeitsmarkt gegen Lohn tauschen können, es sei denn, sie erhalten zusätzliche Unterstützung (Beihilfen, Unterstützung zur Ausbildung, Umschulungen etc.).

Damit wird ein ökonomisch fundierter Begriff von Lernbehinderung eingeführt, der nicht vom Schulsystem, sondern von den sozio-ökonomischen Lebensbedingungen her definiert ist.

Lernbehinderung – wie jede andere Behinderung – ist hiernach kein abgrenzbarer oder objektiv fassbarer Defekt einer Person, sondern das Ergebnis spezifischer Sozialisationsprozesse in Abhängigkeit von soziokulturellen und sozio-ökonomischen Gegebenheiten. Die gegebenen gesellschaftlich vermittelten Lebensbedingungen sind durch Leistung und Kapitalmaximierung gekennzeichnet. Diese Situation schafft und braucht Gewinner und Verlierer. Die Verlierer – dazu gehören alle Personen mit einer „Arbeitskraft minderer Güte" – stabilisieren dieses System. D. h., die Gesellschaft ist nicht daran interessiert, Benachteiligungen z. B. durch eine andere Förderung von Kindern mit erschwerten Lern- und Lebenssituationen abzubauen, da es etwa aus Kosten-Nutzen-Abwägungen nicht notwendig ist. Die Benachteiligung sog. lernbehinderter Kinder im Bildungssystem ist dabei ein Aspekt der prinzipiellen Benachteiligung der Arbeiterklasse und der sozialen Randgruppen innerhalb der kapitalistischen Gesellschaft (Müller / von Salzen 1981, 133).

> „Tatsächlich ist ein mangelnder Stand der Fähigkeitsentwicklung nicht Ergebnis individueller natürlicher Begabungsmängel, sondern Resultat gesellschaftlich erzeugter ungleicher Lernmöglichkeiten" (Reichmann / Struwe / Müller 1984, 409, Zitatabdruck ohne Hervorhebung).

Neben interaktionistischen und gesellschaftstheoretischen Modellen, die hier diskutiert worden sind, sind auch schulorganisatorische Aspekte in ihrer Wirkung auf die Entstehung von Lernbehinderung untersucht worden. Dies wird besonders deutlich, wenn man sieht, dass Lernbehinderung eng mit dem sehr selektiven deutschen Schulsystem verbunden ist.

3.4   Lernbeeinträchtigungen als Folge des selektiven Schulsystems

Die Schule hat in einer Gesellschaft einen spezifischen Auftrag. Fend (1974) differenzierte hier drei zentrale Funktionen:

Funktionen der Schule

- die Qualifikationsfunktion durch Unterricht zum Erwerb von Kenntnissen, Fähigkeiten und Fertigkeiten zur Herstellung des Arbeitsvermögens;
- die Selektionsfunktion durch Prüfungen, Noten, Zeugnisse zur Vergabe gesellschaftlicher Positionen und zur Stabilisierung sozialer Strukturen;
- die Integrationsfunktion durch die Vermittlung spezifischer Einstellungen und Haltungen, die zur Unterstützung und Aufrechterhaltung bestimmter gesellschaftlicher Verhältnisse erforderlich sind (vgl. auch Fend 1980).

Die Auslese von Schülern ist somit in der Schule – insbesondere aufgrund der Selektions- und Integrationsfunktion – schulrechtlich und institutionell vorgesehen und erwünscht. Innerhalb des Schulsystems sind durch Differenzierungsprozesse Subsysteme entstanden. Dazu zählen in Deutschland die nach Leistung differenzierten Schulformen: die Förderschule mit dem Schwerpunkt Geistige Entwicklung, die Förderschule mit dem Schwerpunkt Lernen, die Hauptschule, die Realschule und das Gymnasium. Hierdurch wird versucht, die Komplexität, die sich durch die Heterogenität der Kinder und Jugendlichen ergibt, zu reduzieren. Ziel ist es, anhand von spezifischen Kriterien – hier besonders Lern- und Leistungsfähigkeit – homogene Gruppen von Schülern zusammenzustellen, die dann nach unterschiedlichen Curricula beschult werden. Aufgrund dieses Bestrebens nach Reduktion von Komplexität spaltete sich Ende des 19. Jahrhunderts die Hilfsschule von der Volksschule ab. Durch die Schaffung des Subsystems der Hilfsschule werden gleichzeitig Schülerinnen und Schüler definiert, die dieser Institution zugewiesen werden.

„Behinderung und Sonderpädagogik können also, systemsoziologisch betrachtet, eine Folge des Schulsystems sein. Dies ist an der Schullaufbahn der Lernbehinderten, die nicht von vornherein lernbehindert sind, sondern erst werden, als ,Systemkarriere' ablesbar. Der Leistungszwang der allgemeinen Schule bildet eine ,monopolartige Instanz' zur Feststellung der Lernbehinderung" (Bleidick 1985, 259).

Lernbehinderung und Schulsystem Systemsoziologisch ist weiterhin relevant, dass einmal geschaffene Systeme – so auch die Förderschule – funktionelle Autonomie, eine Verselbstständigung ihrer Zwecke und die eigene Erhaltung anstreben. Dies bedeutet, dass dort, wo es mehr Sonderschulen für Lernbehinderte gibt, auch Schüler gesucht und gefunden werden, die diese Schule besuchen müssen. So konnte Topsch (1975, 89 ff) in einer Untersuchung von 1970 zeigen, dass die Prozentanteile lernbehinderter Schüler in unterschiedlichen Verwaltungsbezirken sehr stark differieren und dies mit dem Ausbau des Sonderschulsystems zusammenhängt. Während zum Beispiel in Borken 0,7 % aller Kinder und Jugendlichen im Alter von 6–15 Jahren in eine Schule für Lernbehinderte gingen, waren es in Herne 7,0 %. Das bedeutet, dass „auf 100 Kinder in der Schule für Lernbehinderte in Borken 1000 Kinder in der Lernbehindertenschule in Herne kommen" (Topsch 1975, 90).

 Die selektiven Strukturen und Mechanismen sind somit an der Erzeugung sog. lernbehinderter Kinder und Jugendlicher mitbeteiligt. Dabei ist zu berücksichtigen, dass das deutsche Schulsystem in besonderem Maße selektiv ist.

Exkurs: Schülerinnen und Schüler mit Migrationshintergrund an Förderschulen mit dem Schwerpunkt Lernen

Im deutschen Schulsystem sind Kinder und Jugendliche mit Migrationshintergrund benachteiligt (vgl. Diefenbach 2008). Dies wird besonders an der hohen Überrepräsentation von diesen Schülerinnen und Schülern an der Förderschule mit dem Schwerpunkt Lernen deutlich (vgl. Werning/Löser/Urban 2008). Dieser Sachverhalt ist seit langem bekannt. Schon 1981 legte Helga Reiser eine Monografie mit dem Titel „Sonderschulen: Schulen für Ausländerkinder?" vor. Reimer Kornmann hat in den 1990er Jahren mehrfach die statistischen Veröffentlichungen der Ständigen Konferenz der Kultusminister der Länder der Bundesrepublik Deutschland (KMK) in Bezug auf die Häufigkeit der Überweisung von Kindern ohne deutschen Pass an die Sonderschule für Lernbehinderte ausgewertet (vgl. zusammenfassend Kornmann 1998a; Kornmann/Kornmann 2003). Neuere Berechnungen weisen darauf hin, dass die hohe Überrepräsentation weiterhin besteht (Kemper/Weishaupt 2011; vgl. auch Löser/Werning 2011).

Bei den Analysen fallen eklatante länderspezifische Unterschiede auf. 1999 haben Kornmann u. a. zur Berechnung der Überrepräsentation einen Relativen-Risiko-Index (RRI) eingeführt, der als Quotient zweier Prozentzahlen ermittelt wird: „Den Zähler bildet der Anteil aller ausländischen Schüler, die eine Schule für Lernbehinderte besuchen, an der Gesamtzahl aller ausländischen Schüler, und der Nenner ist der Anteil aller deutschen Schüler, die eine Schule für Lernbehinderte besuchen, an der Gesamtzahl aller deutschen Schüler. Werte größer als 1 bedeuten somit Überrepräsentation, Werte kleiner 1 bedeuten Unterrepräsentation" (106). 2008 lag der RRI in Baden-Württemberg bei 3.5, in Niedersachsen bei 3.1, in Nordrhein-Westfalen bei 2.7, in Bremen bei 1.6 und in Berlin bei 1.2. Das bedeutet, dass das Riskio eines Kindes ohne deutsche Staatsbürgerschaft auf eine Förderschule Schwerpunkt Lernen überwiesen zu werden in Baden-Würtemberg dreimal so hoch ist wie in Berlin (vgl. Löser/Werning 2011). Die Überrepräsentation besteht nicht in den neuen Bundesländern, was auf die sehr geringe Zahl von Kindern ohne deutschen Pass in diesen Ländern zurückzuführen ist.

Das Risiko Förderschüler zu werden ist auch zwischen den Herkunftsnationalitäten sehr unterschiedlich. 2008 hatten serbi-

Länderspezifische Unterschiede

Unteschiedlicher RRI zwischen Herkunftsnationalitäten

sche Schülerinnen und Schüler den höchsten RRI mit 6.1, gefolgt von italienischen (RRI 2.9) und türkischen (2.1) Schülerinnen und Schülern. Bei Kindern aus Polen (RRI 0.9) hingegen lag kein erhöhtes Risiko vor (Löser/Werning 2011, 96). Die Gründe für diese Unterschiede sind nicht geklärt. Da ein großer Anteil der nicht-deutschen Schülerinnen und Schüler aus sozial benachteiligten bis sozial randständigen Bereichen der Gesellschaft kommt, können auch hier die oben diskutierten Erklärungsansätze für das Versagen in der Grund- bzw. Hauptschule herangezogen werden. Ebenso zeigen sich hier auch die Auswirkungen eines auf Selektion angelegten Schulsystems. Hinzu kommen spezifische Schwierigkeiten, die sich aus der Migration ergeben:

- Institutionelle Diskriminierung: Gomolla und Radtke (2002) konnten in einer Studie bei Selektionsentscheidungen an zentralen Übergangsschwellen im Grundschulbereich (Einschulung, Überweisung auf die Förderschule Schwerpunkt Lernen, Übertritt in die Sekundarstufe I) spezifische Formen der systematischen Benachteiligungen von Schülerinnen und Schülern mit Migrationshintergrund aufzeigen. Die Ursachen dieser Diskriminierung liegen im organisatorischen Handeln im schulischen Kontext (Gomolla 2010). So stellt Kottmann (2007) in ihrer Analyse von Verfahren zur Feststellung des sonderpädagogischen Förderbedarfs fest, dass Kinder mit Migrationsgeschichte früher und schneller an die Förderschule überwiesen werden als andere. Das trifft insbesondere dann zu, wenn sie zudem von sozio-ökonomischer Benachteiligung betroffen sind, wie auch die Erhebungen von Fereidooni (2011) bestätigen. Angesichts deutlich zunehmender Armutssituationen bei Kindern in Deutschland (3. Reichtums- und Armutsbericht der Bundesregierung 2008; Hurrelmann/Andresen 2007, 2010) und der o. g. ansteigenden Förderbedarfe für mehrsprachige Kinder (Kemper/Weishaupt 2011) sind diese Befunde von besonderer Brisanz:
- Diskrepanz zwischen schulischen Anforderungen und individuellen Lernvoraussetzungen: Die Unterschiede zwischen der familiären, außerschulischen und der schulischen Lebenswelt werden hier in ihren Konsequenzen auf schulisches Lernen angesprochen. Die Unterschiedlichkeit der sozialen Erfahrungen, die Nicht-Passung individueller Lernvoraussetzungen und schulischer Lernanforderungen verbunden mit sprachlichen Schwierigkeiten führen zu Lernschwierigkeiten, die sich im Laufe der Grundschulzeit aufgrund der unzureichenden Förderung und Unterstützung verfestigen und ausweiten können (Golz 1996, 236f). Durch das Hervorheben des „Andersseins" von Kindern und Jugendlichen mit Migrationshintergrund wird diese Schülerschaft oftmals ausgegrenzt. Zugleich erhält die Schüler-

schaft keine ausreichende Förderung im schulischen Kontext, wie besonders in Bezug auf die Sprachförderung verdeutlicht werden kann (vgl. Diefenbach 2008; Gogolin 1994, 2009; Gomolla/Radtke 2002; Löser 2010; Löser/Werning 2011).

- Sprachschwierigkeiten ausländischer Kinder: Kinder nicht-deutscher Herkunft kommen in eine Schule, die einen altersangemessenen Gebrauch der deutschen Sprache fordert. Ihre besondere Situation der Zweisprachigkeit wird jedoch oft nicht ausreichend berücksichtigt. Bei Schulantritt findet vielmehr nicht selten eine abrupte Unterbrechung ihres Primärspracherwerbs statt (Golz 1996, 235; Gogolin 1994). Sprachschwierigkeiten werden dann häufig als Lernbeeinträchtigungen umetikettiert (Wagner/Powell 2003). Im Vergleich zu anderen Ländern stehen oft keine ausreichenden sprachfördernden Maßnahmen zur Verfügung (Löser 2010, Reich/Roth 2002, Norrenbrock 2007, Eckhardt 2008). Die bildungspolitisch initiierten Fördermaßnahmen für Deutsch als Zweitsprache konzentrieren sich in Deutschland überwiegend auf den vorschulischen Bereich, sie nehmen sogar im Lauf der Grundschulzeit deutlich ab, wie eine Studie von Lütje-Klose (2009) zeigt. In vielen anderen Ländern hingegen wird bildungspolitisch ein Schwerpunkt darauf gelegt, Fördermaßnahmen in der gesamten Schulzeit anzubieten. Dies erscheint sinnvoll, gerade weil vielen Forschungsergebnissen zu Folge der (Zweit-) Spracherwerb ein mehrjähriger Prozess ist, der oftmals langfristiger Unterstützung bedarf, um Bildungsbenachteiligungen zu vermeiden (vgl. Reich/Roth 2002, 41). Während die Auswertung der 2. PISA-Studie für Schülerinnen und Schüler mit Migrationshintergrund (vgl. Stanat/Christensen 2006) in Bezug auf Deutschland viele Defizite in der Förderung dieser Schülerschaft nachweist, fallen einige Länder dadurch positiv auf, dass die Leistungsunterschiede zwischen der einheimischen und der Schülerpopulation mit Migrationshintergrund relativ gering sind oder der Leistungsabstand für die zweite Generation deutlich kleiner ist als für die erste. Als Gemeinsamkeit dieser Länder lassen sich oftmals fest etablierte Sprachförderungsprogramme mit relativ klar definierten Zielen und Standards feststellen (vgl. Stanat/Christensen 2006, 10f).

Sprachschwierigkeiten als Risikofaktor

Die Ausführungen zeigen, dass ein defizitärer Blick auf das Kind bzw. den Jugendlichen zu kurz greift und überwunden werden muss (Löser/Werning 2011). Im Gegenteil, es wird deutlich, dass das deutsche Schulsystem bisher keine adäquaten Strukturen für eine angemessene Förderung von Kindern mit Migrationshintergrund entwickelt hat. Dieser Tatbestand schlägt sich in der eklatanten Überrepräsentation dieser Kinder in der Förderschule mit dem Schwerpunkt Lernen nieder.

Übergänge   Übergänge von einer Institution und Lebensphase in die nächste, vor allem von der Kindertageseinrichtung in die Grundschule, von der Grundschule in die Sekundarstufe und von der Schule in Richtung Berufsorientierung sind, wie unter anderem die Ausführungen zu Schülerinnen und Schülern mit Migrationshintergrund gezeigt haben, in besonderer Weise mit Gefährdungen für den weiteren Bildungs- und damit auch Lebensweg von Kindern und Jugendlichen verbunden. Dies gilt nicht nur für Kinder und Jugendliche mit Migrationshintergrund, sondern prinzipiell auch für alle anderen; Schülerinnen und Schüler in sozial benachteiligten Lebenslagen haben dabei aber besondere Herausforderungen zu bewältigen. Die o. g. Untersuchung von Gomolla/Radtke (2002) hat gezeigt, dass in den Übergangsphasen in besonderer Weise Mechanismen der institutionellen Diskriminierung greifen, denn es sind die Zeiten im Leben, in denen die Entscheidungsträger der Institutionen über die Mitgliedschaft oder Nicht-Mitgliedschaft entscheiden, in denen Inklusion oder Exklusion praktiziert wird (Urban 2011). Diagnostische Verfahren und daran anschließende Begutachtungsprozesse, wie die Schuleingangsuntersuchung, die Empfehlung zur weiterführenden Schule oder die Entscheidung über einen Schulabschluss, die Aufnahme in eine berufsvorbereitende Schule oder der Beginn einer Ausbildung entscheiden über den weiteren Lebensweg von Menschen. Schülerinnen und Schülern, die als lernbeeinträchtigt wahrgenommen werden, erhalten diese Zuschreibung sehr häufig an solchen biografischen Wendepunkten.

Die Diagnose „lernbeeinträchtigt" bzw. „sonderpädagogischer Förderbedarf im Förderschwerpunkt Lernen" wird in den meisten deutschen Bundesländern nur im Ausnahmefall schon vor der Einschulung gestellt. Wenn dies doch der Fall ist, dann ist i. d. R. eine entsprechende Einschätzung durch die Fachkräfte der Kindertageseinrichtung und/oder der Schulärztin und eine entsprechende Elternberatung vorausgegangen (Werning/Urban/Arndt u. a. 2011), die dann zum Antrag auf Feststellung des sonderpädagogischen Förderbedarfs führen kann. Anders als bei den Förderschwerpunkten Sprache oder Emotionale und soziale Entwicklung stellen Eltern diesen Antrag beim Förderschwerpunkt Lernen aber nur selten von sich aus (Kottmann 2007; Mand 2002). Meistens aber erfolgt eine Begutachtung und in der Folge eine Zuweisung von Förderressourcen – für den gemeinsamen Unterricht in der Grundschule oder auch die Förderung in der Förderschule Lernen (vgl. Kap. 5.2.) – erst im Laufe der ersten beiden Schuljahre oder im vierten Schuljahr, wenn der Übergang in die

Sekundarstufe ansteht. Die Struktur der gegliederten Sekundarstufe erzeugt einen hohen Selektionsdruck und führt an dieser biografischen Stelle häufig zur Zuschreibung „lernbeeinträchtigt" (Deppe-Wolfinger 2006).

Ein weiterer wichtiger Übergang für den Lebensverlauf ist der Übergang von der Schule in den Beruf. Schülerinnen und Schüler der Förderschule Lernen sind besonders häufig von einem vorzeitigen Abgang von der Schule betroffen, wenn ihre Schulpflicht erfüllt ist, und mehr als 70 % von ihnen verlassen die Förderschule ohne Abschluss (Klemm 2009). Fehlende berufliche Perspektiven aufgrund von Schulabsentismus und fehlendem Abschluss werden aber auch darüber hinaus für einen zunehmenden Anteil von Jugendlichen beschrieben (vgl. BMBF 2010). Damit für diese „Risikoschüler" doch noch ein Schulabschluss erreichbar wird und daran anschließend ein Übergang ins Berufsleben gelingen kann, haben die deutschen Bundesländer eine Vielfalt unterschiedlicher Programme entwickelt: So können Schüler z. B. im Programm BUS – Betrieb und Schule NRW, im hessischen Modell SchuB, in der Praxisklasse in Bayern oder im Programm Produktives Lernen in Berlin und Brandenburg an mehreren Tagen in der Woche in Betrieben arbeiten. Berufsvorbereitende Maßnahmen werden damit in die Schule vorgezogen. Diese Maßnahmen scheinen der Schulmüdigkeit vieler Schülerinnen und Schüler zumindest teilweise recht effektiv entgegenwirken zu können, so erreichten im hessischen Modell SchuB 90 % der Teilnehmer einen Schulabschluss, und mit 40 % der Absolventen erreicht ein vergleichsweise hoher Anteil den Einstieg in eine Berufsausbildung (Thielen 2011, 330). Allerdings wird zu diesem Programm nur die Leistungsspitze der Förderschüler zugelassen. Von den anderen gelingt offenbar nur einem kleinen Teil ein längerfristig erfolgreicher Einstieg in den Beruf und vielfach müssen die Jugendlichen bis dahin zahlreiche Um- und Irrwege mit Phasen der Erwerbslosigkeit und langfristigen Praktika in Kauf nehmen (Thielen 2011; Friedemann/Schröder 2000). Ungeklärt ist bislang, wie nachhaltig die Förderprogramme gerade für Jugendliche im Förderschwerpunkt Lernen wirken. Das Risiko ist hoch, dass auf „eine kurzzeitig erreichte schulische Integration ... ein Leben in dauerhafter sozialer Exklusion folgt" (Thielen 2011, 334).

3.5   Lernbeeinträchtigungen aus systemisch-konstruktivistischer Sicht

Das systemisch-konstruktivistische Paradigma hat seit den 1990er Jahren verstärkt im erziehungswissenschaftlichen Bereich an Einfluss gewonnen. Dabei stellt diese Perspektive keineswegs einen völlig neuen, bisher nicht bekannten Zugang zu dem Phänomen der Lernbehinderung dar. Vielmehr knüpft sie sehr gut an die Ausführungen zu Lernbeeinträchtigung und sozialer Randständigkeit an. Im Besonderen beinhalten die Konzepte des sozialen Interaktionismus wie auch des Etikettierungsansatzes viele konstruktivistische Orientierungen, die die Unterschiedlichkeit, Konflikthaftigkeit und manchmal gar Unvereinbarkeit der schulischen und außerschulischen Lebenswelten sozial randständiger Schüler als zentrale Faktoren der Beeinträchtigung schulischen Lernens beschreiben. Die Leistung des systemisch-konstruktivistischen Ansatzes liegt in der Zuspitzung der Perspektive durch einen radikalen Abschied vom Absoluten (Pörksen 2001).

Verschiedene Wirklichkeitskonstruktionen
Die grundlegende These besagt, dass die Welt, in der wir leben, durch unser Zusammenleben, durch unsere Kommunikationen und Interaktionen gemeinsam erzeugt wird. Wirklichkeit ist somit nicht objektiv vorhanden, sondern das Ergebnis individueller wie sozialer Konstruktionsprozesse. Damit leben wir in mehr oder weniger unterschiedlichen Wirklichkeiten, die das Ergebnis und gleichzeitig die Basis unserer Handlungen, unserer Interaktionen und unserer Kommunikation sind. In der Schule dominieren bestimmte Wirklichkeitskonstruktionen. Schülerinnen und Schüler können sich aufgrund ihrer biografisch entstandenen, im Kontext ihrer jeweiligen Lebenswelten entwickelten Wirklichkeitskonstruktionen dabei in unterschiedlicher Weise mit der schulischen Wirklichkeit in Beziehung setzen. Für die einen ergeben sich viele Übereinstimmungen. Sie finden sich schnell zurecht und erleben die Unterschiede kaum. Bei anderen Kindern passen die mitgebrachten Wirklichkeitskonstruktionen nicht oder nicht hinreichend zu den Ansprüchen, die in der Schule an sie gestellt werden. Damit wächst die Gefahr, dass bei ihnen Fremdheit, Orientierungslosigkeit, Ängste, Verunsicherungen und damit Lernbeeinträchtigungen wie auch Aggressivität und Devianz gefördert werden. Beeinträchtigungen des Lernens können sich somit aus Beziehungsstörungen entwickeln, die sich aus unterschiedlichen Wirklichkeitskonstruktionen ergeben.

Um dies zu verdeutlichen, ist es zunächst einmal notwendig, die Grundlagen dieses Ansatzes zu skizzieren. Dazu sollen zwei grundlegende Prinzipien konstruktivistischen Denkens dargestellt werden, die sich

a) auf die Beziehung zwischen einem Organismus und der ihn umgebenden Umwelt und
b) auf das Verständnis von einem lernenden Organismus beziehen.

3.5.1 Das konstruktivistische Verständnis der Beziehung zwischen Organismus und Umwelt

Die Beschreibung der „funktionalen Beziehungsgestaltung" zwischen Organismus und Umwelt umfasst einen Kernpunkt konstruktivistischen Denkens: die Analyse der Erkenntnisfähigkeit von Organismen. Aus konstruktivistischer Perspektive ist zunächst einmal zu trennen zwischen der Umwelt, die unabhängig vom Organismus, vor aller Wahrnehmung als ontische Umwelt existiert – im Folgenden in Anlehnung an Maturana und Varela (1987, 84 ff) „umgebendes Milieu" genannt –, und der Umwelt, wie sie als Erfahrungs- bzw. Lebenswelt durch die kognitiven und emotionalen Prozesse eines Organismus in sozialen Kontexten konstruiert und durch affektlogische Schemata (Ciompi 1997) repräsentiert wird.

Die Beziehung zwischen Organismus und Umwelt

Konstruktivistisches Denken basiert auf der Prämisse, dass es für ein Subjekt unmöglich ist, das umgebende Milieu direkt abzubilden oder zu erkennen. Die vom Organismus entwickelte Erfahrungs- bzw. Lebenswelt, als einzige ihm zugängliche Wirklichkeit, basiert auf den Möglichkeiten und Grenzen seiner jeweiligen gattungsspezifisch, gesellschaftlich wie individuell determinierten Erfahrungsfähigkeit und bildet das umgebende Milieu keineswegs einfach ab. Die Struktur eines psychischen Systems bestimmt vielmehr, wie es sich mit den Anregungen – Perturbationen – aus dem umgebenden Milieu auseinandersetzen kann. Die Beziehung zwischen umgebendem Milieu und Erfahrungs- bzw. Lebenswelt ist damit nicht ikonisch – abbildhaft –, aber auch nicht beliebig. Aus konstruktivistischer Sicht ist sie vielmehr *funktional* und *kontingent*. Das umgebende Milieu als prinzipiell nicht erkennbare Dimension verträgt vielfältige Möglichkeiten der Konstruktion von Wirklichkeiten. Deshalb sprechen Konstruktivisten nicht vom Universum, sondern von Multiversen. Auf der biologischen Ebene repräsentieren z. B. die unterschiedlichen Lebensformen (zum

Umgebendes Milieu vs. Erfahrungs- bzw. Lebenswelt

Beispiel des Wildschweins, der Fledermaus, der Amöbe, des Menschen etc.) die unterschiedlichen funktionalen Beziehungsmöglichkeiten zwischen Organismen und umgebendem Milieu.

Viabilität   Alles, was existiert, hat eine mögliche – oder, wie von Glasersfeld (1996, 43) sagt, „viable" – Beziehung zwischen seiner Struktur und seiner Konstruktion von Wirklichkeit und dem umgebenden Milieu entwickelt. Im Kontext sozialer bzw. gesellschaftlicher Entwicklungsprozesse bilden Individuen genau wie soziale Systeme funktionale Beziehungsstrukturen zwischen ihren Wirklichkeitskonstruktionen und den umgebenden materialen, sozialen und gesellschaftlichen Milieus aus. Die jeweilige Erkenntnisstruktur, das Wissen eines Subjektes bzw. die Kommunikationsstruktur eines sozialen Systems sind auch hier viabel, wenn sie das Subjekt bzw. das soziale System handlungsfähig machen. Aus der Handlungsfähigkeit kann aber kein exklusiver oder gar objektiver Zugang zum umgebenden Milieu abgeleitet werden. Diese funktionale Beziehungsgestaltung zwischen psychischen Systemen und Umwelt wird auch von neurobiologischen Forschungsergebnissen untermauert. So konstatiert Roth (1999, 21):

„Das Gehirn kann zwar über seine Sinnesorgane durch die Umwelt erregt werden, diese Erregungen enthalten jedoch keine bedeutungshaften und verlässlichen Informationen über die Umwelt. Vielmehr muss das Gehirn über den Vergleich und die Kombination von sensorischen Elementarereignissen Bedeutungen erzeugen und diese Bedeutungen anhand interner Kriterien und des Vorwissens überprüfen."

An anderer Stelle führt er weiter aus:

„Gehirne (…) können die Welt grundsätzlich nicht abbilden; sie müssen konstruktiv sein, und zwar sowohl von ihrer funktionalen Organisation als auch von ihrer Aufgabe her, nämlich ein Verhalten zu erzeugen, mit dem der Organismus in seiner Umwelt überleben kann. Dies letztere garantiert, dass die vom Gehirn erzeugten Konstrukte nicht willkürlich sind, auch wenn sie die Welt nicht abbilden (können)" (Roth 1999, 23).

Der Beobachter
von Wirklichkeit   Jede Konstruktion von Wirklichkeit bleibt ein Produkt des Subjekts, des Systems, das sie in Auseinandersetzung mit dem umgebenden Milieu erzeugt hat. Aus konstruktivistischer Sicht wird jede Aussage und jede Wahrnehmung als Beobachterbeschreibung verstanden (vgl. Maturana 1998, 25). Alles, was gesagt oder gedacht wird, wird von einem Beobachter gesagt und gedacht, dessen Beobachtungen niemals

objektiv sein können, sondern von dem Möglichkeitsraum seiner Beobachtungen und damit von verwendeten technischen Instrumenten
(z. B. Mikroskop, Intelligenztest, Videoaufzeichnung) genauso abhängen wie von den psychischen Strukturen, den verwendeten Theorien, Begriffen und Weltsichten. Wirklichkeit und Beobachter sind
sich gegenseitig bedingende Faktoren. Objektivität, sprich Aussagen,
die vom Aussagenden unabhängig sind, gibt es somit nicht. Oder, wie
Heinz von Foerster ausführt:

„Objektivität ist die Selbsttäuschung des Subjekts, Beobachtung sei ohne ihn
möglich. Die Anrufung der Objektivität ist gleichbedeutend mit der Abschaf-
fung der Verantwortlichkeit; darin liegt ihre Popularität begründet" (zit. nach
Schmidt 1986, 2).

Keeney (1987, 13) formuliert, „dass das, was man sieht, immer eine
Folge dessen ist, wie man handelt. ... So gesehen enthüllen Beschreibungen von Beobachtern immer die Handlung des Beobachters". Damit ist gesagt, dass eine Beobachtung mehr über den Beobachter als
über den oder das Beobachtete(n) aussagt. Das heißt, dass wir als
Personen für die Konstruktionen, die unsere Wirklichkeit ausmachen,
Verantwortung übernehmen müssen. Wir müssen unsere Entscheidung bezüglich der Präferenz für Konstruktionen begründen. Statt
objektive Wahrheit zu proklamieren, kann zwischen zwei alternativen Konstrukten nur die Praxis entscheiden, indem überprüft wird,
welches Konstrukt besser passt, welches nützlicher ist, welches mit
den gewählten ethisch-moralischen Grundentscheidungen zu vereinbaren ist.

3.5.2   Das konstruktivistische Verständnis von einem
lernenden Organismus

Heinz von Foerster (1987) hat die Unterscheidung zwischen *trivialen*   **Lernender**
und *nicht-trivialen* Systemen getroffen. Triviale Systeme – oder allo-   **Organismus**
poietische Systeme – sind durch lineare Input-Output-Verknüpfungen
gekennzeichnet. Jedes Mal, wenn ich einen bestimmten Input X gebe,
gibt es den gleichen Output Y. Drücke ich bei meinem Staubsauger
auf den Einschaltknopf, erwarte ich, dass er anfängt zu saugen. Schon
bei solch trivialen Systemen entscheidet übrigens nicht mein Drücken
(also der Input), was das Gerät tut. Vielmehr legt die Struktur des
Staubsaugers (als triviales System) fest, wie mein Druck verarbeitet

wird. Drücke ich z. B. die Einschalttaste meines Toasters, fängt dieser (hoffentlich) nicht an zu saugen. Ergo: Nicht der Input bestimmt
den Output. Der Input trifft vielmehr auf eine spezifische Struktur, die
einen bestimmten Output erzeugt. Dies bezeichnet man als Strukturdeterminierung von Systemen. Bei trivialen Systemen ist nun diese
Beziehung zwischen Input und Output invariant. Bei nicht-trivialen
Systemen ist dies nicht so. Sie sind durch eine dynamische, flexible
Struktur gekennzeichnet.

Nicht-triviale Systeme   Nicht-triviale Systeme sind neben biologischen Systemen (z. B.
Zellen) psychische Systeme (Bewusstsein) und soziale Systeme (z. B.
eine Schulklasse). Sie sind durch nicht-lineare, rekursive Beziehungs-
muster, durch Geschichtlichkeit und durch Strukturdeterminiertheit
gekennzeichnet. Sie stimmen in ihrer Strukturdeterminierung mit
trivialen Systemen in der Weise überein, dass nicht die Intervention
von außen, sondern die interne Struktur bestimmt, wie es sich verhält.
Nicht-triviale wie triviale Systeme können somit nur zu je eigenen,
durch ihre interne Struktur vorgegebenen Operationen angeregt werden. Die Struktur nicht-trivialer Systeme ist jedoch dabei im Unterschied zu trivialen Systemen selbst rückbezüglich, rekursiv. D. h., jede
Handlung des Organismus führt zu einer Beeinflussung der eigenen
Struktur und jede Beeinflussung der Struktur kann neue Handlungen
ermöglichen oder bestehende Handlungsdispositionen bestätigen.
Damit sind nicht-triviale Systeme dynamische Systeme, indem ihre
Struktur ständigen Veränderungen unterliegt. Nicht-Trivialität kennzeichnet somit die Fähigkeit, offen, überraschend, variabel oder kre-
ativ zu handeln.

Wenn ich z. B. einen Schüler lobe, so kann dies seine Anstrengungsbereitschaft zur Lösung einer Aufgabe erhöhen, oder aber auch, wenn er das Lob
als Sarkasmus interpretiert oder aber nicht Gefahr laufen will, als Lehrerlieb-
ling angesehen zu werden, seine Widerstände gegenüber den schulischen
Arbeitsanforderungen erhöhen. Seine interne Verarbeitungsstruktur, die das
momentane Ergebnis seiner Biographie, seiner bisherigen Erfahrungs- und
Handlungsdimensionen, seiner Interessen, Motive und Werthaltungen sowie
seiner Sichtweise der Situation ist, bestimmt die Auseinandersetzung mit dem
Lob. Gleichzeitig wirkt seine Handlung auf ihn selbst zurück, und es ist durchaus möglich, dass seine interne Struktur so verändert wird, dass er in einer
weiteren – ähnlichen – Situation unerwartet anders handelt.

Aufgrund der Strukturdeterminiertheit und der Selbstreferentialität
können Umweltkontakte nicht-triviale Systeme immer nur zu Selbstkontakten anregen, aber nicht ihre Handlungen determinieren. In

diesem Zusammenhang spricht man auch von operationaler Schließung. Dies bedeutet, dass nicht-triviale Systeme immer nur mit ihren eigenen Zuständen operieren. Psychische Systeme sind z. B. dadurch gekennzeichnet, dass Gedanken an Gedanken anknüpfen, die wiederum an Gedanken anknüpfen. Durch das Unterrichtsgespräch kann dann das psychische System angeregt werden, neue Gedanken zu entwickeln. Dieser Vorgang kann aber nicht erzwungen, also von außen direktiv erzeugt werden. Welche Gedanken der Schüler im Laufe des Unterrichtsgesprächs entwickelt, hängt eben von der jeweiligen Struktur und den damit vorhandenen Operationen seines psychischen Systems ab.

Ausführlich dazu Maturana/Varela 1987; Böse/Schiepek 1989; Krüll/Luhmann/Maturana 1987; Werning 2006

Nicht-triviale Systeme sind damit aber nicht völlig abgeschlossen von dem umgebenden Milieu. Sie sind umweltsensibel in dem Sinne, dass Anregungen von außen (z. B. das Unterrichtsgespräch, ein Lesetext etc.) das System zu Selbstkontakten und damit zu möglichen Selbstveränderungen anregen kann. Zudem bilden sich Vernetzungen zwischen nicht-trivialen Systemen und dem umgebenden Milieu heraus. Denn trotz Strukturdeterminierung und operationaler Schließung der psychischen wie der sozialen Systeme erleben wir in unseren Beziehungen zu anderen Menschen wie im Umgang mit Gegenständen auch Verlässlichkeit und Vorhersagbarkeit. Wäre dies nicht so, könnte man sich das Zusammenleben kaum vorstellen. Desgleichen erleben wir, dass spezifische Interaktionen (z. B. im Unterricht) in Bezug auf bestimmte angestrebte Ziele effektiver und sinnvoller sind als andere. Solche Formen der In-Beziehung-Setzung zwischen autopoietischen Systemen werden als strukturelle Koppelungen bezeichnet.

Strukturelle Koppelungen haben Maturana und Varela (1987) zunächst auf der biologischen Ebene für nicht-triviale (lebende bzw. autopoietische) Systeme untersucht, die dadurch gekennzeichnet sind, dass sie sich ständig selbst herstellen, indem sie durch ihr Operieren ihre eigene Organisation fortlaufend erzeugen (Kneer/Nassehi 1994, 47 ff). „Dass sich zwei (oder mehr) autopoietische Einheiten in ihrer Ontogenese gekoppelt haben, sagen wir, wenn ihre Interaktionen einen rekursiven oder sehr stabilen Charakter erlangt haben" (Maturana/Varela 1987, 85). D. h., die komplexen und dynamischen nicht-trivialen Systeme haben einen Bereich wechselseitig kompatib-

Strukturelle Kopplungen

ler Interaktionen herausgebildet. Diese sind zu beobachten, wenn die aufeinander bezogenen Interaktionsprozesse so zueinander passen, dass sie in wechselseitig anschlussfähiger Weise verarbeitet werden können: In einem Tanz oder einem Gespräch werden Handlungen aufeinander bezogen, miteinander in Beziehung gesetzt. Das Entscheidende dabei ist die Anschlussfähigkeit, die dann gegeben ist, wenn mein Gegenüber sich sinnvoll auf meine Aktivitäten beziehen kann und umgekehrt. Wenn nicht, dann tritt man sich auf die Füße, ob beim Tanzen oder im Gespräch. Aber so lange man tanzt oder so lange man miteinander spricht, entwickelt sich eine Form von struktureller Kopplung. Dies gilt auch für Lernprozesse. Beim Erlernen mathematischer Strukturen oder orthografischer Normen geht es darum, strukturelle Kopplungen zwischen Schülern, Lehrkraft und Lerngegenständen herzustellen. In Bezug auf den Lerngegenstand heißt das, dass die Schüler sinnvoll an die Inhalte anknüpfen können. Deshalb ist das Vorwissen der Schüler auch ein so entscheidender Faktor beim Erlernen neuer Inhalte. Und daher ist es so wichtig, dass im Rahmen von Unterrichtsprozessen beachtet wird, jedem Schüler seinen „persönlichen Dialog mit der Sache" zu ermöglichen, wie Gallin und Ruf (1998) es in ihrem Konzept des Dialogischen Lernens eindrucksvoll herausgearbeitet haben. Die strukturelle Kopplung muss jedoch auch zwischen Lehrer und Schüler gelingen, indem sich beide sinnvoll auf die Handlungen des jeweils anderen beziehen können. Lernschwierigkeiten stellen Störungen einer strukturellen Kopplung dar. Wenn ein Kind auf die Frage „Was ist 3 mal 3?" mit „grün" antwortet, gelingt es der Lehrkraft eventuell nicht, sinnvoll daran anzuknüpfen. Genauso gelingt es dem Schüler möglicherweise nicht, sinnvoll an die Ausführungen des Lehrers anzuknüpfen, da ihm die Vorerfahrungen fehlen oder Emotionen die Konzentration beeinträchtigen etc. Gelingende Lernprozesse setzen gelingende strukturelle Kopplungen voraus. Im Rahmen der Förderung muss es darum gehen, Interaktionsstrukturen zwischen Personen wie auch zwischen Person und Sache zu entwickeln, die sich sinnvoll aufeinander beziehen. Deshalb ist eine ressourcenorientierte Perspektive (Willenbring 2004; Werning/Willenbring 2005) im Umgang mit Kindern und Jugendlichen mit Lernschwierigkeiten so wichtig, denn vorrangig durch das Anknüpfen an Fähigkeiten und Kompetenzen kann eine solche lernförderliche Interaktionsstruktur aufgebaut werden.

Unterrichten und Lehren

Unterrichten und Lehren ist somit der Versuch der Anregung zur strukturellen Kopplung von komplexen Systemen, die nach ihrer eigenen Logik operieren.

Die bisher ausgeführten konstruktivistischen Gedanken machen deutlich, dass aus dieser Perspektive Lernen nicht als Aufnahme von Wissen, von Informationen oder Erkenntnissen verstanden werden kann. Modellvorstellungen wie Sender und Empfänger, Aufnahme, Speicherung und Reproduktion, jedwede lineare Vorstellung von In-put-Output-Prozessen – auch mit der Zwischenschaltung einer informationsverarbeitenden kognitiven Instanz – werden aus dieser Perspektive als reduktionistisch abgelehnt. Sie beinhalten eine unzulässige Trivialisierung des Subjekts und gaukeln die direkte Erzeugung von Lernprozessen durch Lehren vor.

Trivialisierung vs. Komplexität

Luhmann (1987) verweist darauf, dass der Erziehungsprozess, „der ein Resultat erzielen will, es kaum vermeiden kann, die Zöglinge wie Trivialmaschinen ... zu behandeln". Tatsächlich – so könnte man hinzufügen – behandeln wir uns in unserer alltäglichen Kommunikation und Interaktion immer mehr oder weniger wie Trivialmaschinen, die Informationen direkt aufnehmen und Wirklichkeit damit abbilden können. Dies ist bis zu einem gewissen Grad sicherlich nützlich und erleichtert die Interaktion, es führt allerdings gerade beim Verständnis von Lernprozessen zu unzulässigen Vereinfachungen. Die Konstruktionsprinzipien der schulischen Lebenswelt forcieren diese trivialisierende Orientierung. Als Beispiele sind hier besonders die Schaffung möglichst altersgleicher Lerngruppen und die Einteilung der Schülerinnen und Schüler nach Leistung in unterschiedliche Schultypen oder Kurse zu nennen. Dieses Prinzip der Homogenisierung unterstützt die Vorstellung von einem Lernen im Gleichschritt – was wohl eher ein Lehren im Gleichschritt ermöglichen soll. Das Prinzip der Homogenität ist dabei ein Konstruktionselement von Schule aus der Perspektive des Lehrens mit dem Ziel, Komplexität zu reduzieren.

Aus der Perspektive des Lernens ergeben sich dabei aber Dysfunktionalitäten, denn Lernprozesse können durch die Trivialisierung von Lehrprozessen behindert werden. Lernen ist aus konstruktivistischer Perspektive immer „Selbstlernen" (Begemann 1996b). Die Lernprozesse der Schülerinnen und Schüler sind durch ihre je subjektiven Regeln und Erfahrungsbereiche (Bauersfeld 1983), Vorerfahrungen und ihre individuellen Verständniszugänge – sprich aus den kontextuellen Verschachtelungen ihrer bisherigen Wirklichkeitskonstruktionen – heraus bestimmt, was auch im Rahmen verschiedener Studien bestätigt werden konnte (dazu ausführlich Werning 2012a). Indem Schul- und Unterrichtsstrukturen vorrangig aus einem funktionalen Verständnis von Lehren – und nicht von Lernen – heraus entwickelt worden sind, wird versucht, Vielfalt und Heterogenität – und damit

Lernen ist Selbstlernen

auch Individualität – zu reduzieren. Damit wächst die Gefahr, dass bei jenen Schülern, deren Wirklichkeitskonstruktionen nur unzureichend zu den Ansprüchen von Schule passen, Ängste, Abwehr und Verunsicherungen entstehen und damit auch Lernbeeinträchtigungen, Aggressivität und Devianz gefördert werden.

Dies ist – wie schon mehrfach erwähnt – besonders häufig bei sozial randständigen wie auch bei Kindern mit Migrationshintergrund zu beobachten. Bei ihnen gelingt es der allgemeinbildenden Schule offensichtlich nicht hinreichend, an den mitgebrachten Wirklichkeitskonstruktionen anzuknüpfen. Erfahrungen und Fähigkeiten, die den schulischen Lehr-Strukturen nicht entsprechen, werden sogar teilweise ignoriert.

3.5.3 Die systemische Rekonstruktion von Lernbeeinträchtigungen als Beziehungsstörungen in sozialen Kontexten

An dieser Stelle kann die Komplexität systemtheoretischer Ansätze nicht ausführlich diskutiert werden (vgl. dazu Werning 2007; Balgo 2012, 54 ff; Kneer/Nassehi 1994). Systemisches Denken, das auf spezifischen systemtheoretischen Prämissen aufbaut, ist durch ein vernetztes Denken gekennzeichnet und unterscheidet sich damit von einem Denken,

> „dem es um die Zergliederung und Isolation von Elementen geht (Atomismus), das Elemente auf noch grundlegendere zurückführen will (Reduktionismus), das eine unmittelbar gegebene, eindeutige Realität annimmt (naiver Realismus) und das sich auf eine geradlinige, kausale Abhängigkeit zwischen Variablen beschränkt (lineares, dualistisches Denken)" (Schiepek 1986, 33).

Soziale Systeme

Eine systemische Perspektive im humanwissenschaftlichen Bereich ist dadurch gekennzeichnet, dass menschliches Handeln niemals isoliert, sondern im Kontext der sozialen und materiellen Beziehungen gesehen und verstanden wird. Soziale Systeme sind dabei durch spezifische Aspekte gekennzeichnet:

a) **Ein System existiert dann, wenn es von seiner Umwelt unterschieden wird.** D. h., Systeme gibt es nicht „an sich", es sind vielmehr Konstruktionen, die sich durch die Differenz zwischen System und Umwelt ergeben. Die Erzeugung einer Unterscheidung

von Innen (System) und Außen (Umwelt), also die Konstruktion
einer Grenze, ist der zentrale systemkonstruierende Prozess. Die
Elemente sozialer Systeme sind Kommunikation. Beispiel: Die
Familie oder die Schulklasse als System wird dadurch existent,
dass sich die Kommunikationen innerhalb der Familie bzw. innerhalb der Schulklasse von beliebiger Kommunikation unterscheiden. D. h., die Kommunikation innerhalb des sozialen Systems ist
von besonderer qualitativer und quantitativer Intensität und unterscheidet sich damit von anderer Kommunikation. Die Grenze
eines sozialen Systems kann damit nicht physikalisch-räumlich,
sondern vielmehr symbolisch-sinnhaft verstanden werden.

b) **Systeme sind durch Selbstorganisation gekennzeichnet.** D. h.,
die Elemente, aus denen ein System besteht, stellt es selbst her.
Die Elemente eines sozialen Systems sind Kommunikation. Indem in einem sozialen System kommuniziert wird, erzeugt es sich
durch diese Kommunikation selbst. D. h., dass das soziale System
so lange existiert, wie Kommunikation an Kommunikation anknüpft.

c) **Systeme sind strukturdeterminiert.** D. h., dass die jeweilige historisch bedingte aktuelle Struktur eines Systems bestimmt, wie es
sich in einer spezifischen Situation verhalten bzw. verändern kann.

d) **Systeme sind operational geschlossen.** D. h., dass die jeweiligen
Operationen eines Systems an vorherige Operationen des Systems
anknüpfen usw. Sie benutzen damit ständig die Produkte oder Ergebnisse ihrer Operationen als Grundlage für weitere Operationen.

Systemisch-konstruktivistische Ansätze im sonderpädagogischen Bereich stimmen darin überein, Phänomene – wie z. B. Lernprobleme
bzw. Lernversagen – nicht isoliert, sondern in dem Netz des Bezie-
hungsgefüges, in den das Phänomen eingebettet ist, wahrzunehmen.
Statt isolierter Daten geht es um die Berücksichtigung von Mustern
und Strukturen in ihren sozialen Kontexten. Diese Perspektive wird
dabei durch die Ergebnisse vielfältiger Forschungsarbeiten zu dem
Bereich der Lern- und Leistungsbedingungen in Schule gestützt. So
kommen Helmke und Weinert (1997, 73) bei der Diskussion der Vielzahl von empirischen Untersuchungen in diesem Bereich zu dem Ergebnis:

**Vernetzungen und
Wechselwirkungs-
prozesse**

„Wie bei Wirkungsanalysen isolierter, also dekontextuierter Lern- und Leistungsbedingungen nicht anders zu erwarten, sind die Ergebnisse von Untersuchung zu Untersuchung oft instabil, zum Teil widersprüchlich und in den meisten Fällen theoretisch enttäuschend. Das belegen auch die vorliegenden Metaanalysen. Sie ergeben im Durchschnitt schwache bis sehr schwache Zusammenhänge zwischen einzelnen Schüler-, Unterrichts- und Kontextvariablen auf der einen und Indikatoren der Schulleistung auf der anderen Seite."

Hieraus ergibt sich die Einsicht, dass Lernen und auch die Behinderung des Lernens in einem komplexen Netzwerk sich gegenseitig bedingender, miteinander interagierender sowie zirkulärer und damit auf sich selbst zurückwirkender Faktoren stattfindet. Bestimmte Faktoren können andere kompensieren, negativ oder positiv beeinflussen, verstärken oder vermindern. So kann z. B. ein besonders guter Unterricht und intensive Fürsorge und Förderung eines Schülers durch die Lehrkraft geringe kognitive Fähigkeiten und/oder soziale Benachteiligungen ausgleichen. Ebenso kann aber auch abwertendes und stigmatisierendes Lehrerverhalten und/oder schlechter Unterricht die Lernschwierigkeiten eines Schülers verstärken bzw. chronifizieren.

Sechs Fehler im Umgang mit Lernschwierigkeiten
Hieraus lässt sich ableiten, dass für ein Verständnis schulischer Lernprozesse und ihrer Behinderung eine systemische Perspektive sinnvoll ist, die Vernetzungen und Wechselwirkungsprozesse berücksichtigt. Dörner (1976, vgl. auch Vester 2000, 35 ff) hat schon in den 1970er Jahren sechs Fehler im Umgang mit komplexen Systemen herausgestellt, die ich im Folgenden für die Auseinandersetzung mit Lernschwierigkeiten konkretisieren möchte:

Dörner kritisiert an erster Stelle ein *Reparaturdienstverhalten*, wobei versucht wird, einen „ins Auge springenden" Missstand zu beseitigen, ohne die Zusammenhänge zu berücksichtigen. Dann geht man zum nächsten Missstand über. Positiv formuliert heißt dies, dass Lernschwierigkeiten im Kontext der Lebenswelt des Schülers/der Schülerin zu sehen sind. Nicht das Symptom, der „Missstand" steht im Mittelpunkt der pädagogischen Arbeit, sondern die Berücksichtigung der Beziehungsstrukturen, unter denen der „Missstand" auftritt, gibt Hinweise zur pädagogischen Förderung. Eine frühzeitige Problemdefinition und eine damit häufig verbundene Einschränkung der Förderperspektive ist zu vermeiden.

Als zweiten Fehler nennt Dörner die *Beschränkung auf Ausschnitte der Gesamtsituation*. Statt Beziehungen, Strukturen und Muster wahrzunehmen und aufzuzeigen, werden unverbundene Datenmengen erhoben. Dadurch entsteht für den/die Handelnde jedoch keine

Ordnung, keine Struktur und keine Dynamik. Es sollte deshalb mehr Wert auf die Erfassung von Beziehungsstrukturen und von Mustern gelegt werden. Dazu gehört die Exploration, welche unterschiedlichen Dimensionen die Problemsituation umfasst, welche Verbindungen zwischen den Bereichen (z. B. Familie, Schule, Peer-Group) bestehen und wie hier positive Ressourcen und Potenziale unterstützt werden können.

Drittens ist eine *einseitige Schwerpunktbildung* zu vermeiden. Statt die Vernetzungen wahrzunehmen, versteift man sich auf einen Schwerpunkt, ein Symptom. Im Umgang mit Kindern mit Lernschwierigkeiten darf der Blick somit nicht „symptomzentriert" werden. Vielmehr ist gerade die Wahrnehmung der Stärken, der Fähigkeiten und Ressourcen in der Person des Kindes sowie in seiner Lebenswelt ein wichtiger Bereich.

Als vierten Fehler führt Dörner an, dass *Nebenwirkungen nicht beachtet werden*. Es wird vielmehr versucht, linearkausal Maßnahmen zur Systemverbesserung – meist mit dem Ziel der Symptombeseitigung – einzuleiten. Für die pädagogische Förderung sollte deshalb überlegt werden, welche Maßnahmen (z. B. spezielle Förderangebote) eventuell stigmatisierende Auswirkungen haben und sich somit kontraproduktiv auswirken könnten. Aus familientherapeutischer Perspektive ist z. B. darauf hingewiesen worden, dass schulische Probleme manchmal eine stabilisierende Funktion für die familiäre Struktur haben (Campion 1985; Henning / Knödler 1985). Die pädagogische Förderung muss solche möglichen Nebenwirkungen zumindest mitbedenken.

Als fünften Fehler stellt Dörner die *Tendenz zur Übersteuerung* heraus. Dabei wird zunächst zögernd vorgegangen. Zeigt dies keine Wirkung, wird massiv interveniert, um dann erneut gegenzusteuern. Für die pädagogische Arbeit bei Kindern mit Lernschwierigkeiten heißt dies positiv formuliert, dass eine langfristige und koordinierte Perspektive zu entwickeln ist. Nicht eine Förderstunde in der Woche, auf die, wenn sie keine Erfolge bringt, die Überweisung in die Förderschule eingeleitet wird, sondern eine von den Lehrkräften zusammen mit den Eltern und evtl. mit dem Kind entwickelte umfassende pädagogische Förderplanung ist hier erforderlich.

Als letzten Fehler stellt Dörner die *Tendenz zu autoritärem Verhalten* heraus. Die Vorstellung zu wissen, wo das Problem liegt, was seine Ursachen sind, führt dazu, die eigenen Vorstellungen zur Beseitigung der Störung durchzusetzen. Im System vorhandene Selbsthilfepotenziale, Dynamiken und Ressourcen werden so unterdrückt.

Aus pädagogischer Sicht ist deshalb zu beachten, dass Entwicklungen angeregt, aber nicht determiniert werden können. Das professionelle Handeln zielt auf die Eröffnung und Unterstützung von Lern- und Entwicklungsmöglichkeiten. Ein objektives Wissen über richtige Maßnahmen gibt es nicht. Nicht die Durchsetzung einmal geschaffener Förderpläne, sondern die sensible Beobachtung, die Überprüfung der eigenen aufgestellten Perspektive und die Revision wenig hilfreicher Maßnahmen sind hier gefragt.

3.5.4 Perspektiven einer systemisch-konstruktivistisch orientierten Förderung

Die hier skizzierte Sichtweise macht deutlich, dass bei der Auseinandersetzung mit Schülerinnen und Schülern mit Lern- und Leistungsschwierigkeiten die traditionellen individuumszentrierten diagnostischen Orientierungen fragwürdig geworden sind. Aus einer systemisch-konstruktivistischen Perspektive dürfen weder Diagnose- noch Förderkonzepte hinter die dargestellte Komplexität dynamischer Systeme zurückfallen. Lineare Input-Output-Modelle weichen so systemisch-konstruktivistischen Perspektiven. Die Suche nach objektiven, wahren Diagnosen weicht der Auffassung, dass unsere Beobachtungen und Erkenntnisse von unseren Herangehensweisen abhängen. Deshalb sind wir nie unbeteiligte, objektive Diagnostiker, sondern aktive Interaktionspartner.

Diese Perspektive will die Person in ihrer biografischen Entwicklungsgeschichte und in ihrer lebensweltlichen Einbettung erfassen; sie setzt sich bewusst und radikal von einer allein individuumszentrierten Sichtweise ab. Statt Lernschwierigkeiten als individuelle Probleme des Kindes zu begreifen, betont dieser Ansatz die Beachtung der durch strukturelle Koppelungen entstandenen Wechselwirkungen in sozialen Kontexten.

Pädagogische Beobachtungs- und Förderkompetenz Daraus ergeben sich spezifische Anforderungen an eine pädagogische Beobachtungs- und Förderkompetenz, die im Folgenden konkretisiert werden sollen:

a) **Pädagogische Beobachtung und Förderung erfolgt hypothesengeleitet.** Die Auseinandersetzung mit einer Problemsituation (z. B. den Lese- und Rechtschreibschwierigkeiten eines Schülers) ist als ein Prozess des hypothesengeleiteten Suchens zu verstehen. Eine Hypothese ist dabei immer eine vorläufige, im weiteren Handlungsprozess zu überprüfende Annahme über die Bedingungsfaktoren der Problemsituation. Schlippe und Schweitzer (1999, 117) differenzieren zwischen der Ordnungs- und der Anregungsfunktion von Hypothesen. Die Ordnungsfunktion umfasst die notwendige Reduktion von Komplexität. Vielfältige Informationen aus unterschiedlichen diagnostischen Zugängen werden so zu Hypothesen verdichtet. Die Anregungsfunktion von Hypothesen ergibt sich aus ihrem Potential, neue pädagogische Handlungs- und Fördermöglichkeiten zu entwickeln. Die Anregungsfunktion kann dabei immer erst festgestellt werden, wenn daraus konkrete pädagogische Förderansätze abgeleitet werden, deren Wirksamkeit im pädagogischen Alltag von den beteiligten Personen zu überprüfen ist (hierzu z. B. die kooperative Lernbegleitung in Kap. 4.3.1). Die Erlebenswelt der interagierenden Personen (Schülerinnen und Schüler, Lehrerinnen und Lehrer, Eltern) bildet den Prüfstein, ob die entwickelten Förderorientierungen hilfreich, nützlich bzw. sinnvoll sind oder nicht. Sie werden an der Praxis validiert.

Hierzu ein Beispiel: Tom (13 Jahre) ist ein Schüler mit gravierenden Lese-Rechtschreib-Schwierigkeiten. Im Rahmen der „kooperativen Lernbegleitung" (Heuser / Schütte / Werning 1997, vgl. auch Kap. 4.3.1.) haben wir unsere Beobachtungen im Umgang mit dem Schüler in verschiedenen Kontexten als Hypothesen über Bedingungsfaktoren formuliert, die Toms Lernfähigkeit beeinträchtigen:

Hypothese 1: Tom hat ein sehr negatives Selbstwertgefühl entwickelt; er fühlt sich als Versager und vermeidet alle Situationen, in denen er evtl. lesen oder schreiben müsste. Aufgrund seiner bisherigen Misserfolgserlebnisse im Lese-Rechtschreib-Prozess wendet er jetzt seine Energie dazu auf, diesen verhassten Situationen zu entkommen.

Hypothese 2: Toms Eltern werten ihn häufig ab. Aussagen wie „Du kannst ja noch nicht einmal eine Urlaubspostkarte schreiben" stabilisieren sein negatives Selbstkonzept und fördern seine Blockade, sich auf Lesen und Schreiben einzulassen. Die Enttäuschung und Sorge der Eltern führt zu verstärkter Kontrolle, zu Druck und zu Misstrauen. Toms Misserfolgserwartungen werden dadurch verstärkt und er ist überzeugt, dass er ein Versager ist.

Hypothese 3: Im Unterricht gibt es bisher keine hinreichend individualisierte Förderung für Tom. Besonders im Fachunterricht überfordern ihn die Arbeits- und Lesetexte. Aber auch die bisher angebotenen Fördermaterialen erweisen sich als wenig geeignet. Dazu gehören z. B. Lese-Rechtschreib-Lehrgänge aus der Grundschule, die er mit den Worten ablehnt: „Das ist Kinderkram, so was mache ich nicht." So ist es nicht verwunderlich, dass er im Unterricht – besonders in Situationen, in denen gelesen oder geschrieben werden soll – Vermeidungsstrategien einsetzt. Er lenkt ab, „kaspert herum", verweigert die Mitarbeit oder verhält sich aggressiv. Sein Vermeidungsverhalten führt zu Konflikten mit Lehrern und Mitschülern, vergrößert seine Wissenslücken und stabilisiert so seine Lernschwierigkeiten.

Dieses kleine Beispiel zeigt die Wahrnehmung von Lernstörungen im Beziehungsgefüge von Tom, seinem Elternhaus und der Schule. Die gebildeten Hypothesen stellen nun die Grundlage für die Überlegungen zur Konstruktion von lern- und entwicklungsförderlicheren Lebensweltbedingungen dar, deren Stimmigkeit sich erst im Prozess der handelnden Umsetzung zeigt.

b) **Pädagogische Beobachtung und Förderung setzt an den Stärken und Ressourcen an.** Nicht die möglichst genaue Beschreibung der Auffälligkeit, des Defizits oder des Defekts kann als Anknüpfungspunkt für eine pädagogische Förderperspektive herangezogen werden. Eine solche Defektorientierung behindert vielmehr den Blick auf ein umfassendes Bild von dem Kind in seinem lebensweltlichen Kontext (Milani-Comparetti/Roser 1987, 89). Sie ist zudem wenig geeignet, Fördermöglichkeiten für einen Schüler/eine Schülerin zu entwickeln. Effektive Förderung von Kindern und Jugendlichen mit besonderen Bedürfnissen muss neben der Erfassung der Problembereiche ein besonderes Augenmerk auf vorhandene Potenziale, Fähigkeiten und Ressourcen der Personen in ihren Lebenswelten legen. Durch die Wahrnehmung, Unterstützung, Aktivierung und Begleitung dieser entwicklungsfördernden Bedingungen wird die „Förderung von Normalität" (Milani-Comparetti/Roser 1987) und nicht die Behandlung der Auffälligkeit zur Aufgabe der pädagogischen Arbeit.

Erst wenn ich weiß, was ein Schüler/eine Schülerin in einem bestimmten Gebiet beherrscht, kann ich weitere Entwicklungsschritte anregen. Pädagoginnen und Pädagogen unterliegen jedoch nicht selten der Gefahr, besonders die Defizite von Schülerinnen und Schülern wahrzunehmen. Insbesondere bei der Auseinandersetzung mit Schülerinnen und Schülern, die Lern-, Leistungs- und/oder Verhaltensauffälligkeiten zeigen, steht die Beschreibung des „Nicht-Könnens" im Vordergrund. Dies ist aus einer systemisch-konstruktivistischen Perspektive zu überwinden. Damit verbunden ist auch eine veränderte Sicht von Fehlern. Fehler als Versagen oder „Nicht-Können" zu betrachten, ist eine Bewertung, die aus einer bestimmten Beobachterperspektive erfolgt. Der wissende Lehrer beurteilt den schlecht- oder nicht-wissenden Schüler. Es handelt sich hierbei um die Kategorie der Selektion bzw. der Klassifikation. Im Rahmen der pädagogischen Lernbegleitung müssen Fehler jedoch aus einer anderen Perspektive betrachtet werden. Fehler sind Mitteilungen. Sie verraten etwas über die Denk- und Problemlösungsstrategien von Schülerinnen und Schülern. Fehler sind keineswegs einfach dumm, sie sind vielmehr meist regelgeleitet und zeigen das Bemühen des Schülers um eine Lösung. Bei der Fehleranalyse konzentriert man sich auf sogenannte systematische Fehler, die auf subjektiven Strategien des Schülers fußen. „Die Fehleranalyse ist eine besonders hilfreiche Methode, Schwächen, aber auch Stärken eines Schülers in einem speziellen Lernbereich zu erkennen, in inhaltlich qualifizierter Weise zu beschreiben und aus den erkannten Fehlermustern Fördermöglichkeiten abzuleiten …" (Straßburg 1998).

c) **Pädagogische Beobachtung und pädagogische Förderung sind direkt miteinander verknüpft.** Das einmalige Feststellen eines Förderbedarfs oder das Festschreiben eines Förderplans ist aus der hier vorgestellten Perspektive nicht sinnvoll. Notwendig ist vielmehr das prozessbegleitende Zusammenspiel von verschiedenen Aktivitäten. Dazu gehört die sensible Beobachtung und die Reflexion der Beobachtungen (möglichst im kollegialen Austausch). Daraus ergeben sich Ansatzpunkte zur Bildung von Hypothesen über Entwicklungsmöglichkeiten, die dann in einer Planung und Realisierung pädagogischer Fördermöglichkeiten konkret umgesetzt werden können. Die Auswirkungen dieser Arbeit müssen wiederum beobachtet und reflektiert werden, um die Fortführung, Veränderung oder völlige Neukonzipierung der Fördermaßnahmen zu gewährleisten. Pädagogische Beobachtung, Hypothesenbildung und pädagogische Förderung stehen somit in einem zirkulären Verhältnis zueinander (Werning 1995).

Bei der pädagogischen Beobachtung und Förderung ist ferner die Einbindung in einen Kontext der Selbstbeobachtung zu berücksichtigen. Die Beschreibungen von Lernschwierigkeiten sind Konstruktionen, die im interaktiven Prozess (strukturelle Kopplung) zwischen Beobachter und Kind gebildet werden. Diese Beobachtungen sind abhängig von den Normen, Regeln, den Vorerfahrungen und Verständniszugängen, den theoretischen Zugängen sowie den Untersuchungsmethoden und -instrumenten des Beobachters. Die Suche nach objektiven Beobachtungen bzw. Diagnosen weicht der Auffassung, dass die jeweiligen Beobachtungen und Erkenntnisse von den gewählten Herangehensweisen abhängen. Deshalb gibt es keine unbeteiligten, „objektiven" Beobachter bzw. Diagnostiker, sondern immer nur aktive Interaktionspartner im Prozess der Lernförderung.

Im nun folgenden Kapitel werden Konzepte zum Unterricht mit und zur Förderung von Schülerinnen und Schülern mit Beeinträchtigungen des Lernens vorgestellt und diskutiert. Dabei wird deutlich werden, wie die bis zu dieser Stelle skizzierten unterschiedlichen theoretischen Modellvorstellungen aufgegriffen und als Grundlage für pädagogisch-didaktische Handlungsorientierungen herangezogen werden.

3.6   Übungsaufgaben zu Kapitel 3

Aufgabe 1 Diskutieren Sie die Auswirkungen auf wissenschaftliches Arbeiten, die sich aus dem Kritischen Rationalismus und der Kritischen Theorie für sonderpädagogische Fragestellungen ergeben!

Aufgabe 2 Informieren Sie sich über die gesellschaftspolitischen Veränderungen der späten 1960er Jahre und überlegen Sie, warum zu dieser Zeit die soziale Verursachung von Lernbehinderung thematisiert wurde.

Aufgabe 3 Überlegen Sie – unter Berücksichtigung aller vorgestellten theoretischen Modellvorstellungen – wie die Bildungsbenachteiligung von Schülern mit Migrationshintergrund reduziert werden könnte.

Aufgabe 4 Überlegen Sie kritisch, welche Anregungen Sie aus einem systemisch-konstruktivistischen Lernverständnis für die schulische Förderung sozial randständiger Kinder ableiten können.

Musterlösungen unter www.reinhardt-verlag.de, www.utb.de

4 Didaktik: Unterricht für Schülerinnen und Schüler, die von Beeinträchtigungen des Lernens betroffen sind

Schülerinnen und Schüler, die von Lernbeeinträchtigungen betroffen sind, benötigen besondere Unterstützung im Unterricht. Die Berücksichtigung ihrer spezifischen Entwicklungen und Lebenssituationen ist erforderlich, damit lern- und entwicklungsfördernde Bedingungen im Unterricht entstehen können. Benötigen sie deshalb auch einen besonderen Unterricht, eine besondere Didaktik, die sich von der allgemeinen Didaktik unterscheidet? Diese Frage bewegt die sonderpädagogische Fachrichtung Pädagogik bei Lernbeeinträchtigungen seit ihrer Entstehung (vgl. Kap. 2). Sie ist eng verbunden mit der Frage, ob diese Kinder in der allgemeinen Schule gemeinsam mit allen anderen Schülern oder in einer Sonder- bzw. Förderschule unterrichtet werden sollten.

In diesem Kapitel soll es um die Frage gehen, wie der Unterricht für **Fragestellungen** Schüler und Schülerinnen mit Lernbeeinträchtigungen begründet und **des Kapitels** gestaltet werden kann.

Im *ersten Teil* gehen wir – nach einigen grundlegenden Begriffsbestimmungen – auf ausgewählte didaktische Konzepte aus der Geschichte der Lernbehindertenpädagogik sowie der integrativen und inklusiven Pädagogik ein und diskutieren sie in ihren Bezügen zu allgemeinen didaktischen Konzepten.

Um Prinzipien lern- und entwicklungsfördernden Unterrichts aus systemisch-konstruktivistischer Perspektive geht es im *zweiten Teil*. Aus dieser theoretischen Position, die Selbstorganisation, Strukturdeterminiertheit und strukturelle Kopplung als wesentliche Entwicklungsgesetzmäßigkeiten betont, ergeben sich Unterrichtsprinzipien, die der Eigenaktivität und Kooperation der Schüler untereinander einen hohen Stellenwert beimessen.

Die Umsetzung dieser Prinzipien wird im *dritten Teil* anhand von Fall- und Unterrichtsbeispielen aus der Förderschule mit dem Schwerpunkt Lernen sowie aus dem integrativen bzw. inklusiven Unterricht veranschaulicht.

4.1   Ausgewählte didaktische Konzepte

4.1.1   Allgemeine und sonderpädagogische Didaktik – ein ambivalentes Verhältnis

In ihrer Geschichte basierte die Didaktik für Schüler und Schülerinnen mit Lernbeeinträchtigungen viele Jahre lang selbstverständlich auf allgemeinen didaktischen Konzepten und bezog sich darauf. Eine Ambivalenz im Verhältnis zur allgemeinen Didaktik entstand aus dem Bedürfnis der Fachrichtung, sich von allgemeinen didaktischen Orientierungen abzugrenzen: Die Spezifität eines Unterrichts für lernbeeinträchtigte Kinder in einer eigenständigen Schulform, der Hilfsschule, sollte legitimiert werden, um die besonderen Bedingungen dieser Arbeit zu begründen (kleinere Klassen, Schonraum) und den Sonderstatus ihrer Lehrkräfte durchzusetzen bzw. zu erhalten (höhere Bezüge, niedrigere Wochenstundenzahl) (vgl. Kap. 2.1.4). Eine spezifische Methodik wurde propagiert, die den Unterricht von Hilfsschulkindern kennzeichnete. Im engeren Sinne, also als metatheoretische Erörterung, wurde eine didaktische Diskussion in der Lernbehindertenpädagogik erst relativ spät begonnen (Bleidick 1983, 57).

Comenius
Didacta Magna   In der allgemeinen Pädagogik hat die Auseinandersetzung mit didaktischen Fragen eine jahrhundertealte Tradition, der Theorie des Lehrens und Lernens wurde seit Comenius Didacta Magna (1638) ein hoher Stellenwert für die Planung, Durchführung und Reflexion von Unterricht beigemessen. Comenius hatte sich mit dieser ersten Didaktik zum Ziel gesetzt,

> „dass die gesamte Jugend beiderlei Geschlechts ohne Ausnahme rasch, angenehm und gründlich in den Wissenschaften gebildet, zu guten Sitten geführt, von Frömmigkeit erfüllt und auf diese Weise in den Jugendjahren zu allem, was für dieses Leben nötig ist, angeleitet werden kann" (Comenius in Bundschuh u. a. 2001, 57).

Das Zitat macht deutlich, dass Comenius bereits grundlegende Aspekte berücksichtigt, die bis heute in didaktischen Konzeptionen thematisiert werden: es geht ihm um die umfassende Bildung der Menschen in Bezug auf die kulturell bedeutsamen Gegenstände, die für ihre Lebensbewältigung erforderlich sind. Zu den Inhalten rechnet er die Wissenschaften und die Religion, schließt aber auch weitergehendes Handlungswissen nicht aus. Weiterhin verweist er auf methodische

Aspekte, wenn er fordert, dass der Unterricht rasches, angenehmes und gründliches Lernen ermöglichen solle. Eine Unterscheidung von Erziehung und Unterricht trifft er nicht. Seine Didaktik richtet sich an „die gesamte Jugend", schließt also Schülerinnen und Schüler mit Beeinträchtigungen nicht aus.

Didaktik wird seitdem als die Teildisziplin der Pädagogik verstanden, die ihre Aufmerksamkeit auf (nicht ausschließlich, aber schwerpunktmäßig) schulische Lehr- und Lernprozesse richtet (Kron 2008, 29 ff). Für didaktische Konzepte ist kennzeichnend, dass sie auf einer erkenntnistheoretischen Grundlage theoriegeleitete und problemoffene Prinzipien formulieren, um für eine bestimmte Lerngruppe die didaktische Frage zu beantworten: wer soll was wann mit wem wo wie womit warum und mit welcher Intention lehren und lernen? (Jank / Meyer 1991, 16). Die Begriffe Erziehung und Bildung sind in diesem Zusammenhang zentral.

Grundlegendes Merkmal der Erziehung ist die Interaktion zwischen einem zu Erziehenden und einem Anderen, der in seiner Entwicklung schon weiter ist und ihm mit pädagogischer Absicht gegenübertritt, um ihm kulturell bedeutsame Informationen und Deutungen anzubieten und dadurch Einstellungen und Verhaltensregeln bewusst zu vermitteln (Büeler 1994, 111).

Erziehung

Der Begriff der Bildung umfasst neben den zentralen Werten und Normen vor allem die Inhalte der Kultur, über die Menschen verfügen müssen, um in ihr handlungsfähig zu sein und sie mit zu gestalten. Die Vermittlung von Fähigkeiten und Kenntnissen spielt dabei eine zentrale Rolle, darüber hinaus umfasst der Begriff der Bildung aber auch das Ziel, mit den erworbenen Fähigkeiten sozial und konstruktiv umzugehen, sie im sozialen Austausch mit anderen weiterzuentwickeln und gemeinsam nutzbar zu machen (Schlömerkemper 1998, 640). Als allgemeines Bildungsziel gilt nach Büeler ein individuell sinnhaftes Leben in mündiger gesellschaftlicher Teilhabe und sozialer Verantwortung (Büeler 1994, 104).

Bildung

Das Verhältnis von Didaktik und Methodik wird in verschiedenen didaktischen Konzepten unterschiedlich bestimmt. Sieht z. B. Bönsch beide Aspekte gleichrangig nebeneinander, so geht Klafki von einem „Primat der Didaktik gegenüber der Methodik" aus und versteht damit die Reflexion über die Bildungsinhalte und Zielvorstellungen als grundlegend für die Wahl ihrer Vermittlungsformen (Klafki 1994, 88). Methoden und Förderstrategien sind den im Rahmen eines Konzepts formulierten Leitlinien oder Prinzipien demnach als pädagogische Handlungsformen unterzuordnen, Methodik ist ein Teil didaktischer

Didaktik und Methodik

Entscheidungen. Der Begriff der Methode ist daher im Sinne eines Handlungsplans zu verstehen, nicht als die einzig mögliche Lösung eines Problems, sondern als einer unter anderen möglichen Lösungswegen, der den Prinzipien des Konzepts entspricht und sich an der komplexen Realität bewähren muss. Von diesem Verständnis gehen wir im Weiteren aus.

Didaktische Theorien Didaktik versteht sich einer Systematisierung von Klafki zufolge – je nach didaktischem Konzept mit unterschiedlicher Schwerpunktsetzung – als Wissenschaft vom Lehren und Lernen, als Wissenschaft des Unterrichts, als Theorie der Bildungsinhalte, als Theorie der Steuerung von Lernprozessen oder als Anwendung psychologischer Lehr- und Lerntheorien (Klafki 1971, 225).

Fachliche Perspektive Die genannten Titel geben erste Hinweise darauf, dass in den 1960er und 1970er Jahren die fachliche Perspektive, also die Auseinandersetzung mit inhaltlichen Bildungsprozessen, im Zentrum didaktischer Überlegungen steht: die Auswahl und Vermittlungsformen der Unterrichtsgegenstände werden schwerpunktmäßig thematisiert, vereinzelt werden außerdem auch bereits die Lehr- und Lernprozesse betrachtet. Die bedeutsamsten im Rahmen der Sonderpädagogik rezipierten Konzepte dieser Zeit stehen für diese Orientierungen, die bis heute in die didaktische Konzeptbildung hineinwirken: Klafkis bildungstheoretische Didaktik (Klafki 1964), später weiterentwickelt zur kritisch-konstruktiven Didaktik (Klafki 1985) und Heimanns lehr- und lerntheoretische Didaktik (Heimann 1973), weiterentwickelt zusammen mit Otto und Schulz (Heimann/Otto/Schulz 1970). Auch die kritisch-kommunikative Didaktik der Frankfurter Schule, die den Interaktionsaspekt von Unterricht in den Vordergrund stellt, entsteht in gegenseitiger Kritik und Anregung mit diesen Konzepten (Kron 2008, 184 ff). Weiterhin werden in den 1970er und 1980er Jahren didaktische Entwürfe populär, die unter Bezugnahme auf reformpädagogische Prinzipien für eine Öffnung und Handlungsorientierung des Unterrichts eintreten wie der erfahrungsbezogene Unterricht (Scheller 1981) und der offene und handlungsorientierte Unterricht (Bönsch 1991, Gudjons 1986, Jantzen 1983, Jank/Meyer 1991). Ab den 1980er Jahren werden damit stärker als vorher psychologische und gesellschaftliche Aspekte in den allgemeinen didaktischen Modellen berücksichtigt.

Psychologische vs. Gesellschaftliche Perspektive Die psychologische Perspektive stellt den lernenden Menschen in den Mittelpunkt, fragt nach seiner Geschichte, seinen Lebensbezügen und der Situation der Lerngruppe. Die gesellschaftliche Perspektive beschäftigt sich mit den ökologischen und institutionellen Bedingungen, im Rahmen derer Unterricht stattfindet und die darauf Einfluss nehmen (Hansen/Stein 1997, 66).

In den 1990er Jahren wird darüber hinaus das therapeutische Modell der themenzentrierten Interaktion nach Ruth Cohn für didaktische Überlegungen herangezogen, das alle genannten Perspektiven berücksichtigt und verbindet: das „ich" (also der einzelne Mensch, Schüler oder Lehrer, aus psychologischer Perspektive), das „wir" (die Lerngruppe) und das „es" (der Lerngegenstand aus fachlicher Perspektive) sowie der „Globe" (also die strukturellen Bedingungen in der Schule und im Umfeld aus gesellschaftlicher Perspektive) (Reiser/Lotz 1995, Stein 1997. Damit werden erstmals auch die Beziehungen zwischen den einzelnen Elementen berücksichtigt und ein kommunikatives Grundverhältnis wird unterstellt, wie es sich später auch in systemisch-konstruktivistischen Didaktiken findet (Werning 1996a; Reich 2000; Lütje-Klose 2003).

Sonderpädagogische Didaktik

„In diesem Sinne kann (sonderpädagogische) Didaktik hier verstanden werden als ein theoretisches Modell der gemeinsamen, demokratischen, begründeten, kontinuierlich-prozesshaft erfolgenden Bildungsanalyse und -planung einer Gruppe Lernender und pädagogischer Partner in einem systemischen Handlungsfeld in Hinsicht auf
– die (je subjektiven) Voraussetzungen, Bedingungen, Gegebenheiten,
– die gewählten Entscheidungen (Ziele, Inhalte, Organisation, Lernformen und Medien) sowie
– die weiterführenden Entwicklungen und Prozesse" (Hansen/Stein 1997, 67).

Im Weiteren wird zu erläutern sein, wie sich die Didaktik für Kinder mit Lernbeeinträchtigungen entwickelte und inwieweit die bisher genannten didaktischen Modelle dabei aufgenommen wurden.

4.1.2   Didaktische Überlegungen der frühen Hilfsschulpädagogik

Die frühe Hilfsschule verstand sich – ihrem Namen entsprechend – als eine Schule, die denjenigen Schülern half, die in der Volksschule nicht mitkamen. Dabei entwickelte sie zunächst keine besondere Didaktik, sondern verstand sich als eine „Nachhilfeinstitution" (vgl. Kap. 2.3). Die Auffassung, dass die allgemeine Didaktik mit ihren Unterrichtsprinzipien ebenso wie ihren Inhalten und Methoden auch für diese Kinder gelten müsse, wurde zu Beginn noch mit dem Ziel der schnellstmöglichen Wiedereingliederung der Schüler in den Regelunterricht verbunden. Eine besondere, andersartige Didaktik wäre damit nicht in Einklang zu bringen gewesen und wurde deshalb abgelehnt (Stötzner 1864 in Klauer 1970, 22).

Das Ziel der Rückschulung wurde, zumal es selten erreicht werden konnte, schnell wieder aufgegeben, und trotz vereinzelt geäußerter Bedenken gegen eine mögliche Diffamierung der Schüler durch Herausnahme aus der Volksschule (als der Schule für alle Kinder) wurden ab Ende des 19. Jahrhunderts in größerem Umfang Hilfsschulen eingerichtet. Die Hilfsschulpädagogik definierte ihre Klientel als „schwachsinnig" und ging davon aus, dass diese schwache Befähigung zwar zu mildern, aber nicht aufzuheben sei und die Schülerinnen und Schüler dementsprechend auf dauerhafte Unterstützung angewiesen seien (Kielhorn in Ellger-Rüttgardt 1983, 20). Die Hilfsschulen begründeten sich also aus den zugeschriebenen Eigenschaften ihrer Schülerschaft und rechtfertigten so die Notwendigkeit ihrer Aussonderung.

Trotz der postulierten Andersartigkeit der Hilfsschüler durch die Zuschreibung des Merkmals „Schwachsinn" galt den frühen Vertretern der Hilfsschulpädagogik ein Abrücken von allgemeinen didaktischen Prinzipien und Zielen als unmoralisch und nicht zu rechtfertigen. Das humanistische Bildungsideal der Allgemeinbildung sollte auch unter den erschwerten Bedingungen aufrechterhalten werden und die harmonische Entfaltung aller Kräfte der Kinder ermöglichen: „Für das behinderte Kind ein niedrigeres (oder auch anderes) Bildungsideal anzusetzen erschiene als ein Verrat an der Humanität" (Stötzner 1864, zit. nach Klauer 1970, 22). Diese Haltung wurde getragen von einem „christlichen Geist" des Hilfsschullehrers, dessen hervorstechende Eigenschaft es sein musste, Misserfolge ertragen zu können: ... „entsagen dem Wonnegefühl, in helle Kinderaugen blicken zu können, entsagen auch oft der Freude des Gelingens" (Horrix 1921, zit. nach Klauer 1970, 22).

Beschränkung im Unterrichtsstoff Die Didaktik der Hilfsschule war demnach von Anfang an abhängig von der der Volksschule, weder in ihren Inhalten noch in ihren Zielen gab es grundsätzliche Unterschiede. Auch die Stundentafeln der Hilfsschule und der Volksschule überschnitten sich in weiten Teilen (Ellger-Rüttgardt 1983, 21). Aufgrund des „Schwachsinns" der Schüler wurden allerdings Unterschiede in der Methodik und eine Beschränkung im Unterrichtsstoff für notwendig gehalten, denn

„die ganze Veranlagung der schwachbefähigten Kinder lässt es nicht zu, diese mit vielen Kenntnissen auszurüsten; daher hat der Unterricht seine Haupt-

aufgabe darin zu suchen, die Kinder im engen Wissenskreise sicher zu machen und anzuleiten, das Gelernte im Leben zu bethätigen" (Kielhorn 1887
in Ellger-Rüttgardt 1983, 23).

Wie diese „hilfsschulspezifische Methodik" aussehen sollte, wurde
bei verschiedenen Autoren weitgehend übereinstimmend beschrieben.
Da die Hilfsschulkinder zu wenig Energie hätten, träge und deshalb
geistesschwach seien, sollte eine „stimulierende" oder „Reizpädago-
gik" mit „handgreiflicher", „plastisch-drastischer" und „grobsinnli-
cher" Veranschaulichung eingesetzt werden, die die Aufmerksamkeit
der Schüler wecken und gegebenenfalls auch durch „eiserne Konsequenz" erzwingen sollte (Stötzner, Raatz). Vereinzelt wurde eine
Einbeziehung des Spiels in einen „triebnahen" Unterricht gefordert,
die ebenfalls aktivierend wirken sollte (Gürtler). Dazu sollte auch der
häufige Wechsel der Unterrichtsgegenstände und -methoden beitragen. Weitere methodische Prinzipien waren die Kleinstschritt-Technik
(Stötzner), das langsame Voranschreiten, die verweilende Übung und
die Lückenlosigkeit des Aufbaus (Raatz). Spezielle Lernhilfen wie
das Isolieren von Schwierigkeiten und die individuelle Unterstützung
der einzelnen Schüler gehörten ebenfalls zum methodischen Reper-
toire (alles zit. nach Klauer 1970, 25 f).

> **Hilfsschulspezifi-
> sche Methodik**

Bereits zur selben Zeit wurde deutlich, dass auch diese methodischen Grundsätze nicht der Hilfsschule vorbehalten sind, sondern für
jeden Unterricht gelten: „Das Charakteristische des Hilfsschulunterrichts hat man in die verschiedenen Imperative gekleidet, wie: Unterricht anschaulich, konkret, individualisiert u. a. m. Jedoch gelten
diese Imperative für jeden anderen Unterricht" (Maennel 1905, zit.
nach Klauer 1970, 26). So kommt Ellger-Rüttgardt in ihrer Analyse
der Geschichte des Unterrichts an der Hilfsschule zu dem Schluss:
„Der Hauptunterschied zwischen Volks- und Hilfsschule bestand allein darin, dass die Hilfsschulklassen eine geringere Klassenfrequenz
aufwiesen und nach einem reduzierten Volksschullehrplan arbeiteten"
(Ellger-Rüttgardt 1983, 21).

Der weitere Ausbau von Hilfsschulen in den 20er und 30er Jahren
des 20. Jahrhunderts führte zu einer Erweiterung der Klientel und verstärkte die Notwendigkeit, diese spezielle Schulform zu legitimieren.
Dies erforderte eine möglichst zuverlässige Abgrenzung der Schülerschaft im Sinne der Schwachsinnslehre, die vor allem mit Hilfe von
Intelligenztests erfolgen sollte (eine Tradition, die bis heute noch nicht
vollständig überwunden ist). Die Tatsache, dass die Schülerschaft der

Hilfsschule keineswegs allein aus schwach befähigten Kindern bestand, sondern auch damals schon ein Sammelbecken für Kinder aus der Unterschicht mit unterschiedlichsten Schwierigkeiten darstellte, blieb in diesem Begründungszusammenhang unberücksichtigt (Ellger-Rüttgardt 1983; 2008). Das Ziel der Reintegration der Schüler in die Regelschule rückte immer weiter in den Hintergrund, stattdessen wurde die „Brauchbarmachung" für das Leben als Erwachsene, als Arbeitskräfte und Soldaten hervorgehoben. In diesem Zusammenhang sind der Hilfsschule verschiedene Funktionen zugeschrieben worden, die in Kap. 2.1 dargestellt wurden.

Geringer Einfluss reformpädagogischer Ideen   Aus didaktischer Perspektive interessant an der bisher beschriebenen Geschichte der Hilfsschuldidaktik ist die Frage, inwieweit die gleichzeitig entstehenden reformpädagogischen Entwürfe (Arbeitsschule, Jena-Plan-Schule, Projekte) von der Hilfsschulpädagogik aufgegriffen wurden. Ellger-Rüttgardt verdeutlicht die konträren Erziehungshaltungen und Entwicklungsverständnisse der Reformpädagogik und der Hilfsschulpädagogik anhand von zwei Zitaten:

Dem Leitsatz Maria Montessoris „Hilf mir, es selbst zu tun" stellt sie den Leitsatz Kielhorns gegenüber „Stütze den Schwachen, damit er stark werde!". Geht Montessori ebenso wie etwa Pestalozzi davon aus, dass die Schülerinnen und Schüler über eigene Kräfte verfügen und bei deren Entfaltung unterstützt werden können, so sieht die traditionelle Hilfsschulpädagogik ihre Schülerschaft als passiv, wenig entwicklungsfähig, unfähig zu problemlösendem und kritischem Denken und vollständig abhängig von der klaren Führung des Lehrers. Im Unterschied zu den offeneren, selbstbestimmten Arbeitsweisen vieler Reformschulen sprechen die oben genannten didaktischen Prinzipien der Hilfsschulpädagogik von einer starken Lehrerzentrierung und Durchstrukturierung des Unterrichts in der Stoffauswahl ebenso wie in den Arbeits- und Vermittlungsformen, eigene Entwicklungspotenziale werden den Schülern abgesprochen und spielen daher im Unterricht kaum eine Rolle.

„Während die reformpädagogische Idee von der ‚freien geistigen Schularbeit' (Gaudig) von einem großen Optimismus hinsichtlich der Bildsamkeit eines jeden Kindes getragen war, verharrten die Hilfsschulpädagogen der 20er Jahre in der letztlich ihre berufliche Existenz legitimierenden These vom schwachsinnigen Hilfsschulkind" (Ellger-Rüttgardt 1983, 25).

Zwar gab es von Anfang an in der Hilfsschulpädagogik auch Gegenströmungen, zum Beispiel im Hinblick auf die Anwendung der Projektmethode, die Heimlich ausführlich dokumentiert. Hervorzuheben ist dabei besonders die Hilfsschulpädagogin Frida Stoppenbrink-Buchholz, die die Vorstellungen und Methoden der Reformpädagogik in Bezug auf den Projektunterricht aufgriff (Heimlich 1999b, 31 ff). In der Breite allerdings wurde die Sichtweise des schwachsinnigen Hilfsschulkindes von Beginn der Hilfsschulpädagogik an bis in die Nachkriegszeit weitgehend unhinterfragt tradiert und hatte Bleidicks Einschätzung nach zur Folge, dass eine didaktische Diskussion im eigentlichen Sinne in der Lernbehindertenpädagogik erst mit der Kritik an diesem statischen Begabungsbegriff ab den 1970er Jahren des 20. Jahrhunderts begann (Bleidick 1983, 57).

In der Zeit des Wiederaufbaus nach dem Zweiten Weltkrieg wurde die Tradition der Hilfsschule mit denselben Begründungen fortgeführt. Ab den 1970er Jahren wurde die Verursachung von Lernbeeinträchtigungen nicht mehr in einem organischen Defekt, sondern vielmehr in einer Intelligenzschwäche gesehen, die individuelle Verursachung wurde dennoch nicht in Frage gestellt. Die genannten methodischen Prinzipien wurden aufrechterhalten, die Sichtweise der lernbeeinträchtigten Schüler als andersartig wurde weiter tradiert (z. B. Schade 1962).

Zusammen mit einer massiven Ausweitung der Sonderpädagogik und der Ausdifferenzierung des Sonderschulwesens in der Folge der KMK-Empfehlungen von 1972 wurde der Begriff für die spezifische Schulform lernbeeinträchtigter Kinder und Jugendlicher verändert von „Hilfsschule" zu „Sonderschule für Lernbehinderte". Ein wesentliches Argument für die Begründung einer spezifisch sonderpädagogischen Didaktik dürfte auch in den 1970er bis 1990er Jahren in berufsständischen Motiven zu sehen sein, in der Aufrechterhaltung der besondernden Schulform und des damit verbundenen besonderen, auch besser bezahlten Status des Sonderschullehrers. Eine Durchlässigkeit zum allgemeinen Schulwesen und Rückschulung der Schüler wurde nicht angestrebt, die Vertreter forderten vielmehr die Entwicklung eines sonderschulgemäßen Profils und einen behinderungsspezifisch ausgerichteten Unterricht (Schade 1962, Bleidick/Heckel 1970). So formulieren Bleidick/Heckel, es bedeute einen

„Verzicht auf ein sonderschulgemäßes Profil, (wenn) sich die Hilfsschule hinsichtlich der Schülerschaft, des Bildungsplanes und der didaktischen Verfahrensweisen stärker an die benachbarte Volksschule anlehnt und ihre Durchlässigkeit zum allgemeinen Schulwesen (Rückschulungen) hin betont" (Bleidick/Heckel 1968, 7).

Die Autoren betonen zudem den Stellenwert der Erziehungsaufgabe, die sie als die Spezifität der Hilfsschulpädagogik ansehen:

> „Die Hilfsschulpädagogik erfährt ihre Besonderung sowohl durch die Totalität als auch durch die arteigene Ausprägung von sonderpädagogischer Diagnose, Erziehung, Unterricht und Fürsorge" (Bleidick/Heckel 1968, 7).

Defektspezifischer Unterricht Der Unterricht selbst ist in Bleidick/Heckels Konzept der „Kategorialen Orthodidaktik" gekennzeichnet durch ein „defektspezifisches" Vorgehen nach den Prinzipien der „minimalen Stoffauswahl in Richtung des Lebensnotwendigen" und der „Präzisionsmethodik des unterrichtlichen Vorgehens":

> „1. Der Defekt wird direkt angegangen, nach Möglichkeit beseitigt.
> 2. Der Defekt wird umgangen, indem andere Restfähigkeiten ausgleichend, kompensierend gefördert werden" (Bleidick/Heckel 1968, 31).

Aus den individuellen Eigenschaften der Schüler heraus wird die Notwendigkeit eines stark lehrerzentrierten Vorgehens mit „erhöhter Fremdsteuerung, der Setzung zugkräftiger Motive mittels Mehrdarbietung und Reizauslese" begründet (Bleidick/Heckel 1968, 48).

4.1.3   Klauers „Pädagogik der Vorsorge"

Die erste Lernbehindertenpädagogik Klauer entwickelt mit seiner „Pädagogik der Vorsorge" 1966 die erste „Lernbehindertenpädagogik", die bis in die 1980er Jahre in immer wieder neuen überarbeiteten Auflagen erscheint und umfangreich rezipiert wird (hier zitiert in der Auflage von 1970). Er argumentiert im zitierten Sinne Bleidicks, dass die Sonderschuldidaktik eine spezifische sein müsse, denn:

> „Das intelligenzschwache Kind in der Lernbehindertenschule kann in der gegebenen Zeit weniger Bildung erwerben als ein nicht geschädigtes Kind. Eine Beschränkung des Bildungsgutes ist unumgänglich" (Klauer 1970, 35).

Reduktion der Inhalte auf das Lebensbedeutsame Die Reduktion der Inhalte bleibt also bei Klauer ein wesentliches Prinzip, er legt allerdings besonderen Wert darauf, dass diese Reduktion nicht willkürlich erfolgt, sondern an die Anforderungen im späteren Leben der Kinder genau angepasst sein muss: im Unterricht soll „das Lebensbedeutsame" vermittelt werden. Die Auswahl dessen, was lebensnotwendig für die Kinder ist, trifft der Lehrer, und diese Reduktion erscheint ihm unproblematisch, denn

„dem Kinde (ist) nur ein begrenzter, überschaubarer Lebenshorizont gegeben, ... so dass es auch nur ein begrenztes – aber spezifisch zugeschnittenes! – Ausmaß an Bildungsgut braucht. Worauf es ankommt, ist, dass die Sonderschule möglichst getreu das vermittelt, dessen das behinderte Kind lebensnotwendig bedarf" (Klauer 1970, 35).

Auffällig und nur aus den Bedingungen der Zeit erklärlich ist dabei der Widerspruch, der sich zwischen Klauers didaktischen Vorstellungen und seinem Begabungsverständnis auftut. Als einer der ersten untersucht Klauer systematisch die Intelligenz lernbeeinträchtigter Schüler und kommt 1964 aufgrund seiner Vergleichsuntersuchungen zu dem Ergebnis, dass es hinsichtlich der Schulleistungen, Fehlertendenzen und des problemlösenden Vorgehens keine qualitativen Unterschiede zwischen Volks- und Hilfsschülern gibt. Hilfsschüler seien „kaum im eigentlichen Sinne entwicklungsrückständig" (Klauer 1964, 27) und der ihnen zugeschriebene „Konkretismus" fragwürdig. Die angenommene Andersartigkeit der lernbeeinträchtigten Schüler, die in den didaktischen Entwürfen bis dahin die entscheidende Rolle spielte, ist damit ein erstes Mal widerlegt. Klauer entwickelt auf dieser Grundlage ein Intelligenztrainingsprogramm, was deutlich macht, dass er von einem dynamischen, veränderbaren Begabungsverständnis ausgeht. Anders als die meisten seiner Zeitgenossen sieht er die Lernbehinderung als multifaktoriell verursacht. Trotzdem postuliert er in seinem didaktischen Entwurf, dass „der mögliche Lebensrahmen der Kinder genauestens bekannt ist. Weil der mögliche Lebensrahmen von der Behinderung abhängt, muss für jede Sonderschulart ein spezifisch ausgerichteter Bildungsplan gefordert werden" (Klauer 1970, 36).

Widerlegung der Andersartigkeit lernbeeinträchtigter Schüler

In seinen didaktischen und methodischen Vorstellungen bezieht Klauer sich auf die „genetische Methodik", die auf Rousseau (1762), Comenius (1638) und Pestalozzi (1799) zurückgeführt wird. Er verweist auf die Ähnlichkeiten zu Klafkis Vorstellungen des Elementaren, Fundamentalen und Exemplarischen, und stellt vier Stufen des Verständnisses vor, auf denen ein Thema jeweils bearbeitet werden kann. Diese bilden die Grundlage für eine mögliche Differenzierung des Unterrichts im Sinnes eines Spiralmodells (nach Bruner), das dazu beitragen soll, die Unterrichtsinhalte für jedes Kind jeder Altersstufe erfahrbar zu machen (Klauer 1970, 67 ff):

Genetische Methodik

Stufen des
Verständnisses
nach Klauer

„1. Stufe: Sinn- und Zweckverständnis, Funktion, Aufgabe, Name und Einordnung.
2. Stufe: Umgang und Gebrauch; Bezug zum Menschen; Nutzen, Schaden und Gefahren; Versuch und Irrtum.
3. Stufe: Analytische Kenntnisse des Aufbaus, des Funktionszusammenhanges; ‚Einsicht'.
4. Stufe: Konstruktive Beherrschung" (Klauer 1970, 68).

Mit Ausnahme des Lesenlernens, dessen konstruktive Beherrschung er auch für Hilfsschulkinder unerlässlich findet, ist für diese Schülerklientel Klauer zufolge allerdings nur die erste und zweite Stufe von Bedeutung. Am Beispiel des Telefons veranschaulicht er diese Haltung, „denn wer weiß schon wirklich genau, wie ein modernes Telefon funktioniert?" (Klauer 1970, 69). Um den Schülern einen systematischen, kleinschrittigen Zugang zu den Unterrichtsgegenständen zu ermöglichen, betont Klauer den Stellenwert von Lehrprogrammen und eines insgesamt programmierten Unterrichts in Einzelarbeit, der „ein Höchstmaß an Individualisierung … und selbstbildender Aktivität des Schülers" ermöglicht und den Lehrer gleichzeitig von Routinearbeiten entlastet (Klauer 1970, 80).

Klauers didaktische Konzeption kann – im Unterschied zu den o. g. Konzepten Schades oder Bleidicks und Heckels – in Bezug auf die Vorstellungen von Selbstbildung und die Berücksichtigung eines Spiralcurriculums aus heutiger Sicht als ausgesprochen innovativ angesehen werden. Allerdings begrenzt sich das hier vertretene Verständnis von Individualisierung auf die Anwendung vorgefertigter Materialien, nicht etwa auf die aktive Aneignung selbst gewählter Gegenstände durch die Schüler. Klauers zu dieser Zeit vertretene Sichtweise von lernbeeinträchtigten Schülern als „Behinderte", deren möglicher Lebensrahmen aufgrund ihrer Behinderung vorgegeben ist und aus dem sich die lebensbedeutsamen Unterrichtsinhalte ergeben, wird später vor allem von Begemann (1970), Klein (1971) und Nestle (1975, 1976) als „reduktive Didaktik" kritisiert. Sie führt dazu, dass der Unterricht den Schülern viele Angebote von vornherein vorenthält, ihnen damit Entwicklungschancen nimmt und sie auf Unmündigkeit reduziert. Die Möglichkeit einer Reintegration in die Volksschule wird von vornherein ausgeschlossen. Die didaktischen Prinzipien, die sich mit Klauers klassischem lernbehindertenpädagogischen Konzept trotz seiner für diese Zeit innovativen Vorstellungen eines dynamischen Begabungsverständnisses verbinden, können zusammenfassend mit den Stichworten „weniger als normal, konkreter als normal, kleinschrittiger als normal, langsamer als normal und intensiver als normal" (Werning 1996a, 463) gekennzeichnet werden und beinhalten im Wesentlichen die Grundaussagen, die schon seit der Entstehung der Hilfsschule getroffen wurden. Die vorgeschlagene Methodik verstärkt die führende Rolle der Lehrkräfte und damit die Abhängigkeit der Schüler, so dass Begemanns Vorwurf einer gegenemanzipatorischen, reduktionistischen Didaktik auch für diesen Entwurf gilt (Begemann 1996b, 103 f).

Im Weiteren werden nun einige kritische Entwürfe vorgestellt, die dem grundlegenden Paradigmenwechsel von einem *statischen* zu einem *dynamischen* Verständnis von Behinderung und Begabung und vom *individualtheoretischen* zum *gesellschaftlichen* Paradigma im sonderpädagogischen Kontext den Weg bereiteten.

Paradigmenwechsel

4.1.4   Begemanns Konzept der „Eigenwelterweiterung"

Die Berücksichtigung außerindividueller Faktoren, vor allem der soziokulturellen Lebenswelt und des Unterrichts selbst als beeinträchtigende Bedingungen, rückt erstmals mit Begemanns Schriften „Die Bildungsfähigkeit der Hilfsschüler" (1968) und „Die Erziehung soziokulturell benachteiligter Schüler" (1970) in den Blick. Der Paradigmenwechsel, der sich in den Sozialwissenschaften und der Psychologie dieser Zeit insgesamt ereignet, wird aufgenommen und weitergeführt. Begemann stellt neben einer veränderungsorientierten Perspektive von Lernbeeinträchtigungen den Stellenwert der außerindividuellen Faktoren ins Zentrum der Betrachtung. Nach seiner Analyse ist die These des „schwachsinnigen" Hilfsschulkindes nicht haltbar, er setzt dagegen den Begriff der soziokulturellen Benachteiligung der Schülerklientel mit all ihren Facetten von unzureichender Versorgung, finanzieller und familiärer Instabilität bis hin zu spezifischer Sprachverwendung. Die Sprache der Schüler stimmt mit der mittelschichtsorientierten Sprachnorm der Schule nicht überein, was dazu führt, dass die Schüler versagen (Begemann 1970). Der Begriff der soziokulturellen Benachteiligung ist kennzeichnend für Begemanns Ansatz, er sieht die Lernbeeinträchtigung vorrangig soziokulturell und nicht individuell verursacht. Die „stärker hirnorganisch geschädigten Kinder", wie sie von Bleidick schwerpunktmäßig berücksichtigt werden, klammert er dagegen aus seiner Bezugsgruppe aus (Begemann 1968, 10). Begemanns Analyse führt zur Forderung einer *gesamtgesellschaftlichen Verantwortungsübernahme* für sozio-

Soziokulturelle Benachteiligung

kulturell benachteiligte Kinder, deren Erziehung zur gesellschaftlichen Integration nicht allein von der Sonderschule geleistet werden kann (Begemann 1970, 16).

Sonderpädagogik als Teildisziplin der Erziehungswissenschaft

Anders als Klauer und Bleidick betont Begemann nicht in erster Linie die Spezifität der Lernbehindertenpädagogik, sondern ordnet sie der allgemeinen Pädagogik unter: Die Hilfsschulpädagogik, wie er die Fachdisziplin weiterhin nennt, ist seiner Auffassung nach ebenso wie alle anderen Sonderpädagogiken eine Teildisziplin der Erziehungswissenschaft. Damit tritt er auch der Therapeutisierung und medizinischen Ausrichtung der Heilpädagogik dieser Zeit entgegen (Begemann 1968, 7 f).

Begemann bestimmt den Begriff der *Didaktik* – Klafki folgend – als *Theorie der Bildung*, die der *Theorie der Erziehung* untergeordnet ist. In beiden Bereichen, Erziehung und Bildung, sieht er notwendige Aufgaben der Hilfsschule und geht differenziert auf ihr Verhältnis ein. Dabei nimmt er getreu seinem erziehungswissenschaftlichen Grundansatz dezidiert Bezug auf die allgemeine didaktische Reflexion (Wagenschein, Weniger, Klafki, Döpp-Vorwald) und versteht Bildung als die unerlässliche Voraussetzung „erzieherischen Tuns: Es gibt keinen anderen Weg bewusster Erziehung als den über die Bildung…Der erzieherische Sinn der Bildung liegt darin, dass sie dem Menschen überhaupt Wirklichkeit erschließt" (Begemann 1968, 13 f).

Die didaktische Aufgabe des Hilfsschulunterrichts fasst er dementsprechend als Auseinandersetzung mit den Anforderungen unserer Gesellschaft: der Unterricht habe

„die Heranwachsenden in Beispielsituationen zu stellen, damit sie sich darin ausbilden zu ihren Möglichkeiten. Der Hilfsschulunterricht ist also nicht als Wissensvermittlung zu konzipieren, sondern als Bildungsgelegenheit durch Bewährung in fordernden Situationen" (Begemann 1968, 62).

Eigenwelterweiterung

Um die Schüler auf die Ansprüche eines Lebens in seiner Kultur vorzubereiten, geht Begemann von der Eigenwelt der Schüler aus, die den Ansatzpunkt jeden Unterrichts bilden soll. Mit dem Begriff der Eigenwelt nimmt Begemann schon zu diesem frühen Zeitpunkt eine quasi konstruktivistische Position ein:

„Welt kann nicht mehr verstanden werden als objektive Welt aller Gegenstände, über die uns ein enzyklopädisches Lexikon unterrichtet. Sie ist auch nicht mehr identisch mit den objektiven Tatbeständen, den Gegebenheiten an einem Ort, in einem begrenzten Raum. … Die Wirklichkeit ist also Mitspieler meines Lebens. Dabei bleibt zu beachten, dass jeder nur das hört und sieht und erlebt, was er hören und erleben und sehen kann, was aus seiner Voreinstellung her ihn anspricht, ihn angeht" (Begemann 1968, 65).

Diese Orientierung des Einzelnen ist geprägt durch die individuelle Lebensgeschichte, die zu bestimmten aktuellen Interessen und Bedürfnissen führt. Dementsprechend können auch die Inhalte des Unterrichts nur dann relevant werden, wenn sie auf die Eigenwelt der Schüler, auf einen für ihr Leben bedeutsamen Zusammenhang Bezug nehmen.

Mit dieser Position verbindet sich ein aktives Entwicklungsverständnis, denn Begemann versteht den lernbeeinträchtigten Schüler nicht als passives Wesen, das seiner Kultur schutzlos ausgeliefert ist, sondern als handelndes, sich selbst und seine Umwelt gestaltendes und bildendes Subjekt. **Aktives Entwicklungsverständnis**

Der Unterricht hat in diesem Zusammenhang die Funktion, den Schülern ihre Eigenwelt zu erhellen und damit gestaltbar zu machen, „indem Situationen erstellt werden, die durch eigenes Handeln eigenes Erkennen ermöglichen" (Begemann 1968, 68 ff). Dementsprechend versteht Begemann einen hilfsschulgemäßen Unterricht als *handelnde, einsichtige Eigenwelterweiterung.* Folgende Prinzipien sind dabei zu berücksichtigen:

1. **Die Notwendigkeit selbsttätiger Einsichtsgewinnung.** Anstelle der in der Hilfsschulpädagogik üblichen gelenkten Kenntnisvermittlung mit anschließender schematischer Übung plädiert Begemann für die Anregung zum Entdecken eigener Probleme und Entwickeln eigener Lösungen durch die Einsicht in lebensbedeutsame Zusammenhänge. Unter Bezugnahme auf empirische Untersuchungen weist er eindrucksvoll nach, dass ein erklärender Unterricht des Lehrers und ein schematisches Anwenden einmal gezeigter Lösungswege die Kreativität einschränkt und zu „blinden Flecken" für naheliegende Lösungen führt: **Prinzipien**

„Dort, wo ich die Gegenstandserfahrung also nur sehr eingeschränkt durchführe, begrenze ich dadurch die Möglichkeiten des Lernenden für eigene produktive Lösungen, für spontanes, einsichtiges Verhalten. Dort aber, wo ich freien Spielraum zur Welterfahrung schaffe, wo ich die Arbeitsmittel nicht zu begrenzt vorbestimme, fördere ich die Einsichtsgewinnung für neue Situationen" (Begemann 1968, 82).

Als negatives Beispiel führt er eine Unterrichtssequenz Klauers (1966) an, in der es um das Verhalten an einer Ampelkreuzung geht und in der der Unterricht als kleinschrittig zerlegter Ablauf ohne Einsicht oder selbsttätiges Lösen des Problems dargestellt wird. Im Unterschied dazu regt sein Entwurf einer lebensnahen Konfrontation der Kinder mit dem tatsächlichen Verkehrsproblem Kreuzung zur aktiven, selbsttätigen Auseinandersetzung an, wenn sie ein echtes Interesse an der Problemlösung haben (Begemann 1968, 91 f).

2. **Die Auswahl bedeutsamer Unterrichtsgegenstände.** Begemann geht kritisch mit dem Fächerkanon der traditionellen Hilfsschulpädagogik um, der sich an dem der Volksschule orientiert. Er kritisiert die „Begrenztheit bildender Wirkungen durch Kenntnisvermittlung, durch das Lernen von Stoffen, Daten und objektiven Kulturgütern"; dahinter stehe die „Vorstellung, dass das Kind aus Kräften und Funktionen oder Fähigkeiten bestehe, die man üben und einsatzbereit zurüsten könne" (Begemann 1968, 93). Das Prinzip der Anschauung, Sinnesorientierung und Handbetätigung greift seines Erachtens zu kurz, denn ihre Beobachtung zum Beispiel der Schulumgebung mit Hilfe einer Karte (nach Raatz) geht nicht von einem echten Problem, einer eigenen Fragestellung aus: „Die Kinder sind tätig. Einsicht aber wird nicht von ihnen verlangt" (Begemann 1968, 96). Interessant und bedeutsam wird die Situation erst, als die Klasse sich bei einem Unterrichtsgang tatsächlich verläuft und die Richtung mit Karte und Kompass bestimmt werden muss.

3. **Die elementare Eigenwelterweiterung.** Mit dem Begriff der elementaren oder kategorialen Erkenntnis im Sinne Klafkis setzt Begemann sich von materialen Bildungstheorien ab. Das Erschließen einer elementaren Erkenntnis, der Moment der Einsichtsgewinnung, ist gebunden an die selbsttätige Erfahrung in einem Sinnzusammenhang. Als Beispiel führt er das Problem der erfolglosen Suche zweier Schülerinnen nach dem Haus ihrer kranken Klassenkameradin an, das von der ganzen Klasse gemeinsam gelöst wird und zur Gewinnung der Erkenntnis führt, wie die geraden und ungeraden Hausnummern an der Straße verteilt sind (Begemann 1968, 102 ff).

4. **Die echte Anschauung.** Begemann unterscheidet zwischen dem Begriff der Anschauung im Verständnis der elementaren Sinnerfahrung und des Zuschauens, wie er seiner Auffassung nach tra-

ditionell in der Hilfsschuldidaktik verwendet wird (s. o. Bleidick und Heckel), und einer echten Anschauung als Erfahrung in Klafkis Verständnis. Am Beispiel des Schluckens und Verschluckens veranschaulicht Begemann, wie den Schülern der Vorgang durch Anschauen, Hinterfragen und eigenes Ausprobieren verständlich wird. „Der Schule ist es aufgegeben, für alle bedeutsamen Bereiche der Eigenwelt elementare Modellsituationen aufzusuchen oder zu schaffen, in denen der Hilfsschüler zu echten Anschauungen, zu elementaren Einsichten kommen kann" (Begemann 1968, 107).

5. **Die Berücksichtigung von Klafkis sieben Grundformen elementarer Einsicht.** Alle Grundformen elementarer Einsichtsgewinnung nach Klafki (das Fundamentale, das Exemplarische, das Typische, das Klassische, das Repräsentative, die einfachen ästhetischen Formen) lassen sich, wie Begemanns Beispiele zeigen, auch in der Hilfsschule anwenden. Begemann kritisiert etwa Bleidicks Auffassung, dass nur die einfachen Zweckformen sich für diese Schülerschaft eignen, als reduktionistisch (Begemann 1968, 107 ff).

Insgesamt ist deutlich, dass Begemanns Ansatz eine veränderte Sicht der Hilfsschüler als bildungsfähige Individuen hervorbringt und damit die Didaktik der Hilfsschule zu einer neuen Qualität führt. Viele seiner Überlegungen von 1968 und 1970 sind bis heute aktuell und wurden in großem Umfang aufgegriffen (z. B. Schulze 1993). Er selbst bezeichnet seinen damaligen Ansatz aus heutiger Perspektive als „ökologisch und systemisch", denn er „sieht die Schülerinnen und Schüler in ihrer Lebenswirklichkeit, ihrer Genese und ihrer Lebensperspektive" (Begemann 1996b, 104). Diese Einschätzung ist allerdings in Frage zu stellen, denn es sind in Bezug auf diese Kriterien deutliche Unterschiede zwischen Begemanns frühen und späteren Schriften erkennbar. Obwohl Begemann die Abwendung von der Defizithypothese mitbegründet hat und die Lebenswelt der Schüler als den zentralen beeinflussenden Faktor sieht, geht er – im Unterschied zu seiner heutigen Position und auch zu Nestle oder Hiller – dennoch von einem Bild des lernbeeinträchtigten Schülers aus, der sich von anderen Schülern unterscheidet. Sein Bild ist sehr viel komplexer als bei seinen Vorgängern, aber dennoch wesentlich auf das Individuum gerichtet. Diese Differenz macht es für Begemann in seinen frühen Schriften notwendig, die Schüler in einer Sonderschule zu unterrichten, wenn er auch für eine gesamtgesellschaftliche Übernahme von Verantwortung für seine Klientel eintritt.

Bildungsfähige Hilfsschüler

Wohnortintegrierte Schule

Erst in den 1990er Jahren erweitert Begemann sein didaktisches Konzept um eine *integrative Orientierung*, denn es verbindet Individualisierung und Gemeinsamkeit und gilt insofern nicht nur für soziokulturell benachteiligte, sondern für alle Schüler. Seine Zielsetzung ist es nun, den Schülern zur „Beherrschung der Lebensformen in einem bestimmten Kulturausschnitt" zu verhelfen, so dass die Richtung der Eigenwelterweiterung als gesellschaftliche Orientierung immer mitzudenken ist. Er entwirft eine wohnortintegrierte Schule, „… in der alle Schüler mit ihrer spezifischen sozio-kulturellen Eigenart beachtet und geachtet werden und miteinander leben und lernen können" (Begemann 1996b, 10). Das Normkonzept der Regelschule mit ihren aussondernden Mechanismen und Leistungsnormen ist seiner Auffassung nach grundsätzlich in Frage zu stellen, denn es geht von einer Homogenität der Schüler aus, die keine Schule erwarten kann. Die Integration der Schüler in die gesellschaftlichen Strukturen der natürlichen Umwelt und des Wohnortes soll den Aufbau einer solidarischen Kultur ermöglichen, die aber nur entstehen kann, wenn schulische Integration sich nicht auf ein organisatorisches Beieinander beschränkt. Vor allem in Begemanns erweitertem Konzept finden sich umfangreiche Übereinstimmungen mit den didaktischen Entwürfen der integrativen Pädagogik sowie mit Nestles Ansatz, der im Folgenden vorgestellt wird.

4.1.5 Nestles „Didaktik sinnhafter und differenzierender Realitätserschließung"

Kritik an der Defizit-Didaktik

Nestles didaktische Überlegungen nehmen – ebenso wie die Begemanns – die kritische Auseinandersetzung mit den didaktischen Konzepten der traditionellen Lernbehindertenpädagogik zum Ausgangspunkt (Nestle 1975, 1976). Er sieht die Schule insgesamt und die Sonderschule für Lernbehinderte im Besonderen in einer Krise, die eine Folge der dort praktizierten *Defizit-Didaktik* ist: Die Lerninhalte werden angesichts der sich wandelnden gesellschaftlichen Anforderungen und der schnellen Zunahme möglichen Wissens immer komplexer, ihre Auswahl und die Art und Weise ihrer Vermittlung kann aber nicht Schritt halten mit den Entwicklungen. Die Schule reagiert, so Nestle, indem sie sich darauf konzentriert, „primär Strukturen und Verhaltensweisen zu vermitteln und diese von individuellen und sozialen Problemzusammenhängen weitgehend abzulösen" (Nestle 1975, 524). So wird durch die Präsentation der Inhalte nach dem Prinzip der kleinsten Schritte der Sinnzusammenhang deformiert oder gar verfälscht, und auch die isolierte Betrachtung einzelner Aspekte eines Gegenstandes in getrennten Unterrichtsfächern erschwert die Konstruktion von Sinnzusammenhängen.

Diese Schwierigkeiten sieht er für alle Kinder, sie betreffen Kinder aus „unterprivilegierten Schichten", die schwerpunktmäßig die Sonderschule für Lernbehinderte besuchen, aber in besonderem Maße, weil bei ihnen die Unterschiede zwischen familiären und schulischen Erfahrungen besonders groß sind. Die mittelschichtsorientierten Erwartungen, mit denen die Schule den Schülern entgegentritt, können diese Kinder nicht erfüllen. Werden ihre eigenen Erfahrungen nicht zum Ausgangspunkt des Unterrichts gemacht, so wird die Lernbeeinträchtigung verfestigt, denn „die Unterrichtsprinzipien, an denen die Schüler in der Grund- und Hauptschule scheiterten, (werden) in der Lernbehindertenschule noch rigider fortgesetzt" (Nestle 1975, 525). Durch seine Prinzipien und Strategien wie das Zerlegen der Gegenstände in kleinste Schritte und unterschiedliche Fächer (Partikularisierung der Erkenntnisprozesse auf der Objektseite), durch das Zerlegen und isolierte Training verschiedener „defizitärer" Verhaltensweisen in Form von Trainingsprogrammen zur visuellen Wahrnehmung, zum Gedächtnis, zur Motorik etc. (Partikularisierung der Erkenntnisprozesse auf der Subjektseite) sowie durch die unzulängliche Abstraktion und Begriffsbildung verhindert dieser Unterricht seiner Auffassung nach das Lernen, anstatt es zu fördern:

- „Lernbehinderten beschränkt man den Lehrplan auf das Lebensnotwendige, anstatt zu erforschen, wie man auch Lernbehinderten neue Erfahrungen … ermöglicht,
- Begriffsbildung beschränkt sich überwiegend auf Eigennamen und Individualbegriffe, anstatt bessere Formen zur Bildung von Allgemeinbegriffen zu entwickeln,
- Anschauung wird weitgehend reduziert auf sinnliche Wahrnehmung, anstatt die logischen und die didaktisch relevanten Zusammenhänge zwischen Konkretion und Abstraktion zu erforschen,
- Sinneinheiten werden zerlegt in kleinste Sinnschritte, anstatt zu erforschen, wie man zusammen mit den Schülern für sie sinnvolle Sinneinheiten entwickeln kann,
- die Schulfächer werden reduziert bzw. später eingeführt als in anderen Schulen, anstatt qualitativ bessere Artikulationsformen der Lehrpläne zu erforschen und zu entwickeln" (Nestle 1976, 168).

Nestle tritt dagegen für eine qualitative Veränderung dieser Unterrichtsprinzipien ein, um zu einer „Didaktik sinnhafter und differenzierter Realitätserschließung" zu gelangen (Nestle 1976, 171 ff.) Ein

Problem Self-fulfilling Prophecy

wesentlicher Aspekt liegt für ihn in der Veränderung des fixen Bildes, das die Lehrkräfte aufgrund der postulierten Intelligenzminderung von den Schülern und ihren eingeschränkten Fähigkeiten haben. Diese negativen Urteile stigmatisieren die Schüler und führen im Sinne der *self-fulfilling prophecy* dazu, dass der Unterricht die Lernmöglichkeiten von vornherein reduziert, anstatt neue Lernmöglichkeiten zu provozieren (Nestle 1976, 171 ff).

Problem Pathologisierung Nestle führt diese Kritik an der individuumszentrierten Sichtweise von Lernbehinderung und ihren didaktischen Konsequenzen in späteren Veröffentlichungen fort und fokussiert sie noch stärker. So vertritt er 1996, das individualtheoretische Paradigma in der Sichtweise von Lernbehinderung greife zu kurz, denn es vernachlässige die unterrichtlichen und gesellschaftlichen Bedingungen, reduziere die Schwierigkeiten auf die Schüler und pathologisiere sie durch Devianzkategorien wie Legasthenie, Hyperaktivität oder Lernbehinderung. Durch die unreflektierte Orientierung an den engen Leistungs- und Verhaltensnormen der Allgemeinen Schule werde eine produktive Weiterentwicklung des Unterrichts vermieden, der die heterogenen Lernvoraussetzungen und -möglichkeiten besser berücksichtigen könnte: „Weil nach diesem Konzept nur das Individuum versagt, wird auch nur das Individuum gefördert und oft in eine Förderschule überwiesen" (Nestle 1996, 279).

Allgemeinheitscharakter der Lernbehinderung Nestle postuliert demgegenüber den *Allgemeinheitscharakter der Lernbehinderung*: eine abweichende Lernleistung wird von ihm nicht nur als individuelles Problem verstanden und hat nicht zwangsläufig etwas mit den tatsächlichen Möglichkeiten des Individuums zu tun, sondern ist auch auf seine biografischen Entwicklungs- und schulischen Lernbedingungen sowie auf den Komplexitätsgrad unserer Gesellschaft zurückzuführen; bei jedem Menschen kann es unter entsprechenden Bedingungen zu Lernschwierigkeiten und Lernbehinderungen kommen (Nestle 1996, 279; auch Nestle 1976, 169). Nestle begrenzt das Phänomen Lernbehinderung nicht auf den Kontext der Schule, sondern sieht sie auch als Problem des Scheiterns in anderen öffentlichen Situationen wie der Berufsausbildung, der Arbeit oder der Freizeit sowie der Beteilung an der Auseinandersetzung mit gesellschaftlichen Problemen (Nestle 1996, 282). Sein Anspruch ist es,

„Lernbehinderung verstärkt zu einer Aufgabe der Allgemeinen Pädagogik zu machen mit dem Ziel, die Schulen so weiterzuentwickeln, dass die eng fixierten Leistungsnormen und die reduktiven Lernprozesse überwunden werden und eine größere Vielfalt subjektiver Verschiedenheit akzeptiert werden kann" (Nestle 1996, 291).

Er setzt sich für die Weiterentwicklung der Grund- und Hauptschule zu einer nichtaussondernden „Schule der Vielfalt" ein, seine Zielrichtung ist also die Vermeidung der Stigmatisierung von Schülern als lernbehindert (Nestle 1996, 280). Dem System Schule – nicht nur der Schule für Lernhilfe – kommt seiner Auffassung nach die Verantwortung zu, alle Schüler „an die großen Aufgaben öffentlicher Verantwortung heranzuführen und ihre Handlungsfähigkeit zu entfalten" (Nestle 1996, 291) – und damit Lernbehinderung in seinem allgemeinen Verständnis zu vermeiden.

Um dieser Aufgabe gerecht zu werden, ist Nestles didaktischen **Objekt- und** Vorstellungen zufolge die Berücksichtigung der *Objektdidaktik* und **Subjektdidaktik** der *Subjektdidaktik* gleichermaßen erforderlich. Mit Objektdidaktik meint Nestle die Fachdidaktik, die ihre Inhalte und Methoden im Wesentlichen aus den wissenschaftlichen Grundlagen rekrutiert, aber die Auseinandersetzung mit der subjektiven Bedeutung der Sache und ihren gesellschaftlichen Hintergründen vernachlässigt (Nestle 1996, 286). Sie wird schwerpunktmäßig in der Sekundarstufe umgesetzt. Die Subjektdidaktik, die seiner Beobachtung nach vor allem in der Grund- und Sonderschule zu finden ist, ist an den Interessen, Bedürfnissen und Entwicklungsniveaus der Kinder ausgerichtet, vernachlässigt aber unter Umständen die wissenschaftliche Begriffsbildung und die kulturelle Bedeutung der Gegenstände. Als Beispiel führt Nestle den Mathematikunterricht an, der von der Objektseite her betrachtet an den Themen der Mathematik orientiert ist und von der Subjektseite auf Piagets Entwicklungstheorie beziehungsweise Bruners Handlungstheorie zurückgreift. Seine Forderung ist es, dass z.B. beim Sachrechnen ein Zusammenhang von Lebenswelt und Mathematik hergestellt wird und nicht nur mathematische Operationen isoliert geübt werden. Nestle veranschaulicht seine Argumentation am Beispiel eines Schülers, dem beim Umgang mit der Waage plötzlich die Anwendung von Rechenoperationen wie Addition, Subtraktion und Multiplikation gelingt, während er dazu bei Leistungskontrollen oder in diagnostischen Situationen nicht in der Lage war. Die subjektive Bedeutsamkeit des Themas war in dieser handlungsorientierten Situation ebenso gegeben wie ein sachbezogenes Angebot der mathematischen Inhalte auf der Objektseite.

Die Betonung der jeweils einen Seite ohne die Berücksichtigung **Lernfähigkeit und** der anderen greift zu kurz und kann zu Behinderungen beim Lernen **Unterricht** führen: „Demnach ist Lernfähigkeit nicht nur eine Voraussetzung des Unterrichts, sondern auch eine Folge des Unterrichtsarrangements" (Nestle 1996, 289). Damit vertritt Nestle, ebenso wie Klein (1971)

bzw. Kutzer (1973, vgl. Kap. 4.1.6), die Auffassung, dass auch das
didaktisch-methodische Arrangement des Unterrichts eine behindern-
de Bedingung darstellen kann. Nestle schlussfolgert, dass didaktische
Reduktionen der Subjekt- wie der Objektseite die Lernbehinderung
verstärken können:

> „Werden im Lernprozess die subjektiven Interessen, Bedürfnisse, Erfahrun-
> gen und Handlungsmöglichkeiten vernachlässigt, bleibt der Lerninhalt für
> das Subjekt fremd und ohne Relevanz. Impulse zur Weiterentwicklung der
> Handlungsfähigkeit bleiben aus.... Kommt das Wechselspiel von Subjekt und
> Objekt nicht zustande, leidet die Lernfähigkeit der Subjekte darunter" (Nestle
> 1996, 290).

Noetische Funktion des Lehrers Der Lehrer ist für Nestle die vermittelnde Instanz zwischen den Polen
Anschauung und Begriff: er ermöglicht neue Erkenntnisse, „indem er
die jeweils notwendige, aber dem Schüler fehlende Gegenseite, entweder die Wahrnehmung und Anschauung des empirischen Gegenstandes oder den Begriff bzw. die logische Operation ersetzt" (Nestle
1976, 174; auch Nestle 1975, 528 ff). Nestle bezeichnet dies als seine
„noetische Funktion" (Nestle 1976). Die Rolle des Lehrers und seiner
Unterrichtsplanung wird von ihm also als sehr wichtig beurteilt, und
er kritisiert offene Unterrichtskonzepte, in denen die Strukturierung
des Unterrichts schwerpunktmäßig über das Material erfolgt (Nestle
1996, 289). Anders als Klauer oder Bleidick und Heckel geht er allerdings nicht von einem klar vorstrukturierenden, allein führenden
Lehrer aus, sondern von einer didaktischen Reflexion des Unterrichts
als komplexem, verschiedene Teilfähigkeiten beinhaltendem Prozess:

> „Weder Kind noch Sache stehen vor dem Unterrichtsprozess fest. Was Schü-
> ler und Lehrer beim Lehren und Lernen können, ergibt sich meist erst in kom-
> plexen Unterrichtsprozessen" (Nestle 1976, 176).

Das Verhältnis von induktivem und deduktivem Vorgehen im Unterricht ist deshalb je nach den Erkenntnisprozessen der Schüler immer
wieder neu zu bestimmen. Der Einführung von Allgemeinbegriffen
durch den Lehrer räumt Nestle dabei einen hohen Stellenwert ein, weil
sie in ihrer Bedeutung über das unmittelbar Erfahrbare der Sachstruktur hinausgehen, also nicht direkt daraus erschlossen werden können.

Didaktik differen- zierter Realitätser- schließung Damit die individuellen Fähigkeiten und Interessen der einzelnen
Schüler gleichermaßen berücksichtigt werden können, ist die innere
Differenzierung des Unterrichts für lernbeeinträchtigte Kinder ein

wesentlicher Aspekt didaktischer Planung im Sinne Nestles, denn sie soll dazu beitragen, den Schülern Erfolgserlebnisse zu ermöglichen. Anhand von Beispielen aus dem Mathematikunterricht, dem Leseunterricht und dem Sachunterricht exemplifiziert er sein Vorgehen im Rahmen der Didaktik differenzierender Realitätserschließung (Nestle 1980).

Im Mathematikunterricht der siebten Klasse einer Lernbehindertenschule geht es um die Bearbeitung einer Sachaufgabe: „Ein Arbeiter verdient in der Stunde DM 9,–. Wieviel DM verdient er, wenn er 1 Tag (8 Stunden), 1 Woche (40 Stunden) arbeitet?" Nestle analysiert, dass die Schüler zur Bearbeitung dieser Aufgabe Motivation, Lesefertigkeit und die Kenntnis der notwendigen Rechenverfahren benötigen. Der Motivation misst er einen hohen Stellenwert bei, denn sie basiert einerseits auf den Vorerfahrungen der Schüler mit dem Gegenstand der Aufgabe, andererseits auf den eigenen Erfahrungen mit der erfolgreichen oder nicht so erfolgreichen Bewältigung von Rechenaufgaben. Damit alle Schüler auf ihren unterschiedlichen sachstrukturellen Entwicklungsniveaus zu erfolgreichen Lösungen kommen können, schlägt er die Bearbeitung in drei Differenzierungsgruppen vor, denen unterschiedliche Grade an Hilfestellung angeboten werden.

Innere Differenzierung im Mathematikunterricht

In der der Einzel- und Gruppenarbeit vorausgehenden gemeinsamen Phase erfolgt das Lesen des Sachverhalts und die Vermittlung eines gemeinsamen Fundaments an Verfahren. In Einzelarbeit soll dann ein Bezug zu den individuellen Vorerfahrungen der Schüler in ihrer Lebenswelt hergestellt werden, indem sie ein Zeitprofil des Arbeitstages ihres Vaters oder ihrer Mutter erstellen bzw. ihren eigenen Tag in Schul- und Fernsehzeit etc. einteilen. Daran anschließend sollen die Schüler in drei hinsichtlich ihres Lernstandes „homogenen Lerngruppen" Arbeitsblätter von unterschiedlichem Schwierigkeitsgrad zur genannten Sachaufgabe bearbeiten, wobei die Lehrkraft mit der dritten (schwächsten) Gruppe während des größten Teils der Zeit direkt zusammenarbeitet und anschließend die anderen Gruppen nach Bedarf unterstützt. Die Stunde endet mit einer gemeinsamen Arbeitsphase, in der die Ergebnisse verglichen werden. Die Differenzierung betrifft in dieser Stunde drei Aspekte: die individuellen Zeitverhältnisse der Familien werden von jedem Schüler unterschiedlich bearbeitet; der Unterrichtsgegenstand wird in Form eines verbindlichen Fundamentum erarbeitet, das für die Gruppen 1 und 2 mit einem je unterschiedlichen Additum versehen ist; und die Präsentation der Lösungen erfolgt aufgrund der unterschiedlichen Gestaltung der Arbeitsblätter in grafisch verschiedenen Darstellungsformen.

Weitere Möglichkeiten der inneren Differenzierung stellt Nestle (unter Bezugnahme auf Bruner 1974, 1980) vor: *Differenzierung bezüglich der Inhalte/Themen* (z. B. im Rahmen arbeitsteiliger Gruppenarbeiten), der *Handlungsformen* (enaktiv, ikonisch, symbolisch, vgl. Kap. 4.2.3), der *Repräsentationsformen und Arbeitsmittel* (s. o.), der *Lernziele* (quantitativ und qualitativ) sowie der *Lernzeit*. Er betont, dass die Wahl der Differenzierungsformen ebenso wie die der Unterrichtsgegenstände auf der Grundlage der (gesellschaftlich bedingten) individuellen Lernvoraussetzungen erfolgen muss und „möglichst zusammen mit den betroffenen Schülern immer wieder neu definiert werden" muss (Nestle 1980, 177).

Die Ansätze von Nestle und Begemann

Obwohl Nestle sich nicht explizit auf Begemann bezieht (ebenso wenig wie umgekehrt), sind weitreichende Überschneidungen in den Argumentationen der beiden Autoren festzustellen. So geht Nestle selbstverständlich davon aus, dass die Lernbehindertenschule vor allem von unterprivilegierten Schülern besucht wird, wie Begemann ausführlich nachgewiesen hat. Beide Autoren lehnen die soziale Zuschreibung durch den Behinderungsbegriff ab und verurteilen sowohl die Pathologisierung als auch die daraus abgeleitete Therapeutisierung des Unterrichts (Nestle 1996, 284). Auch die Kritik an den aussondernden Strukturen der bestehenden Regelschule sowie an den reduktiven Konzepten der klassischen Lernbehindertenpädagogik stimmt in weiten Teilen überein. Nestle argumentiert wie Begemann für eine Einbeziehung der Schülererfahrungen, ohne die keine sinnvolle Anknüpfung der Lerngegenstände gelingen kann.

Unterschiede zwischen den Ansätzen sind vor allem hinsichtlich der Bildungsziele festzustellen. Während Begemann von einer Mittelschichtorientierung ausgeht und die Eigenwelt der Schüler in diese Richtung erweitern will, um sie in dieser Gesellschaft handlungsfähig zu machen, will Nestle erreichen, dass die Schüler sich ihre eigene, aktuell bestehende Realität sinnhaft erschließen. Dabei sollen sie von den Lehrkräften in ihrer noetischen Funktion Unterstützung erhalten, die ihnen jeweils die Seite des Lernprozesses „aufschließen", die ihnen bisher versagt blieb. Wie bei Begemann geht Nestles Zielvorstellung für die Befähigung der Schüler über ihre derzeitige Lebenswelt hinaus und strebt ihre Bildung im Sinne eines zwar vom Fächerkanon her nicht festgelegten, aber dennoch auf die kulturell bedeutsamen Fähigkeiten hin orientierten, vom Lehrer möglichst mit den Schülern gemeinsam zu entwickelnden Curricula an.

Nestle betont weniger stark als Begemann die Notwendigkeit für die Lehrkräfte, sich differenzierte Kenntnisse über die Lebenssituation der Schüler zu verschaffen, um ihren Horizont erweitern zu können, und geht kaum auf die Berücksichtigung des Umfelds der Schüler ein. Er kümmert sich stärker um die Planung, Strukturierung und Reflexion des Unterrichts selbst als prozesshaftes Geschehen, dessen verschiedene Strukturmomente bis zur höchsten Stufe der Integration des gewonnenen Wissens und Evaluation anhand gesellschaftlicher

Normen und ethischer Vorstellungen auch lernbehinderten Schülern nicht vorenthalten werden darf (Nestle 1976, 172). Nestles didaktische Reflexion setzt sich auf hohem theoretischen Niveau mit dem Lernbegriff auseinander, der die Grundlage seiner unterrichtlichen Vorschläge darstellt.

4.1.6   Kutzers und Probsts Konzept des „struktur- und niveauorientierten Unterrichts"

Kutzer entwickelt seine didaktischen Orientierungen ab Mitte der 1970er Jahre und arbeitet dabei ab Ende der 1970er Jahre eng mit dem Entwicklungspsychologen Probst zusammen. Während Kutzer sich schwerpunktmäßig mit der Didaktik des Mathematikunterrichts (1973, 1982, 1999) beschäftigt, konzentrieren Probsts fachspezifische Veröffentlichungen sich auf sprachliche Gegenstände (zur Oberbegriffsbildung Probst 1981, zum Lesen und Schreiben Probst 1996, 1999). Beide Autoren betonen einen individuell förderdiagnostischen Zugang und seine Bedeutung für die Unterrichtsplanung, sie stellen also einen engen Zusammenhang zwischen Diagnostik und Didaktik her. In ihrem Verständnis dient die Diagnostik nicht mehr – wie in der traditionellen Lernbehindertendidaktik – der Rechtfertigung einer Überweisung in die Sonderschule, sondern ist entscheidend für die Wahl der Inhalte und Vermittlungsformen im Unterricht. So spricht Probst von einem diagnostisch-didaktischen Bezugssystem, auf das sich Diagnose und Förderung gleichermaßen stützen (Probst 1981, 35).

Förderdiagnostik als Grundlage der Didaktik

Mit Hilfe strukturierter Beobachtungsverfahren wollen die Autoren die Lernprozesse der Schüler in den jeweiligen Entwicklungsbereichen fein differenziert und quasi objektiv beschreiben, um daran anknüpfend die Zone der nächsten Entwicklung genau bestimmen und die Unterrichtssituation exakt darauf abgestimmt gestalten zu können. Sie beschreiben für ihre jeweiligen Gegenstände die Sachlogik und die Entwicklungslogik, die bei der Aneignung zu beobachten ist, und zerlegen die Aneignungsprozesse in kleinste Schritte, durch die die zukünftigen Lernprozesse der Schüler sehr weitreichend vorgeplant werden. Dazu beziehen sie sich umfangreich auf entwicklungspsychologische Literatur (Piaget, Bruner, Galperin u. a.) sowie auf eigene Untersuchungen. Die Entwicklungslogik wird zur Grundlage diagnostischer Aufgabenstellungen genommen, die es erlauben, die aktuelle Leistung des Kindes einzuordnen. Daran anknüpfend werden auf didaktischer Ebene Aufgaben angeboten,

Entwicklungslogik

„… die den Schüler auf der Zone seiner aktuellen Leistung aufbauend mit seiner Zone der nächsten Entwicklung provozieren. Die Zone der nächsten Entwicklung ist der Leistungsbereich, der über das momentan Gekonnte hinausragt, der aber unter geeigneter Strukturierung durch Aufgabe und Tutor bewältigt werden kann" (Probst 1981, 34).

Dieser Ansatzpunkt, der die strukturellen Aspekte des Lerngegenstandes einerseits (*Strukturorientierung*) und das Niveau der Aneignungsstrukturen andererseits (*Niveauorientierung*) in den Blick nimmt und auf dieser Grundlage eine Passung beider Aspekte herzustellen versucht, unterscheidet sich – wie Kutzer betont – grundlegend von den bis dahin bestehenden didaktischen Konzepten der allgemeinen Pädagogik wie auch der Sonderpädagogik (1982, 30).

Kritik an allgemeinen Didaktiken Kutzer kritisiert an den allgemeinen Didaktiken, dass ihre Kriterien und Planungsvorgaben zu unklar bleiben, um den Lehrkräften wirkliche Hilfestellungen bei der Planung ihres Unterrichts anbieten zu können. So arbeitet Klafki in seiner didaktischen Konzeption der kategorialen Bildung, die Kutzer theoretisch als überzeugend einschätzt, zwar die Notwendigkeit einer Strukturorientierung durch die Theorie des exemplarischen Lernens heraus, stellt aber mit seinem Modell zur didaktischen Analyse nach Kutzers Auffassung nicht die ausreichenden Hilfestellungen zur Umsetzung zur Verfügung und wird dadurch in der Praxis bedeutungslos.

„Die Ursache hierfür lag in der Überforderung des Lehrers, der mit seinen didaktischen, fachwissenschaftlichen und psychologischen Vorkenntnissen nicht in der Lage war, das Allgemeine, das Exemplarische, das Typische, das doppelseitig Erschließende in dem für die tägliche Unterrichtspraxis erforderlichen Maße aus den im Lehrplan vorgegebenen Inhalten und aus der übergeordneten Zielsetzung abzuleiten" (Kutzer 1982, 31).

Das gilt seiner Meinung nach in ähnlicher Weise für das Modell der Berliner Schule (Heimann/Otto/Schulz 1970), das den Lernprozess stärker fokussiert als den Bildungsinhalt. Die bestimmenden Planungsaspekte des Unterrichts werden Kutzer zufolge auch hier nur grob und zu allgemein erfasst:

„Die entscheidenden Fragen, welches Ziel aus welchem Grunde zu welchem Zeitpunkt bei welchen Schülern über welche Inhalte mit welcher Methode zu erreichen ist, wie die objektiven Lernanforderungen und die subjektiven Lernvoraussetzungen zu ermitteln sind, welcher Art die Zusammenhänge zwischen Entscheidungsfeldern und Bedingungsfeldern sind und welche Beziehungen zwischen dem Richtziel und dem Ziel des konkret zu planenden Unterrichts existieren, können auf der Basis des Berliner Modells nicht in einem nach u. E. erforderlichen Maße angegangen werden" (Kutzer 1982, 32).

Auch der programmierte Unterricht, dessen Wirkungen er selbst untersucht hat, erfüllt für Kutzer das wesentliche Kriterium der Strukturorientierung nicht in ausreichendem Maße und bietet darüber hinaus keine ausreichende Hilfe für die Lernzielfindung (1982, 34). Kutzer sieht also bei den allgemeinen didaktischen Modellen – insbesondere bei Klafkis kritisch-konstruktiver Didaktik – sehr wohl positive Ansatzpunkte, sie sind ihm hinsichtlich der Strukturorientierung und didaktischen Planung aber nicht konkret genug.

Die Kritik, die Kutzer an den didaktischen Modellen der Sonderpädagogik übt, ist sehr viel grundlegender und weitreichender. Sie bezieht sich

Kritik an sonderpädagogischen Didaktiken

a) auf die Institution Sonderschule selbst, die die Aussonderung von Schülern produziert und aufrecht hält,
b) auf die dort praktizierte reduktive Didaktik und
c) auf die mangelnde Berücksichtigung der individuellen Lernvoraussetzungen der Schüler im Unterricht.

Kutzer zufolge trägt die Sonderschule für Lernbehinderte durch die dort praktizierte reduktive Didaktik dazu bei, Lernbehinderung und soziale Randständigkeit zu produzieren und zu verfestigen, anstatt ihr entgegenzuwirken (1973, 313 f; auch Nestle 1975). Er formuliert diese Haltung auch in seinen aktuellen Veröffentlichungen unter dem Schlagwort „Didaktische Fehlentscheidungen verursachen Lernversagen" (Kutzer 1999, 17). Damit stellt er einerseits die Institution Sonderschule insgesamt in Frage, weil sie die Schüler seiner Auffassung nach durch den Prozess der Aussonderung marginalisiert und bei der Entwicklung eines positiven Selbstkonzepts beeinträchtigt, und kritisiert andererseits den Unterricht dieser Institution als ungeeignet zur Überwindung der grundlegenden Probleme in den Lernvoraussetzungen der Schüler. Er sieht die Ursachen für das spätere Schulversagen sozial randständiger Schülerinnen und Schüler über Begemanns Kritik hinaus „nicht ausschließlich in der häuslichen Umwelt und in der nicht ausreichenden Förderung in der Vorschulzeit …, sondern vor allem in der Inadäquatheit didaktischer und methodischer Entscheidungen der Schule" (Kutzer 1973, 328).

Reduktive Didaktik

Den traditionellen sonderpädagogischen Didaktiken (explizit genannt werden Bleidick und Klauer) liegt Kutzer zufolge weitgehend ein sehr enges Verständnis von Didaktik zugrunde, das sich auf die Formulierung von Unterrichtsprinzipien und methodischen Vorschlägen beschränkt und von einem eingeschränkten, erhärteten Bild dauerhaft geminderter Leistungsfähigkeit der Schüler sowie einem von vornherein feststehenden, eingeschränkten späteren Lebensrahmen ausgeht (1973, 324 f).

Aus der Reduktion der möglichen Inhalte ergibt sich für Kutzer geradezu zwingend, dass die Leistungsunterschiede zu den Schülern der Regelschule vergrößert werden und die soziale Benachteiligung noch vertieft wird.

Unzureichende Berücksichtigung der Lernvoraussetzungen

Dazu trägt außerdem die methodische Umsetzung des Sonderschulunterrichts bei, denn das Vorgehen in kleinsten Schritten und das Absprechen der Fähigkeiten zur Abstraktion und zum Erkennen von Zusammenhängen führt dazu, dass die Schüler besonders in der Entwicklung der emanzipatorisch relevanten Fähigkeiten zur *Selbstbestimmung* und *Kommunikation* beeinträchtigt werden (Kutzer 1982, 36). Wie Kutzer am Beispiel seiner Untersuchungen zur Berücksichtigung der Mengeninvarianz im Unterricht eindrucksvoll zeigt, werden weiterhin die Lernvoraussetzungen der Schüler auch in der Sonderschule nicht genau eingeschätzt, und die verwendeten Unterrichtsmethoden tragen dazu bei, dass die Schüler grundlegende Erkenntnisse nicht gewinnen können:

„Der Schüler wird somit schon zu Schulbeginn permanent unter- und überfordert … Neben dem Auslassen wesentlicher, den weiteren Lernprozess bestimmender Erkenntniselemente führt die Strukturdesorientierung der Lehrpläne zu dem Gegenstand nicht angemessenen Methoden, Lernarten und Zielsetzungen" (Kutzer 1982, 37).

Die Schüler können dadurch, so Kutzer, die Zusammenhänge zwischen den verschiedenen Aspekten nicht strukturell erkennen und müssen sich jede Operation bei einem neuen zu bewältigenden Inhalt immer wieder neu aneignen, eine große Zahl von Aufgaben quasi auswendig lernen, anstatt die Strategien zur Lösung einmal zu erwerben und in verschiedenen Situationen anwenden zu können – ein Vorgehen, das den möglichen zu bewältigenden Umfang des Lernstoffs von vornherein deutlich begrenzt. Damit versagt nach seiner Auffassung der Unterricht, nicht die Schüler, die unter anderen, strukturorientierten Lernbedingungen sehr wohl in der Lage zur Erfassung von Zusammenhängen seien. Er macht dieses Versagen des Sonderschulunterrichts und dabei

„…vor allem das zu geringe Abstimmen der Inhalte auf das jeweilige Erkenntnis- und Kenntnisplateau, auf den Entwicklungsstand der Fähigkeiten des Schülers für dessen Scheitern dieses Ausmaßes verantwortlich…Erst dann, wenn die Schule in der Lage ist, den Entwicklungsstand des Schülers in bestimmten Fähigkeitsbereichen genau zu diagnostizieren und die für diesen Schüler in dieser seiner (Lern-)Situation adäquaten, in ihrer Struktur auf die Vorkenntnisse abgestimmten und damit Lernzuwachs (das bedeutet zumeist zugleich Fähigkeits- und Informationszuwachs) erst ermöglichenden Inhalte („qualifizierende Elemente" im Sinne der Curriculumforschung) auszuwählen, wird der Schüler optimal gefördert werden können" (Kutzer 1973, 328f).

Passung von Strukturniveau und Erkenntnisniveau

Wenn dagegen eine Passung von Strukturniveau und Erkenntnisniveau im Sinne seines Modells optimal hergestellt wird, dann wird sich – so seine Erwartung – auch die Anzahl der in der Schule versagenden Kinder erheblich verringern. Unter veränderten Lernbedingungen, die die Lernvoraussetzungen der Schüler systematisch berücksichtigen und das Verhältnis zu den gestellten Lernanforderungen bedenken, kann Lernen als mehrdimensionaler Prozess auch für Schülerinnen und Schüler mit Lernbeeinträchtigungen erfolgreich organisiert werden, und in der Folge können „Schulversagen, Verhaltensstörungen, Minderung des Selbstwertgefühls, Flucht in reine Anpassungsleistungen und repressives Lernen weitgehend verhindert werden" (Kutzer 1982, 41).

Dimensionen didaktischer Planung

Bei der didaktischen Planung sind daher in seinem Modell folgende Dimensionen zu berücksichtigen: „die Komplexität des Inhalts (des angestrebten Lernziels), das Niveau der Auseinandersetzung mit dem Inhalt (des Lernziels) und die Lernart" (Kutzer 1982, 40). Kutzer stellt den Bezug zwischen Entwicklungsniveau und Komplexität des Inhalts in einem grafischen Modell dar (Kutzer 1982, 40), das später von verschiedenen Autoren aufgegriffen und auch von ihm selbst modifiziert wird (z.B. Kutzer 1999, Feuser 1995). Die Komplexität des Inhalts organisiert sich demnach in einer Folge von Strukturelementen von einer einfachen hin zu einer immer komplexeren Struktur, die begrifflich symbolisiert wird. Die Niveaustufen in der Auseinandersetzung mit dem Inhalt entwickeln sich von einem konkreten, handelnden Zugang über die Stufe der vorstellenden Handlung bis hin zu abstrakten Denkoperationen. Die Aneignung beginnt mit der handelnden Auseinandersetzung mit dem Gegenstand in seiner einfachen Struktur und endet mit der rein gedanklichen, abstrakten Auseinandersetzung auf der begrifflichen Ebene. Er geht also von drei Niveaustufen und ihrer Generalisierung aus:

- „konkretes, strukturiertes Handeln,
- strukturiertes Handeln in der Vorstellung,
- von der konkreten Handlungssituation losgelöster Umgang mit Erkenntnissen,
- und den Generalisierungsformen 1., 2. und 3. Art" (Kutzer 1999, 30).

Dabei ist es von den Vorerfahrungen des Kindes abhängig, ob immer alle Phasen durchlaufen werden müssen und ob in jedem Fall auf der Ebene des konkreten Handelns begonnen werden muss, Kutzer betont aber aufgrund seiner Erfahrungen den Stellenwert einer Einführung neuer Gegenstände auf dem konkreten Handlungsniveau auch für solche Schüler, die prinzipiell schon weiter entwickelt sind (Kutzer 1999, 26 f).

Entwicklungs-verständnis Das Entwicklungsverständnis, von dem Kutzer und daran anknüpfend auch Probst ausgehen, sieht Entwicklung als einen aktiven, konstruktiven Prozess (und nicht etwa als Reifungsprozess), den die Kinder in einer festgelegten Reihenfolge, nicht aber in einer für alle gleichen Zeit durchlaufen. Sie gehen nicht zwangsläufig von einem kontinuierlichen Prozess aus, in dem Entwicklung als allmählicher Zugewinn von Erfahrung und Wissen zu bestimmen ist, sondern antizipieren auch Entwicklungssprünge.

„Der vorgestellte Ablauf ist zunächst einmal die Deskription einer Entwicklungslogik, einer ontogenetischen Veränderungsreihe. Zur Kausalität befragt, möchte ich mich zuerst dagegen abgrenzen, dass es sich hier um innewohnende, endogen strukturierte Reifungsprozesse handele, wie es die klassische Entwicklungspsychologie sah... Auch auf Altersgrenzen – über grobe Angaben hinaus – möge man sich nicht einlassen. Gerade darin, dass Kinder sich zum gleichen Alter auf qualitativ sehr unterschiedlichen Entwicklungsniveaus befinden können, liegen Sinn und Möglichkeit, auf die Kenntnis von deren Abfolge ein didaktisch-diagnostisches Bezugssystem zu gründen. Ebenso muss klar sein, dass mehrere Formen beim gleichen Kind zur selben Zeit vorkommen. Die Entwicklungsniveaus koexistieren.... Allerdings dürfte – wenn dieses Entwicklungsmodell sinnvoll sein soll – die Koexistenz nur so weit gehen, dass aufeinanderfolgende Formen gleichzeitig prävalent sind" (Probst 1981, 19f).

Es ist ihrer Auffassung nach mit diesem Konzept unvereinbar, die Bildungsfähigkeit von Schülerinnen und Schülern durch reduzierte Zielvorgaben oder die genannten, begrenzenden Unterrichtsprinzipien von vornherein einzuschränken, vielmehr wollen sie erreichen, dass sich jeder Schüler mit dem jeweiligen Gegenstand auf seinem aktuellen Niveau auseinandersetzen kann. Dazu müssen die Lehrkräfte in der didaktischen Planung einerseits eine Sachstrukturanalyse durchführen, aufgrund derer sie die Anforderungen des jeweiligen Gegenstandes genau ermitteln können, und andererseits den aktuellen Lernstand der einzelnen Schülerinnen und Schüler in einem diagnostischen Prozess einschätzen, um daran anknüpfend „einen offenen, schülerorientierten, individualisierenden und differenzierenden Unterricht" durchführen zu können (Kutzer 1999, 31).

Das Verständnis von Diagnostik, das den Überlegungen von Kutzer und Probst zugrunde liegt, hat nur wenig mit der traditionellen, quantitativ ausgerichteten Testdiagnostik zu tun. So kritisiert Probst die Durchführung von Intelligenztests als Grundlage der Überweisung in die Sonderschule, wie sie etwa von Bleidick und Klauer gefordert wird, aufs Schärfste (Probst 1982, 1999), und argumentiert kritisch gegen eine normbezogene Vorgehensweise, die lediglich der *negativen Auslese* dient (Probst 1982, 117). Dagegen hat eine strukturbezogene, qualitative Diagnostik, wie die Autoren sie vertreten, „ihr Bezugssystem in der Sachlogik des Lerngegenstandes oder in der Entwicklungslogik einer kognitiven Struktur. Die Folge dieser Diagnose ist in diesem Falle die Unterweisung des Probanden in der ‚Zone der nächsten Entwicklung'; eine solche gibt es immer und für jeden" (Probst 1982, 113).

Strukturbezogene qualitative Diagnostik

Es geht bei dieser Form der Diagnostik also nicht um einen interindividuellen Vergleich und die Feststellung einer Abweichung von der Norm, sondern um die Einordnung des aktuellen Aneignungsniveaus in die Struktur des Lerngegenstandes und die Entwicklung der kognitiven Struktur, um daran anknüpfend didaktisch planen zu können. Der Ansatz versteht sich als ungeeignet für die Überweisungsdiagnostik und verortet sich als „Hilfsmittel zur integrativen Beschulung aller Kinder, einschließlich der jetzt lern- und verhaltensauffälligen" (Probst 1982, 130). Anhand von zwei Beispielen soll das Vorgehen deutlich werden:

Kutzer erläutert die Bedeutung der Komplexitäts- und Niveaustufen am Beispiel der Mengen- und Zahlenanalyse, die eine wichtige Voraussetzung für die Einführung von Zahloperationen darstellt (Kutzer 1999, 40ff). Die Kinder in seinem Beispiel verfügen, wie er diagnostisch abgesichert hat, über die Menge fünf und ihre Analyse mindestens auf der Ebene der vorstellenden Handlung, sie können sich also vorstellen, wie viele von fünf Gegenständen fehlen, wenn zwei da sind: „Wenn du mir sagst, dass du in einer Hand zwei Muggel-

Mengenanalyse

steine versteckt hast, dann sind in der anderen drei versteckt" (Kutzer 1999, 40). Als nächster Schritt wird davon ausgehend die Analyse der Menge sechs bestimmt, um die es im Beispiel geht.

Zur Annäherung an diese Menge schlägt Kutzer ein gestuftes Vorgehen vor, das auf der enaktiven, handelnden Ebene beginnt und über das teilweise vorstellende und dann vollständig vorstellende zum gedanklichen Handeln führt.

Stufen des Vorgehens Auf der **Stufe 1** wird die **konkrete, zielgerichtete, strukturierte Handlung** angeboten. „Wir werfen auf 6 Büchsen und stellen fest, wie viele Büchsen auf dem Brett liegengeblieben sind und wie viele abgeworfen wurden.... Zwei Büchsen liegen oben, vier wurden abgeworfen. Die beiden Teilmengen werden abzählend oder komplex erfassend bestimmt" (Kutzer 1999, 40).

Die **zweite Stufe der teilweise vorstellenden Handlung** soll die Schülerinnen und Schüler befähigen, von einer sichtbaren Teilmenge auf eine zweite – nicht sichtbare – zu schließen. Dazu wiederholen sie die vorher ausgeführte Handlung gedanklich unter Verwendung von strukturierenden Abbildungen (ikonische Ebene): „Ich brauche die Büchsen hinter dem Vorhang nicht mehr zu sehen. Ich weiß, zu 2 Büchsen auf dem Brett gehören 4 abgeworfene Büchsen. Dieses gedanklich – und sprachlich ausformulierte – Wiederholen (Rekonstruieren) konzentriert sich auf das strukturell wesentliche (erster Schritt der ‚Verdichtung‘).

Mit der Fähigkeit, von einer sichtbaren Teilmenge auf die nicht sichtbare zweite Teilmenge unabdingbar schließen zu können, wird die Generalisierung 1 vorbereitet und vollzogen.

Die Generalisierung 1 ist dann gegeben, wenn das Kind die in der Situation des ersten Darstellungsmodells gewonnene Erkenntnis auf andere Situationen gleichen Modells anwenden kann. ... Diese Generalisierung wird über den Vergleich verschiedener Wurfergebnisse und über das Erinnern an vorhergehende Wurfergebnisse erreicht" (Kutzer 1999, 40).

Auf der **dritten Stufe der vollständig vorstellenden Handlung** sollen die Schüler die zuvor ausgeführte Handlung wiederum gedanklich wiederholen, diesmal aber ohne optische Hilfsmittel, indem sie

„mittels der Erinnerung an die Ergebnisse des Büchsenspiels von der Zahleigenschaft der nicht sichtbaren Teilmenge 1 auf die Zahleigenschaft der nicht sichtbaren Teilmenge 2 schließen ... Der gedankliche Nachvollzug der Handlung konzentriert sich noch mehr auf das strukturell Wesentliche. Beispiel:

Verschiedene Kinder werfen auf Büchsen, es wird die Anzahl der auf dem Brett verbliebenen Büchsen aufgeschrieben. Danach spielen die Kinder Schiedsrichter und ermitteln die abgeworfenen Büchsen durch direkten Schluss von der Anzahl der nicht abgeworfenen auf die Anzahl der abgeworfenen Büchsen" (Kutzer 1999, 42).

Die bisherigen Erfahrungen sollen auf der **vierten Stufe** nun **generalisiert**, also von einer Modellsituation auf eine andere übertragen werden: anstelle des Büchsenwerfens wird die Menge 6 mit Wendeplättchen, einer Schüttelbox etc. erfahren.

„Um nun zur Zahlzerlegung an sich zu gelangen, müssen die Kinder die Generalisierung 2 und 3 vollziehen ... Durch den Einsatz dieser Darstellungsmodelle gelangen die Kinder (früher oder später) zu der Einsicht, dass sich alle 6er-Mengen – gleichgültig wie deren Elemente aussehen – in gleicher Weise zerlegen lassen: 6 Dinge lassen sich immer in 1 und 5 oder 2 und 4 oder 3 und 3 zerlegen. Ich brauche gar nicht mehr an die Büchsen, an die Wendeplättchen oder an die Schüttelbox zu denken. Damit ist die Generalisierung 3 vollzogen und somit erst die Niveaustufe 4 erreicht. Nun ist es auch möglich, das Gelernte in isomorphen Lernsituationen anzuwenden" (Kutzer 1999, 43).

Damit ist der Weg bereitet für **das rein gedankliche Handeln auf der Zahlebene**, auf der die Schüler Zahlen zerlegen können und von der Allgemeingültigkeit des Zerlegungsergebnisses überzeugt sind:

„Ich weiß, die Zahl 6 kann ich in dreifacher Weise zerlegen. Das ist immer so. Während die Generalisierung 2. Art zwar schrittweise eine Lösung der Denkhandlung von ganz bestimmten Situationen und Modellen beinhaltet (die Denkhandlungen sind nicht mehr an eine Situation gebunden; die Situationen sind austauschbar; unwesentliche Elemente treten zurück), ist die Generalisierung 3. Art dagegen durch das Lösen von der an Gegenständliches gebundenen, vorstellenden Handlung gekennzeichnet. Das Denken bezieht sich jetzt auf formale Strukturen. Der Schüler weiß jetzt, dass sich die Zahl 6 in die Zahlen 2 und 4 zerlegen lässt. Zur Lösung der ‚Aufgabe' muss er nicht mehr Operationen und Modelle der Mengenebene zu Rate ziehen. Er kann dies aber tun, falls er dies braucht" (Kutzer 1999, 55).

Probst bringt das Beispiel einer Unterrichtseinheit zum Erwerb von Oberbegriffen, die er als Vergleichsgruppenuntersuchung mit einer siebten Klasse an einer Schule für Lernbehinderte durchgeführt hat (Probst 1982, 64 ff). Die Schüler werden vor Beginn der Unterrichtseinheit in Einzelsituationen mit einem Test überprüft, um ihre Lernvoraussetzungen in Bezug auf das Thema zu beschreiben. In beiden Gruppen kommen schwerpunktmäßig funktionale, dagegen kaum ka-

Oberbegriffe

tegoriale Oberbegriffsbildungen vor. Die Schüler bilden also aus den angebotenen Gegenständen Klassen nach ihrer Wahrnehmung oder ihrer Funktion, nicht nach einer übergeordneten Kategorie. Aus diesen Ergebnissen zieht Probst aufgrund seiner Untersuchungen zur altersgemäßen Entwicklung der Oberbegriffsbildung den Schluss, dass die Schüler beider Gruppen einen Rückstand in ihrer sprachlichen und kognitiven Entwicklung zeigen. Im Rahmen der Unterrichtseinheit sollen die Schüler der Versuchsgruppe ihre wahrnehmungsorientierte Sichtweise überwinden und die abstraktere Stufe der Kategorienbildung und Zuordnung von Namen erreichen. Durch einen Vergleich mit der Kontrollgruppe soll dann ermittelt werden, inwieweit Veränderungen auf den niveau- und strukturorientierten Unterricht zurückgeführt werden können.

Anders als in einer Primarstufenklasse oder einer Gruppe mit geistig beeinträchtigten Kindern arbeitet Probst aufgrund des bereits erreichten Entwicklungsniveaus der Schüler hier nicht mit konkreten, zu ordnenden Gegenständen, sondern macht Angebote auf der ikonischen Ebene durch Abbildungen (z. B. Fotos von Wettererscheinungen), akustische Darstellungen von Objekten (z. B. Fahrzeuggeräusche vom Tonband) oder Rollenspiele (z. B. Einkaufen im Supermarkt mit Schildern, die auf die Warengruppen hinweisen).

„Jede Einheit beginnt mit der Darbietung der Elemente des Gegenstandsbereichs in imaginativer, also materialisierter Weise. Unter der Frage ‚Was passt zusammen?' ordnen die Schüler die Elemente unter implizite Oberbegriffe, die als mehr oder weniger umrissen vorausgesetzt werden, denen aber vermutlich der Name als ordnende Klammer fehlt oder zumindest in der Sprachperformanz nicht geläufig ist. Das Oberbegriffswort überschreibt dann die gebildeten Rubriken. Induktives und deduktives Zuordnen – Auf- und Absteigen zwischen den hierarchischen Ebenen – festigt das Erworbene in Stillarbeit mit Arbeitsblättern" (Probst 1982, 58).

Obwohl die Schüler beim die Einheit abschließenden Ratespiel noch nicht in der Lage sind, die neu erworbenen kategorialen Begriffe durchgängig anzuwenden, zeigt die Nachtestung eine signifikante Zunahme kategorialer Antworten in der Versuchsgruppe und damit ein altersentsprechendes Entwicklungsniveau in diesem Bereich, was in der Kontrollgruppe nicht der Fall ist (Probst 1982, 61).

Einfluss des Modells von Kutzer und Probst Das didaktische Modell Kutzers und Probsts hatte vor allem in den 1980er und 1990er Jahren gravierenden Einfluss auf die Ausbildung von Lehrkräften im Bereich Sonderpädagogik sowie auch auf die Unterrichtspraxis in Grund- und Sonderschulen. Dazu trugen vor allem die didaktisch-methodischen Materialien, Lehrwerke und Veröffentlichungen Kutzers bei, die sich in großem Umfang auch in der Grundschule durchgesetzt haben. Im selben zeitlichen Zusammenhang entstanden ähnliche Inventare für weitere Entwicklungsbereiche, die heute in vielen integrativen und Sonderschulklassen genutzt werden (z. B. Diagnostisches Inventar motorischer Basiskompetenzen, Eggert/Ratschinski 1993 oder Hamburger Schreibprobe, May 1997). In Bezug auf die Sonderpädagogik kann man wohl von einer Psychologisierung sprechen, die mit der Implementierung des förderdiagnostischen Zugangs in diese Fachrichtung verbunden war und bis heute anhält – zum Beispiel in Bezug auf die Auseinandersetzung mit individuellen Förder- und Entwicklungsplänen (Eggert 2007, Mutzeck 1998). Daran waren neben den genannten noch viele weitere Autoren beteiligt (z. B. Kornmann u. a. 1994). Der damit verbundene Paradigmenwechsel von einem statischen zu einem dynamischen Verständnis von Entwicklung und Behinderung hatte auch in der Sonderschule für Lernbehinderte Folgen für die Gestaltung des Unterrichts.

So positiv die starke Berücksichtigung der individuellen Bedingungen aller Kinder im Unterricht allerdings auch zu bewerten ist, so kritisch ist die mit einem engen förderdiagnostischen Vorgehen verbundene Festlegung auf die vom Lehrer festgestellte Zone der nächsten Entwicklung zu sehen, wenn sie strikt gehandhabt wird. Sie scheint recht wenig Spielraum und Offenheit für die darüber hinausgehenden Entwicklungsaktivitäten der Schülerinnen und Schüler oder ihre eigenen Entscheidungen über Bedeutsames und weniger Bedeutsames zu ermöglichen, sondern steckt in der feststehenden Reihenfolge der Aneignungsschritte enge Grenzen ab. In der Rezeption des Ansatzes besteht – auch wenn dies den didaktischen Vorstellungen der Autoren nicht entspricht – die Gefahr eines instruierenden, kleinschrittigen, lehrerzentrierten Unterrichts, der unter Bezugnahme auf die Autoren häufig zu beobachten ist und den Entwicklungsaktivitäten der Schüler außerhalb der Lehrerplanung wenig Raum lässt.

Gefahr eines instruierenden Unterrichts

Für die Gestaltung eines individualisierenden Klassenunterrichts, wie er von den Autoren gefordert wird, werden in dem Konzept nur wenig Hilfestellungen in Bezug auf die Frage angeboten, wie die festgestellten, vielfältigen und unterschiedlichen Entwicklungsniveaus in einer Klasse gleichzeitig berücksichtigt werden können, wie also die innere Differenzierung des Unterrichts gestaltet werden kann. Die Beispiele, die die Autoren bringen, beziehen sich oft auf Einzel- bzw. Kleingruppensituationen (z. B. Probst/Wacker 1986, 85 ff) oder erheben doch wieder ein gemitteltes Erkenntnisniveau der Klasse, an dem die gesamte Einheit ansetzt, wenn dabei auch die verschiedenen Repräsentationsniveaus angesprochen werden (z. B. Probst 1982, 55 ff). Eine Verbindung mit offenen, die Selbstständigkeit der Schüler beim Lernen fokussierenden Unterrichtsformen und eine recht intensive Personalausstattung ist vermutlich eine zentrale Voraussetzung dafür, dass die gewonnenen diagnostischen Erkenntnisse sich auch in didaktischem Planen und Handeln niederschlagen können (vgl. auch Kap. 3).

Weiterhin darf nicht übersehen werden, dass dieser diagnostische Zugang sich ausschließlich auf die intra-individuellen Entwicklungsbedingungen richtet und dabei außer Acht lässt, unter welchen schulischen und außerschulischen Bedingungen die Schüler leben, welche Bedeutsamkeit die Lerngegenstände für sie angesichts ihrer spezifischen Umfeldbedingungen und Wertesysteme haben etc.

„Diagnostik der individuellen Lernbedürfnisse" und „Lebensweltanalyse"

Dieser ebenfalls zentrale Bereich didaktischer Entscheidungen wird dagegen im didaktischen Entwurf von Kornmann und Ramisch (1984, 2000) aufgegriffen, die unter dem Stichwort „Diagnostik der individuellen Lernbedürfnisse" eine „Lebensweltanalyse" vorschlagen und dem Gebrauchswert der Lerngegenstände im Hinblick auf die Bewältigung konkreter Lebensprobleme der Schüler einen zentralen Stellenwert beimessen.

Der Grundgedanke der Lebensweltanalyse wird später vor allem mit dem Ansatz der Kind-Umfeld-Diagnose von Hildeschmidt und Sander (1988) im Zusammenhang mit der Weiterentwicklung der integrativen Pädagogik in großem Umfang aufgegriffen und wird in der Folge auch in die klassischen förderdiagnostischen Konzepte integriert.

4.1.7   Kornmanns und Ramischs Konzept des „handelnden Unterrichts"

Auch die didaktische Konzeption des „handelnden Unterrichts" wird von dem Diagnostik-Professor Reimer Kornmann und seiner Frau, der Sonderschullehrerin Brigitte Ramisch, in den 1980er Jahren entwickelt. Kornmann erarbeitet im Laufe der folgenden Jahre Konzepte eines förderdiagnostisch begründeten und individualisiert zu gestaltenden Unterrichts mit einer differenzierten Abstimmung der Lernanforderungen an die unterschiedlichen Lernvoraussetzungen und Lernbedürfnisse der Schülerinnen und Schüler. Dabei bezieht er sich vor allem

„auf solche Bereiche des Unterrichts, mit denen bestimmte Gruppen von Lernenden besonders häufig Schwierigkeiten haben, nämlich

- Vermittlung und Erwerb der Schriftsprache
- Vermittlung und Erwerb elementarer mathematischer Kompetenzen
- Verstehen und Anwendung der Unterrichtssprache Deutsch als Zweitsprache bei Kindern von Migranten" (Kornmann 1999, 2).

Das Buch „Lernen im Abseits" (Kornmann/Ramisch 1984), das Kornmann selbst unter seinen Schriften besonders hervorhebt (Kornmann 1999, 2), stellt eine didaktische Grundlegung dieser später ausgearbeiteten Bausteine dar. In einem ausführlichen Theoriekapitel stellen die Autorin und der Autor ihre Konzeption vor, die auf der Aneignungstheorie der kulturhistorischen Schule fußt, wie sie von Kautter (1979) und Bergk (1980) für die Pädagogik bei Lernbeeinträchtigungen rezipiert wurde. Kornmann/Ramisch beziehen sich zudem auf den Ansatz des handelnden Unterrichts nach Barbara Rohr (1982) und betonen den Stellenwert von Projekten, „in denen Erfahrungen gesammelt werden, die sich für die Lebensbewältigung unter erheblich erschwerten Bedingungen nutzen lassen" (Kornmann/Ramisch 2000, 98).

Daran anknüpfend stellen sie im Stil eines pädagogischen Tagebuchs Unterrichtserfahrungen und Strategien mit dem „Handelnden Unterricht" in einer Sonderschule für Lernbehinderte vor, die Frau Ramisch in ihrer Lerngruppe im Zeitraum von der 1. bis zur 6. Klasse gesammelt hat. Dieser erfahrungsgesättigte und differenzierte Werkstattbericht gibt konkrete Einblicke in die Praxis der Unterrichtsarbeit und ihre Begründungszusammenhänge. Die Autoren betonen dabei, dass ihre Erfahrungen nicht „sonderschulspezifisch" (Kornmann/Ramisch 1984, 13) seien, sondern an allen Schulen gewinnbringend für die Schüler eingesetzt werden könnten: Die Konzeption des handelnden Unterrichts will „Mittel und Wege aufzeigen, wie Kinder mit unterschiedlichen Kenntnissen, Fertigkeiten und Fähigkeiten gemeinsam lernen und arbeiten und dabei ihre verschiedenartigen Entwicklungsmöglichkeiten gleich gut nutzen" (Kornmann/Ramisch 1984, 23). Spätere Werke Kornmanns beziehen sich dementsprechend in großem Umfang auch auf den inklusiven Unterricht (Kornmann 2010a, b; Kornmann/Röpert 2011).

Die Grundidee der Konzeption ist es, „die Kunstform Schule" zu einer „Lebensform" zu machen, denn:

„Unerträglich ist die Isolation der Schule vom realen Leben! Die tägliche Aufbereitung des Lernstoffes gerät zur fragwürdigen Kunstform, welche ihre Adressaten, die Schüler, nur in einigen glücklichen Momenten wirklich erreicht" (Kornmann/Ramisch 1984,10).

„Handelnder Unterricht"

Ausgangspunkt der didaktischen Überlegungen Kornmanns und Ramischs ist eine außerordentlich kritische Auseinandersetzung mit dem (Sonder-)Schulsystem. Sie wenden sich gegen die im Schulsystem herrschenden „mehr oder weniger willkürlichen Kriterien, nach denen Menschen systematisch kategorisiert und hierarchisiert werden…, weil durch eine Benotung in sechs Ziffern entscheidende Weichen gestellt werden für jenes Leben, von dem die Schule sich als konservierendes Ghetto weitgehend abschirmt" (Kornmann/Ramisch 1984, 10). Dies sehen sie als verhängnisvoll an sowohl für die Schülerinnen und Schüler als auch für die Lehrkräfte, die dieses Schulsystem repräsentieren müssen. Durch „langfristig prognostizierte Grenzen der individuellen Bildbarkeit" und ein dementsprechend „reduziertes Bildungsangebot" werden nach ihrer Einschätzung die Lernmöglichkeiten der Schülerinnen und Schüler künstlich begrenzt (Kornmann/Ramisch 1984, 23).

Schülerorientierter Unterricht　Den pädagogischen Auftrag im Konzept des handelnden Unterrichts sehen Kornmann und Ramisch im Unterschied dazu in der „Ermöglichung von Aneignungsprozessen". Dafür sehen sie die Auswahl der Unterrichtsinhalte als zentral an: Die gemeinsame Arbeit an „generativen Themen", die an den Problemen der Schüler ansetzen, bedürfnisorientiert und von lebensgeschichtlicher Bedeutung sind, soll die Schüler befähigen, ihre Interessen zu artikulieren und durch eigene Tätigkeit die Voraussetzung zu ihrer Befriedigung zu schaffen (Kornmann/Ramisch 1984, 25). Um einen solchen Unterricht schülerorientiert gestalten zu können, werden diagnostische Maßnahmen auf mehreren Ebenen als grundlegend angesehen:

- Die **Diagnostik der individuellen Entwicklungsniveaus** wird unter Bezugnahme auf Probst konzipiert als Prozess, der „schrittweise vom Niveau der aktuellen Entwicklung in die Zone der nächsten Entwicklung" nach Wygotski (1977) führt (Kornmann/Ramisch 1984, 26).
- Die **Diagnostik der individuellen Lernbedürfnisse** verfolgt zudem das Ziel, die Lebensrealität der Schüler zumindest ausschnittweise kennen zu lernen. Durch gemeinsame außerschulische Unternehmungen mit den Schülern, Hausbesuche und Gespräche mit den Eltern sollen Lehrkräfte „tastende Versuche machen, die Lernbedürfnisse der Schüler zu erkennen" und einschätzen zu lernen, welche Kompetenzen die Schüler „zur Bewältigung ihrer konkreten Lebensprobleme gebrauchen können" (Kornmann/Ramisch 1984, 28).
- Eine **Diagnostik der individuellen Lern- und Lebensgeschichte** stellt die dritte Grundlage für die Gestaltung eines handelnden Unterrichts im Verständnis Kornmanns und Ramischs dar. Die Autoren nehmen damit einen verstehenden Ansatz auf, der Lehrkräfte als solidarisch und kooperativ Handelnde konstruiert, die die Schüler als Menschen ernst nehmen und

Machtunterschiede durch ihr Handeln bewusst verringern. Diese Sichtweise geht aus von der „Überzeugung, dass jeder Mensch, auch der ‚schwierigste Schüler', zu jedem Zeitpunkt seines Lebens, in jeder Situation sinnvoll und zweckmäßig handelt" (Kornmann/Ramisch 1984, 28) und sein Handeln aus der eigenen Lebens- und Lerngeschichte heraus erklärlich ist. Kornmann/Ramisch positionieren sich radikal gegen diagnostische Zuschreibungen und objektivierende Testverfahren, weil diese ihrer Auffassung nach zu Pathologisierungen führen. Sie sehen es als zentrale Bedingung pädagogischer Interaktion, die Schüler als Menschen in jeder Beziehung ernst zu nehmen.

„[…] dies gelingt nicht, wenn man das Verhalten solcher Menschen als irgendwie unvollkommen, krankhaft, defizitär, pathologisch, andersartig usw. bezeichnet; denn dadurch wird eine deutliche Distanz zu dem so klassifizierten Menschen geschaffen oder verfestigt. In der Sonderpädagogik ist die Neigung, dies zu tun, besonders groß" (Kornmann/Ramisch 1984, 29).

Diese grundlegende Kritik an der sonderpädagogischen Profession beziehen Kornmann/Ramisch auch auf die Begriffe „Therapie" und „sonderpädagogische Förderung", die sie gleichermaßen als „kontraproduktiv" für die pädagogische Arbeit mit den in ihrer Entwicklung behinderten Kindern ansehen. Sie fordern stattdessen ein „pädagogisches Handeln, das ohne Pathologisierungen auskommt": Lehrkräfte sollten ihrer Ansicht nach „ihr Tun als zwar nötige, aber völlig normale, den Entwicklungsstand und den Lernbedürfnissen ihrer Schüler möglichst angemessene Impulse zur Kompetenzerweiterung und Persönlichkeitsentwicklung begreifen" (Kornmann/Ramisch 1984, 29). Die pädagogische Beziehungsgestaltung sollte dementsprechend im Sinne Jantzens und Rohrs orientiert sein auf einen „plangeleiteten, zielgerichteten, produktiven und kooperativen Unterricht" (Kornmann/Ramisch 1984, 31). Dies sehen Kornmann und Ramisch vor allem in einem projektorientierten Unterricht verwirklicht. Das Lernen in Projekten verstehen sie im Sinne eines Aufsatztitels als „Veränderungen der Welt als Gegenstand und Impuls subjektorientierten Unterrichts" (Kornmann/Ramisch 2000, 91).

Es schließen sich zahlreiche Beispiele für kleinere und größere Unterrichtsvorhaben an, anhand derer das konkrete Vorgehen in verschiedenen Klassenstufen veranschaulicht wird: Das gemeinsame Zubereiten von Speisen und Getränken, die Durchführung von Bewegungsspielen, der Besuch außerschulischer Lernorte wie der Bäckerei und deren Vor- und Nachbereitung im Unterricht. Weitere Beispiele für solche Projekte, die von den Schülern angeregt wurden, werden im Überblick vorgestellt (Kornmann/Ramisch 2000):

Keine Pathologisierungen

B „,Bei uns im Ort gibt es ein Sägewerk, das von Wasser angetrieben wird',,Nächste Woche helfe ich unseren Nachbarn bei der Weinlese',,Mein Vater arbeitet in der Anatomie, das ist interessant'. Die von den Kindern eingebrachten Erfahrungen konnten weitgehend problemlos im Unterricht aufgegriffen, ausgetauscht, vertieft und verallgemeinert werden. Die Verallgemeinerung erfolgte auf zwei Ebenen: Die Erfahrungen, die einzelne Kinder eingebracht hatten, wurden – häufig durch gemeinsame Ausflüge hin zu dem Ort des Geschehens – allen anderen Kindern zugänglich gemacht, zum anderen wurde mit den Kindern daran gearbeitet, das Erfahrene umfassend einzuordnen und stets als interessengeleitet und – unter Hinweis auf die jeweiligen Produktionsverhältnisse und den Stand der Produktivkraftentwicklung – historisch geworden zu verstehen" (Kornmann/Ramisch 2000, 94).

Die didaktischen Vorstellungen von Kornmann und Ramisch führen die differenziert förderdiagnostische Perspektive von Probst und Kutzer (Kap. 4.1.6) weiter und ergänzen sie um eine verstehende und die lebensweltlichen Bedingungen einbeziehende Perspektive. Die Schülerinnen und Schüler werden dabei stets als aktiv Handelnde und Aneignende begriffen. Die Ermöglichung von Erfolgserlebnissen und Selbstwirksamkeitserfahrungen, zum Beispiel im Umgang mit dem für Förderschüler oftmals negativ besetzten Gegenstand Schrift, basiert auf differenzierten, individuellen Beobachtungen (Ramisch-Kornmann/Kornmann 2004).

Dies setzt sich in Kornmanns späteren Schriften fort, die Themen bearbeiten wie „Kinder mit Lernschwierigkeiten gestalten ihr Anschauungs- und Fördermaterial im Rechenunterricht selbst" (Kornmann 2000) oder „Möglichkeiten der Fehleranalyse bei freien Verschriftungen" (Kornmann 2008).

Vor allem ab 2010 werden die „Inklusiv orientierte Unterrichtsgestaltung und Aufgaben der pädagogischen Diagnostik" (Kornmann 2010b) in Beziehung gesetzt. Kornmann stellt im Zusammenhang mit der wissenschaftlichen Begleitung des Schulversuchs „Begabungsgerechte Schule" im Landkreis Offenbach verschiedene auf den Schriftspracherwerb und auf die mathematischen Basiskompetenzen bezogene, theoriegeleitete und zugleich praxisorientierte Beispiele eines förderdiagnostisch ausgerichteten Unterrichts für heterogene Lerngruppen vor, die sich nicht auf eine bestimmte Schulform beschränken. Sie sind vielmehr – wie auch die Ansätze von Kutzer und Probst – sowohl in der Sonder-/Förderschule als auch den gemeinsamen Unterricht in der Regelschule realisierbar.

Im Unterschied dazu konzentriert sich das didaktische Modell Hillers, das im Folgenden dargestellt wird, auf die Lebens- und Entwicklungsbedingungen von Schülerinnen und Schülern, die die Förderschule mit dem Förderschwerpunkt Lernen besuchen.

4.1.8   Hillers Konzept des „bewusstseinsbildenden Unterrichts"

Wie Nestle und Klein gehört auch Hiller zur sogenannten *Reutlinger Schule*, die die didaktische Diskussion der Lernbehindertenpädagogik in den 1970er und 1980er Jahren entscheidend prägte und neue Impulse setzte. Hiller verortet die Gruppe von Schülerinnen und Schülern, die Begemann als soziokulturell benachteiligt gekennzeichnet hat, im vergessenen, schmuddeligen Keller des Bildungssystems:

Sonderschüler sind Grenzgänger

> „Weil in den Regelschulen eine für alle Kinder gleichermaßen verbindliche Form intellektuell bestimmter Lebensführung auf wirtschaftlich anspruchsvollem Niveau als Allgemeinbildung rigoros durchgesetzt wird, trifft man im Bildungskeller auf abgedrängte Kinder und Jugendliche, die mit solchen Zielsetzungen nicht viel anzufangen wissen" (Hiller 1997, 12).

Er sieht die dringende Notwendigkeit, die Sonderschule für Lernbehinderte zu einer „realitätsnahen Jugendschule" umzugestalten und die Schüler besser als bisher darauf vorzubereiten, dass sie vermutlich ein Leben unter massiv einschränkenden Bedingungen führen müssen (Hiller 1988). Seine Didaktik versteht Hiller als eine „kultursoziologisch fundierte, zielgruppenspezifische Konzeption" (2007, 41 ff). Die Schüler sollen im schulischen Kontext die Gelegenheit bekommen, Lebensformen einzuüben und soziale Netze zu knüpfen, so dass sie als „Grenzgänger in unserer Gesellschaft" bei dem Versuch unterstützt werden, sich zumindest ansatzweise eine gesicherte und sinnvolle Existenz nach der Schule aufzubauen. „Ausbruch aus dem Bildungskeller" lautet der programmatische Titel seines Buches, in dem das Konzept eines „bewusstseinsbildenden Unterrichts" in der „realitätsnahen Jugendschule" bildungstheoretisch, didaktisch und schulorganisatorisch begründet wird (Hiller 1997).

Auch Hiller nimmt die Kritik am bestehenden Schulsystem und der bestehenden Lernbehindertenschule zum Ausgangspunkt seiner Überlegungen und ist darin noch radikaler als die bisher vorgestellten Konzepte (Hiller 1991). Die Orientierung an der Norm der Mittelschicht deutet er als „kulturimperialistisch" (Hiller 1997, 12). Das humanistische Bildungsideal der bestehenden Lernbehindertenschule,

Normorientierung der Sonderschule

auch lernbeeinträchtigte Schülerinnen und Schüler durch die Vermittlung von Allgemeinbildung zur Integration in diese Gesellschaft und zu einem selbstbestimmten Leben zu befähigen, widerspricht nach seiner Analyse den tatsächlichen Gegebenheiten und ist nicht nur zum Scheitern verurteilt, sondern schadet den Schülern darüber hinaus, weil sie ihnen Chancen zum Aufbau der für sie in ihrer Subkultur erforderlichen Kompetenzen nimmt.

> „Wir sind daran gewöhnt, unsere erzieherische und unterrichtliche Arbeit unter Zielvorstellungen der Integration, der Anpassung und der Reparatur zu leisten. Wir orientieren uns dabei daran, so gut es geht, unsere Schüler so unauffällig wie möglich zu machen, wir wollen verhindern, dass sie herausfallen aus den üblichen Standards der Lebensgestaltung. Dabei sind wir eher unausgesprochen als klar formuliert darauf aus, sie für ein kleinbürgerliches Lebens- und Familienideal zu qualifizieren. Nur selten und vor allem nicht radikal genug machen wir uns klar, wie weit wir und unsere Lebenswelt von dem entfernt ist, was als Lebenswirklichkeit unsere Schüler erwartet bzw. jetzt schon bestimmt" (Hiller 1997, 25).

Begemanns Konzept der Eigenwelterweiterung sieht Hiller deshalb ausgesprochen kritisch, weil es seiner Auffassung nach den Idealen der bürgerlichen Gesellschaft verpflichtet ist und darauf hinausläuft, die Schüler zwangsweise zu integrieren. Die Beschreibung der Schüler als „soziokulturell benachteiligt" und „am Rande der Normalität" lebend bestätigt er uneingeschränkt, kritisiert aber die bisherigen wissenschaftlichen Zugänge als mittelschichtsverhaftet und wirft ihnen vor, die tatsächliche Lebenssituation der Schüler zu verdrängen.

Kritik an der Integrationsbewegung Anders als Nestle bezieht er seine Kritik auch auf die Integrationsdiskussion, die diese bürgerlichen Vorstellungen seiner Deutung nach in noch höherem Maß auslebt als die Sonderschule. Das kulturelle Potenzial, das die Kinder und Jugendlichen aus ihrer Lebenswelt und ihrer Erfahrung als „Grenzgänger in dieser Gesellschaft" mitbringen, bleibt seiner Auffassung nach bei diesem Zugang unentdeckt und kann dementsprechend auch nicht zu ihrer Stärkung genutzt werden (Hiller 1997, 23). Hiller fordert daher einen kompromisslosen Bruch mit dieser Bildungstradition und den Umbau der Schule für Lernbehinderte zu einer besonderen, „realitätsnahen" Kinder- und Jugendschule (Hiller 1997, 39; vgl. Kap. 5.5.1).

Leben in sozialer Benachteiligung Aus der Zukunftsperspektive der Schüler heraus begründet Hiller in fünf Thesen sein didaktisches Konzept, das die Vorbereitung auf ein Leben in sozialer Benachteiligung anstelle der herkömmlichen Allgemeinbildung zum zentralen Unterrichtsgegenstand macht.

1. Die Schüler müssen darauf vorbereitet werden, dass sie „ihr künftiges Leben auf einer wirtschaftlich schmalen, oft ungesicherten Basis führen müssen": ein extrem geringes Einkommen, Arbeitslosigkeit und Abhängigkeit von Sozialhilfe gehören zu den Bedingungen, unter denen sie mit großer Wahrscheinlichkeit leben werden. In der „realitätsnahen Schule" sollen sie durch Fallstudien, Planspiele und entsprechende Aufgaben im Sachrechnen darauf vorbereitet werden, mit wenig Geld haushalten zu müssen und trotzdem ein selbstständiges Leben zu führen (Hiller 1997, 16).

2. Auch im Bereich der sozialen Beziehungen haben die Schüler „aufgrund ihrer eingeschränkten sozialen Attraktivität" wahrscheinlich nur geringe Chancen, denn sie können die Erwartungen, die insbesondere an Männer in unserer Gesellschaft gestellt werden, kaum erfüllen. Dies gilt für Liebesbeziehungen ebenso wie für verlässliche Freundschaften. Die „realitätsnahe Schule" soll dieses Problem zum Thema machen und „erörtern, was man dazu tun kann, für andere ein attraktiver, wichtiger Mensch zu werden". Weiterhin soll sie daran arbeiten, dass die Schüler Sozialkontakte in Vereinen etc. aufbauen, die über die Schulzeit hinaus andauern können (Hiller 1997, 17).

3. Da die Schüler in ihrem familiären Kontext häufig keine erwachsenen Vorbilder haben, die ihnen Modell und Unterstützung für eine erfolgreiche Lebensbewältigung sein können, soll die Schule sie mit „potentiellen Paten" zusammenbringen. Hiller stellt sich lebenserfahrene erwachsene Menschen vor, die den Schülern auch nach der Schulzeit als Ansprechpartner zur Verfügung stehen und sie in schwierigen Situationen „in Halbdistanz" begleiten und „nachgehend betreuen" (Hiller 1997, 18).

4. Die Schüler werden mit hoher Wahrscheinlichkeit häufiger als andere in Zwangskontakt mit öffentlichen Institutionen und Ämtern wie Arbeitsamt, Sozialamt, Fürsorge usw. kommen. „Sofern sie nicht in der Lage sind, den Anforderungen der jeweiligen Bürokratie zu genügen (Anträge stellen und Fakten ordnungsgemäß zu belegen), ist es verhältnismäßig leicht, sie abzuweisen bzw. ihren berechtigten Interessen nicht stattzugeben…" (Hiller 1997, 19). Die realitätsnahe Schule soll sie auf einen qualifizierten Umgang mit solchen Situationen vorbereiten.

5. Sozial benachteiligte Menschen müssen in unserer Gesellschaft „mit dem Vorwurf leben …, selbst an ihrer Lage schuld zu sein". Da die Schüler voraussichtlich in schwierigen, oftmals unerträglichen Situationen leben werden, reagieren sie darauf mit Formen der Ver-

drängung und des Protests. Die realitätsnahe Schule soll diese Strategien als Bewältigungsformen achten und kultivieren, weil sie zur Selbstbehauptung und zum Überleben beitragen können, und sie nicht aus dem eigenen Wertehintergrund der mittelschichtorientierten Lehrer verurteilen (Hiller 1997, 19 f). Die Schule kann Hillers Einschätzung nach an den Lebensbedingungen nichts ändern, sie kann sie nur zur Kenntnis nehmen und darauf mit Respekt und Solidarität reagieren: „Eine realitätsnahe Schule verschließt sich nicht länger der Tatsache, dass ihre Schüler aktuell und in Zukunft durch eine ungleich höhere Belastung und ungleich geringere Aussichten auf ein glückendes Leben zu charakterisieren sind. Respekt, Solidarität, Sympathie – nicht geschwätziges Mitleid – sind das Fundament, das sowohl die Auswahl der Themen als auch die Lehr- und Umgangsformen bestimmt" (Hiller 1997, 21).

Bewusstseins-bildender Unterricht Im Hinblick auf das Curriculum eines „bewusstseinsbildenden Unterrichts", wie Hiller ihn fordert, verweist der Autor auf den Bildungsplan der Schule für Lernbehinderte in Baden-Württemberg, der viele seiner Impulse aufnimmt (Hiller 1997, 37 f). Er umfasst nicht nur die Regelschulausbildung, sondern auch die Vorbereitung auf das Beschäftigungssystem sowie die Begleitung in den Beruf durch geeignete Personen oder Gruppen. Der Bildungsplan der Jugendschule selbst ist nicht allein nach Fächern geordnet, sondern nach Themengruppen fächerverbindend strukturiert, so dass ein schüler- und lebensnäherer Unterricht entstehen kann. Eine Projektorientierung wird also angestrebt, im Rahmen derer die Inhalte verschiedener Unterrichtsfächer sinnvoll integriert werden können und die die „Option für Konkretheit, Komplexität und Mehrperspektivität" beinhaltet (Hiller 1997, 39). Hiller sieht allerdings die Gefahr, dass Systematik, Generalisierung und Abstraktion bei der Bearbeitung der Lerngegenstände unter diesem ausschließlichen Vorgehen leiden könnten, und vertritt deshalb die Ergänzung des fächerübergreifenden Projektunterrichts durch gleichgeordnete Fachpläne. „Die Dialektik von Lehrplan und Fachplänen bestimmt somit die Qualität dieser besonderen Schule für benachteiligte Kinder und Jugendliche" (Hiller 1997, 40).

Lebenspraktikum Weiterhin regt Hiller die Durchführung eines „Lebenspraktikums" an, das sich am Vorbild der „Gran Aventura" in Bemposta orientiert (Möbius 1973, in Hiller 1997, 42): Es umfasst die Initiation in die Gesellschaft durch ein Ausbildungsjahr, in dem verschiedene Formen der Selbsterfahrung durchlebt werden. Die Vorschläge Hillers zur zeitgemäßen Umsetzung eines solchen Lebenspraktikums beinhalten die Kultivierung eines Hobbys in einer außerschulischen Gruppe, die einwöchige Vollzeitarbeit in einem Betrieb, die regelmäßige Arbeit in einem kleinen Job, das Erleben einer Gerichtsverhandlung, das Erlernen einer Kampfsportart, die Selbstversorgung in einer Gruppe, die Teilnahme an einem Erste-Hilfe-Kurs usw. und zielen darauf ab, die Schüler auf die außerschulische Wirklichkeit vorzubereiten.

Eine wesentliche Grundlage für die Gestaltung eines bewusstseinsbildenden Unterrichts sieht Hiller in der Überwindung der „Dialogbarrieren" zwischen den benachteiligten Kindern und ihren mittelschichtsorientierten Lehrkräften. Er macht vielfältige Vorschläge, wie gegenseitige Annäherungen möglich werden: Dazu gehören die intensive Auseinandersetzung der Lehrkräfte mit der Lebenswelt der Schüler durch Hausbesuche, Gespräche mit den Schülern und wichtigen Personen in ihrem Umfeld und die längerfristige nachgehende Betreuung von Schulabgängern ebenso wie ein respektvoller, wertschätzender Umgang mit den schriftlichen oder mündlichen Äußerungen der Schüler. Letztere können zum Ausgangspunkt für eine intensive Auseinandersetzung mit den Lebensthemen der Schüler auch im Unterricht genommen werden (Hiller 1997, 91 ff). Die Bewusstseinsbildung betrifft auf diese Weise nicht nur die Schüler, sondern gleichermaßen die Lehrkräfte, die sich in eine dialogische Beziehung mit den Schülern begeben und sich auf deren Themen und Bedürfnisse uneingeschränkt einstellen sollen. **Lebensthemen der Schüler**

Der Lebensweltbezug und die Auswahl der Themen nach ihrer Gegenwarts- und Zukunftsbedeutung für die Schüler kann wohl als das zentrale Prinzip des bewusstseinsbildenden Unterrichts im Sinne Hillers gelten. Unterricht soll maßgeblich als „Alltagsbegleitung" (Hiller 1995) konzipiert werden. Besonders in seinen aktuellen Schriften (Hiller 2007) wird deutlich, wie er sich den Unterricht im Sinne „zielgruppenspezifischer Lehr-/Lernarrangements" vorstellt: Hiller geht auf die Unterrichtsformen „Trainingsprogramm" (Hiller 2007, 50 f), „Lektionen zur Elaboration von Urteilskraft und kultureller Sensibilität" (51 f), „Einübung von Selbstmanagement und Selbstkultivierung" (53) sowie auf mögliche Projekte ein.

Ein Planspiel zum Thema Wohnen, bei dem Schüler erarbeiten, wie man sich im Falle einer Wohnungskündigung verhalten und das Vorgehen gemeinsam mit der Lehrkraft in einem Flussdiagramm visualisieren kann, stellt ein Beispiel dafür dar, wie Hiller sich eine lebensbedeutsame, bewusstseinsbildende Unterrichtsgestaltung vorstellt (Hiller 1997, 35 und 167 ff). Schließlich sollte Unterricht seiner Meinung nach keineswegs ausschließlich in der Schule stattfinden, sondern den Schülern den Weg in bedeutsame außerschulische Lebenszusam-

Wohnen

menhänge (Arbeit, Freizeitgestaltung, Behörden, Kurse etc.) ebnen und teilweise auch von anderen Personen als Lehrkräften durchgeführt werden (z. B. Erste Hilfe, Arbeit, Volkshochschule etc.). Andererseits sollte auch die Schule sich mit Inhalten, die andere Personen des Lebensumfelds der Schüler interessieren und ansprechen, öffnen und zum Beispiel Kurse am Nachmittag anbieten, an denen auch ehemalige Schüler oder Eltern mit teilnehmen können.

Ikonische Texte

Als angemessene Möglichkeiten sieht Hiller auch das Einbringen neuer Inhalte über „ikonische Texte" anstelle der allgegenwärtigen, dem bürgerlichen Bildungsideal verpflichteten fast ausschließlich schriftsprachlichen Informationsvermittlung (Hiller 1997, 100 ff) oder die lautsprachliche Arbeit an Karikaturen, die sich auf die lebensweltlichen (multikulturellen) Erfahrungen der Schüler beziehen und sie zum intensiven Hinterfragen und Interpretieren veranlassen (Hiller 1997, 109 ff). Die individuelle Rückmeldung zu eigenen Texten der Schüler, ihre inhaltliche Wertschätzung und behutsame formale Korrektur, aber auch ihre Konfrontation mit anderen Auffassungen durch Anfragen und andere Schülertexte sind weitere Möglichkeiten zur Erweiterung des Horizonts, die Hiller darstellt.

Hiller ist bewusst, dass er mit seinen Forderungen teilweise die bürokratischen Grenzen des Schulsystems sprengt, er hält das aber im Interesse der Schüler für unumgänglich. Konsequent und schonungslos fordert er von der Institution Schule die Annahme der „didaktischen Herausforderung" durch diese Schüler ein, die ihre Ansprüche und Anforderungen an die Schüler überprüfen und ihre Inhalte und Vermittlungsformen den Möglichkeiten der Kinder anpassen muss. Nur so lässt sich seines Erachtens das Recht auf Bildung verwirklichen, das auch benachteiligten Schülern zusteht. Seine grundlegende Kritik richtet sich an das gesamte Schulsystem (vgl. auch Nestle 1976), Hiller vertritt aber eine pessimistischere Grundhaltung als Nestle. Er glaubt nicht daran, dass die allgemeine Schule die Schüler in seinem Sinne wertschätzen und qualifizieren kann und strebt auch nicht ihre gesellschaftliche Integration in diese Kultur an, ein Ansinnen, das er als kulturimperialistisch kennzeichnet.

Entwicklung einer solidarischen Kultur   Hillers Überlegungen zu einer veränderten Allgemeinbildung aus der Perspektive der Randgruppen zeigen allerdings eine Richtung auf, die nicht nur die Bildungsorientierung der sozial randständigen Kinder selbst, sondern auch die der anderen Menschen in der Gesellschaft betrifft. Ebenso wie Kornmann betont auch er die Notwendigkeit der Entwicklung einer solidarischen Kultur, in der die Menschen bereit sind, jemanden in einer wirtschaftlich und persönlich eingeschränkten Lebenssituation in ihre Gruppe aufzunehmen und mitzutragen (Hiller 1997, 48 f). Ferner gehört dazu für ihn die Bereitschaft, sich für die Verletzungen, die sozial randständigen Menschen zugefügt werden, zu sensibilisieren und ihre mangelnde Konformität nicht zu verurteilen, sondern ihre konstruktiven Verarbeitungsformen auch positiv wertzuschätzen.

Diese Überlegungen zu den Bildungszielen für die Mehrheit der nicht beeinträchtigten Menschen in der Gesellschaft weisen in die Richtung einer grundsätzlichen Akzeptanz von Heterogenität, wie sie sich in den Entwürfen integrativer und inklusiver Pädagogik ebenfalls finden. Es ist daher durchaus zu hinterfragen, ob Hillers didaktische Überlegungen ausschließlich in einer Sondereinrichtung zu verwirklichen sind oder auch Anstöße für integrative und inklusive Systeme bieten können, so wie dies für Kornmann (Kornmann 2010a; 2010b; Kornmann/Röpert 2011) zutrifft. Die Berücksichtigung der Lebensbedingungen der Schüler bei der Auswahl der Unterrichtsthemen und Lernarrangements, ihre aktive Beteiligung an der Gestaltung des Unterrichts und ihren eigenen Bildungsprozessen sowie die konsequente Umsetzung individualisierender Förderung durch die innere Differenzierung des Unterrichts sind Prinzipien, denen auch die integrative bzw. inklusive Pädagogik sich verpflichtet fühlt.

4.1.9   Didaktische Einflüsse der integrativen und inklusiven Pädagogik

Die integrative Pädagogik entwickelt sich in Deutschland seit Mitte der 1970er Jahre parallel zu einigen der vorgestellten didaktischen Konzepte der Lernbehindertenpädagogik. Integrative Didaktik ist vor allem durch die Prinzipien *Individualisierung* und *Differenzierung* unter besonderer Berücksichtigung der *Gemeinsamkeit aller Kinder* gekennzeichnet (Prengel 2006, 160), ihre Erfolge sind inzwischen umfangreich empirisch belegt (im Überblick Borchert/Schuck 1992; Hildeschmidt/Sander 1996; Bless/Mohr 2007; Schnell et al. 2011, vgl. Kap. 5.2). Aus der Perspektive der integrativen Pädagogik ist das Ziel der gesellschaftlichen Integration nur durch eine institutionelle Integration in alle gesellschaftlichen Lebensbereiche einschließlich der Schule zu erreichen. Die Vertreterinnen und Vertreter sehen die Aussonderung von Menschen mit Behinderungen in Sonderinstitutionen grundsätzlich kritisch: Die gesellschaftliche Teilhabe als demokratisches Grundrecht aller Menschen wird demnach durch die Unterbringung in Sondereinrichtungen eingeschränkt oder sogar verhindert (Muth 2009, Eberwein 2009).

Seit der Verabschiedung der UN-Konvention über die Rechte von Menschen mit Behinderungen (2009) wird auch in der didaktischen Diskussion in Deutschland zunehmend der Begriff der Inklusion und inklusiven Didaktik verwendet. Der Inklusionsbegriff berücksichtigt noch stärker als der Integrationsbegriff die gesamte Heterogenität der Lerngruppe und beschränkt sich nicht auf das gemeinsame Lernen von Schülerinnen und Schülern mit und ohne Beeinträchtigungen. Vielmehr bezieht er sich „auf alle Menschen, die mit Lernbarrieren konfrontiert sind, ob diese mit Geschlechterrollen, sozialen Milieus, Religion oder Behinderung zu tun haben" (Hinz 2009, 172; vgl. Kap. 5.2.).

Die aktuell diskutierten Konzeptionen inklusiver Didaktik basieren dabei auf den im Kontext der integrativen Pädagogik entwickelten theoretischen Orientierungen und Prinzipien (Reiser 2003, 308), sie beziehen sich aber nicht nur auf wenige ausgewählte und als beeinträchtigt klassifizierte Schülerinnen und Schüler in bestimmten integrativen Modellen, sondern auf die Vision einer Schule für alle: Schulische Inklusion hat eine gemeinsame Unterrichtung ohne Kategorisierung und Aussonderung nicht nur für einen kleinen Teil der Kinder, sondern für alle Schülerinnen und Schüler in allen Schulformen zum Ziel (Wocken 2011).

Die Begriffe integrative und inklusive Didaktik werden im Weiteren im Sinne Wockens (2011, 86) nicht als gegensätzlich, sondern im Sinne einer kontinuierlichen Entwicklung verstanden und je nach Verwendung in der Originalliteratur herangezogen. Übergreifend wird der international anschlussfähige und aktuellere Begriff der inklusiven Didaktik verwendet.

Schule ohne Aussonderung In Abgrenzung von der sonderpädagogischen Spezialisierung und der damit häufig verbundenen Entmündigung der von Behinderung betroffenen Menschen plädieren die Vertreterinnen und Vertreter der inklusiven Pädagogik für eine Schule ohne Aussonderung, in der die individuelle Verschiedenheit der einzelnen Menschen akzeptiert wird und ihnen Lernwege eröffnet werden, die ihren jeweiligen Handlungsmöglichkeiten entsprechen.

Akzeptanz von Verschiedenheit Didaktische Konzepte zur Unterrichtung von lernbeeinträchtigten Schülerinnen und Schülern in integrativen Klassen entstehen erst seit Mitte der 1980er Jahre, denn von Seiten der Integrationspädagogik wurde die Erarbeitung einer speziellen Didaktik für Kinder mit besonderem Förderbedarf lange Zeit kritisch gesehen. Die Wertorientierung der integrativen Pädagogik und der demokratische Differenzbegriff, wie ihn Prengel (2006, 155) begründet, betonen ja gerade die Akzeptanz von Verschiedenheit und die bewusste Herstellung von Gemeinsamkeit im integrativen Unterricht, die durch eine spezielle Didaktik für einzelne Kinder unter Umständen gefährdet wird. Die Annahme einer heterogenen Lerngruppe als Normalfall stellt den Ausgangspunkt der didaktischen Überlegungen aus dieser Perspektive dar. Dazu braucht es keine Sonderdidaktik, sondern die didaktische Berücksichtigung der spezifischen Lebenssituationen aller Kinder, die im Prinzip in jedem Unterricht umsetzbar ist (Werning 1996a, 463).

Andererseits haben Kinder mit besonderem Förderbedarf, wie Wocken betont, auch ein Recht auf besondere Unterstützung im Unterricht, ihrer „Bedürftigkeit" muss im Unterricht ebenso entsprochen werden wie dem Prinzip der Gemeinsamkeit (Wocken 1994, 45). **Fachkompetente sonderpädagogische Unterstützung** Wocken sieht dies durch die Prinzipien der Nähe und der *Passung* eingelöst. Das Prinzip der *Nähe* verweist auf die Subsidiarität der Sonderpädagogik gegenüber der allgemeinen Pädagogik: Die Sonderpädagogik müsse die Kinder grundsätzlich in ihrem alltäglichen Lebensumfeld unterstützen, anstatt sie durch die Aussonderung in Sonderschulen zusätzlich zu belasten. Damit verweist Wocken auf das amerikanische Prinzip der „least restrictive environment", der am wenigsten einschränkenden Umgebung, die bei entsprechender sonderpädagogischer Unterstützung im Lebensumfeld der Kinder zu finden ist. Mit dem Prinzip der Passung fordert er gleichzeitig die Gewährleistung fachkompetenter, spezifischer Hilfen für Kinder mit Beeinträchtigungen ein, denn „Integration hat nichts, aber auch gar nicht mit dem Verzicht auf Sonderpädagogik zu tun" (Wocken 1994, 47).

In der Pädagogik bei Lernbeeinträchtigungen wird der Integrations- und Inklusionsgedanke – anders als in einigen anderen sonderpädagogischen Fachrichtungen – von Anfang an von verschiedenen Vertretern aufgenommen und diskutiert, wie aus den didaktischen Überlegungen Nestles und Begemanns bereits deutlich wurde (vgl. auch Bleidick 1990). Eine breitere Akzeptanz entwickelt sich auf der Grundlage der KMK-Empfehlungen von 1994, die schulpolitisch eine neue Phase in der Auseinandersetzung mit integrativer Förderung einleiten und die Veränderung der Schulgesetze in den meisten Bundesländern aufnehmen oder anstoßen. Exemplarisch werden im Folgenden die didaktischen Entwürfe Feusers und Wockens vorgestellt, die die Umsetzung sonderpädagogischer Unterstützung im Unterricht der allgemeinen Schule fokussieren und großen Einfluss auf die Didaktik der integrativen Pädagogik insgesamt hatten und haben.

4.1.10 Feusers „entwicklungslogische Didaktik"

Tätigkeitstheoretische Entwicklungsperspektive

Feuser ist einer der ersten deutschen Sonderpädagogen, die didaktische Fragen im integrativen Kontext thematisieren (Feuser/Meyer 1987, Feuser 1995). Seine didaktischen Überlegungen basieren auf den entwicklungspsychologischen Grundlagen der Tätigkeitstheorie: Er geht davon aus, dass jeder Mensch lernfähig und im Prozess der Konstruktion seiner Lebenswelt aktiv tätig ist. Menschliche Wahrnehmung, Erkenntnis und Entwicklung orientiert sich dabei für alle Menschen an denselben Gesetzmäßigkeiten, unabhängig von Beeinträchtigungen, unterschiedlichen Entwicklungsniveaus oder erschwerenden Lebensbedingungen. Daraus zieht Feuser die Konsequenz, dass auch die didaktischen Prinzipien für alle Menschen gleich sein müssen. Er folgt damit der reformpädagogischen Tradition der Humanisierung und Demokratisierung des Bildungssystems. Seiner Auffassung nach ist für die integrative Unterrichtung und Förderung von Kindern mit Beeinträchtigungen keine „neue" Didaktik erforderlich, sondern die qualitative Verbesserung bisheriger Didaktiken. Diesen Versuch unternimmt er mit seiner „basalen, allgemeinen, kindzentrierten Pädagogik" (Feuser 1995, 167 f).

Basale, allgemeine kindzentrierte Pädagogik

Feuser versteht seine Didaktik als *basal*, weil sie sich an Kinder aller Entwicklungsniveaus wendet und an den grundlegenden Erfahrungsbereichen und -möglichkeiten jedes Lerngegenstandes ansetzt. *Allgemein* ist seine Didaktik, weil kein Mensch von der Aneignung bedeutsamer gesellschaftlicher Erfahrungen ausgeschlossen wird. Die Schüler werden nicht in verschiedene Schulformen aufgeteilt, und die Curricula werden nicht beschränkt, sondern jeder soll die Gelegenheit bekommen, alles zu lernen. Anknüpfend an den individuellen biografischen und Entwicklungsbedingungen bezeichnet er seine Didaktik als kindzentriert, weil sie von der natürlichen Heterogenität jeder Gruppe ausgeht und materielle und personelle Hilfen so zur Verfügung stellt, dass jedes Kind auf seine Weise lernen kann.

> „Als integrativ bezeichne ich eine Allgemeine (kindzentrierte und basale) Pädagogik, in der alle Kinder und Schüler in Kooperation miteinander, auf ihrem jeweiligen Entwicklungsniveau, nach Maßgabe ihrer momentanen Wahrnehmungs-, Denk- und Handlungskompetenzen, in Orientierung auf die ‚nächste Zone ihrer Entwicklung', an und mit einem ‚gemeinsamen Gegenstand' spielen, lernen und arbeiten" (Feuser 1995, 168).

Deutlich ist die Polarisierung in integrative bzw. in späteren Schriften inklusive Sichtweisen einerseits und sonderpädagogische Sichtweisen andererseits, die Feuser vornimmt. Aus der Abgrenzung gegenüber traditionell sonderpädagogischen Konzepten, die mit institutioneller und äußerer Differenzierung des Unterrichts arbeiten und damit Kinder nach Leistungs- oder anderen Kriterien gruppieren, gewinnt Feuser sein Profil. Sein didaktisches Fundamentum umfasst vier Momente:

- Kooperation als Gegenmoment zur Selektion,
- Arbeit am gemeinsamen Gegenstand als Gegenmoment zur Reduzierung und Parzellierung von Unterrichtsgegenständen,
- innere Differenzierung als Gegenmoment zur äußeren Differenzierung in verschiedene Schulformen und
- Individualisierung als Gegenmoment zu schulformbezogenen Curricula (Feuser 1982, 104; 1995, 173; 2011).

Arbeit am gemeinsamen Gegenstand

Feuser kritisiert grundsätzlich die Unterrichtung in unterschiedlichen Schulformen, Sonderklassen oder äußeren Differenzierungsgruppen und fordert stattdessen eine durchgängige Integration aller Fördermaßnahmen in den individualisierenden und differenzierenden Klassenunterricht einer Schule für alle Kinder, der nach dem Prinzip der Arbeit am gemeinsamen Gegenstand strukturiert ist. Äußere Differenzierung ist seiner Auffassung nach ein unangemessener Versuch, den individuellen Unterschieden gerecht zu werden, weil er zur Segregation, zum Ausschluss aus regulären Lebens- und Lernfeldern führt. Er versteht Integration als „unteilbar" und verurteilt jede Ausnahme von dieser Regel (Feuser 1995, 174). Unter äußerer Differenzierung versteht er dabei nicht nur isoliert durchgeführte, sondern auch additive Fördermaßnahmen, die sich nicht auf den von der ganzen Klasse gemeinsam bearbeiteten Lerngegenstand beziehen (Demmer-Dieckmann 1991, 24). Darunter würde auch die (von Klafki und Nestle als innere Differenzierung aufgefasste) Differenzierung nach Inhaltsbereichen gehören. Dem Integrationsverständnis Feusers zufolge ist ausschließlich die Differenzierung von Lernzielen, Methoden und Medien bei gleichen Lerninhalten als integrativ zu bezeichnen (Feuser/Meyer 1987, 35).

Diese Position begründet Feuser damit, dass es Kindern mit Förderbedarf durch die Wahl spezifischer Gegenstände verwehrt werde, sich über die speziell für sie aufbereiteten Angebote hinaus Lerninhalte anzueignen (vgl. auch Nestle 1975, 1976). Er spricht in diesem Zusammenhang von „reduktionistisch verengte(n) und parzellierte(n)

Bildungsangebote(n) und Lehrpläne(n)". Daher lehnt er auch kooperative Modelle wie Kooperationsklassen und Förderzentren ab, die er nicht als „integrativ" versteht, weil sie mit „individuellen", auf die Rahmenrichtlinien der jeweiligen „Primärbehinderung" bezogenen Curricula arbeiten und nicht nach einem gemeinsamen Curriculum für alle Kinder (Feuser 1995, 200 ff).

Betonung der Subjektseite

In seinen Vorschlägen zur Gestaltung eines integrativen Unterrichts nimmt Feuser die allgemeinen didaktischen Modelle von Klafki und Heimann et al. auf, betont aber noch deutlicher als Klafki die „doppelseitige Erschließung" der kategorialen Inhalte auf der Objektseite und der Erfahrungen, Einsichten und Erlebnisse auf der Subjektseite (vgl. auch Nestle 1976, Klafki 1994). Seiner Auffassung nach dominiert in den allgemeinen didaktischen Theorien bis heute das Sachstrukturelle, und die Subjekte werden vernachlässigt. Die Analyse der individuellen Tätigkeitsstruktur im Sinne eines entwicklungsdiagnostischen Vorgehens ist aber die entscheidende Voraussetzung dafür, dass die Sachaspekte überhaupt wahrgenommen werden können: „Wir tun so, als läge das Wesen des Unterrichtens und Lernens auf der sachstrukturellen Seite, und beurteilen die Lernleistungen weiterhin nach der Vollständigkeit der Rezeption der Unterrichtsgegenstände i.S. des Wissensstandes und nicht am Erkenntnisprozess" (Feuser 1995, 176). Beide Aspekte, die Analyse der Sachstruktur und die Analyse der individuellen Tätigkeitsstruktur, sind in Feusers Verständnis gleichwertig und fließen zusammen in der Handlungsstrukturanalyse.

Beispiel Magnet

Feuser und seine Mitarbeiterinnen zeigen anhand verschiedener Beispiele, wie die differenzierte Arbeit am gemeinsamen Gegenstand durchgeführt werden kann (Feuser/Meyer 1987, Demmer-Dieckmann 1991). So stellt Demmer-Dieckmann eine integrative Grundschulklasse vor, die unter anderem von drei Kindern mit geistiger Behinderung besucht wird und in der das Thema Magnete bearbeitet wird. Es geht um die Fragestellung, welche Gegenstände ein Magnet anzieht, und die Schülerinnen und Schüler sollen nach einer intensiven Experimentierphase ihre Erkenntnisse auf unterschiedlich komplexe Weise schriftlich festhalten. Anhand der Lernstandsbeschreibungen der Schüler werden drei verschiedene Niveaustufen der Erarbeitung vorgestellt, denen die Brunersche Einteilung in eine *enaktive, ikonische und symbolische* Ebene zugrunde liegt.

Auf der ersten Niveaustufe sollen die Schüler reale Gegenstände nach den Kategorien „Der Magnet zieht an" oder „Der Magnet zieht nicht an" sortieren *(enaktive Ebene)* und die Abbildungen und Wörter den Gegenständen zuordnen.

Auf der zweiten Niveaustufe werden – auf der Grundlage der handelnden Erfahrung im Vorfeld – die Abbildungen der Gegenstände sortiert und in eine

Tabelle eingeklebt *(ikonische Ebene)*, die passenden Wörter werden gelesen und darunter geschrieben. Auf der dritten Niveaustufe arbeiten die Schüler ausschließlich auf der *symbolischen Ebene*, diskutieren über die Beschaffenheit der Materialien und füllen schriftlich eine Tabelle aus, in der magnetische und nicht-magnetische Gegenstände eingetragen werden.

Die elementare Einsicht, welche Materialien von Magneten angezogen oder nicht angezogen werden, ist für alle Schüler die gleiche; die Weiterarbeit kann auf sehr unterschiedlichen Niveaus stattfinden. Bei Bedarf kann jeweils auf die enaktive, handelnde Ebene zurückgegangen werden (Demmer-Dieckmann 1991, 105 ff).

Der förderdiagnostische Grundansatz und das Prinzip der Arbeit am gemeinsamen Gegenstand im Rahmen von Unterrichtsprojekten oder Planspielen hat in der integrativen Pädagogik über Feusers Ansatz hinaus einen zentralen Stellenwert erreicht und wird in der integrationspädagogischen Literatur in großem Umfang aufgenommen. Dahinter steht die Erkenntnis, dass gemeinsame Gegenstände zur Herstellung der mit der integrativen Pädagogik angestrebten Gemeinsamkeit aller Kinder eine grundlegende Bedingung darstellen. Die Betonung von projektorientiertem Unterricht und seine breite Anwendung in integrativen Klassen (vgl. z. B. Heimlich 1999b; 2012, vgl. Kap. 4.3.5), die Einbindung spezieller Fördermaßnahmen für einzelne Kinder in Projekte und die umfassende Berücksichtigung des Prinzips innerer Differenzierung in diesem Rahmen geht auf Feusers Grundannahmen zurück. Durch innere Differenzierung in Bezug auf die Ziele, Methoden und Medien soll jeder Unterrichtsgegenstand so aufbereitet werden, dass er den Lernmöglichkeiten jedes einzelnen Kindes entsprechend bearbeitet werden kann. Der Inhalt dagegen soll für alle Kinder ein gemeinsamer sein, denn nur die Kooperation am gemeinsamen Gegenstand, so Feusers Prämisse, ermöglicht die Erfahrung von Gemeinsamkeit und damit die Integration. Dies sieht er am ehesten im Rahmen von Unterrichtsprojekten verwirklicht. Um die für einen solchen Unterricht erforderlichen individualisierten Curricula für die Schüler entwickeln zu können, benötigen Lehrkräfte eine förderdiagnostische Grundhaltung: Der Unterrichtsgegenstand wird nicht nur im Hinblick auf die Sachstruktur, sondern vor allem auch auf die individuelle Tätigkeitsstruktur jedes Kindes hin analysiert, um die Differenzierungsmaßnahmen planen zu können.

In Weiterentwicklung dieses Ansatzes stellt Demmer-Dieckmann (1991, auch Demmer-Dieckmann / Struck 2001) vielfältige Beispiele für die Umsetzung vor.

Der Ausschluss jeglicher äußerer Differenzierungsmaßnahmen und spezialisierter Gegenstände für einzelne Schüler, den Feuser vertritt, kann allerdings auch problematisch werden (Kretschmann 1993, Lütje-Klose 1997a, 2011a). Der Ausschließlichkeitsanspruch, dass nur die Kooperation am gemeinsamen Gegenstand in von den Lehrkräften förderdiagnostisch vorstrukturierten Unterrichtssituationen integrativ wirke, wird von anderen Vertretern integrativer und inklusiver Didaktik durchaus kritisch gesehen und erweitert (z.B. Reiser u.a. 1986, 2003; Werning 1996b, 2002; Lütje-Klose 1997a, 2011a; Wocken 1998; 2011; Seitz 2008; 2010). So stellt Seitz die aktive Rolle der Schüler als Didaktiker ihres eigenen Lernens und den Stellenwert kooperativen Lernens heraus und hinterfragt kritisch die dominante Rolle der Lehrkräfte im Prozess der Unterrichtsplanung bei Feuser (Seitz 2010, 239 f).

Auch werden andere Maßnahmen zur Herstellung von Gemeinsamkeit, wie der regelmäßige Austausch aller Kinder und Lehrer/innen über ihre je unterschiedlichen Arbeiten, durch den diese wiederum zu gemeinsamen Gegenständen werden können, von Feuser weniger stark berücksichtigt. Die Differenzierung nach spezifischem Förderbedarf sowie nach dem damit unter Umständen verbundenen Interesse und der individuellen Bedeutsamkeit der jeweiligen Lerninhalte ist für Feuser ausschließlich im Rahmen des gemeinsamen Gegenstands der gesamten Lerngruppe zu denken.

4.1.11 Wockens Modell der Schülerkooperation

Wocken (1998) nimmt die angesprochene Kritik an Feusers didaktischem Modell auf und betont, dass es darum gehe, die Balance zu finden zwischen individuell differenzierenden und integrierenden Lernsituationen, so dass sowohl der Verschiedenheit als auch der Gemeinsamkeit der Kinder Rechnung getragen wird. Er bezieht sich auf Reisers Modell der integrativen Prozesse (Reiser u.a. 1986), in dem betont wird, dass Integration bzw. Inklusion sich durch das Zusammensein in einem Raum keineswegs von selbst ergibt, sondern auf verschiedenen Ebenen immer wieder neu ausgehandelt und bearbeitet werden muss.

Dabei ist die Schülerkooperation zentral, denn sie ist unerlässlich für die Herstellung von Gemeinsamkeit in einer inklusiven Klasse. Wocken unterscheidet vier Formen der Schülerkooperation:

- **Koexistente Lernsituationen**, in denen die Schüler sich im Wesentlichen um die Umsetzung ihrer je eigenen Handlungspläne kümmern und nur am Rande in soziale Austauschprozesse treten; das könnte z. B. bei der selbstständigen Arbeit im Rahmen eines Wochenplans der Fall sein (Wocken 1998, 41).
- **Kommunikative Lernsituationen**, in denen die Kinder „quasi nebenbei" für sie aktuelle Themen wie Freundschaft, Behinderung, Krankheit etc. verhandeln, ohne dass dies direkt auf Unterrichtsgegenstände bezogen wäre. Diese „gemeinsamen Themen" werden nicht durch Lehrkräfte didaktisch organisiert, sondern von den Kindern „in der Interaktion selbst erst hervorgebracht" (Reiser 1991, 313). Inklusiver Unterricht muss aus dieser Perspektive informellen Kommunikationen Raum geben und den Schülern Mitgestaltungsmöglichkeiten geben. Dazu ist eine bewusste Aufmerksamkeit der Lehrkräfte für die je individuellen wie auch die gemeinsamen Themen der Schüler und eine Öffnung des gesamten Unterrichts für diese Themen und die individuellen Bearbeitungsformen von besonderer Bedeutung (Wocken 1998, 45).
- **Subsidiäre Lernsituationen** sind solche, in denen ein Schüler einem anderen hilft. Sie sind also durch eine Asymmetrie in Bezug auf die Beziehungsebene gekennzeichnet, wenn z. B. ein Schüler einem anderen einen Tipp gibt, etwas ausleiht oder im Rahmen eines strukturierten kooperativen Lernzusammenhangs stärkere und schwächere Schüler zusammenarbeiten. Subsidiäre Hilfen können prosozial ausgerichtet sein, wenn der Helfer seine eigenen Pläne vernachlässigt und sich voll auf den zu unterstützenden einstellt. Das wäre z. B. der Fall, wenn ein Schüler für einen anderen als Peer-Tutor oder „Sekretär" eingesetzt wird. Bei dieser asymmetrischen Beziehungskonstellation ist unbedingt darauf zu achten, dass die Hilfe nicht immer wieder einseitig erfolgt und der Tutor nach einiger Zeit auch wieder seine eigenen Ziele verfolgen kann, sonst droht das Gleichgewicht der Klasse zu „kippen" (Wocken 1998, 47).
- **Kooperative Lernsituationen** können komplementär organisiert sein, wenn die beiden Partner zusammenarbeiten, aber je unterschiedliche Ziele verfolgen. Das könnte z. B. bei einem Partnerdiktat oder Rollenspiel der Fall sein. In ihrer höchsten Ausformung können sie solidarischen Charakter haben, wenn die Partner ihre Handlungsziele weitest möglich angenähert haben oder sogar ein gemeinsames Ziel verfolgen, etwa im Rahmen von Projekten. Diese Form entspricht Feusers Prinzip des Lernens am gemeinsamen Gegenstand und ist anzustreben, sie ist allerdings nicht für alle möglichen Unterrichtsthemen und -ziele tauglich und kann nur in einem Teil des Unterrichts realisiert werden, die Wocken als „Sternstunden" in der inklusiven Pädagogik bezeichnet.

Aber auch die anderen Lernsituationen haben ihre Berechtigung im inklusiven Unterricht: Neben didaktisch geplanter Arbeit an gemeinsamen Gegenständen können auch andere Maßnahmen zur Herstellung von Gemeinsamkeit beitragen, die die aktive Gestaltungsrolle der Schülerinnen und Schüler stärker berücksichtigen. Dazu gehört der regelmäßige Austausch aller über ihre jeweiligen Gegenstände, die nach Interesse, individueller Bedeutsamkeit oder spezifischem Förderbedarf unterschiedlich sein können.

Aus der Perspektive selbstbestimmten Lernens und offenen Unterrichts ist Wockens Ansatz interessant, weil er die Mitgestaltungsmöglichkeiten der Schüler und offene, selbstbestimmte Arbeitsformen betont. Aus systemisch-konstruktivistischer Sicht kommt zudem den individuellen Interessen, Bedürfnissen und lebensweltlichen Orientierungen der Schüler besondere Bedeutung zu, wie sie bei Kornmann (2010a, 2010b) betont werden.

Im folgenden Abschnitt werden übergreifende didaktische Prinzipien und Förderstrategien entfaltet, die sich mit dieser Entwicklungsperspektive vereinbaren lassen und sowohl für den Unterricht an der Förderschule als auch für den inklusiven Unterricht relevant sind.

4.2 Prinzipien und Strategien lern- und entwicklungsfördernden Unterrichts aus systemisch-konstruktivistischer Perspektive

Aus systemisch-konstruktivistischer Perspektive ist menschliches Lernen als aktiver, selbstgesteuerter und strukturdeterminierter Prozess zu verstehen (Kap. 3.5, Werning 2012a). Diese Sichtweise hat Konsequenzen für die Planung und Gestaltung von Unterricht: Geht man davon aus, dass autopoietische Systeme wie das biologische und psychische System operational geschlossen sind und durch fortwährendes Operieren ihre eigene Struktur selbst erzeugen und weiterentwickeln, so sind die Schülerinnen und Schüler grundsätzlich nicht von außen – zum Beispiel durch Lehrer und Unterricht – direkt zu steuern. Vielmehr bestimmt ihre innere Struktur, welche Wahrnehmungen und Handlungsformen ihnen möglich sind.

Lerner als aktive Beobachter   Lernen bedeutet in diesem Sinne, dass sich die Lerner als aktive Beobachter auf dem Hintergrund ihrer eigenen Regeln und Vorerfahrungen mit den Lerngegenständen ihrer Umwelt konstruktiv auseinander setzen, indem sie sie mit ihren Modellen vergleichen, ihre Deutungen überprüfen und gegebenenfalls verändern. Bisherige Konstruktionen werden auf diese Weise erweitert oder zugunsten der neuen Erkenntnisse verworfen und ersetzt (Balgo 1998, 61).

Die Interaktion mit anderen Menschen, der Vergleich mit ihren Deutungen und das gemeinsame Handeln mit ihnen hat dabei einen hohen Stellenwert, denn jedes Kind wird in seiner Entwicklung von den anderen Menschen in seiner Lebenswelt unterstützt. Durch ihre Rückmeldung auf sein Handeln, in der Interaktion mit ihnen, kann das Kind seine Deutungen mit den Wirklichkeitskonstruktionen der anderen vergleichen und sich den gemeinsamen Wirklichkeitskonstruktionen der Kultur in einem Prozess der Hypothesenbildung und -überprüfung annähern.

Die menschliche Fähigkeit, zu interagieren und strukturelle Kopplungen mit anderen Systemen einzugehen, macht es für Lehrkräfte möglich, Lernprozesse zu aktivieren und die Schüler anzuregen, sich innerhalb ihrer eigenen Logik weiterzuentwickeln. Dazu müssen sie die aktuellen Strukturen und Themen der Schüler aufgreifen und perturbieren: Erst aus der Störung des aktuellen Gleichgewichts entsteht die Möglichkeit, Erkenntnisse zu gewinnen und neue Strukturen aufzubauen.

Daraus ergibt sich, dass Lehren immer nur „das Anregen von Selbstlernen eines autonomen Subjekts ist, dessen subjektive Erfahrungsbereiche Ausgangs- und Bezugspunkt der individuellen Gestaltung und Entwicklung der Individuum-Umwelt-Beziehung darstellen" (Werning 1998, 40). Lernmöglichkeiten bieten sich besonders dort, wo die Schülerinnen und Schüler in ihrer Individualität, ihrer aktuellen Lebenssituation, ihren Interessen und Bedürfnissen wahrgenommen werden, und wo für sie echte Probleme oder Fragen auftreten, an deren Lösung sie interessiert sind (Werning 1996b, 139). **Anregung zum Selbstlernen**

Die wesentliche Aufgabe des Unterrichts ist es in diesem Sinne, den Schülerinnen und Schülern Selbstvertrauen für die eigene konstruktive Erkenntnistätigkeit zu vermitteln und Situationen zu strukturieren, in denen sie ihren aktuellen Möglichkeiten gemäß aktiv werden und gemeinsam mit anderen handeln können. Auch lernbeeinträchtigte Schüler sind aktive, konstruktive und kooperative Lerner, die als „Akteure ihrer Entwicklung" selbst darüber bestimmen, welche Lerngegenstände sie wahrnehmen und verarbeiten, um ihre eigenen Strukturen weiterzuentwickeln. Ihre Aneignungstätigkeit unterscheidet sich nicht grundsätzlich von der anderer Kinder, allerdings benötigen viele von ihnen aufgrund ihrer biografischen Erfahrungen und Misserfolgserlebnisse noch mehr emotionale Sicherheit und Unterstützung, um sich in der Lebenswelt Schule orientieren und sich dort auf Neues einlassen zu können. Da Schülerinnen und Schüler mit Lernbeeinträchtigungen in den meisten Fällen aus sozial rand- **Berücksichtigung der Lebenswirklichkeit** ständigen Familien kommen, unterscheiden sich ihre Vorerfahrungen häufig von den mittelschichtsorientierten Erwartungen der Schule (Hiller 1991). Die Berücksichtigung ihrer Lebensbedingungen und Probleme, ihres emotionalen Zugangs zum Thema und eine unterstützende, Sicherheit gebende Unterrichtskultur sind daher außerordentlich bedeutsam.

Der Unterricht muss einen sicheren, geschützten Rahmen bieten und darin im Sinne Reichs (2000) Gelegenheiten zur *Konstruktion, Rekonstruktion* und *Dekonstruktion* schaffen.

Konstruktion: Die Perspektive der Konstruktion folgt dem Motto: „Wir sind die Erfinder unserer Wirklichkeit" (Reich 2000, 119). In diesem Sinne ist es Aufgabe der Lehrkräfte, den Schülerinnen und Schülern Inhalte so anzubieten, dass sie sie erfahren und ausprobieren können, um das Neue daran selbst zu konstruieren und in die eigenen Strukturen zu integrieren. Der Unterricht soll also konstruktive Möglichkeiten zu eigenem Erforschen, Anwenden und Verstehen bereitstellen.

Rekonstruktion: Aus der Perspektive der Rekonstruktion lautet das Motto: „Wir sind die Entdecker unserer Wirklichkeit" (Reich 2000, 119 f). Nicht alles in unserer Welt können wir neu erfinden, sondern manches auch nur nachvollziehen, rekonstruieren. Reich betont allerdings, dass die Konstruktion immer das erste Prinzip sein sollte; auch jedes Rekonstruieren umfasst eigene Konstruktionen und kann darauf wieder zurückgeführt werden. Reich bringt als Beispiel geschichtliche Themen, die man unter der Fragestellung untersuchen kann, welche Sichtweise die Leute damals hatten und was aus unserer Sicht anders gesehen werden kann.

Dekonstruktion: Die dritte Perspektive, die Dekonstruktion, folgt dem Motto: „Es könnte auch noch anders sein! Wir sind die Enttarner unserer Wirklichkeit!" (Reich 2000, 121). Damit sollen die Schülerinnen und Schüler angeregt werden, das Erfahrene zu hinterfragen, in Zweifel zu ziehen, Ergänzungen einzubringen und andere Sichtweisen zu vertreten.

Aus konstruktivistischer Perspektive müssen Sonderpädagoginnen und -pädagogen daher Experten für die Wahrnehmung, Anregung und Unterstützung von Lern- und Entwicklungspotenzialen von Kindern in ihren lebensweltlichen Kontexten werden (Werning 1996a, Werner 2011) und folgende zentralen Prinzipien berücksichtigen:

- die *Individualisierung der Lernangebote*, die notwendig ist, um der Heterogenität und Vielfalt aller Schüler gerecht zu werden;
- die Unterstützung der Lerngruppe beim *Aufbau einer solidarischen Kultur*, in der soziale Prozesse unterstützt werden und ein bewusster Umgang mit Gleichheit und Verschiedenheit entwickelt wird;
- die *kollegiale Kooperation zwischen den Lehrkräften*, die ihre unterschiedlichen Perspektiven in den Unterricht einbringen und zu einem gemeinsamen pädagogischen Handeln verbinden;
- die *Berücksichtigung der außerschulischen Lebenswelt der Schüler im Unterricht*, um im Sinne von Begemanns „Eigenwelterweiterung" die Distanz zwischen schulischer und außerschulischer Realität zu verringern;
- die *Orientierung an den Fähigkeiten* statt an den Defiziten der Schüler, um eine Reparaturhaltung zu vermeiden und die Entwicklungspotenziale zu aktivieren.

Aus diesen Überlegungen ergibt sich die Forderung nach einer Öffnung des Unterrichts für die Vielfalt der einzelnen Schüler und ihre mitgebrachten Erfahrungen und Verständniszugänge, ihre individuellen Lernwege und Unterstützungsbedürfnisse. Um lern- und entwicklungsfördernd wirken zu können, muss der Unterricht Gelegenheiten bieten, in einem strukturierten, unterstützenden Rahmen aktiv tätig zu werden und selbst über das zu Lernende mitzubestimmen. Weiterhin soll er den Schülerinnen und Schülern Möglichkeiten der sozialen Auseinandersetzung miteinander und mit der Lehrkraft an gemeinsamen Gegenständen bieten.

Öffnung des Unterrichts

Der Unterricht bewegt sich damit ständig zwischen den Polen *Individualisierung* und *Gemeinsamkeit*, *Offenheit* und *Strukturierung*, *kulturell vorgegebenen* und *individuell bedeutsamen Bildungszielen*, *Handlungsorientierung* und dem *Aufbau kognitiver Lernstrategien*. Die Beziehungen der verschiedenen Prinzipien lassen sich also als zwei Seiten derselben Medaille verstehen: Das jeweils eine ist ohne das andere nicht denkbar, und dennoch stehen die Prinzipien in einem gewissen Spannungsverhältnis zueinander. Verschiedene der vorgestellten didaktischen Konzepte unternehmen Anstrengungen, diese Spannung produktiv zu lösen.

4.2.1   Im Spannungsfeld von Individualisierung und Gemeinsamkeit

Berücksichtigung der individuellen Lernausgangslage

Die Bedeutsamkeit des Prinzips Individualisierung ergibt sich aus der großen Heterogenität der Schülerinnen und Schüler in einer Förderschulklasse und erst recht im gemeinsamen Unterricht in integrativen bzw. inklusiven Modellen (vgl. Kap. 5.1). Ein lern- und entwicklungsfördernder Unterricht muss die sehr unterschiedlichen Entwicklungsniveaus, Lernausgangslagen und Lebensbezüge berücksichtigen, um den Schülern Erkenntnisgewinn in Bezug auf die Lerngegenstände und persönliche Weiterentwicklung zu ermöglichen. Die förderdiagnostische Beobachtung und Befragung der Schüler und ihrer Bezugspersonen ist daher grundlegend für die Planung des Unterrichts und die Berücksichtigung besonderer Förderbedürfnisse (vgl. die Ausführungen zu Probst 1982; Kutzer 1999; Kornmann / Ramisch 1984, 2000; Feuser 1995 u. a.).

Da unter Umständen nicht alle Lerngegenstände für alle Schüler gleich bedeutsam sind, wird im offenen Unterricht neben der differenzierten Bearbeitung eines gemeinsamen Gegenstandes auch die Wahl zwischen unterschiedlichen Lerngegenständen und Arbeitsformen eröffnet, welche beispielsweise im Rahmen der Freiarbeit oder individueller Wochenpläne umgesetzt werden kann.

Bewusste Herstellung von Gemeinsamkeit

Je stärker die Individualisierung ausgeprägt ist, desto größer ist allerdings die Gefahr, dass die Gemeinsamkeit aller dabei aus dem Blick gerät. Gerade in einem individualisierenden Unterricht besteht die Notwendigkeit, diese Gemeinsamkeit bewusst herzustellen und dadurch die soziale Inklusion der Schülerinnen und Schüler zu unterstützen. Prengel beschreibt die Gefahren, die mit einer Vernachlässigung dieses Grundgedankens besonders in inklusiven Klassen verbunden sind:

„Es ist unerlässlich, dass Lehrerinnen und Lehrer in diesen Klassen sich um Gemeinsamkeit bemühen, sie stellt sich keineswegs von selbst her. Es besteht vielmehr permanent die Gefahr, in die Strukturen einer am Klassendurchschnitt orientierten Regelschule hineinzuschlittern. Dann spaltet sich die Integrationsklasse: die nichtbehinderten Kinder lernen im Gleichschritt der Jahrgangsklasse, und die behinderten Kinder werden als gesonderte Gruppe und mit Extra-Materialien versehen in Extra-Lehrgängen auf einfachem Niveau meist von der Ko-Lehrerin unterrichtet" (Prengel 2006, 161 f.).

Auch in einer Sonderschulklasse kann allerdings die Gefahr bestehen, sich am Mainstream der Klasse zu orientieren und die individuellen Bedürfnisse einzelner stärkerer oder schwächerer Schüler zu vernachlässigen. Die Spannung zwischen der größtmöglichen Gemeinsamkeit aller durch die Fokussierung auf einen gemeinsamen Gegenstand des Lernens einerseits und der individuellen Bedeutsamkeit der Lerninhalte andererseits ist unseres Erachtens kennzeichnend für jeden (nicht nur inklusiven) Unterricht, auch wenn sie hier besonders deutlich wird.

Gemeinsame Lerngegenstände

Die Herstellung von Gemeinsamkeit der Kinder untereinander ebenso wie zwischen den Kindern und den Lehrkräften wird durch gemeinsames Handeln an gemeinsamen Gegenständen möglich, wie Feuser (1995) es fordert, und kann zum Beispiel im Rahmen von Unterrichtsprojekten umgesetzt werden. Wesentliche Voraussetzungen für ihr Gelingen sind, dass alle Beteiligten auf ihren möglicherweise unterschiedlichen Entwicklungsniveaus ein Interesse daran haben, ihre Aufmerksamkeit auf diesen Gegenstand richten, das Handlungsziel als ein gemeinsames akzeptieren und zu seiner Erreichung im Rahmen ihrer jeweiligen Strukturen aktiv werden können.

Individuelle Bedeutsamkeit

Nun stellt sich die Frage, was geschehen soll, wenn eine oder mehrere dieser Voraussetzungen nicht erfüllt sind. Den angesprochenen Entwicklungsvorstellungen der konstruktivistischen Systemtheorie entsprechend werden Menschen als autopoietische Systeme ihre Strukturen nur dann verändern (also Neues lernen), wenn die Angebote passend und für sie bedeutungsvoll sind. Die Lerngegenstände können nun für die Schüler der Gruppe unterschiedlich bedeutsam sein, unter Umständen gibt es Gegenstände, die für einzelne nicht von Bedeutung sind (z. B. Schreibschrift für ein körperlich beeinträchtigtes Kind, das mit der Schreibmaschine schreibt) oder nur für bestimmte Schüler relevant sind (z. B. Blindenschrift für ein blindes Kind). Daher kann das Ziel nur eine weitest mögliche Realisierung des Prinzips „gemeinsamer Gegenstand" sein, dessen Grenzen dort liegen, wo Kinder den Gegenstand nicht mehr als gemeinsamen erkennen oder er für sie nicht bedeutsam ist. Dann muss es möglich sein, auch exklusive Gegenstände und Strukturen anzubieten, zum Beispiel im Rahmen offener Unterrichtsformen oder besonderer Fördermaßnahmen. Sonst besteht die Gefahr, dass mit dem Argument der Gemeinsamkeit Kindern mit Förderbedarf Gegenstände vorenthalten werden könnten, weil sie speziell für sie, nicht aber für die anderen in der Gruppe bedeutsam sind (Kretschmann 1993, 60).

Transparenz   Besonders dann, wenn an unterschiedlichen Gegenständen oder Teilthemen gearbeitet wird, wird auch das Prinzip der Transparenz zentral, damit im Gespräch darüber die Gemeinsamkeit hergestellt werden kann. Dazu ist ein offener Umgang mit individuellen Unterschieden, Unterstützungsnotwendigkeiten und Sonderregeln bedeutsam. Bönsch fordert deshalb, die Lehrkräfte sollten ihre eigenen Ziele und Pläne den Kindern und Kolleginnen gegenüber offen legen, Veränderungen in der Planung ansprechen und ihr Handeln begründen. Dadurch entsteht eine Verbindlichkeit, die sich auch die Kinder nach und nach zur zielgerichteten Planung ihres eigenen Handelns zu eigen machen sollen. Er formuliert in diesem Sinne die Anforderung, Unterricht müsse als *kommunikativer Prozess* gestaltet und daraufhin überprüft werden,

„inwieweit den beteiligten Individuen Möglichkeiten offen bleiben, ihr Handeln, ihre Bedürfnisse, ihre Interessen selbst zu bestimmen und inwieweit in Gleichheit und Gegenseitigkeit die einzuhaltenden Normen, Spielregeln, die einzuhaltenden Verpflichtungen und zu übernehmenden Aufgaben mitbestimmt und immer wieder neu oder modifiziert definiert werden können" (Bönsch 1991, 46).

Strukturierte   Damit die Möglichkeit zur Teilhabe an diesem kommunikativen Pro-
Reflexion   zess besteht, müssen die Regeln und Gegenstände für die Schülerinnen transparent sein, und es muss Strukturen geben, die ihre Reflexion ermöglichen. Das kann zum Beispiel im *Wochenabschlusskreis* oder beim *Klassenrat* der Fall sein, wie ihn unter anderem Werning (1996a) fordert.

Die Einhaltung dieses Prinzips stellt an Lehrkräfte die Aufgabe, einen Teil ihrer Macht, über die Inhalte und Regeln des Unterrichts zu bestimmen, an die Schülerinnen und Schüler abzugeben. In den gemeinsamen Gesprächssituationen können das soziale Miteinander in der Gruppe, die unterschiedlichen Interessen und Themen zu gemeinsamen Gegenständen werden. Dadurch, dass man voneinander weiß, ist die Akzeptanz der anderen mit ihren Eigenarten und Problemen eher möglich, und Solidarität kann aufgebaut werden.

Mit- und Selbst-   Aus diesen Überlegungen ergibt sich, dass die Transparenz viel mit
bestimmung   der Mit- und Selbstbestimmung der Kinder im Unterricht zu tun hat, wie Peschel (2003) sie fordert. Transparenz ermöglicht den Kindern und Jugendlichen eine Übersicht und gegebenenfalls Widerspruch, wenn sie mit den Plänen der Lehrerinnen und Lehrer oder der anderen Kinder nicht einverstanden sind. Transparenz und Metakommunika-

tion stellen damit eine wichtige Bedingung für die angestrebten Bildungsziele *Autonomie, Solidarität* und *Integration* dar. Die Grenzen der (Wahl-)Freiheit ergeben sich nicht aus (scheinbar) willkürlichen, nur von den Lehrern formulierten Regeln, sondern als Ergebnis gemeinsamer Überlegungen aus den Freiheiten, die den anderen ebenfalls zustehen:

> „Grenzen setzen und Grenzen respektieren lernen sind zentrale Bildungsziele der Pädagogik der Vielfalt, ohne die die Haltung der Selbstachtung und Anerkennung der Anderen keinen Boden hat" (Prengel 2006, 194).

4.2.2 Im Spannungsfeld von Offenheit und Strukturierung

Die Öffnung des Unterrichts zugunsten der individuellen Bedürfnisse und Erfahrungen von Kindern mit Lernbeeinträchtigungen ist eine der zentralen Forderungen inklusiv orientierter Didaktik-Modelle sowie neuerer Entwürfe der Didaktik bei Lernbeeinträchtigungen. So vertritt schon Baier die Auffassung, nur eine offene Lernbehindertendidaktik könne der „Vielfalt der ätiologischen und phänomenologischen Momente der Lernbehinderung Rechnung tragen" (Baier 1980, 135). Angesichts der großen Heterogenität dieser Gruppe von Schülerinnen und Schülern leuchtet diese Forderung spontan ein, denn offene Unterrichtsformen ermöglichen in hohem Maße eine Individualisierung des Unterrichts.

Offener Unterricht gilt als Sammelbegriff für unterschiedliche Reformansätze, die als Gegenbewegung zum traditionellen, lernzielorientierten und kleinschrittig vorgeplanten Unterricht entstanden sind und ihre Wurzeln bei den Autoren der Reformpädagogik haben (Dewey 1935; Freinet 1934; Montessori 1913 u. a.; Wallrabenstein 1992, 54; Reiß / Werner 2012, 112 f). Er kann in unterschiedlichen Handlungsformen umgesetzt werden: im *Projektunterricht*, im *entdeckenden und handlungsorientierten Lernen*, in der *Freien Arbeit*, der *Planarbeit* oder dem *Stationslernen* (Jank / Meyer 1994). Offener Unterricht geht von den Kindern aus, betont die Subjektgebundenheit und Verschiedenheit der Einzelnen, will den Schülerinnen und Schülern eigene Erfahrungen ermöglichen und selbstständiges Lernen unterstützen. Die Schule soll nicht nur Lern-, sondern auch Lebensraum für die Kinder sein, in der sie sich „mit Kopf, Herz und Hand" (Pestalozzi) mit sich selbst, miteinander und ihrer Umwelt auseinandersetzen können.

Offener Unterricht

Offene Unterrichtsformen bieten zur Umsetzung einer transparenten und auf Selbstbestimmung ausgerichteten Pädagogik günstige Voraussetzungen, weil sie Wahlfreiheiten hinsichtlich der Themen, des Stoffumfangs oder der Zeiteinteilung ermöglichen. Um den individuellen Lernausgangslagen der Schülerinnen gerecht werden zu können, muss der Unterricht offen strukturierte Situationen anbieten, die als Orientierungsrahmen und Situationsangebot fungieren und den aktiven Entwicklungsprozessen der Einzelnen Rechnung tragen.

Selbstständiges Arbeiten　　Dies alles bietet für Schülerinnen und Schüler mit Lernbeeinträchtigungen zweifellos günstige Bedingungen, gleichzeitig wird die Eignung offener Unterrichtsformen gerade für diese Kinder aber auch kritisch gesehen. Die Arbeitsformen wie der Tages- und Wochenplan, die Arbeit in Projekten oder gar die Freie Arbeit verlangen den Schülern eine hohe Selbstständigkeit ab: Sie müssen ihre Arbeit selbst planen, eine Auswahl aus verschiedenen Angeboten treffen, eigene Lösungswege entwickeln und mit anderen zusammenarbeiten. Gerade über diese Kompetenzen verfügen viele lernbeeinträchtigte Schülerinnen und Schüler nicht, häufig haben vor allem ihre Probleme in diesem Bereich wesentlich zu ihrem Scheitern in der allgemeinen Schule beigetragen (Werning/Wischer 2002). Die in der traditionellen Lernbehindertendidaktik favorisierten Formen hoher Strukturierung und Lehrerzentrierung wurden nicht zuletzt deshalb gewählt, weil sie den Autoren als einzige Möglichkeit erschienen, die Schüler mit ihrem Unterricht zu erreichen. In Fallbeispielen aus dem offenen Unterricht in der Grundschule wird immer wieder beschrieben, dass Kinder mit Lern- und Verhaltensbeeinträchtigungen sich in offenen Situationen eher schwer tun, orientierungslos sind und kaum von sich aus mit der Arbeit beginnen (Reiß u. a. 1997, 16; Reiß/Werner 2012, 115).

So beschreibt Garlichs mit „Norbert" einen Jungen, der im offenen Unterricht einer integrativen Klasse ständig Lehrerunterstützung benötigt, um Aufgaben auszuwählen, zu beginnen und zu Ende zu führen (Garlichs u. a. 1990, 35 ff): „bei zuviel Offenheit und zu diffusen Situationen kapitulierte er lieber gleich" (Garlichs u. a. 1990, 97). Norbert benötigt offensichtlich ein hohes Maß an Strukturierung, um arbeiten zu können.

Einer Untersuchung Cronbachs zufolge lernen niedrig motivierte und misserfolgsorientierte Schüler am meisten in einem hoch strukturierten Unterricht, in dem „der Lehrer ihnen kurzfristige Ziele setzt, ihnen ein Maximum an Erklärungen und Hilfestellungen gibt und ein Feedback in kurzen Intervallen arrangiert" (Cronbach 1975, 56). Auch die Forschungsergebnisse Einsiedlers (1989) aus dem Grundschulunterricht deuten daraufhin, dass leistungsschwächere Schülerinnen und Schüler die Lernzeit in offenen Unterrichtssituationen weniger gut nutzen können, und Lipowski (1999, 211) kommt aufgrund seiner Studie zu dem Schluss, dass eher „strukturierte Aufgabenstellungen... konzentrationsschwächeren Schülern zu einer aufgabenbezogenen Lernzeitnutzung" verhelfen.

Es scheint also ein Widerspruch zwischen den Anforderungen des offenen Unterrichts und den Lernvoraussetzungen der Schüler zu bestehen. Folgt man allerdings der Maßgabe, dass Schüler mit Lernbeeinträchtigungen nicht zur Selbsttätigkeit und eigenständigen Planung in der Lage sind und daher hoch strukturierte Settings benötigen, so besteht die Gefahr der Erzeugung der von Nestle (1976) angesprochenen „self fulfilling prophecy" und in der Folge einer „Defizitdidaktik", die dazu führt, dass die Schüler keine Chance bekommen, entsprechende Kompetenzen zu erwerben. Aus systemisch-konstruktivistischer Perspektive gilt der im Lernen beeinträchtigte Norbert – genau wie seine Mitschüler – als aktiver, konstruktiver, kooperativer Lerner, der unter den entsprechenden Bedingungen lernt, indem er sich sein Bild der Welt konstruiert.

Die entscheidende Frage ist die nach den Bedingungen, unter denen ihm dies gelingen kann, und damit nach der Passung zwischen den Angeboten und den Lernaktivitäten des Kindes. Dieser Aspekt wird unter dem Begriff „adaptiver Unterricht" (Wember 2001) diskutiert. Es ist zu klären, welche Formen von Strukturierung in einem offenen Unterricht angeboten werden können, und wie diese zur Unterstützung lernbeeinträchtigter Schülerinnen und Schüler genutzt werden können.

Passung zwischen Angeboten und Entwicklungsaktivitäten

Um die Freiheiten im offenen Unterricht für sich nutzen zu können, benötigen die Schüler zugleich einen strukturierenden Rahmen und die Möglichkeit, ihre Erfahrungen mitzuteilen und gemeinsam zu reflektieren. Wie umfangreich diese Struktur sein muss, ist sicher von Gruppe zu Gruppe unterschiedlich, aber Regeln und gemeinsame Institutionen sind in jedem offenen Unterricht notwendig, um den Schülern Orientierung für ihr Handeln zu geben (zum Beispiel im Kreisgespräch zum Wochenabschluss und eingeführte Gesprächsregeln, vgl. Werning 1996a, 466 ff). So kommt Stern (2005) in Übereinstimmung mit Scherer (1995) und Walter u. a. (2001) zu dem Ergebnis, dass Formen entdeckenden Lernens in Verbindung mit verschiedenen Aspekten der Öffnung für leistungsschwächere Schülerinnen und Schüler positive Effekte haben können.

Strukturierung

Strukturierende Elemente sind dabei nicht nur in einem lehrerzentrierten Unterricht, sondern gerade im offenen Unterricht selbstverständlich enthalten und werden hier sehr bewusst eingesetzt. In der Untersuchung von Lütje-Klose (1997a, 298 f) werden folgende Aspekte genannt:

- **Zeitliche Strukturierung:** verlässlicher Tagesplan und verlässlicher Wochenablauf, Jahresplanung unter Berücksichtigung von Festen,
- **räumliche und materiale Strukturierung:** Raumgestaltung, Stationsunterricht, Bereitstellung verschiedener förderrelevanter Materialien und Spiele,
- **kommunikative Strukturierung durch Gesprächs- und Spielrituale:** Gesprächskreise, Wochen- oder Stundenreflexionen mit den Kindern, Kreisspiele, Spiellieder,
- **ritualisierte Handlungsabläufe:** gemeinsames Frühstück mit Vorlesen, gemeinsamer Raumwechsel u. a.
- Weiterhin ist das **Unterrichtsthema** und seine Verbindung mit den Förderinhalten ein wichtiger strukturierender Faktor, der schon im Zusammenhang mit dem gemeinsamen Gegenstand thematisiert wurde.

Regeln und Rituale In offenen Unterrichtsformen müssen die Kinder sich nicht nur mit Bildungsinhalten auseinandersetzen, sondern eine Vielzahl von expliziten und impliziten, verbal und nonverbal vermittelten Regeln, Zeichen und Ritualen kennen lernen. Diese Regeln sind nicht in allen Klassen gleich, sondern werden von der Lehrerin und der Gruppe immer wieder neu ausgehandelt. Das macht – wenn sie erst einmal vertraut sind und die Kinder damit souverän umgehen können – ihre unterstützende Wirkung, im Prozess der Aneignung gleichzeitig aber auch die besondere Schwierigkeit für Kinder mit Lernbeeinträchtigungen aus.

Unterstützung durch Formate Um die Regeln zu lernen, in ihrem Rahmen zu handeln und sie mitzugestalten, müssen Kinder zunächst einmal in der Lage sein, die zentralen Strukturelemente der entsprechenden Handlungsabläufe wahrzunehmen, zu verarbeiten und sie bei einer Wiederholung wiederzuerkennen. Das wird ihnen dadurch erleichtert, dass die Regeln nicht isoliert existieren, sondern in bestimmten Kontexten gelten und häufig in Formate eingebunden sind.

Begriff des Formats Der Begriff des *Formats*, den Bruner im Zusammenhang mit der frühen Mutter-Kind-Interaktion geprägt hat, wird in der amerikanischen Literatur auch im Zusammenhang der Schule und des Unterrichts verwendet (Creaghead 1990, 1992; Simon 1987). Typische Klassenraumformate sind Begrüßungsrituale, Spiele und Spiellieder, die Art wie der Gesprächskreis durchgeführt oder eine Klassenarbeit geschrieben wird.

Bruner versteht darunter „eine routinemäßig wiederholte Interaktion, in welcher ein Erwachsener und ein Kind miteinander gewisse Dinge tun" (Bruner 1987, 114 f). Die gemeinsame Handlungssituation ist durch bestimmte sprachliche und nonverbale Elemente gekennzeichnet, die immer in derselben Reihenfolge ablaufen und bei denen die Beteiligten gemeinsam und abwechselnd handeln. Die erwachsene Person erleichtert dem Kind durch die klare Strukturierung der Situation die Orientierung und ermöglicht es ihm, in diesem Rahmen selbst aktiv zu werden. Nach und nach werden immer mehr strukturierende Anteile an das Kind übergeben, so dass es schließlich den gesamten Handlungsverlauf selbst gestalten kann.

Um beim Beispiel des Gesprächskreises zu bleiben, so leitet zunächst die Lehrkraft ihn mit einem bestimmten Signal ein. Die Schüler kommen in einer gemeinsam entwickelten oder von der Lehrerin vorgegebenen Art und Weise in den Kreis. Wenn es ruhig geworden ist, beginnt das Gespräch wiederum nach einem bestimmten Muster, vielleicht der Reihe nach, indem ein „Erzählstein" herumgegeben wird, oder indem ein Schüler den nächsten aufruft usw. Unter Umständen gibt es ein bestimmtes Signal, durch das die Kinder signalisieren können, dass sie etwas nachfragen oder kommentieren möchten. Zu einem bestimmten Zeitpunkt beendet die Lehrerin den Kreis, und eine andere Aktivität schließt sich an. Im Laufe der Zeit, wenn die Schülerinnen und Schüler diese Form des Kreises gut kennen gelernt haben, gibt sie nach und nach strukturierende Elemente ab: vielleicht lässt sie ein Kind den Kreis eröffnen, lässt die Schüler sich gegenseitig an die Reihe nehmen usw.

Cues und Skripts

Die ritualisierten Signale, die ein Format einleiten oder abschließen, werden als *Cue* (Zeichen) bezeichnet. Das kann zum Beispiel die Triangel für den Stundenbeginn, die erhobene Hand als Ruhezeichen oder der Ausdruck: „Achtung bitte" sein, mit dem die Kinder aufgefordert werden, ihre Gespräche oder Arbeiten zu unterbrechen und zur Lehrerin zu schauen. Solche Zeichen können also verbaler oder nonverbaler Natur sein (Creaghead 1990, 111 f). Um die Formate und Signale erkennen und einordnen zu können und dadurch in ihrem Kontext handlungsfähig zu werden, müssen Kinder die ihnen zugrunde liegenden Handlungspläne als *Skripte* (kognitive Schemata) verinnerlichen. Erst dann wird ihre Übertragung auf andere Situationen, Variation oder Erweiterung möglich. Ein Skript ermöglicht es den Kindern, den Kontext als Ganzes in seiner Bedeutung zu erfassen und entlastet sie davon, sich an jedes Element beispielsweise eines Handlungsablaufes zu erinnern.

Eine komplexe Anweisung, wie „Bitte beendet Eure Sachunterrichtsaufgabe jetzt und packt die Hefte ein. Holt Eure Mathebücher heraus und bearbeitet die Aufgaben auf Seite 37, die ihr noch nicht fertig habt. Wer fertig ist, kommt zu mir und zeigt mir seine Arbeit" (Creaghead 1990, 111) kann, wenn sie immer wieder in dieser Weise gegeben wird, als Ganzes erfasst werden. Nur die neue Information, zum Beispiel die Seitenzahl, muss erinnert werden.

Kinder, die über sichere und flexible Skripte verfügen, haben deshalb in den schulischen Arbeitszusammenhängen große Vorteile, Kinder ohne diese Orientierungen müssen dagegen jede einzelne Information immer wieder neu verarbeiten. Lehrerinnen und Lehrer erwarten einer Reihe von Untersuchungen zufolge von ihren Schülerinnen und Schülern, dass sie das allgemeine Skript der Schule und der Klasse innerhalb ihrer ersten beiden Schulwochen lernen, und beurteilen das Nichtbefolgen danach leicht als absichtliche Regelverletzung (Lütje-Klose 1997a, 333 f).

Kinder mit Lern- und/oder Sprachbeeinträchtigungen haben gerade damit in vielen Fällen erhebliche Schwierigkeiten (Lütje-Klose 1997a, auch Nestle 1996). Das kann durch verschiedene Faktoren beeinflusst sein, die für viele lernbeeinträchtigte Kinder gelten:

- durch einen unterschiedlichen kulturellen Hintergrund, in dem die Signale anders interpretiert werden als in der Klasse;
- durch einen rigiden Fokus der Wahrnehmung, der nur auf einzelne Aspekte gerichtet ist und nicht auf die Situation als Ganzes;
- durch Schwierigkeiten bei der internen Strukturierung der Wahrnehmungen u. a. (Wiig/Secord 1994, 223 f).

Besondere Bedeutung von Stukturen

Aus diesen Überlegungen lässt sich schließen, dass der Strukturierung durch Formate und andere Rituale einerseits große Bedeutung für die Unterstützung von Lernprozessen zukommt, und dass andererseits gerade die Kinder, die bislang in ihrem Leben noch wenig Erfahrungen mit offenen Situationen gemacht haben oder deren sprachliche Fähigkeiten anders entwickelt sind, als dies in der Schule erwartet wird, mit der Wahrnehmung und Verarbeitung solcher Strukturen Schwierigkeiten haben können. Um diese Gruppe von Kindern zu unterstützen und ihnen die Mitarbeit in offenen Lernsituationen zu ermöglichen, ist den strukturierenden Elementen eine besondere Aufmerksamkeit entgegenzubringen. Sie müssen bewusst wahrgenommen und gezielt eingeführt werden und sind immer wieder daraufhin zu überprüfen, ob sie für die Klasse insgesamt und für ein Kind mit besonderem Förderbedarf im Speziellen sinnvoll, nachvollziehbar und funktional sind.

In diesem Sinne sind die Überlegungen von Reiß u. a. (1997, 17 ff; **Vorformen offenen** Reiß/Werner 2012, 117) zu verstehen, die eine Vorbereitung und all- **Unterrichts** mähliche Hinführung lernschwacher Kinder zu offenen Unterrichtsformen betonen. Sie nennen eine Reihe von Vor- und Kleinformen, im Rahmen derer die notwendigen Regeln und Rituale entstehen und eingeübt werden können: z. B. der Beginn mit Tages- und später Wochenplänen, die Auswahl von zunächst nur zwei und dann mehr Aufgaben. In ähnlicher Weise beschreibt auch Sebold für den integrativen Unterricht, wie sie Schritt für Schritt ihren Unterricht aufbaut und nach und nach zu immer offeneren, selbstbestimmteren Formen fortschreitet (Sebold 1993, 91 ff). Offenheit und Strukturierung sind in diesem Sinne kein Widerspruch, sondern notwendige Ergänzungen. Beispiele dafür finden sich in den Kapiteln 4.3.1 und 4.3.5.

4.2.3   Im Spannungsfeld von Handlungsorientierung und Lernstrategien

Die Handlungsorientierung des Unterrichts ist für Schülerinnen und **Handlungs-** Schüler mit Lernbeeinträchtigungen von besonderer Bedeutung. **orientierung** Diese Auffassung wurde schon in den frühen hilfsschuldidaktischen Modellen vertreten und findet sich auch in den neueren Konzepten, etwa bei Kutzer (1999), Nestle (1996), Hiller (1997) und Werning (1996a, 1996b). Den Konzepten handlungsorientierten Unterrichts wird meistens das didaktische Konzept des exemplarischen Lernens von Bruner zugrunde gelegt, das unter anderem von Klafki aufgenommen und darauf aufbauend von den genannten sonderpädagogischen Autoren rezipiert wird. Bruner geht davon aus, dass handlungsorientierte Lernformen und Lehrmethoden wie Explorationen, Experimente, Rollenspiele oder Projektunterricht zur Aneignung grundlegender, kategorialer Einsichten und Fähigkeiten führen können (Klafki 1994, 143 ff). Angesichts der immer größer werdenden in der Schule zu vermittelnden Stofffülle ist die Idee des exemplarischen Lernens darauf ausgerichtet, dass die Schüler anhand einer begrenzten Anzahl ausgewählter Beispiele allgemeine Kategorien (zum Beispiel Kenntnisse über gesellschaftliche oder naturwissenschaftliche Zusammenhänge, Fähigkeiten, Einstellungen) erarbeiten und dadurch grundlegende Einsichten in kulturell bedeutsame Zusammenhänge gewinnen.

Diese Grundkategorien werden innerhalb der einzelnen Schul und **Spiralcurriculum** Entwicklungsstufen immer wieder aufgegriffen, vertieft, auf andere

Gegenstände angewendet usw. Bruner spricht von einem „spiralförmigen Aufbau" des gesamten schulischen Curriculums (Bruner 1980, 61 ff), innerhalb dessen diese von Klafki als „fundamental" oder „elementar" bezeichneten, verbindenden Gesetzmäßigkeiten auf immer höherem Niveau bearbeitet werden (Klafki 1994, 152).

Drei Repräsentationsweisen von Wissen

Bruner unterscheidet drei grundsätzliche „Repräsentationsweisen von Wissen", die aufeinander aufbauen. Jede Stufe bildet die Voraussetzung für die nächsthöhere und ist in ihr aufgehoben. Die Entwicklung folgt seiner Vorstellung nach dem Aufbau dieser drei Repräsentationssysteme, bis der Mensch imstande ist, alle drei zu beherrschen (Bruner 1974, 16 ff und 49 f). Bruner bezieht sich in seinen Vorstellungen über die menschliche Entwicklung auf Piagets und Wygotskis Forschungen über das Wissen von Kindern auf verschiedenen Entwicklungsniveaus (Bruner 1980, 44 ff).

Enaktives Lernen: Auf der Stufe des „enaktiven Lernens" spielt die Handlungsorientierung die zentrale Rolle, weil die Auseinandersetzung mit der Umwelt im direkten, handelnden Umgang stattfindet. Dazu gehört zum Beispiel das Erforschen von Gegenständen und des eigenen Körpers oder das Erlernen von Tätigkeiten wie Fahrrad fahren, Ski laufen oder Schreiben, die durch Abbildungen oder Erklärungen nur schwer vermittelbar sind.

Ikonisches Lernen: Die Stufe des „ikonischen Lernens" ist durch die Verarbeitung von zusammenhängenden Bildern, Schemata, Erzählungen oder Rollenspielen usw. gekennzeichnet, die sinnlich wahrnehmbar sind. Die Kinder sind im konkreten, bildhaften Anschauungszusammenhang in der Lage, zielgerichtet zu handeln, können aber noch nicht rein gedanklich operieren. Ikonische Repräsentationsformen spielen zum Beispiel für das Verständnis von Metaphern oder Grafiken eine Rolle.

Symbolisches Lernen: Auf der Stufe des „symbolischen Lernens" werden die Gegenstände der Auseinandersetzung rein gedanklich erfasst, ein handelnder Umgang damit ist nicht mehr zwangsläufig notwendig. Sprache wird als Instrument des Denkens eingesetzt, metalinguistische und strategische Kompetenzen werden erworben.

Im Einschulungsalter herrschen zunächst enaktive und dann ikonische Aneignungsformen vor, im Unterricht müssen dementsprechend die Lerngegenstände handlungsorientiert angeboten werden und direkt erfahrbar sein. Mit zunehmendem Alter nehmen die symbolischen Formen zu, trotzdem sind, wie Klafki in Übereinstimmung mit Bruner betont, die früheren Stufen weiterhin von Bedeutung:

> „… indessen behalten auch die erste und zweite Stufe bis ins Erwachsenenalter hinein für viele produktive, verstehende bzw. entdeckende Lernprozesse größte Bedeutung. Einer der gravierendsten Mängel unseres üblichen Schulunterrichts in allen Schulformen und auf allen Schulstufen dürfte darin liegen, dass eben dieser Sachverhalt vielfach verkannt wird und dass verstehendes/entdeckendes Lernen gerade auch auf abstrakt-symbolischer Stufe geradezu verhindert wird, weil man zu früh und zu ausschließlich auf dieser Ebene ansetzt" (Klafki 1994, 159).

Im Unterricht einer heterogenen Lerngruppe mit lernbeeinträchtigten Kindern ist die Berücksichtigung dieses Prinzips bei der didaktischen Planung von hoher Relevanz. Sie beinhaltet eine deutliche Vorstrukturierung der Unterrichtsinhalte durch die Lehrkräfte (vgl. Kap. 4.2.2), die in einem gewissen Spannungsverhältnis zum Prinzip des selbstgesteuerten Lernens stehen kann.

Ziel der Vermittlung von Lernstrategien ist es, die Kinder beim Aufbau metakognitiver Kompetenzen zu unterstützen und ihnen dadurch mehr Selbstkontrolle und strategische Planung ihrer Lernprozesse zu ermöglichen. Sie sollen so nach und nach immer unabhängiger von der Lehrkraft werden und Selbstverantwortung übernehmen, zum Beispiel bei der eigenen Erstellung eines Wochenplans oder der Planung eines Projekts. Ein wichtiger Schritt in diese Richtung sind die schon angesprochenen *strukturierten Reflexionsphasen*, in denen die jeweiligen Arbeitsbereiche für alle Schülerinnen und Schüler transparent gemacht werden. **Lernstrategien**

Die Herstellung einer weitest möglichen Transparenz im Unterricht soll den Kindern die Möglichkeit geben, über ihre eigenen Lernprozesse und die der anderen Kinder zu reflektieren und sie selbst aktiv zu gestalten. Sie sollen lernen, Verantwortung sowohl für das eigene Lernen als auch für die Regeln und das Zusammenleben in der Gruppe zu übernehmen. Darüber hinaus können sie unter Umständen lernen, Mitverantwortung für die Lernprozesse der anderen Kinder zu übernehmen, wie das zum Beispiel bei der Strategie des *Peer Tutoring* geschieht, bei der zwei Kinder zu einem bestimmten Thema zusammenarbeiten und gemeinsam dafür verantwortlich sind, dass beide erfolgreich handeln können (Lütje-Klose 1997a, 310 f; vgl. Kap. 4.3.4). **Reflexion und Planung eigener Lernprozesse**

Es sind also die Bedingungen eines offenen und zugleich strukturierten Unterrichts, die die Vereinbarkeit der Prinzipien Handlungs-

orientierung und Lernstrategien ermöglichen. Die genannten hand-
lungs- und erfahrungsorientierten Unterrichtsformen lassen sich
nicht in einem durchgängigen Frontalunterricht durchführen, sondern
erfordern diese Offenheit, um den individuellen Lernaktivitäten der
Kinder gerecht werden zu können und die Integration von individuell
fördernden Maßnahmen zu erlauben.

Exemplarisches   Im Sinne des exemplarischen Lernens sollen im Unterricht an ver-
Lernen schiedenen Repräsentationsniveaus ansetzende methodische Zugänge angeboten werden, um die Aneignung der Lerngegenstände individuell angemessen zu gestalten und gleichzeitig den gemeinsamen
Lerngegenstand zu fokussieren. Die Strukturierung der Angebote soll
dabei unter Beteiligung der Kinder erfolgen, um die für sie relevanten
Handlungsformen zu treffen. Mit Bruners Curriculumspirale werden
die zugrunde liegenden Strukturen eines Lerngegenstandes auf verschiedenen Entwicklungsniveaus immer wieder neu thematisiert, so
dass die innere Differenzierung und damit die gemeinsame Auseinandersetzung von Kindern mit unterschiedlichen Aneignungsformen
möglich werden.

4.3   Bausteine eines lern- und entwicklungs- fördernden Unterrichts

Die Bausteine, die zu einem lern- und entwicklungsfördernden Unterricht im vorgestellten Verständnis beitragen, umfassen Strategien
des offenen Unterrichts in Verbindung mit Förderstrategien, die zur
besonderen Unterstützung von Kindern mit Lernbeeinträchtigungen
herangezogen werden können. Dazu gehören unter anderem individualisierende Arbeitsformen wie Wochenplan und Freiarbeit, Projektunterricht und kooperatives Lernen sowie die Orientierung an den
Lebensthemen der Schüler. Diese Arbeitsformen können, wie die
folgenden Beispiele zeigen, nicht grundsätzlich institutionell zuge-
ordnet werden, sondern sind sowohl in der Förderschule mit dem
Förderschwerpunkt Lernen als auch im gemeinsamen Unterricht
umzusetzen. Sie sind keine besonderen Methoden, die sich nur oder
schwerpunktmäßig für lernbeeinträchtigte Schüler eignen, sondern
ermöglichen die innere Differenzierung nach Zielen, inhaltlichen
Schwerpunkten, Materialien und Medien sowie besonderer Unterstützung, von der alle Schüler in einer heterogenen Gruppe profitieren.

Diese Grundgedanken gelten für integrative und sonderschulische **Zielgruppe** Zusammenhänge gleichermaßen. Sie sind nicht auf Schüler mit sonderpädagogischem Förderbedarf beschränkt, sondern entsprechen reformpädagogischen Orientierungen, wie sie sich schon bei Freinet (1934) oder Dewey (1935) finden. Zentral ist dabei „die Überwindung eines gleichschrittigen, lehrerzentrierten Unterrichts, der sich an der Illusion von homogenen Lerngruppen orientiert", zugunsten eines produktiven Umgangs mit Heterogenität (Werning 1996a, 465).

Die didaktischen Vorschläge für die Förderschule und für den gemeinsamen Unterricht entwickeln sich seit einigen Jahren in ähnliche Richtungen, gemeinsamer Unterricht kann von den Erfahrungen der Förderschule profitieren und umgekehrt:

„Es ist nicht zu bestreiten, dass die Schule für Lernbehinderte über reiche Erfahrungen in der Förderung von Kindern mit Lernschwierigkeiten verfügt. Diese sind jedoch keineswegs nur innerhalb der Institution ‚Sonderschule' von Bedeutung und müssen deshalb in die Entwicklung einer integrativen Didaktik mit einbezogen werden" (Heimlich 1993, 58).

Die Didaktik der inklusiven Pädagogik bezieht sich grundsätzlich auf alle Schüler, und ihre Prinzipien können in verschiedenen Förderkontexten zugrunde gelegt werden. Sonderpädagogische und inklusive Didaktik sind daher nicht streng voneinander zu trennen, denn in beiden Kontexten geht es darum, angemessene Lern- und Entwicklungsbedingungen für Schülerinnen und Schüler mit Lern- (und anderen) Beeinträchtigungen zu schaffen, die ihre besonderen Bedürfnisse berücksichtigen.

Während offene Unterrichtsformen in der Grundschule schon ab **Offener Unterricht** den 1970er Jahren in größerem Umfang erprobt und als Erfahrungs **in der Förder-** berichte veröffentlicht wurden, finden sich solche Berichte aus der **schule mit dem** Förderschule erst ab Mitte der 1980er Jahre (Reiß u. a. 1997, 13). Hier **Förderschwerpunkt** werden sie in der Regel nicht als Totalkonzept umgesetzt, sondern **Lernen** zu bestimmten Zeiten des Schultages oder der Woche und in Kombination mit anderen Unterrichtsmethoden wie lehrgangsorientiertem Unterricht. Der zunehmende Einsatz von Freiarbeit, Wochenplänen oder Projekten ist im Zusammenhang mit einer inneren Reform der Förderschule zu sehen, die unter anderem auf einige der im ersten Kapitel beschriebenen didaktischen Konzeptionen zurückgeht.

Weitere Literatur dazu: Begemanns „eigenweltbedeutsame, selbsttätige Einsichtsgewinnung" (1968), Hillers „offenes Curriculum" (1990),

Nestles fächerübergreifender Ansatz mit projektorientiertem Lernen (1980). Weiterhin sind Wittochs Veröffentlichungen zum Gruppenunterricht (Wittoch 1980), Rohrs Konzept des „handelnden Unterrichts" (1980) und seine Umsetzung bei Kornmann/Ramisch (1984, 2004) sowie Veröffentlichungen zur Freiarbeit von Böhm (1986). Ab Ende der 1980er Jahre werden auch Erfahrungsberichte zum offenen Unterricht in Förderschulen veröffentlicht (Reiß u. a. 1997; Reiß/Werner 2012).

Offener Unterricht in der inklusiven Grundschule

Für die inklusive Didaktik ist ein offener, individualisierender Zugang kennzeichnend, der bewusste Umgang mit Heterogenität ist ihr wesentliches Prinzip. Nicht Assimilation an die bestehende Kultur ist das Ziel einer solchen Pädagogik der Vielfalt, sondern die Akzeptanz der Heterogenität aller Menschen und „das gleiche Recht auf Verschiedenheit" (Prengel 2006, 96). Die Praxis des „Sitzenbleibens" oder der Überweisung in eine Förderschule ist damit nicht vereinbar, denn sie stellt aus dieser Perspektive den unangemessenen Versuch dar, Homogenität herzustellen – ein aussichtsloses Unterfangen. Inklusiver Unterricht versucht daher die Stärken, Schwächen und Eigenarten jedes einzelnen Mitgliedes einer Gruppe wahrzunehmen und zu nutzen, so dass Schüler auf verschiedenen Entwicklungsniveaus miteinander handeln und voneinander lernen können. Dazu ist es – wie bereits angesprochen – allerdings erforderlich, dass der Unterricht auch tatsächlich ein gemeinsamer ist und nicht in größerem Umfang durch äußere Differenzierung beherrscht wird.

Werning greift in seinen didaktischen Überlegungen verschiedene der genannten Vorschläge zur Umsetzung offenen Unterrichts auf und fasst sie als Bausteine eines lern- und entwicklungsfördernden Unterrichts zusammen, die im Spannungsfeld von Solidarität (Gemeinsamkeit) und Individualisierung stehen (siehe Abb. 4.1).

Öffnung des Unterrichts

Diese Bausteine sollen eine inhaltliche und methodische Öffnung des Unterrichts für unterschiedliche Lerntempi, individuelle Vorerfahrungen und Bedürfnisse, soziale Prozesse in der Gruppe und aktuelle Probleme ermöglichen. Im nächsten Abschnitt werden sie – unter Berücksichtigung der formulierten Prinzipien – anhand von Unterrichtsbeispielen veranschaulicht. Die *individuelle Unterstützung* der Schülerinnen und Schüler mit Lernbeeinträchtigungen basiert dabei auf der pädagogischen Beobachtung und den daran anknüpfenden strukturierenden Maßnahmen der beteiligten Lehrkräfte im Rahmen der *kooperativen Lernbegleitung*, daher wird dieser Baustein als Erstes erläutert. Daran schließen sich Ausführungen zur *Freiarbeit*, zum

Wochenplanunterricht, zum *kooperativen Lernen, zum entdeckenden Lernen* und zum *Projektunterricht* sowie zur bewussten *Herstellung von Gemeinsamkeit* an.

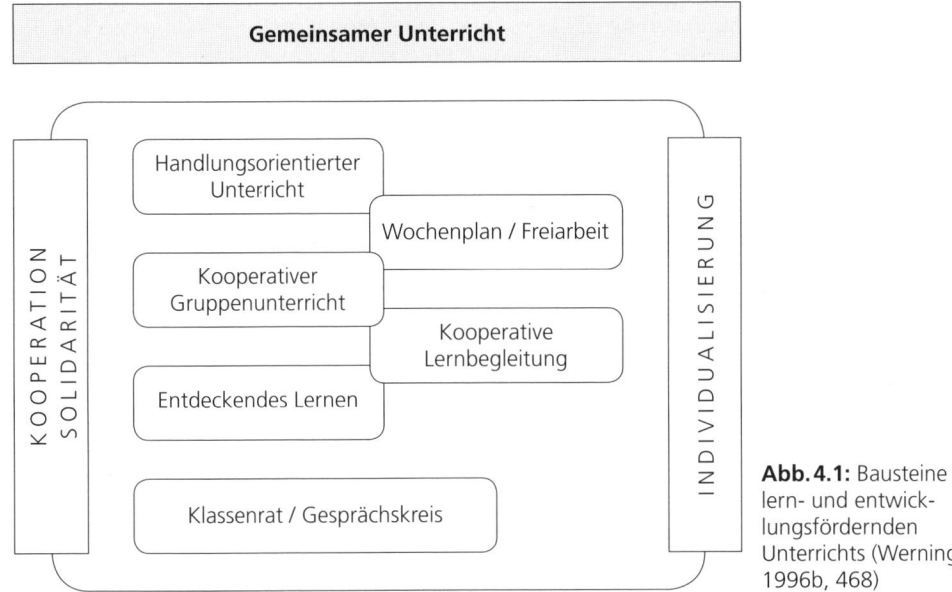

Gemeinsamer Unterricht

Handlungsorientierter Unterricht

Wochenplan / Freiarbeit

Kooperativer Gruppenunterricht

Kooperative Lernbegleitung

Entdeckendes Lernen

Klassenrat / Gesprächskreis

KOOPERATION SOLIDARITÄT

INDIVIDUALISIERUNG

Abb. 4.1: Bausteine lern- und entwicklungsfördernden Unterrichts (Werning 1996b, 468)

Das Prinzip der Handlungsorientierung wird vor allem im Zusammenhang mit dem entdeckenden Lernen und dem Projektunterricht mit berücksichtigt.

4.3.1   Kooperative Lernbegleitung

Damit dem Förderbedarf von Kindern mit Lernbeeinträchtigungen in den noch näher zu beschreibenden Formen offenen Unterrichts angemessen entsprochen werden kann, ist die differenzierte Beobachtung und Wahrnehmung der einzelnen Schüler erforderlich. Die mit dem Kind zusammenarbeitenden Lehrkräfte benötigen daher Kenntnisse über die jeweiligen Lebenswelten und müssen ihre unterschiedlichen Sichtweisen in einem kooperativen Prozess austauschen. Heuser, Schütte und Werning haben aus dem Arbeitskontext der Laborschule Bielefeld für den gemeinsamen Unterricht das Modell der „kooperativen Lernbegleitung" entwickelt, das auch für den Unterricht der Förderschule Perspektiven bietet (Heuser u. a. 1997).

Kooperative Lernbegleitung   Ausgangspunkt der diagnostischen Überlegungen in diesem Konzept ist die Überzeugung, dass die inklusive Förderung von Kindern und Jugendlichen mit besonderen pädagogischen Bedürfnissen die Veränderung des Lern- und Lebensraumes Schule beinhaltet. Um die Entwicklungsbedingungen für alle, insbesondere aber für Schüler mit besonderen Bedürfnissen zu verbessern, bedarf es der Zusammenarbeit zwischen den beteiligten Pädagogen und anderen Personen.

Kollektives Bild   Dazu wird die Differenz in den jeweils professionsspezifisch geprägten Beobachterstandpunkten systematisch als Ressource genutzt: Die verschiedenen Wahrnehmungen von Kindern in ihren sozialen und räumlichen Umwelten werden von den beteiligten Lehrkräften einer Lerngruppe, der Sonderpädagogin und weiteren beteiligten Personen in einem kooperativen Prozess des gemeinsamen „Sich-Beratens" zusammengetragen. Aus den verschiedenen Perspektiven, die auch die Sicht der Eltern und des Kindes selbst umfassen müssen, soll ein umfassendes Bild des Kindes in seiner Lebenswelt erhoben werden. Nicht die Durchsetzung einer „richtigen" Perspektive ist hier das Ziel. Vielmehr können die verschiedenen Perspektiven verknüpft werden, um ein *kollektives Bild* als Grundlage für die pädagogische Arbeit zu entwerfen.

Dieser mehrperspektivische Zugang verfolgt in der Auseinandersetzung mit Schülern mit besonderem Förderbedarf folgende Ziele:

Biografische Bedingungen: Um ein umfassenderes Verstehen der Lernschwierigkeiten eines Kindes zu verwirklichen, sollen seine biografische Entwicklung und seine lebensweltliche Einbettung gesehen und berücksichtigt werden. Lernschwierigkeiten als Ausdruck einer erschwerten Lern- und Lebenssituation von Kindern wahrzunehmen bedeutet für die pädagogische Auseinandersetzung, das Kind im Kontext seiner Lebenswelt zu sehen. Zu fragen ist, welche Bedingungsfaktoren in der Person des Schülers, in seiner Familie, seiner Freundesgruppe, seiner Schule und seinem Wohnort die Entwicklung beeinträchtigen oder fördern. Dabei müssen Informationen über somatische, psychische und soziale Entwicklungsbedingungen und -beeinträchtigungen miteinander verknüpft werden.

Förderung von Normalität: Im Rahmen des „Sich-Beratens" dürfen nicht allein die Schwierigkeiten, die Probleme bzw. die Defizite eines oder mehrerer Schüler im Mittelpunkt stehen. Eine solche *Defizit-*

orientierung verstellt den Blick auf ein umfassendes Bild vom Kind in seinem lebensweltlichen Kontext (Milani-Comparetti / Roser 1987, 89). Sie ist zudem wenig geeignet, Fördermöglichkeiten für einen Schüler oder eine Schülerin zu entwickeln. Effektive Förderung von Kindern und Jugendlichen mit besonderen Bedürfnissen muss neben der Erfassung der Problembereiche ein besonderes Augenmerk auf vorhandene Potenziale, Fähigkeiten und Ressourcen des Kindes in seiner Lebenswelt legen. Durch die Wahrnehmung, Unterstützung, Aktivierung und Begleitung dieser entwicklungsfördernden Bedingungen wird die „Förderung von Normalität" (Milani-Comparetti / Roser 1987) und nicht die Behandlung der Auffälligkeit zur Aufgabe einer inklusiven pädagogischen Förderung. Wir Pädagogen sollen also die Defizitbrille gegen eine Fähigkeitenbrille eintauschen.

Prozessorientierung: Die inklusive Förderung ist prozessorientiert umzusetzen. Die Prozessorientierung umfasst das zirkuläre Zusammenspiel von sensibler Beobachtung, Reflexion der Beobachtungen (im kollegialen Austausch), die Bildung von Hypothesen über Entwicklungsmöglichkeiten, die gemeinsame Planung und Realisierung von pädagogischen Handlungskonzepten und institutionellen Entwicklungsbedingungen. Für die praktische Arbeit heißt das: Inklusive Förderung ist eine ständig neu zu bewältigende Herausforderung. Förderorientierungen und institutionelle Entwicklungsbedingungen sind ständig zu hinterfragen, ob sie die gewünschten Effekte zeigen oder nicht. Das Kind, seine Beziehungen in und zu seiner Lebenswelt, das familiäre, schulische und außerschulische Umfeld ändern sich im Laufe der Zeit, und die pädagogische Förderung muss sich ständig auf die gegebenen Bedingungen neu einstellen.

Diese Handlungsorientierungen fließen in den kooperativen Prozess ein, in den die unterschiedlichen pädagogischen Professionen (hier besonders die Regelschul- und die Sonderpädagogen) einen berufs- und ausbildungsspezifischen sowie biografischen Hintergrund einbringen. Auf dieser Wahrnehmungs- und Deutungsfolie wird die Sichtweise von einer Problemsituation entwickelt. Diese individuellen und berufsspezifischen Beobachtungen stellen zunächst wichtige Ausgangsdaten für den kooperativen Arbeitsprozess dar. Aufgrund der unterschiedlichen Akzentuierungen wird eine umfassende mehrperspektivische Auseinandersetzung mit der Problemsituation möglich. Ziel des Kooperationsprozesses ist es demzufolge nicht, die Einzelbeobachtungen der Pädagogen in einer Entweder-Oder-Haltung – sprich

Mehrperspektivität in der Praxis

konkurrierend – gegeneinander zu stellen, sondern es wird versucht, diese miteinander zu verknüpfen. So wird ein umfassenderes, „ko-kreatives" Bild der Problemsituation entwickelt. Dies erfordert von den beteiligten Personen ein hohes Maß an Flexibilität, Rollendistanz und Kommunikationsbereitschaft. Sie müssen ferner über eine professionelle Identität verfügen und auch in der Lage sein, Übertritte von professionsspezifischen Grenzen und Zuständigkeiten zu akzeptieren (Golin/Ducanis 1981). Aus der Arbeit von interdisziplinären Teams ist bekannt, dass es notwendig ist, dass die Teammitglieder ein gemeinsames Rahmenkonzept teilen, um eine solche ko-kreative, synergetische Integration von disziplinspezifischen Beobachterperspektiven leisten zu können. Erfahrungen mit Konzepten der interdisziplinären Kooperation zeigen die Bedeutung systemischer bzw. ökologischer Konzepte auf, da sie als metatheoretische Ansätze ein großes integratives Potenzial besitzen. Einzelbeobachtungen von Teammitgliedern können so als Elemente angesehen werden, die miteinander in Beziehung gesetzt werden und ein neues Bild hervorbringen, das neue Wahrnehmungs- und Handlungsmöglichkeiten für die pädagogische Förderung eröffnet (Voß/Werning 1989). Das Konzept der Kooperativen Lernbegleitung umfasst folgende Schritte:

Vorgehen a) **Vorstellungskonferenz:** Der erste Schritt der Bearbeitung einer pädagogischen Problemsituation ist die Einberufung einer „Vorstellungskonferenz". Zu dieser 90-minütigen Konferenz werden alle gegenwärtigen Lehrer der Gruppe sowie die früheren Klassenlehrer und andere beteiligte Professionelle (Sonderpädagoge, Schulpsychologe, Sozialpädagoge) eingeladen.

Ausgangspunkt ist meist die Situation eines Kindes mit Lernschwierigkeiten bzw. Verhaltensauffälligkeiten in der Gruppe. Zu Beginn wird deshalb die Situation des Kindes (besondere Schwierigkeiten, besondere Stärken etc.) ausführlich dargestellt. Durch die Beteiligung der ehemaligen Lehrer des Kindes kann besonders die Lern- und Entwicklungsbiografie aus unterschiedlichen Perspektiven berücksichtigt werden. Zur Strukturierung der Vorstellungskonferenz sind folgende Fragen entwickelt worden:

- Welche besonderen *Fähigkeiten, Stärken und Vorlieben* sind Ihnen bei dem Schüler/der Schülerin aufgefallen?
- Wie würden Sie die besonderen *Schwierigkeiten/Probleme* von der Schülerin/des Schülers beschreiben?

- Welche *unterstützenden* Bedingungen sehen Sie in der Lebenswelt der Schülerin/des Schülers (in der Familie, in der Gruppe der Freunde etc.)?
- Welche *hemmenden* Bedingungen sehen Sie in der Lebenswelt der Schülerin/des Schülers (in der Familie, in der Gruppe der Freunde etc.)?
- Welche förderlichen Bedingungen gibt/gab es für die Schülerin/den Schüler in der *Schule*?
- Welche einschränkenden Bedingungen gibt/gab es für die Schülerin/den Schüler in der *Schule*?
- Welche *Maßnahmen und Bedingungen* haben Ihrer Meinung nach die Entwicklung der Schülerin/des Schülers bisher positiv beeinflusst?
- Welche *Maßnahmen und Bedingungen* haben Ihrer Meinung nach die Entwicklung der Schülerin/des Schülers bisher negativ beeinflusst?

Gegenstand der Vorstellungskonferenz ist also die Rekonstruktion der Problemsituation aus den Blickwinkeln der beteiligten Personen. Es geht dabei zunächst nicht um die Entwicklung von Lösungsansätzen oder Förderperspektiven. Dies würde den Zugang zu der Situation einschränken. Ziel der Konferenz ist vielmehr die *Entwicklung eines möglichst umfassenden Bildes* durch die Einbringung der unterschiedlichen Beobachterperspektiven. Erst zum Abschluss wird überlegt, was für die zukünftige Entwicklung dieses Kindes wünschenswert bzw. notwendig ist. Dazu schreibt jeder Teilnehmer seine Ideen zur Veränderung der Problemsituation auf Karteikarten. Diese Sammlung von Ideen bildet die Grundlage für die weitere Arbeit an der Konstruktion lern- und entwicklungsförderlicher Bedingungen für den Schüler, die in einem kooperativen Arbeitssetting von dem Klassenlehrer, dem Sonderpädagogen und einem weiteren Kollegen (im Folgenden „Förderteam" genannt) geleistet wird. Sie planen gemeinsam die weiteren Schritte der folgenden Informationsphase.

b) Informationsphase: Das Förderteam wertet gemeinsam die eingebrachten Vorschläge aus und entscheidet dann, ob weitere Informationen zur Entwicklung einer Förderperspektive notwendig sind. Möglich sind z.B. die folgenden Schritte:

- Unterrichtsbeobachtung (Erfassung der Beziehungen zwischen Unterrichtenden und Kind, der Kinder untereinander, der Lernkultur in der Klasse)
- Gespräche mit externen Beteiligten (z.B. mit einem/einer Therapeuten/in)
- Gespräche mit den Eltern
- Gespräche mit dem Kind/Jugendlichen
- Spezielle förderdiagnostische Überprüfungen
- Spezielle medizinische Untersuchungen

Bei allen eingeleiteten Maßnahmen ist die *Gefahr der Stigmatisierung* zu berücksichtigen. Bei jeder der vorgestellten Möglichkeiten ist somit zu fragen, wie notwendig sie für die pädagogische Arbeit ist und welche „unerwünschten Nebenwirkungen" sie hervorrufen könnte.

c) **Vorbereitung der Förderkonferenz:** Klassenlehrerin, Sonderpädagoge und eventuell eine weitere kooperierende Kollegin tauschen sich regelmäßig über die Beobachtungen und Informationen aus und versuchen, daraus eine Orientierung für die Verbesserung der Entwicklungs- und Lernbedingungen des Kindes und eventuell der Gruppe zu erarbeiten. Dazu zählen Überlegungen zur individuellen Förderung, zur didaktisch-methodischen Gestaltung des Unterrichts, zur Veränderung institutioneller Bedingungen bis hin zur Elternarbeit oder zur Gestaltung des Freizeitbereiches. Diese Erwägungen werden schriftlich formuliert und allen Kollegen, die in der Stammgruppe unterrichten, zur Vorbereitung der Förderkonferenz übermittelt.

d) **Förderkonferenz:** An der Förderkonferenz nehmen alle Lehrer der Stammgruppe sowie evtl. die Eltern und andere externe Beteiligte (z.B. Therapeuten) teil. Hier soll gemeinsam überlegt werden, wie die Lern- und Entwicklungsbedingungen des Kindes im Kontext seiner Klasse und evtl. auch seiner außerschulischen Situation verbessert werden können. Alle Beteiligten werden dabei zunächst über die gemeinsam von dem Klassenlehrer, dem Sonderpädagogen und dem kooperierenden Kollegen entwickelten Maßnahmen zur Verbesserung der pädagogischen Situation informiert. Im Anschluss daran wird gemeinsam überlegt, wie jeder in seinem (Fach-)Unterricht bzw. in seinen Interaktionen mit dem Kind hierauf eingehen kann bzw. welche Veränderungen dazu sinnvoll erscheinen.

e) **Prozessbegleitende Reflexion:** Die konkrete unterrichtliche Umsetzung der Maßnahmen wird prozessbegleitend von dem Klassenlehrer, der Sonderpädagogin und dem kooperierenden Kollegen reflektiert. Dabei ist zu überprüfen, ob die bisher gebildeten Hypothesen über die Entwicklungsbedingungen und Fördermaßnahmen sinnvoll waren, ob sie sich in der pädagogischen Praxis bewähren oder ob sie wieder verändert werden müssen. Plötzliche Veränderungen in der familiären Situation, in der schulischen Gruppensituation oder in anderen Lebensbereichen des Kindes müssen berücksichtigt und in ihren Auswirkungen auf die pädagogische Arbeit beachtet werden. Eventuell ist zu bedenken, ob erneut eine gemeinsame Förderkonferenz einzuberufen ist.

Die Darstellung macht deutlich, dass sich diese Form einer differenzierten Beobachtung von den förderdiagnostischen Orientierungen in den Konzepten von Kutzer / Probst oder Feuser deutlich unterscheidet (vgl. Kap. 4.1.6 und 4.1.10). Unterschiede sind vor allem in der unterschiedlichen Betonung der individuellen beziehungsweise der systemischen Faktoren zu sehen. Die „speziellen förderdiagnostischen Überprüfungen" und Unterrichtsbeobachtungen, die bei der kooperativen Lernbegleitung nur einen Teilschritt in der Informationsphase ausmachen, stehen bei Probst und Feuser im Zentrum der Überlegungen und bilden die Grundlage für eine differenzierte Rekonstruktion des aktuellen Entwicklungsniveaus, von der aus die „Zone der nächsten Entwicklung" (Wygotski) zu bestimmen ist. Es wird eine „Objektivierung" des Beobachteten versucht, die an Entwicklungsmodellen und Beobachtungskategorien festgemacht wird. Dies trifft auch für die von Kornmann entwickelten diagnostischen Verfahren zu den Bereichen des Zweitspracherwerbs, des Schriftspracherwerbs und der mathematischen Kompetenzen zu, die sich allerdings dadurch auszeichnen, dass sie die Bedeutsamkeit der Lerngegenstände für die Schülerinnen und Schüler jederzeit mit reflektieren und die diagnostischen Beobachtungen an die alltägliche Unterrichtsarbeit anschließen. Der Ansatz der kooperativen Lernbegleitung unterscheidet sich von diesem Vorgehen dadurch, dass entsprechend der zugrunde liegenden konstruktivistischen Position davon ausgegangen wird, dass es keine objektiv richtige Entwicklung geben kann. Die Validität des förderdiagnostischen Prozesses entsteht aus den unterschiedlichen Perspektiven, die die verschiedenen Beobachter in ihren jeweiligen Rollen in den kooperativen Prozess einbringen. Das schließt die Verwendung feindifferenzierter, spezifischer diagnostischer Verfahren nicht aus, begrenzt die Reichweite der damit zu gewinnenden Aussagen für die Förderplanung aber deutlich.

Unterschiede zu Kutzer / Probst bzw. Feuser

4.3.2   Selbstbestimmtes Lernen in der Freiarbeit

Die Bedeutung selbstbestimmten Lernens wurde in Kapitel 4.2 aus systemisch-konstruktivistischer Perspektive begründet und als besonderes Problem für Schülerinnen und Schüler mit Lernbeeinträch-

Selbstgewählte Lerngegenstände

tigungen beschrieben. Die Freie Arbeit an selbstgewählten Themen (Bannach 2002) ist die Arbeitsform des offenen Unterrichts, die diesem Prinzip am weitesten folgt, denn in ihrem Rahmen können die Lerner in einer vorstrukturierten Umgebung aus dem Material frei wählen, woran sie arbeiten wollen. Müller sieht darin eine wichtige Möglichkeit, positive Selbsterfahrungen zu ermöglichen, weil die Schülerinnen und Schüler in diesen Situationen ohne äußeren Druck an selbstgewählten Gegenständen und in selbstgesteuerten Prozessen arbeiten können. Dabei werden seiner Erfahrung nach positive Selbsterfahrungen und Kompetenzerfahrungen möglich, die sich auf das Selbstkonzept insgesamt günstig auswirken (Müller 1997, 128 f).

Klein sieht das verminderte Lern- und Leistungsverhalten von Schülern der Förderschule mit dem Förderschwerpunkt Lernen (unter Bezugnahme auf Montessori) nicht als Ursache, sondern als Folge verhinderter Eigenaktivität und Selbstgestaltung. Seiner Auffassung nach muss der Unterricht der Förderschule in besonderem Maße „die Voraussetzung für die Weckung und Eigenaktivität dieser Schüler" schaffen. Die individualisierte Freiarbeit nach Montessori soll dazu beitragen, die Selbstlernkräfte der Schüler zu wecken, indem sie ihnen eine vorbereitete Umgebung und sichere Arbeitssituation bietet. Dazu bedarf es eines differenzierten Materialangebots für die Freiarbeit, einer unterstützenden, emotional annehmenden Klassenatmosphäre sowie der Beobachtung und Zurückhaltung von Lehrkräften, sobald das Kind von sich aus mit einem Material zu arbeiten beginnt (Klein 1997, 224). Busch (1997, 234 f) beschreibt, wie sie diese Form der Freiarbeit mit ihrer Unterstufenklasse an einer Förderschule mit dem Förderschwerpunkt Lernen umsetzt:

Freiarbeit in einer Förderschulklasse

„Die Schülerinnen und Schüler meiner Klasse werden zur Zeit alle mit dem Schulbus gebracht. In der Regel sitzen sie auf ihren Plätzen, wenn ich das Klassenzimmer betrete. Wir beginnen mit einer Stilleübung: Ein Kind setzt sich mit seinem Stuhl in den freien Raum im Klassenraum und signalisiert stumm dem oder der nächsten, sich zu ihm in den Kreis zu begeben. Dies geschieht, ohne ein Geräusch zu verursachen. Wenn alle im Kreis versammelt sind, wird ein Tastsäckchen herumgereicht, in dem entweder ein Gegenstand, der mit dem gerade laufenden Projekt, mit der Jahreszeit oder mit anderen aktuellen Dingen zu tun hat, zu erfühlen ist. Durch Zufall habe ich entdeckt, dass die Kinder dabei ganz still werden und gespannt auf den Moment warten, in dem das Säckchen sein Geheimnis preisgibt. Diese Phase der Stille hat sich als sehr wirksam erwiesen, da sie die Gemüter, die häufig durch Unstimmigkeiten während der Herfahrt im engen Schulbus erregt wurden, beruhigt. Inzwischen ist dieses morgendliche Ritual für die Schüler/innen unverzichtbar.

Noch im Sitzkreis überlegt sich jedes Kind, was es in der folgenden Freiarbeits-phase arbeiten möchte, und teilt es mir mit. Ich habe so die Kontrolle, dass es sich bei seinem Vorhaben nicht über- oder unterfordert. Gleichzeitig erfahre ich auch die Wünsche, etwas Neues zu lernen. Manche Kinder bleiben einfach sitzen und demonstrieren so, dass sie sich heute nicht entscheiden können. Nach einer Weile leiste ich Entscheidungshilfe. Manche sehr angepasste Kinder machen ihre Zustimmung, ein von mir vorgeschlagenes Material zu bearbeiten, nicht von ihren Bedürfnissen, sondern von meinen Intentionen abhängig; wenn beides nicht übereinstimmt, ist das Ergebnis meinerseits unbefriedigend.

Während der Freiarbeit herrschen drei Grundregeln: Erstens: Ich darf meine Mitschüler und Mitschülerinnen auf keinen Fall bei der Arbeit stören. Zweitens: Ich räume das Material ordentlich an seinen Platz zurück. Drittens: Was ich begonnen habe, mache ich fertig.

Ein mit Hilfe der Triangel erzeugter Ton erinnert die Kinder daran, leise zu sein. Freiarbeit findet zur Zeit in meiner Klasse viermal in der Woche statt, 90 Minuten lang, vor der großen Pause. Bis dahin ertönt kein Klingelzeichen. Zum Schluss der Freiarbeitsphase während des gemeinsamen Frühstücks halte ich in einem Tagesprotokoll fest, was jedes Kind gearbeitet hat. Vorzeigenswertes wird vorgestellt" (Busch 1997, 234 f).

Busch schlussfolgert aufgrund ihrer Erfahrungen, dass diese Form der Freiarbeit eine geeignete Methode für lernschwache Schülerinnen ist. Dabei sind die Prinzipien der *Altersmischung (Heterogenität)*, der *freien Wahl des Lerngegenstandes*, der *Einmaligkeit des Materials*, der *Isolierung einer Schwierigkeit*, der *Wiederholbarkeit*, der *Ästhetik* und der *selbstständigen Fehlerkontrolle* zu berücksichtigen. Sie beschreibt, dass diejenigen Schüler, die über Jahre hin kontinuierlich nach dieser Methode unterrichtet wurden, ausgeglichen, selbstständig und mit Selbstdisziplin zu arbeiten gelernt hatten.

Vergleichbare Erfahrungen werden auch aus der inklusiv arbeitenden Grundschule Berg Fidel in Münster berichtet (Stähling 2010), wo das Prinzip der Freiarbeit nach Montessori in jahrgangsübergreifenden Lerngruppen der Jahrgänge 1–4 konsequent und erfolgreich auch von den Kindern mit Förderbedarfen umgesetzt wird.

Reiß/Reiß (1997) schildern die Einführung der freien Arbeit in Kombination mit Planarbeit am Beispiel ihrer vierten Klasse an einer Förderschule mit dem Förderschwerpunkt Lernen. Sie beginnen mit einer Phase der Hinführung, in der die Schülerinnen und Schüler in kurzen Zeitabschnitten und mit überschaubarem Material arbeiten, bevor sie nach und nach immer mehr Entscheidungs- und Planungsmöglichkeiten gewinnen. Dabei wollen die Autoren eine erhöhte Selbstständigkeit in folgenden Bereichen erreichen:

Allmähliche Hinführung zur Freiarbeit

- im organisatorischen Bereich (Ordnungsregeln, wo steht was, verschiedene Möglichkeiten der Kontrolle etc.);
- im prozessualen/methodischen Bereich (Kenntnis verschiedener Aufgabentypen, Mitplanungsmöglichkeiten im Unterricht, Informationsbeschaffung durch Nachschlagen);
- im inhaltlichen Bereich (Auswahl zwischen mehreren Teilthemen, Mitbestimmung eines neuen Themas, Ergänzung von Sachaspekten etc.);
- im sozial-kommunikativen Bereich (Gesprächsregeln, Konfliktbewältigung; Zusammenarbeit mit einem Partner oder einer Gruppe).

Am Ende des wissenschaftlich begleiteten Pilotprojekts kommen die Autoren zu dem Ergebnis, dass „alle Schüler der Projektklasse ... bei entsprechender Hinführung zu weitgehendster Selbstgestaltung offener Lernsituation im Sinne der Planung und Durchführung von Freien Aktivitäten (Freier Arbeit) fähig" waren (Reiß/Reiß 1997, 183). Die auftretenden Schwierigkeiten wie die dauernde Auswahl sehr leichter Aufgaben eines Kindes oder der häufige Wechsel der Tätigkeiten durch einen hyperaktiven Jungen konnten durch Lehrerinterventionen größtenteils gelöst werden oder lösten sich nach und nach von allein.

4.3.3 Aufbau von Lernstrategien im Wochenplanunterricht

Für den integrativen Unterricht berichtet Sebold anschaulich, wie sie die Schülerinnen und Schüler im ersten Schuljahr zunächst an die Freie Arbeit, die Planarbeit und später dann an Projekte heranführt. Auch sie betont die Notwendigkeit, in einem strukturierten Rahmen mit Ritualen wie Morgenkreis, gemeinsamem Frühstück und Wochenabschlusskreis zu arbeiten, und die offenen Phasen mit vertrauten Arbeitsformen und Mitteln zu beginnen (Sebold 1993, 92 ff). Die Aneignung von Lernstrategien ist eine wichtige Voraussetzung dafür, dass die Schülerinnen und Schüler die Lerngelegenheiten des offenen Unterrichts nutzen können (vgl. Kap. 4.2.3).

Einübung von Regeln und Arbeitsformen

„Bevor man mit der Freiarbeit beginnt, ist es auch wichtig, verschiedene Arbeitsformen wie Einzel-, Partner- und Gruppenarbeit zu üben. ... Nach einigen Wochen hatten die Kinder die Regeln und Arbeitsformen gut geübt. Nun begannen wir mit dem ersten sichtbaren Schritt zur Freien Arbeit. Die Kinder konnten sich aus zwei Angeboten, z. B. Rechen- und Schreibbogen, eine Arbeit auswählen, die andere musste am nächsten Tag erledigt werden. ... Nach und nach wurde das Angebot erweitert. Es kam ein Lesebogen dazu, später eine Zeichen-/Malaufgabe und als fünfter Bereich ein Spiel. Die Schüler arbeiteten jetzt an jedem Wochentag 20 bis 30 Minuten an den Angeboten. ..."

Auf dieser Stufe der Angebotsarbeit blieben wir so lange, bis die Kinder diese Arbeitsform so gut beherrschten, dass sie unsere Hilfe nur noch selten benötigten. Da das Leistungsniveau stark differierte, war es notwendig, die Aufgaben zu differenzieren. Aus der Angebotsarbeit entstand die Wochenplanarbeit" (Sebold 1993, 94 f).

Die Arbeit mit Tages- und später Wochenplänen ist eine Möglichkeit, den Schülerinnen und Schülern differenzierte Angebote zu machen und gleichzeitig allen Beteiligten einen Überblick über die freiwilligen und selbst zu wählenden Aufgaben zu geben. Sie gestattet es den Kindern, nach ihren Bedürfnissen und Möglichkeiten unterschiedliche Lernschritte zu gehen und verschiedene Aufgaben zu bearbeiten. Im Zuge der Öffnung des Unterrichts kann die Planarbeit als ein weiterer Schritt auf dem Weg verstanden werden, wenn die Kinder nach und nach immer mehr Aspekte selbst planen lernen, bis dahin, dass sie aus einer vorbereiteten Umgebung ihre Arbeiten selbst auswählen.

Tages-und Wochenpläne

Sebold beschreibt anschaulich, wie im 2. Schuljahr immer mehr und umfangreichere Aufgabenbereiche in den Wochenplan integriert werden, bis die Wochenplanarbeit fast den ganzen Schultag umfasst:

„Wir wagten einen nächsten Schritt. … Die vorbereitete Lernumgebung umfasst Lernangebote und Arbeitsmittel, die von Lehrern und Schülern gemeinsam ausgewählt werden. Die Lernangebote und Arbeitsmittel sollen
– den Kindern frei zugänglich sein,
– verschiedene Lernbereiche umfassen,
– auf die jeweilige Lerngruppe abgestimmt sein,
– Raum für spontane Ideen lassen,
– auch Handlungs- und Bewegungsräume außerhalb des Klassenzimmers einbeziehen,
– am Wochenanfang vorgestellt werden. …
In der Regel bereiteten wir neue Inhalte mit Hilfe von Materialien so vor, dass die Kinder sie sich selbst erarbeiten konnten. Die Kinder entschieden, was, wie, womit, wie lange und mit wem sie arbeiten wollten. Manche Kinder brauchten dazu die Hilfe des Lehrers. Die Kinder hatten die Möglichkeit, sich über einen längeren Zeitraum mit einem Lerngegenstand zu beschäftigen. … Arbeitsergebnisse wurden im Morgenkreis und im Wochenabschlusskreis vorgestellt und gemeinsam besprochen. Im Wochenabschlusskreis brachten Schülerinnen, Schüler und Lehrerinnen ihre Ideen und Wünsche für die weitere Arbeit ein und planten gemeinsam.
Je mehr der Unterricht geöffnet wurde, desto selbstständiger arbeiteten die Kinder, umso umfangreicher wurde unser Angebot. Den Schülern stehen inzwischen vielfältige Lernmaterialien zum Lesen, Schreiben, Rechnen, Bewegen, Experimentieren, Malen, Zeichnen, Basteln, Erkunden, Beobachten zur Verfügung. Dazu kommen Unterrichtsgänge in die Stadtumgebung, Gartenarbeit, Kochen, Büchereibesuche und kleine Projekte. In dieser vorbereiteten Umgebung bewegen sich die Kinder selbstständig; sie spielen, arbeiten, erkunden, experimentieren und tauschen sich aus" (Sebold 1993, 96 ff).

Vorbereitete Lernumgebung

Wochenabschluss- kreis

Name: Esra   Datum:

Wochenplan vom 25. bis 29.1.	f	k
`1+1` ♀ Arbeitsblatt „Unter Wasser" (Kontrollblatt)		
`1+1` ♀♀ **Einmaleins-Kiste** Schreibe zu den einzelnen Verpackungen die Mal-Aufgabe auf! Vielleicht findest du auch beide Malaufgaben! Rechne die Aufgaben aus!		
RS ♀♀ **Faltblatt zum Diktat „Anna ist blind"** – Suche dir einen Partner! – Diktiert euch gegenseitig die Wörter! – Vergesst die Kontrolle nicht!		
✏ ♀ **Arbeitsblatt „Ordne die Wörter"** – Was kannst du sehen? – Was kannst du hören? (Kontrollblatt)		
👓 ♀ **Lesetext „Die Augen in den Fingerspitzen"** ● ●● ●●● – Lege die Bilder in die richtige Reihenfolge! – Welcher Text gehört zu welchem Bild! Lege dazu! – Lass von einer Erwachsenen kontrollieren!		
SU ♀ Stecke deinen Namen in Blindenpunktschrift!		
SU ♀♀♀ **Spiel „Blinde Kuh"** Suche dir 2 oder 3 Mitspielerinnen oder Mitspieler! Spiel gemeinsam das Spiel!		
SU Lass dir die Augen verbinden! „Sieh" dir mit den Fingern das Buch „Das hölzerne Männlein" an!		
SU Lege fertige Namen in Blindenschrift in die Fühlkiste! Bekommst du heraus, welche Namen es sind?		
`1+1` Arbeitsblatt „Stadt der vielen Fenster" (Kontrollblatt)		
`1+1` Rechne am „Einmaleins-Baum"		
✏ Schreibe eine Seh- oder Augengeschichte!		

Abb. 4.2: Beispiel für einen Wochenplan (nach Lütje-Klose/Pfeiffer 2001)

Im oberen Teil des Wochenplans finden sich die Pflichtaufgaben für eine Woche. Teilweise stehen Aufgaben zur Auswahl (wie für den Sachunterricht), teilweise können die Kinder nach Schwierigkeitsgraden wählen (je mehr Punkte, desto schwieriger die Version). Im unteren Teil des Wochenplans sind mit Sternchen die freiwilligen Aufgaben aufgeführt. In der Spalte „f" kennzeichnet das Kind, dass es mit der Aufgabe fertig ist. Die Lehrkraft markiert in die Spalte „k" der kontrollierten Aufgaben.

Aus Sebolds Beschreibung wird deutlich, wie die Schülerinnen und Schüler ihres ersten Schuljahres nach und nach die notwendigen Strategien entwickeln, die ihnen im zweiten, dritten und vierten Schuljahr das selbstständige Lernen in einer vorbereiteten Umgebung ermöglichen. Wesentliche unterstützende Elemente der Lehrkräfte sind dabei

Strategien zum selbstständigen Lernen

- die allmähliche Einführung von immer mehr Wahlmöglichkeiten
- das Einüben verschiedener Sozialformen
- die Strukturierung der Zeit, des Raums, des Materials sowie
- ritualisierte gemeinsame Kommunikationssituationen, durch die Transparenz und immer mehr gemeinsame Planung ermöglicht wird.

Die individuellen Unterstützungsmaßnahmen, die alle Kinder in diesem Prozess in Anspruch nehmen können, sind besonders für die Schülerinnen und Schüler mit Lernbeeinträchtigungen von Bedeutung. Als Unterstützerinnen stehen die Grundschullehrerin und die Sonderpädagogin sowie die anderen Kinder der Klasse zur Verfügung, die mit den Kindern gemeinsam handeln und ihnen als Vorbilder dienen.

Voraussetzungen für kooperatives Lernen

4.3.4   Kooperatives Lernen – Kinder lernen von Kindern

Das kooperative Lernen der Schülerinnen und Schüler voneinander ist eines der zentralen Argumente für inklusive Unterrichtsformen, denn hier haben Kinder und Jugendliche mit Lernbeeinträchtigungen viele Vorbilder in Bezug auf eine anregungsreiche Sprache, eine neugierige Grundhaltung, ein zielgerichtetes Arbeitsverhalten und Lernstrategien. Aber auch in einer Förderschulklasse sind die Kinder in ihren Interessen, Kompetenzen und Schwierigkeiten heterogen, so dass sie sich gegenseitig anregen können.

Aus der Perspektive der konstruktivistischen Systemtheorie müssen folgende Voraussetzungen erfüllt sein, damit ein Mensch vom anderen lernen, ein Mensch also auf die Strukturen eines anderen Einfluss nehmen kann:

- Eine strukturelle Kopplung muss erfolgen, das heißt, das Kind muss mit dem Modell eine Beziehung eingehen und mit ihm in einer für beide Personen bedeutungsvollen Situation gemeinsam handeln (vgl. auch Kap. 3.5.2.).
- Der Kontext muss einen sinnvollen Einsatz des Modellverhaltens erlauben und der Situation entsprechen.

- Das Kind muss die modellierte Struktur wahrnehmen können. Dazu muss diese in der „Zone der nächsten Entwicklung" seiner eigenen Strukturen liegen; durch die Konfrontation mit dem Modell kann dann ein kognitiver Konflikt erzeugt werden, der zu einer Veränderung der eigenen Strukturen führen kann.
- Die neue Struktur muss sich in der Realität des gewählten Kontexts als effektives Mittel zur Erreichung bedeutungsvoller Ziele des Kindes erweisen (Lütje-Klose 1997a, 357 f).

Kinder als Modelle Andere Kinder sind, wie zahlreiche Untersuchungen vor allem aus den USA zeigen, als Modelle in vielerlei Hinsicht wirkungsvoller als Erwachsene: Ihre Interaktionen sind gleichberechtigter und erfordern in höherem Maße Aushandlungsprozesse, was die kognitiven Aktivitäten und die Auseinandersetzung mit der Sache anregt (Youniss 1994).

„Die Versprachlichung von eigenen Vorstellungen zwischen Gleichaltrigen machen diese dem Lerner deutlicher und zugänglicher. Lernen mit Gleichaltrigen erfordert von den Schülern, dass sie Erklärungen abgeben, um ihre eigene inhaltliche Position zu untermauern. Dazu muss eigenes Wissen reaktiviert werden und metakognitive Prozesse sind erforderlich" (Krämer-Kilic 2000, 4).

Bedingungen Kooperatives Lernen unter Gleichaltrigen gelingt allerdings nicht immer gleich gut. Die günstigste Bedingung dafür ist eine bereits bestehende *Freundschaftsbeziehung*, die den Kindern Sicherheit gibt und es ihnen erlaubt, sich gemeinsam auf die Inhalte zu konzentrieren. Weitere Bedingungen im oben formulierten Sinne sind die *Entwicklungsangemessenheit* der Anforderungen, die von der Lehrkraft verantwortet wird, und ein *Unterrichtskontext*, in dem das gemeinsame Arbeiten positiv bewertet wird und sinnvoll eingebunden ist.

Kooperatives Lernen Der Begriff *Kooperatives Lernen* ist ein Sammelbegriff, der eine Vielzahl gruppenbezogener Arbeitsformen umfasst, wie die Partner- und Kleingruppenarbeit, die Arbeit mit Tischgruppen oder Tutorensystemen. In einem aktiven Austauschprozess sollen die Schüler sich bei diesen Arbeitsformen über einen gemeinsamen Gegenstand auseinandersetzen und sich diesen über verschiedene Tätigkeiten mit einem gemeinsamen Ziel inhaltlich erschließen (Krämer-Kilic 2000, 5): „Von kooperativem Lernen spricht man dann, wenn Lernende sich beim Wissenserwerb gegenseitig unterstützen" (Souvignier 2012, 138). Aus den deutschen Integrationsversuchen wird übereinstimmend von einer großen Anregungswirkung der Kinder untereinander und positiven sozialen Effekten berichtet (Feuser / Meyer 1987; Heyer et al. 1994 u. a.), wie sie sich auch im folgenden Fallbeispiel zeigt.

Als Patrick, der vorher einen Sonderkindergarten für entwicklungsauffällige Kinder besucht hat, in eine integrative Grundschule eingeschult wird, ist er sehr zurückhaltend und schüchtern. Er weint fast jeden Tag und nimmt kaum von sich aus Kontakt mit anderen Kindern oder Erwachsenen auf. Nach und nach lebt er sich in der Schulkindergartengruppe ein und beginnt nach einer längeren Beobachtungsphase vorsichtig, sich am rhythmisch-musikalisch strukturierten Morgenkreis zu beteiligen. In den offenen Spielphasen baut er ganz für sich allein mit Bausteinen. Manuel, der sehr impulsiv ist und schnell in Streit mit anderen Kindern gerät, baut meistens neben ihm. Sie spielen über mehrere Wochen täglich parallel, stören sich gegenseitig nicht und beginnen erst nach einer Weile, sich für die Bauarbeiten des anderen zu interessieren. Als schließlich die Bausteine für ihre Projekte nicht mehr ausreichen, beginnen sie ganz selbstverständlich und ohne die Einmischung der Erwachsenen, sich aufeinander zu beziehen. Sie entwickeln ein gemeinsames Ziel (ein Hochhaus mit Unterführung) und planen, wie sie es mit dem vorhandenen Material umsetzen können. Das gemeinsame Bauen bleibt für fast ein halbes Jahr das Thema der beiden Jungen, ihre sehr unterschiedlichen Temperamente wirken sich wechselseitig außerordentlich fruchtbar aus.

In anderen Situationen beginnen sie in der Folge ebenfalls, sich gegenseitig zu unterstützen: Patrick wirkt beruhigend auf Manuel, der sich schnell und fahrig bewegt, häufig etwas umstößt, Dinge nicht von sich aus zu Ende bringt und sich über Störungen durch andere sehr aufregen kann. Manuel wirkt aktivierend auf Patrick und hilft ihm durch sein Vorbild, sprachliche Anweisungen zu verstehen, mit einer Aufgabe zu beginnen und sich auf neue Themen einzulassen. Gemeinsam entwickeln die beiden auch eigene Ideen und kommen zu einer Arbeitshaltung, die es ihnen ermöglicht, Aufgaben auszuwählen, die Umsetzung zu planen und sie zu Ende zu führen. Davon profitieren sie beide im folgenden ersten Schuljahr in hohem Maße: Solange sie z. B. im Mathematikunterricht zusammenarbeiten können, gelingt es beiden, am Thema zu arbeiten. Manuel, der neue Inhalte schnell versteht, aber allein leicht abschweift, unterstützt den systematisch, aber langsam arbeitenden Patrick durch Erklärungen mit Material, so dass es diesem nach und nach gelingt, sich den 10er und dann den 20er Raum zu erschließen. Manuel schafft es auf diese Weise, bei der Sache zu bleiben und alle seine Aufgaben zu erledigen.

Über die Arbeitsbeziehung hinaus entsteht zwischen den beiden Jungen eine tiefe Freundschaft, die mehrere Schuljahre überdauert und sogar einen Umzug von Patrick in einen anderen Schulbezirk übersteht.

In diesem Fallbeispiel zur Partnerarbeit wird deutlich, dass die Kinder im Unterricht füreinander eine wichtige Ressource darstellen. Dieser Ressource wird im kooperativen Gruppenunterricht nicht nur – wie hier beschrieben – Raum gelassen, sondern sie wird systematisch genutzt. Unter kooperativem Gruppenunterricht versteht man Lernprogramme, in denen die kooperativen Fähigkeiten der Kinder systematisch gefördert und zur inhaltlichen Erschließung oder Übung der Unterrichtsgegenstände herangezogen werden. Vor allem in den USA

Kooperativer Gruppenunterricht

und Israel werden solche Programme seit den 1980er Jahren in großem Umfang untersucht und eingesetzt, um die sozialen Fähigkeiten und die gegenseitige Akzeptanz von Kindern mit Beeinträchtigungen und aus anderen ethnischen Gruppen gezielt zu unterstützen (Slavin 1993); in Deutschland findet die Auseinandersetzung mit den kooperativen Formen des Gruppenunterrichts und ihren Wirkungen erst seit einigen Jahren verstärkt Berücksichtigung.

Weitere Ausführungen hierzu finden sich bei Renkl 1997; Krämer-Kilic 2001; Schnebel 2003; Weidner 2003; Avci-Werning 2004; Lütje-Klose/Smits 2007; Rabenstein/Reh 2007; Souvignier 2012

Heterogene Gruppen

Die Schulklasse wird dabei in den meisten Programmen zum kooperativen Gruppenunterricht in mehrere bewusst heterogene Gruppen aufgeteilt. Die Aufgaben werden so gestellt, dass alle Kinder in ihren Arbeitsergebnissen aufeinander angewiesen sind (Interdependenz). So befasst sich zum Beispiel bei der sogenannten „task specialization" jedes Gruppenmitglied mit einem Teilbereich des Themas, die Teilergebnisse werden zusammengetragen und diskutiert. Jeder Einzelne trägt dazu bei, dass die Gruppe die Gesamtaufgabe lösen kann (Avci-Werning 2004, 100).

Aktivität und Selbstgestaltung

Die gezielte Planung und Unterstützung kooperativer Gruppenarbeit kann dazu beitragen, dass die Schülerinnen und Schüler aktiver werden und dadurch ihre Lernprozesse stärker selbst gestalten können. Durch das gemeinsame Handeln regen sie sich gegenseitig an und können ihr Wissen verstärkt einbringen, sie machen die Erfahrung, dass sie gemeinsam auf mehr oder bessere Ideen kommen als jeder für sich. Das Erfolgserlebnis eines gelungenen Gruppenergebnisses kann sie in ihrem Selbstwertgefühl und in ihrer sozialen Position in der Klasse stärken, sie nehmen ihre eigenen Fähigkeiten stärker wahr und werden von ihren Gruppenmitgliedern dafür anerkannt. Avci-Werning referiert zusammenfassend die Untersuchungsergebnisse zu den Vorteilen kooperativen Gruppenunterrichts:

Vorteile kooperativen Gruppenunterrichts

„1. Verbesserung der Intergruppenbeziehungen
2. Erhöhung der Selbsteinschätzung
3. positive Veränderung des *locus of control* (Kontrollüberzeugung)
4. Verbesserung der Freundschaftsbeziehungen innerhalb der Schulklasse
5. größere Akzeptanz von behinderten Kindern und Kindern mit Lernbeeinträchtigungen
6. besseres Verhalten im Klassenzimmer und besseres Arbeitsverhalten

7. größere Zufriedenheit der Schüler mit der Klasse und der Schule
8. mehr Kooperationsverhalten, Altruismus und die Fähigkeit, sich in andere hineinzuversetzen
9. Anhebung der Leistungsnormen." (2004, 121)

Neben den inhaltlichen und sozialen spielen dabei auch planerische Lernprozesse eine große Rolle, denn die Schüler lernen im kooperativen Gruppenunterricht, ihre Arbeits- und Gruppenprozesse selbst zu planen und zu organisieren. Auf die Gruppenzusammensetzung ist daher ein besonderes Augenmerk zu richten, damit die Gruppe arbeitsfähig ist (Lütje-Klose/Smits 2007).

Weiterhin benötigen die Schülerinnen und Schüler vor allem in der Anfangsphase unterstützende Strukturen: So weist Krämer-Kilic auf die Bedeutung einer *sozialen Binnenstruktur* hin, die z. B. verschiedene Rollen in der Gruppenarbeit (Schreiber, Beobachter, Sprecher …) oder feste Tischgruppen umfassen kann. Die Aufgaben für die Gruppenarbeit sind ein weiterer Aspekt, der auch in amerikanischen Untersuchungen thematisiert wird: Sie lassen insgesamt vermuten, dass für positive Effekte des *Peer Tutoring* oder *Peer Modeling* eine klare gemeinsame Aufgabenstellung günstig oder sogar notwendig ist (Lütje-Klose 1997a, 358 ff). Gerade Schülerinnen und Schüler mit geringeren Lernvoraussetzungen profitieren von dieser hoch strukturierten Form der Kleingruppenarbeit und erreichen damit eine größere Nachhaltigkeit der Lerneffekte (Reinmann-Rothmeier/Mandl 2001, 638).

Die Rolle der Lehrkraft ist daher in diesem Kontext die einer Lern- und Interaktions-Managerin, deren Aufgaben vor allem in den Bereichen der inhaltlichen Anregung, der Unterstützung sozialen Verhaltens und der Lernorganisation liegen (Avci-Werning 2004):

Lehrerin als Interaktionsmanagerin

- Sie muss den Lernstoff und die Aufgabenstellungen so auswählen und aufbereiten, dass die Schülerinnen und Schüler damit selbstständig arbeiten können.
- Sie muss die Gruppen heterogen zusammensetzen und sie unterstützen, wenn sie nicht allein weiterkommen.
- Sie muss gemeinsam mit der Klasse Regeln für die Gruppenarbeit entwickeln und einüben.
- Sie muss die Schülerinnen und Schüler beim Aufbau von Gesprächsfähigkeiten unterstützen.
- Sie muss die Verantwortlichkeit und gegenseitige Hilfe innerhalb der Gruppe unterstützen, den Schülerinnen und Schülern immer wieder die Verantwortung für ihre eigene Arbeit übergeben und sie ermutigen, die eigenen Ressourcen zu nutzen.

● Sie muss Aufgaben delegieren und sich selbst heraushalten können.
● Sie muss intervenieren, wenn die Gruppe die Aufgabenstellung nicht verstanden hat oder es in der Gruppe zu ernsthaften persönlichen Problemen kommt.

Kooperativer Gruppenunterricht und kooperatives Lernen kann in Förderschulklassen und in inklusiven Klassen gleichermaßen eingesetzt werden, wenn auch die Bedingungen im gemeinsamen Unterricht aufgrund der noch größeren Heterogenität das kooperative Lernen selbstverständlicher erscheinen lassen. Bei den Vertretern kooperativen Lernens findet sich auch eine grundlegende Übereinstimmung mit den zentralen Prinzipien inklusiver Pädagogik wie der Förderung der gegenseitigen Akzeptanz, der bewussten Herstellung von Gemeinsamkeit und des sozialen Klimas in der Klasse.

4.3.5   Entdeckendes Lernen im Sachunterricht

Selbsttätigkeit durch entdeckendes Lernen   Das entdeckende Lernen gehört zu den Methoden offenen Unterrichts, bei denen die Selbsttätigkeit der Schüler im Sinne des Prinzips der Konstruktion (Reich 2000) besonders betont wird. Diese Arbeitsform geht unter anderem auf Deweys „Learning by doing" (1935) und Freinets „Tastende Versuche" (1934) sowie Bruners (1980) Überlegungen zum Lernen als Hypothesenbildung und -überprüfung in einem aktiven, selbstgesteuerten Prozess zurück. Durch das handelnde Explorieren, Experimentieren und Problemlösen sollen die Schüler kategoriale Eigenschaften und Zusammenhänge erfahren und speichern, indem sie im Umgang mit konkreten Materialien neue Erfahrungen sammeln, die dann im Anschluss reflektiert werden. „Im Gegensatz zu lehrerzentrierten Verfahren sind die Schülerinnen und Schüler beim entdeckenden Lernen gehalten, die relevanten Bereiche eines Lerngegenstandes selbstständig, allein oder in kleinen Gruppen (mit mehr oder weniger Unterstützung durch die Lehrkraft) zu erforschen" (Werning / Lütje-Klose 2012, 149). Dabei sind folgende Formen zu unterscheiden (Hameyer 2002, 28 f):

● Entdecken als explorative Tätigkeit im Sinne eines aktiven Ergründens eines bislang unbekannten Phänomens;
● Entdecken als reflexive Tätigkeit, bei der etwas Neuherausgefundenes in die bisherige Wissensstruktur integriert wird;
● Entdecken als konstruktive Tätigkeit, bei der etwas gestaltet oder hergestellt wird;

● Entdecken als formative Tätigkeit, bei der ein Plan als „individuelle Heuristik" verfolgt wird.

Wenn entdeckendes Lernen in seiner Idealform auch vollständig selbstgesteuert verläuft, so schränken Werning und Bannach (1994) ein, dass dieser Prozess im Unterricht von der Lehrkraft teilweise gesteuert werden sollte. Empirische Untersuchungen zeigen, dass das ungelenkte Entdecken nicht zu optimalen Lernergebnissen führt, weil die Schüler mit ihren Entdeckungen oft nicht selbstständig weiterarbeiten können. „Als optimale Methode hat sich gelenktes Entdecken erwiesen, wobei der Lehrer durch Lernhilfen und -strategien den Verlauf des Unterrichts steuert und dabei den Schülern Handlungsspielräume zum Probieren, Forschen und Entscheiden über Lernprozesse überlässt" (Werning/Bannach 1994, 85). Der Schwierigkeitsgrad der Aufgabe muss sowohl inhaltlich als auch methodisch den Möglichkeiten der Schüler entsprechend ausgewählt werden, damit sie erfolgreich handeln können.

Gelenktes Entdecken

Der Einsatz dieser Arbeitsform in der Förderschule mit dem Förderschwerpunkt Lernen wird in der Literatur kontrovers diskutiert. Schüler dieser Schulform, die in vielen Fällen durch das Versagen in der Grundschule eine Misserfolgsorientierung aufgebaut und darüber hinaus mit der Selbststeuerung Schwierigkeiten haben, vermeiden demnach die Auseinandersetzung mit problemhaltigen Situationen häufig aus Furcht vor Versagen. Für solche Schüler wird ein klar strukturierter Unterricht als hilfreich eingeschätzt, während ein weniger strukturierter Unterricht vor allem für angstfreie und leistungsmotivierte Schüler günstig ist (Flammer 1975 in Werning/Bannach 1994, 86).

Werning und Bannach setzen dagegen, dass entdeckendes Lernen auch mit diesen Schülern wirksam eingesetzt werden kann, wenn die entsprechenden Voraussetzungen angebahnt worden sind. Dazu gehören die *Vermittlung der notwendigen Arbeitstechniken*, der *Ausgleich von Erfahrungsdefiziten* durch einen spielerischen und explorierenden Umgang mit gezielt ausgewählten Materialien im Sinne einer vorbereiteten Umgebung sowie bei Bedarf *Unterstützungsmaßnahmen der Lehrkraft* im Prozess der Entdeckung.

Voraussetzungen

Die Autoren begründen den Einsatz entdeckenden Lernens gerade für lernbeeinträchtigte Schülerinnen und Schüler damit, dass

Vorteile

● die Schüler in diesem Rahmen Strategien der Informationsgewinnung, der Überprüfung von Fragestellungen und des experimentellen Handelns erwerben können, die über die unmittelbare Situation hinaus ein Modell für ihre Auseinandersetzung mit der außerschulischen Lebenswelt bieten;

- diese Arbeitsform am Handlungsbedürfnis der Schüler anknüpft, ihnen den spielerischen Umgang mit unterrichtsrelevanten Gegenständen ohne Lernzieldruck ermöglicht und ihnen Gelegenheiten zur aktiven Auseinandersetzung damit bietet;
- die Misserfolgsorientierung der Schüler durch zunehmende Erfolgserlebnisse bei der Lösung von Problemen durchbrochen wird und so eine Veränderung in der Verhaltensdisposition erreicht werden kann;
- die Motivation zur Auseinandersetzung mit neuen Problemen gerade bei dieser Schülergruppe deutlich höher ist, wenn sie einen entdeckenden Zugang angeboten bekommt (Werning/Bannach 1994, 87 f).

Sachunterricht als geeignete Situation   Im Sachunterricht bietet sich das entdeckende Lernen in besonderer Weise an, denn dieses Fach macht die Entdeckung der Welt und die Beziehung des Menschen zu den Gegenständen seiner Lebenswirklichkeit zum Thema: „Seine Aufgabe liegt… in der Unterstützung des Kindes, seine Lebenswirklichkeit besser zu verstehen und seine Handlungsfähigkeit in dieser Lebenswirklichkeit zu erweitern" (Werning 1996b, 137). Der Lebensweltbezug aller zu bearbeitenden Themen, nicht eine strenge Wissenschaftsorientierung der Inhalte hat dabei Vorrang, und unter dieser Prämisse ist der Sachunterricht geeignet, mit den Schülern echte Probleme zu bearbeiten, wie dies im entdeckenden Lernen geschieht.

„Lernmöglichkeiten bieten sich immer da an, wo Probleme auftreten, wo Ungewohntes, Neues, Unverständliches auftaucht, wo Herausforderungen deutlich werden. Die Entdeckung der Problemhaltigkeit der alltäglichen Umwelt stellt m. E. den Ausgangspunkt produktiver Lernprozesse dar, in deren Verlauf Fragen formuliert, Probleme wahrgenommen, Versuche zu ihrer Lösung entwickelt und ausprobiert werden" (Werning 1996b, 139).

Indem den Schülern ein Problem bewusst wird, wird ein kognitiver Konflikt erzeugt, der anregt, Fragen zu stellen, auszuprobieren und neue Hypothesen zur Lösung des Problems zu entwickeln.

Prinzipien   Damit die Schülerinnen und Schüler in diesem Prozess erfolgreich sein können, sind einige didaktisch-methodische Prinzipien zu berücksichtigen (Werning/Bannach 1994, 86 ff):

1. Gezielte Materialauswahl: Die Unterrichtsmaterialien sollten gezielt ausgewählt werden. Um die Alltagserfahrungen der Kinder in Frage zu stellen, soll das Material irgendwie ungewöhnlich sein und Rätsel aufgeben, die dazu anregen, genau hinzuschauen, Vermutungen anzustellen und zu überprüfen. Es soll das spielerisch-explorative Handeln anregen, das auf unterschiedlichen Niveaus – vom Versuch- und Irrtumverhalten bis hin zum hypothesenprüfenden, kontrollierten Experiment – umgesetzt werden kann. Weiterhin sollte das Material überschaubar sein und nicht zu komplex wirken, um das Entstehen einer Abwehrhaltung bei den Schülern zu vermeiden, weil sie sich überfordert fühlen. Auch die notwendigen Tätigkeiten zur Lösung sollten daher vor allem zu Beginn von geringer Komplexität sein. Werning bringt als Beispiel Fragestellungen wie „Zieht der Magnet die Gegenstände an? ja–nein; oder: Schwimmen die Gegenstände? ja–nein" (Werning 1996b, 147).

2. **Spielerisch-exploratives Handeln:** Die Gelegenheit zum spielerisch-explorativen Handeln mit den Gegenständen ist von großer Bedeutung für den Erkenntnisprozess, weil Schülerinnen und Schüler mit Lernbeeinträchtigungen in ihrer Lebenswelt häufig nicht ausreichend Gelegenheiten zur handelnden Erfahrung erhalten. Das Bedürfnis, spielerisch mit dem Material umzugehen, kann – wenn ihm nicht genügend Raum gegeben wird – der vertieften Beobachtung und kognitiven Auseinandersetzung mit dem Thema im Wege stehen. Die spielerischen Handlungsinteressen der Schüler sollten daher berücksichtigt werden, bevor ihnen abverlangt wird, mit dem Material zu „arbeiten". Beispiele für das explorative Handeln sind das Hantieren mit einem Magneten, das Spiel mit Schatten, die Konfrontation mit Spiegeln etc.

3. **Gezielte Fragestellungen entwickeln:** Ausgehend vom spielerischen Explorieren wird der Unterricht weitergeführt zu gezielten Fragestellungen, die die Schülerinnen und Schüler im günstigsten Fall selber entwickeln oder die anknüpfend an ihre beobachteten Erfahrungen durch die Lehrkraft versprachlicht werden. Die Fragen sollen Anstöße zur weiteren Nachforschung oder Reflexion geben und Problemstellungen gezielt herausarbeiten. Dabei ist besonders darauf zu achten, dass der Lösungsweg nicht vorweggenommen wird, z.B.: „Beschreibe, was du tun musst, um die Größe des Schattens zu verändern!"

Als Beispiel stellt Werning eine Unterrichtsstunde zum Thema Achsensymmetrie vor, in der die Schülerinnen und Schüler durch den handelnden, spielerischen Umgang mit Material achsensymmetrische und nicht achsensymmetrische Gegenstände erkennen und zeichnerisch verfremden sollen.
„Der Einstieg in die Stunde ist durch ein Überraschungsmoment gekennzeichnet, wodurch bei den Schülern Neugier und problemorientiertes Denken ausgelöst werden soll. Um eine entdeckende Auseinandersetzung mit sym-

**Beispiel
Achsensymmetrie**

metrischen Gegenständen zu initiieren, wird den Schülern ein in der Länge halb abgedeckter Besen präsentiert. Die Schüler erhalten die Aufgabe, den ‚ganzen Besen' auf Gitterpapier zu zeichnen. Alle Kinder zeichnen hier einen achsensymmetrischen Besen, wie er ihren Alltagserfahrungen entspricht. Sie werden aufgefordert, die Spiegellinie zu suchen und entweder einzuzeichnen oder durch Knicken des Papiers deutlich zu machen (der Begriff der Spiegellinie ist den Kindern bekannt). Nun wird der vollständige Besen präsentiert, der nicht achsensymmetrisch ist und sich von den Vorerfahrungen der Schüler deutlich unterscheidet. Staunen und Heiterkeit zeichnet die Schülerreaktionen aus. Zunächst besteht Uneinigkeit darüber, ob das überhaupt ein Besen sei. Einige Schüler untersuchen ihn und überprüfen ihn auf seine Funktionalität. Sie kommen zu dem Schluss, dass der Stiel zwar falsch angebracht sei, es sich aber trotzdem um einen richtigen Besen handele. Während des Ausprobierens stellen die Schüler fest, dass man mit ihm viel besser unter Schränke und Tische gelangen kann als mit normalen Besen. Durch die Konfrontation mit einem Alltagsgegenstand, der von den Erwartungen der Schüler abweicht, wird so eine Problematisierung der Bedeutung von Symmetrie bei Gegenständen in unserer Umwelt initiiert. In der folgenden Explorationsphase untersuchen die Schüler verschiedene achsensymmetrische Gegenstände, die sie im Klassenraum bzw. im Schulgebäude oder auf dem Schulhof finden. Zu den Dingen, die sie untersuchen, gehören die Tafel, Schmetterlinge aus Papier, die Couch, eine Jacke, der Lehrer, Hefte etc. Gemeinsam wird im Stuhlkreis (Reflexionsphase) überlegt, was passieren würde, wenn die Gegenstände nicht spiegelgleich wären. Die Schüler stellen hier heraus, dass unsymmetrische Schülertische Streit auslösen könnten, da der Platz ungleich verteilt sei; unsymmetrische Jacken seien sicherlich sehr unbequem, Schmetterlinge, deren Flügel nicht symmetrisch seien, könnten bestimmt nur sehr schlecht oder gar nicht fliegen. Auch über die Symmetrie beim Menschen wird lange diskutiert. In der darauffolgenden Stunde ‚erfinden' die Schüler neue, achsensymmetrische Gegenstände durch die Vervollständigung von Abbildungen halbierter, nicht achsensymmetrischer Dinge mit Hilfe einer Acrylglasscheibe. Dazu gehören z. B. ein Kessel mit zwei Gießern, einen für Kakao und einen für Tee, oder der ‚Doppellöffel' für Kaffee und Kuchen oder das Auto, das immer vorwärts fährt" (Werning 1996b, 148 f).

Um den Schülern ein entdeckendes Lernen zu ermöglichen, muss – wie an dem Beispiel deutlich wird – das entsprechende Material bereitgestellt werden, und besonders zu Beginn der Arbeit mit dieser Methode muss auch die problemhaltige Situation vorstrukturiert werden. Je mehr Erfahrungen die Schüler mit solchen Aufgabenstellungen und den Arbeitstechniken haben, desto besser können sie selbstständig arbeiten: „gerade für Schülerinnen und Schüler mit Lernbeeinträchtigungen hat die Erfahrung von Selbsttätigkeit und Selbstwirksamkeit, wie sie das entdeckende Lernen ermöglicht, eine große Förderrelevanz" (Werning/Lütje-Klose 2012, 160). Durch die Erfahrung, etwas selbst bewirken und selbst klären zu können, werden die Schülerinnen und Schüler in ihrem Zutrauen zu den eigenen Fähigkeiten und damit auf Dauer auch in ihrem Selbstkonzept gestärkt.

4.3.6   Lebensweltbezug im Projektunterricht

Die Methode des projektorientierten Unterrichts stellt eine bewusste Alternative zum lehrgangsorientierten, frontal geprägten Unterricht dar und geht auf die Reformpädagogen Dewey und Kilpatrick (1935) zurück. Sie zeichnet sich Heimlich zufolge durch zwei Hauptmerkmale aus:

„1. Situationsorientierung als Bezug auf die Lebenswelt der Schüler und 2. Schülerorientierung als Bezug auf die Selbsttätigkeit der Schüler … Von Projektmethode sollte also dann gesprochen werden, wenn Schüler an für ihre Lebenswelt relevanten Problemsituationen selbsttätig arbeiten lernen. Projektunterricht ist folglich als Unterrichtsveranstaltung aufzufassen, in deren Mittelpunkt die Projektmethode steht und die damit auch eine neue Qualität der Schüler-Lehrer-Interaktion beinhaltet, die seit Dewey als demokratische bezeichnet wird" (Heimlich 1993, 59; vgl. auch Heimlich 2012).

Situationsorientierung und Schülerorientierung

Die Betonung der Selbsttätigkeit der Schüler zeigt den engen Bezug des projektorientierten Unterrichts zum entdeckenden Lernen und zum handlungsorientierten Unterricht. In einem Projekt ist aber der Rahmen weiter gefasst: Schüler und Lehrer arbeiten fächerübergreifend an einem gemeinsam bestimmten Thema, entscheiden gemeinsam über die zu bearbeitenden Unterthemen und Arbeitsformen und veröffentlichen das Ergebnis. Nach Auffassung von Hänsel ist die Projektarbeit nicht nur als Unterrichtsmethode, sondern darüber hinaus als Versuch zu verstehen, Schule und Wirklichkeit in gemeinsamer Anstrengung zu verändern.

In Anlehnung an Dewey definiert sie den Projektunterricht als „Unterricht, in dem Schüler und Lehrer ein echtes Problem in gemeinsamer Anstrengung und handelnder Auseinandersetzung mit der Wirklichkeit zu lösen suchen" (Hänsel 1986, 33). Frey (2002) beschreibt den idealtypischen Verlauf eines Projekts folgendermaßen:

Projektunterricht

Projektinitiative: Am Anfang steht eine Projektinitiative, eine Idee, für die sich Lehrkraft und Schüler interessieren und die sie bewegt. In einem kommunikativen Prozess setzen sich die Beteiligten mit dem Thema auseinander, besprechen mögliche Chancen, Grenzen und Ziele sowie zu erwartende Schwierigkeiten, die als Projektskizze festgehalten werden.

Projektskizze und Projektplan: Aus diesen Vorüberlegungen wird der Projektplan gemeinsam entwickelt, es werden zeitliche, räumliche, materielle und persönliche Bedingungen geklärt.

Projektdurchführung und Fixpunkte: Die Projektdurchführung, die in Form einer Projektwoche oder auch eines längerfristigen Zeitraums mit bestimmten täglichen oder wöchentlichen Zeiten erfolgen kann, wird durch bestimmte Fixpunkte strukturiert. An diesen organisatorischen Schaltstellen informieren sich die Beteiligten gegenseitig über den Stand ihrer Arbeit und ihre weitere Planung, prüfen gemeinsam den Bezug zum gesetzten Ziel, vergewissern sich ihrer Aufgaben und reflektieren das bisher Erreichte.

Ergebnispräsentation: Am Ende steht meistens eine Präsentation oder sonstige Form der Veröffentlichung der Ergebnisse.

Gemeinsame Planung Aus dieser Ablaufskizze wird deutlich, dass die Planung bei dieser Arbeitsform nicht (mehr) allein in den Händen der Lehrkraft liegt, sondern gemeinsam mit den Schülern erfolgt. Der Zeitrahmen der üblichen 45-Minuten-Stunden wird gesprengt zugunsten einer Anpassung an die inhaltlichen Notwendigkeiten, die sich aus dem Thema ergeben. Die Verantwortung für den Erfolg der Unternehmung liegt bei jedem einzelnen Beteiligten. Sowohl das Lehren als auch das Lernen ist komplexer als in einem lehrerzentrierten Unterricht und erfordert vor allem von Schülerinnen und Schülern mit Lernbeeinträchtigungen ein hohes Maß an Planungskompetenz und Selbstständigkeit, was, wie bereits beschrieben, keineswegs vorauszusetzen ist. Heimlich (1993; 1999b; 2012) betont daher, dass das Projektlernen „gelernt" werden muss, die zentralen Arbeitsweisen also eingeübt werden müssen, damit die Schüler sich in diesem Rahmen als erfolgreich erleben können. Damit bestätigt er die allgemeineren Ausführungen von Reiß u. a. (1997) zur Vorbereitung auf offene Unterrichtsformen (vgl. Kap. 4.2). Wichtige Lernvoraussetzungen sieht er in folgenden Bereichen:

Voraussetzungen „1. Die Schüler sollen in einem Gesprächskreis zusammensitzen und miteinander kommunizieren können" (Heimlich 1993, 61). Diese wichtige Bedingung für das gemeinsame Planen im Projekt kann in verschiedenen Situationen des Unterrichts eingeübt werden, z. B. im Wochenabschlusskreis, bei der Planung von Klassenausflügen usw.

„2. Schüler sollen in Gruppen arbeiten können" (Heimlich 1993, 62). Anhand von kleineren Aufgaben können die Schüler schon vor Projektbeginn Erfahrungen mit Gruppenarbeit sammeln. Dabei können strukturierende Elemente eingeübt werden, z. B. die Bestimmung eines Gruppenschreibers, eines Gruppensprechers usw. (vgl. Kap. 4.3.3).

„3. Schüler sollen mit offenen Aufgabenstellungen umgehen können" (Heimlich 1993, 62). Das heißt für Lehrkräfte, dass sie sie zu selbsttätigen Lernprozessen anregen müssen anstatt – wie sonst angestrebt – präzise formulierte Lernaufgaben unter genauer Zielangabe zu formulieren.

„4. Schüler sollen Erfahrungen mit außerschulischen Erkundungen gesammelt haben" (Heimlich 1993, 62). Ein Erkundungsgang zu einem außerschulischen Lernort bietet eine gute Gelegenheit, projektrelevante Kompetenzen wie die Planung, Durchführung und Auswertung einzuüben.

„5. Schüler sollen sich über einen längeren Zeitraum mit einer Thematik in einem Fach im Sinne von Epochalunterricht beschäftigen können" (Heimlich 1993, 62). In einer Epoche wird über einen bestimmten Zeitraum (zum Beispiel vier Schulwochen) vertieft an einem Thema in einem Unterrichtsfach gearbeitet, der übliche 45-Minuten-Takt, in dem jeweils ein anderes Fach an der Reihe ist, wird aufgebrochen. Stattdessen werden fächerübergreifend verschiedene Aspekte des Themas bearbeitet.

„6. Schüler sollen bei kleineren Vorhaben die fächerübergreifende Arbeit kennen gelernt haben" (Heimlich 1993, 63). Beispiele hierfür sind die Planung eines Klassenfestes mit Einladungsschreiben an die Eltern (Deutsch), die Berechnung des Einkaufs (Mathematik), das Einüben eines Liedes (Musik) usw.

Ein besonderer Schwerpunkt und gleichzeitig eine besondere Schwierigkeit bei der Umsetzung der Projektmethode mit lernbeeinträchtigten Schülerinnen und Schülern liegt in der gemeinsamen Planung. Das Thema soll demokratisch ausgehandelt werden, und die Umsetzung wird im Prozess immer wieder reflektiert. Diese metakommunikative Auseinandersetzung stellt hohe Anforderungen an die Schüler und bedarf der strukturierenden Unterstützung. Als Beispiel wird hier ein Schattentheaterprojekt vorgestellt, das mit einer siebten Klasse an einer Förderschule mit dem Schwerpunkt Lernen durchgeführt wurde (Lütje-Klose 1997b).

„Ich bin down, ich bin wirklich down.
Ich bin down, total down.
Ich bin down, ich bin wirklich down.
Wie kannst du lachen,
wenn du weißt, ich bin down?"

**Schattentheater-
projekt**

In diesem Rap, der den Ausgangspunkt eines fächerübergreifenden Projekts im Musik-, Kunst- und Deutschunterricht darstellt, wird eine Stimmung ausgedrückt, wie die Schüler der siebten Klasse einer Förderschule Lernen sie oft erleben: ein Gefühl der Enttäuschung, der Traurigkeit, der Lustlosigkeit, vermischt mit Wut und der Angst, ausgelacht, nicht ernst genommen zu werden. Die Jugendlichen im Alter von 14 bis 16 Jahren kennen das Gefühl des Versagens, in ihren Schulleistungen ebenso wie in der Verwirklichung ihrer persönlichen Ziele und kommunikativen Absichten, denn sie sind in der Regelschule gescheitert. Es fällt ihnen vor diesem Hintergrund besonders schwer, die vielfältigen Entwicklungsaufgaben zu bewältigen, die in dieser „kritischen Lebensphase" zu bearbeiten sind. Diese Stimmung als Projektthema aufzugreifen, zu benennen, gar damit zu spielen ist heikel, gerade weil sie den „Nerv" der Jugendlichen trifft. Trotzdem entsteht ein Projekt, an dem Schüler und Lehrkräfte über drei Monate an einem ganzen Schultag pro Woche gemeinsam arbeiten.

Eigene Texte als Ausgangsmaterial Die Bearbeitung des Raps im Musikunterricht und das Schreiben von Texten dazu im Deutschunterricht führt zu starken emotionalen Äußerungen der Schüler, und gleichzeitig gefallen ihnen ihre eigenen Geschichten um jemanden, der „down" ist, gut. Texte über große Enttäuschungen, spannende Krimis und dramatische Liebesgeschichten sind entstanden. Es reizt sie, das Thema zu vertiefen. Im gemeinsamen Gespräch – einem ersten Fixpunkt – fällt die Entscheidung, die Schülertexte zum Ausgangspunkt für ein Theaterstück mit Musikbegleitung zu nehmen: Eine *Projektskizze* entsteht.

Explorationsphase In einer ausführlichen Explorationsphase experimentieren die Schüler nun mit dem Medium Schattentheater, probieren Effekte mit farbigen Folien, Formen, Gegenständen auf dem Projektor und verschiedenen Entfernungen zur Lichtquelle aus und spielen schließlich unter Einsatz vielfältiger Requisiten selbst verschiedene kleine Rollen. Das Medium Menschenschattentheater begeistert sie, denn sie können sich ihrem Publikum hinter der Leinwand in verfremdeter Gestalt präsentieren und müssen ihre Identität nicht preisgeben. Die verschiedenen Aufgaben, die mit dem Schattentheater verbunden sind – das Aufbauen von Leinwand und Projektor, das Bereitstellen von Requisiten, das Ausdenken von Rollen, die musikalische oder lautmalerische Begleitung usw. – werden von allen Beteiligten ausprobiert. Diese Phase des Projekts wird mit einem Besuch hinter den Kulissen des Opernhauses beendet, bei dem die verschiedenen Berufsgruppen thematisiert werden, die im Musiktheater gebraucht werden.

Daran anknüpfend treffen Schüler und Lehrkräfte zusammen die **Übernahme von** Entscheidung, dass nun eine Spezialisierung und Übernahme fester **festen Aufgaben** Aufgaben in Gruppen notwendig ist, damit wirklich ein Theaterstück entstehen kann. Der zweite Fixpunkt ist durch die Zuordnung der Schüler zu den Aufgabenbereichen Regie/Text, Schauspiel, Musik, Technik/Bühnenbild gekennzeichnet. Jetzt entsteht ein konkreter *Projektplan* mit dem Ziel einer Aufführung. Die Entscheidung für einen der Texte als Ausgangspunkt der weiteren Arbeit fällt erst nach mehreren Stunden kontroverser Diskussion, am Ende muss abgestimmt werden. Die Schüler entscheiden sich für eine Liebesgeschichte, bei der ein Mädchen ihren Freund bei einer Verabredung versetzt und er deshalb „down" ist. Die Musikergruppe macht (mit Unterstützung der Lehrerin) aus dem solistischen Rap zunächst einen Dialog. Aus dem Dialog wird auf Anregung eines Schülers ein Lied, das in verteilten Rollen gesungen wird, und so den Inhalt der Geschichte auch musikalisch mit Gitarre, Schlagzeug und Gesang umsetzt. Die Technikgruppe stellt Folien als Bühnenbilder her, die die jeweiligen Szenen einrahmen, und übt den Umgang mit dem Projektor. Die Regisseure machen sich zusammen mit den Schauspielern Gedanken darüber, wie die Szenen umgesetzt werden können.

Dieser letzte Bereich gestaltet sich trotz Lehrerunterstützung **Konflikte** schwierig. Walter und Deniz, die sich in Ermangelung eines schauspielbereiten Mädchens zunächst für die Rolle der Schauspieler entschieden haben, finden das Stück nach einiger Zeit doch peinlich. Sie sind zwei starke Persönlichkeiten in der Klasse, die kaum bereit sind, Kritik anzunehmen, und wollen sich von der Regie nicht sagen lassen, wie sie zu spielen haben. Auch einige andere Schüler nehmen ihre Verantwortung nicht so ernst wie die anderen das einfordern. Es kommt zu einer Krisensitzung, bei der die Klasse versucht, Angela, das einzige in Frage kommende Mädchen, zum Spielen zu überreden. Doch sie entscheidet sich klar dagegen, sie will weiter Musikerin sein. Die gesamte Rollenverteilung wird noch einmal in Frage gestellt. Beim nächsten Termin fordert die Lehrerin den Schülern eine Entscheidung ab, ob das Projekt fortgesetzt werden soll oder nicht. Nachdem bis auf den einen Schauspieler alle am Stück weiterarbeiten wollen, werden Verträge geschlossen und mit beidseitigen Unterschriften besiegelt. Auf Anregung von Ahmed wird das ganze Stück noch einmal verändert, so dass es weniger „peinlich" wird: Aus der brisanten Liebesgeschichte wird eine etwas harmlosere Freundschaftsgeschichte. Hakan und Selim verpflichten sich nach gründlichem Überlegen, die Rolle der Schauspieler verbindlich zu übernehmen.

Übernahme von Verantwortung

Nach dieser krisenhaften Entscheidungsphase ist bei den Schülern eine neue Verbindlichkeit zu spüren, sie haben jetzt *Verantwortung für das Projekt* übernommen. Für die beiden Ex-Schauspieler, die in keiner der bisherigen Rollen mitarbeiten wollen, wird eine neue Aufgabe als Kameraleute gefunden: Sie sind nun zuständig für das Filmen der Proben und die Rückmeldung an die anderen, was nach und nach gelingt.

Erfolgreiche Aufführung

Über mehrere Monate entsteht schließlich ein komplexes, selbstgeschriebenes Schattentheaterstück mit Musik, das zum Abschluss vor Eltern und anderen Klassen mehrfach erfolgreich aufgeführt wird.

Aufbau eines positiven Selbstkonzepts

Die Zielsetzung der beiden Lehrerinnen, den Schülerinnen und Schülern Gelegenheiten zur Übernahme von Verantwortung und zum Aufbau eines positiven Selbstkonzepts zu geben, kann am Ende für die meisten Schüler als erreicht gelten: Sie sind sehr stolz auf ihr „Produkt" und haben in der Gruppe einen neuen Zusammenhalt erreicht, der sie auch die Kritik von anderen Schülern aushalten lässt.

Kommunikative Kompetenzen

In den strukturierten Rückmeldungsrunden, die auf das gemeinsame Anschauen der Probenergebnisse auf Video folgten, haben sie gelernt, wertschätzend und vorsichtig Kritik zu üben, was noch eine ganze Weile positive Auswirkungen auf das Klassenklima hat. Die unterstützenden Elemente, die die Lehrkräfte eingebracht haben, liegen auf mehreren Ebenen:

- Die jeweiligen Aufgaben der Gruppen sowie der Handlungsverlauf der Geschichte werden visualisiert und immer wieder auf den aktuellen Stand gebracht.
- An den entscheidenden, schwierigen Stellen werden offene Gespräche geführt, die den Prozess metakommunikativ reflektieren.
- Die Gespräche und daran anknüpfend die Verträge schaffen Verbindlichkeit.
- Die Verpflichtung zur klaren Rollenübernahme und die ritualisierte Rückmeldung am Ende jeder Probe bieten die notwendige Struktur, im Rahmen derer die Schüler handlungsfähig sind.
- Um die unvermeidliche Kritik aushalten zu können, benötigen die Schüler eine Atmosphäre des gegenseitigen Vertrauens, damit sie ihre jeweiligen Leistungen steigern können.
- Die Rückmeldung über Videoaufzeichnungen erweist sich als hilfreich, weil die Kritik an der Wahrnehmung der jeweiligen Rollen dadurch objektiviert wird und die Schüler sie nicht so stark als persönlichen Angriff wahrnehmen.

Insgesamt kommen alle Beteiligten zu dem Schluss, dass das Musiktheaterprojekt sich trotz der großen emotionalen Anstrengung und des

Arbeitsaufwandes gelohnt hat und gut gelungen ist. Die Schülerinnen und Schüler konnten ihre sprachlich-kommunikativen, schauspielerischen, musikalischen, künstlerischen und technischen Fähigkeiten entwickeln, und besonders die engagiertesten Schüler haben deutlich an Selbstbewusstsein gewonnen (vgl. Fallstudien in Lütje-Klose 1997b).

Die gemeinsame Arbeit in einem Projektzusammenhang gilt, wie in den Ausführungen zu Feusers didaktischem Entwurf schon deutlich wurde, in der inklusiven Pädagogik als „Königsweg" des Unterrichts (z. B. Demmer-Dieckmann 1991; Feuser/Meyer 1987; Heyer u. a. 1993). Wie dieses und viele andere Beispiele zeigen, gewinnt die Arbeit an Projekten in den letzten Jahren aber auch in der Förderschule zunehmend an Bedeutung (Heimlich 2012).

4.3.7   Bewusste Herstellung von Gemeinsamkeit im fächerübergreifenden Unterricht

Der bewusste Aufbau von Gemeinsamkeit aller Kinder einer Klasse ist ein Thema, das im gemeinsamen Unterricht vielfach intensiv bearbeitet wird (vgl. Kap. 4.2.1). Auch in Förderschulklassen ist darauf besonderer Wert zu legen, denn ein Gefühl der Gemeinsamkeit und Solidarität ist grundlegend für ein entspanntes, emotional positives Klassenklima, was eine grundlegende Bedingung lern- und entwicklungsfördernden Unterrichts darstellt. Nur in einer emotional sicheren Situation können die Schülerinnen und Schüler sich auf neue Lerngegenstände einlassen und Eigenständigkeit wagen.

Wockens Ergebnisse einer empirischen Untersuchung zur sozialen Distanz an verschiedenen Schulformen zeigen, dass das keineswegs selbstverständlich ist (Wocken 1992). Er zeigte insgesamt 1055 Schülern aus Integrationsklassen, Sonderschulen, Grund- und Hauptschulen sowie Gymnasien Bilder von Kindern mit einer Körperbehinderung, einer geistigen Behinderung, einer Lernbehinderung, Verhaltensstörungen sowie von Kindern nichtdeutscher Herkunft und stellte dazu sieben Distanzfragen („Kannst du dir vorstellen, dass X in deiner Klasse ist, dein bester Freund ist, zu deinem Geburtstag kommt …?"). Schüler mit Verhaltensstörungen wurden über alle Schultypen gleichermaßen am stärksten zurückgewiesen. Weiterhin zeigte sich, dass bei den Sonderschülern im Vergleich zu allen anderen Befragten die größten Distanzwerte gegenüber geistig behinderten, körperbehinderten, lernbehinderten und ausländischen Menschen vorhanden waren.

Soziale Distanz

Die Befragten aus Grund- und Hauptschulen sowie aus Gymnasien lagen in Bezug auf diese Gruppen im mittleren Bereich, die Integrationsschüler zeigten die geringsten Distanzwerte. Wocken schloss daraus, dass die Kinder in Integrationsklassen die integrativsten Einstellungen, die Sonderschüler dagegen die distanziertesten Einstellungen haben. Angesichts der Tatsache, dass die Förderschule mit dem Schwerpunkt Lernen von einem hohen Anteil gerade der als „anders" gekennzeichneten Schüler besucht wird, ist dieses Ergebnis erschreckend und zeigt die Notwendigkeit, am Bildungsziel Solidarität sowie am Selbstkonzept der Schüler besonders in dieser Schulform zu arbeiten.

Das folgende Beispiel stammt aus einer inklusiven Klasse, die zu Beginn mit ähnlich negativen Grundeinstellungen der Kinder und Eltern zueinander zu kämpfen hatte, wie sie bei Wocken hinsichtlich der Förderschüler berichtet werden.

Verschiedenheit und Gemeinsamkeit

Die erste Klasse einer inklusiven Grundschule in einem sozialen Brennpunkt besteht bei der Einschulung aus „einem Haufen Individualisten", wie die Lehrerin sagt. Fast die Hälfte der Schüler hat vorher noch nie in einer Gruppe zusammengelebt, hat auch keinen Kindergarten besucht. Manche Kinder sind ängstlich und sprechen kaum, andere können offenbar zu Hause uneingeschränkt herrschen und bringen lautstark ihre Bedürfnisse ein. Auf andere zu achten und deren Interessen zu berücksichtigen, ist ihnen völlig neu. Von Anfang an kommt es bei jedem Raumwechsel, in jeder Pause, im Umkleideraum usw. zu heftigen Prügeleien. Die Gruppe ist sehr heterogen, neben leistungsstarken Kindern mit unterstützenden Elternhäusern wird die Klasse von einigen Kindern mit besonderem Förderbedarf im Lernen, in der Sprache und im Verhalten besucht. Der Anteil der Kinder nichtdeutscher Herkunft liegt bei 60 %. Bei einigen Eltern und Kindern bestehen deutliche Vorbehalte gegeneinander und gegenüber Kindern mit Förderbedarf. Nach kurzer Zeit entscheiden die Lehrkräfte, eine Grundschullehrerin und eine Sonderpädagogin, die in der ersten Klasse fünf Stunden wöchentlich mitarbeitet, dass hier gezielt an der Selbstwahrnehmung, der gegenseitigen Wahrnehmung und Akzeptanz sowie der Entstehung von Gemeinsamkeit gearbeitet werden muss.

Projekt Gefühle

Ein Projekt zum Thema „Gefühle" bildet den Auftakt dieser Arbeit. Mit einem Lied und „Smilies", die die Gefühle glücklich, traurig, wütend und ängstlich symbolisieren, wird das Thema eingeführt. Die Kinder basteln sich Gefühle-Uhren, auf denen sie zu Beginn jedes Tages ihr Gefühl einstellen und erzählen können, wie es ihnen heute geht. Dieses *Ritual* wird Tag für Tag über ein halbes Jahr durchgeführt, ebenso wie der *Tagesabschlusskreis*, in dem noch offene Streitigkeiten geklärt werden können. Außerdem werden *Standbilder* und *Rollenspiele* zu verschiedenen Situationen und Gefühlen ausprobiert.

Anhand eines Bildes, auf dem zwei Kinder sich streiten und andere darum herum stehen, wird das Thema Streit eingebracht. Im Rollenspiel stellen die Kinder den abgebildeten und später auch eigene Streitsituationen dar, die sie in der Pause erlebt haben. Es wird gemeinsam nach Lösungen gesucht und schließlich die „Stopp-heißt-Stopp-Regel" eingeführt: Wenn jemand „Stopp" ruft und dazu beide Hände hebt, muss der andere sofort aufhören zu ärgern oder zu schlagen. Nach viel „Trockenübung" im Rollenspiel und mit gezielter Unterstützung durch eine Lehrerin als „Hilfs-Ich" in Echtsituationen wird die Regel schließlich von allen wahrgenommen, wenn auch noch nicht immer befolgt.

Projekt „Jeder ist anders"

Eine Vertiefung erfolgt durch die Auseinandersetzung mit dem Thema „Jeder ist anders". Auch dazu wird ein Lied eingeführt, das so umgetextet wird, dass jedes einzelne Kind mit seinen Besonderheiten genannt wird. Das Bilderbuch „Das kleine Gelb und das kleine Blau" von Leo Leonie, in dem es um das Anders sein und die Ablehnung durch eine Gruppe geht, wird vorgelesen und bearbeitet: Eine Klassencollage entsteht, in der die Kinder als gelbe, blaue und rote Fische im gemeinsam gestalteten Meer schwimmen. Zu einem späteren Zeitpunkt, als viele der Kinder schon besser lesen können, wird das Thema mit dem Bilderbuch „Irgendwie anders" von Kathryn Cave und Chris Riddel wieder aufgegriffen und als Schreibanlass genutzt. Auch das Thema Streit wird noch einmal thematisiert, diesmal mit dem Buch von Eric Carle: „Du hast angefangen! Nein, du!" Die Bücher werden in Form eines Bilderbuchkinos vorgelesen und besprochen, vielfältige produktive Bearbeitungsformen schließen sich an: künstlerische Gestaltungen, Spiellieder, Rollenspiele, eigene Texte dazu, Sprechblasen usw. In den weiteren Schuljahren werden umfangreichere Schriften wie das Buch „Zusammen sind wir stark" von Christa Zeuch gelesen und bearbeitet, ein kooperatives Spiel zum Buch wird entwickelt und leidenschaftlich gespielt. Die Klasse gewinnt mit diesem Beitrag zum Wettbewerb „Das lesende Klassenzimmer" einen Preis, was die Gemeinschaft zusätzlich stärkt.

Die Themen Gefühle, Streiten und Vertragen, Anders und doch Gemeinsam sein werden so über die gesamte Grundschulzeit immer wieder neu angesprochen. Die genannten Bücher dienen dabei als Ausgangspunkt und Beispiel, daran anknüpfend stellen die Schülerinnen und Schüler Bezüge zu ihren eigenen Lebenssituationen her, versetzen sich in andere Rollen und denken über alternative Handlungsmöglichkeiten nach. Gleichzeitig arbeiten sie an der Weiterentwicklung ihrer laut- und schriftsprachlichen Kompetenzen, indem sie sich im Gesprächskreis einbringen, gemäß ihrem jeweiligen Niveau eigene Texte schreiben, Bilder malen, eigene Bücher gestalten usw. (Lütje-Klose/Pfeiffer 2001).

Der Erfolg gibt den Lehrerinnen recht, so viel Energie in dieses Thema zu investieren: Nach und nach wächst die Klasse zu einer Gemeinschaft zusammen, die investierte Zeit zahlt sich durch eine gute Arbeits- und Lernatmosphäre aus, und in Konfliktsituationen können die etablierten Rituale nutzbar gemacht werden.

Das Beispiel zeigt, wie die Lehrerinnen durch das Thematisieren von individuellen Unterschieden und Konflikten in Projektform daran arbeiten, Gemeinsamkeit in der Klasse bewusst herzustellen.

Gemeinsamkeit im Alltag

Neben solchen geplanten Prozessen sind auch ganz alltägliche Arbeitsformen und Rituale geeignet, gemeinsame Erfahrungen zu betonen: Wenn zum Beispiel ein gemeinsames Klassenbild an die Wand gehängt wird, eine Arbeitsgruppe ihre Ergebnisse veröffentlicht, ein Schüler im Wochenanfangskreis berichtet, warum es ihm nicht gut geht, oder die Klasse einen Brief an eine kranke Mitschülerin schreibt und ihr über die Erlebnisse der Woche berichtet. Auf die positiven Auswirkungen kooperativer Gruppenarbeit auf die sozialen Prozesse in der Klasse wurde bereits hingewiesen (vgl. Kap. 4.3.4).

Gemeinsame positive Erfahrungen im informellen Rahmen wie das Feiern eines Sommerfestes mit Eltern und Geschwistern, die Durchführung einer Klassenfahrt oder Lesenacht im Klassenraum unterstützen das Entstehen eines Gemeinschaftsgefühls ebenfalls in nicht zu ersetzender Weise. Über die einzelne Klasse hinaus ist die Entwicklung einer Kultur der Gemeinsamkeit in der ganzen Schule ein wichtiger Bestandteil dieses Prinzips, durch das sozialen Konflikten, Ausgrenzungsprozessen und Verhaltensproblemen präventiv entgegengewirkt werden soll. Dazu können die zu Beginn dieses Kapitels in den „Bausteinen lern- und entwicklungsfördernden Unterrichts" genannten Arbeitsformen des regelmäßigen Gesprächskreises und Klassenrats entscheidend beitragen.

Zusammenfassung   Schülerinnen und Schüler mit Lernbeeinträchtigungen werden heute, anders als zum Zeitpunkt der Entstehung der Hilfsschule, in vielen verschiedenen Institutionen unterrichtet und gefördert. Die didaktischen Prinzipien und die methodischen Strategien, die günstige Bedingungen für die Unterstützung ihrer Lern- und Entwicklungsprozesse ermöglichen, stimmen dennoch im Grundsatz überein und unterscheiden sich gleichzeitig grundsätzlich von den traditionellen Konzepten der Didaktik bei Lernbeeinträchtigungen.

Wie in diesem Kapitel deutlich wurde, hatten die Veränderungen, die sich in den letzten 100 Jahren in Bezug auf das Verständnis menschlicher Entwicklung und menschlichen Lernens ergeben haben, auf die didaktische Konzeptentwicklung wesentlichen Einfluss. In den vorgestellten didaktischen Konzepten werden die unterschiedlichen theoretischen Modellvorstellungen, wie sie im dritten Kapitel dargestellt wurden, in unterschiedlicher Akzentuierung aufgenommen und umgesetzt. Die anschließend entwickelten Prinzipien aus systemisch-konstruktivistischer Sicht und die daran anknüpfenden Bausteine lern- und entwicklungsfördernden Unterrichts wurden durch viele Beispiele aus der Praxis veranschaulicht. Sie zeigen, dass sich das Bild eines angemessenen Unterrichts für Schülerinnen und Schüler mit Lernbeeinträchtigungen gewandelt hat von *einem stark vor-strukturierten, lehrerzentrierten Unterricht* hin zu einer *behutsamen Öffnung*, die durch *vielfältige Strukturierungsformen* unterstützt wird. Dahinter steht die Zielvorstellung, den Schülerinnen die Aneignung von Lernstrategien zu ermöglichen und sie so zu *selbstbestimmterem, handelndem, entdeckendem Lernen* zu führen. Arbeitsformen wie die *Planarbeit*, die *freie Arbeit*, die *kooperative Gruppenarbeit* und der *projektorientierte Unterricht*, wie sie hier veranschaulicht wurden, sind als solche Schritte auf dem Weg zu Selbstbestimmung und Solidaritätsfähigkeit zu verstehen. Auf diesem Weg werden die Schüler als aktive, verantwortliche Subjekte begriffen und bekommen über ihre Schulzeit hinaus Unterstützung bei der Aneignung lebensweltlich bedeutsamer Kompetenzen angeboten.

4.4   Übungsaufgaben zu Kapitel 4

Begemanns Forschungsergebnisse zur soziokulturellen Benachteiligung haben zum Paradigmenwechsel in der Sonderpädagogik wesentlich beigetragen. Was unterscheidet seinen didaktischen Ansatz von dem Klauers?   **Aufgabe 1**

Welche Gemeinsamkeiten und Unterschiede können Sie bei den didaktischen Konzeptionen Begemanns und Hillers finden?   **Aufgabe 2**

Welche neue Perspektive bringen die struktur-niveau-orientierten Konzepte von Kutzer und Probst in die didaktische Diskussion ein? Welche Vor- und Nachteile sehen Sie bei einem solchen Vorgehen?   **Aufgabe 3**

Diskutieren Sie die didaktischen Vorstellungen Feusers im Vergleich mit denen Kutzers. Welche Übereinstimmungen und Unterschiede können Sie feststellen?   **Aufgabe 4**

Brauchen Schülerinnen und Schüler mit Lernbeeinträchtigungen eine spezifische Didaktik? Diskutieren Sie diese Frage unter Berücksichtigung der unterschiedlichen didaktischen Perspektiven.   **Aufgabe 5**

Aufgabe 6 Der systemisch-konstruktivistische Lernbegriff bringt Konsequenzen für die Planung, Durchführung und Reflexion des Unterrichts mit sich. Nennen Sie die drei Aspekte, die Ihnen am wichtigsten sind, und diskutieren Sie sie mit anderen.

Aufgabe 7 Beschreiben Sie das Spannungsverhältnis, in dem Offenheit und Strukturierung im Unterricht mit lernbeeinträchtigten Schülerinnen und Schülern stehen. Welche Lösungsmöglichkeiten sehen Sie?

Aufgabe 8 Welche Chancen und Risiken sehen Sie für den Einsatz kooperativer Gruppenarbeit in Förderschulen mit dem Schwerpunkt Lernen?

Aufgabe 9 Die Arbeit in Projekten wird oft als „Königsweg" integrativen Unterrichts bezeichnet und auch in Förderschulen zunehmend eingesetzt. Welche Argumente sprechen dafür, gerade lernbeeinträchtigten Schülerinnen und Schülern diese Arbeitsform anzubieten? Gibt es auch Gegenargumente?

Musterlösungen unter www.reinhardt-verlag.de, www.utb.de

5 Perspektiven der Förderung von Schülerinnen und Schülern mit Beeinträchtigungen des Lernens

Bis zu dieser Stelle ist deutlich geworden, dass die Diskussion um die Förderung von Schülerinnen und Schülern mit Beeinträchtigungen des Lernens kontrovers geführt wurde und wird. Unterschiedliche (wissenschafts-)theoretische Standpunkte (vgl. Kap. 3) führen zu sehr unterschiedlichen Konstruktionen, die sowohl die Beschreibung und Erklärung der Lernbeeinträchtigungen als auch die daraus folgenden didaktischen Förderorientierungen (vgl. Kap. 4) umfassen. Besonders heftig wurde und wird um den *angemessenen Förderort* und damit um die separierte (in Förderschulen) oder inklusive (in allgemeinen Schulen) Förderung gestritten.

An dieser Stelle soll zunächst die *gegenwärtige Situation der Förderung* von Schülerinnen und Schülern mit Beeinträchtigungen des Lernens dargestellt werden. Daran anschließend wird der Frage nach der pädagogischen Sinnhaftigkeit und Effektivität der Förderung der Schüler im gemeinsamen Unterricht an der allgemeinen Schule oder im separierten Unterricht an der Förderschule nachgegangen. Dabei wird – aufgrund der Entwicklungen in den deutschen Bundesländern, aber auch internationaler Entwicklungstrends (Hausotter 2000; UN-Behindertenrechtskonvention 2006) – davon ausgegangen, dass die gemeinsame Beschulung von Kindern mit und ohne Lernbeeinträchtigungen im Primarbereich nicht nur moralisch geboten, sondern auch pädagogisch-administrativ mehr und mehr erwünscht und möglich ist. Für die *Sekundarstufe I* ist – aufgrund der hier noch immer ausgeprägten strukturellen Selektivität des deutschen Bildungswesens – eine durchgreifende Umsetzung des gemeinsamen Unterrichts in heterogenen Lerngruppen sehr viel schwieriger. Aber auch hier liegen ermutigende Erfahrungen aus Integrationsversuchen vor, die zunächst dargestellt werden. Abschließend sollen Perspektiven der inklusiven Schulentwicklung aufgezeigt werden.

5.1 Die Entwicklung der sonderpädagogischen Förderung seit den Anfängen der Integrations-diskussion

Krise der Sonderschule Seit Anfang der 1970er Jahre steht die separierte Beschulung von Kindern und Jugendlichen mit Lernbeeinträchtigungen in der Kritik (vgl. Aab u. a. 1974). Eine hervorgehobene Bedeutung hatten hier die Empfehlungen des deutschen Bildungsrates von 1973, in denen eine „weit mögliche gemeinsame Unterrichtung von Behinderten und Nichtbehinderten" (Aab 1974, 15) vorgeschlagen wurde. Eine durchgreifende Veränderung der schulischen Förderung von Kindern und Jugendlichen mit Lernbeeinträchtigungen konnte jedoch hierdurch nicht eingeleitet werden. Integrative Konzepte sind nur vereinzelt aufgrund der guten Erfahrungen mit gemeinsamer Erziehung in Tageseinrichtungen für Kinder durch das Engagement von Eltern, Lehrerkollegien und Wissenschaftlern – zunächst als Schulversuche – durchgesetzt worden. Dies geschah beispielsweise in Berlin an der Fläming-Schule ab 1975 (Projektgruppe Integrationsversuch 1988) und an der Uckermark-Schule ab 1982 (Heyer u. a. 1990). Die positiven Erfahrungen mit diesen und anderen integrativen Schulversuchen führten zu einer Ausweitung der Integration, was dann auch zu einer Diskussion über die schulrechtlichen Voraussetzungen führte. Heute können in allen Bundesländern Kinder mit Lernbeeinträchtigungen sowohl in Förderschulen als auch im Primarbereich in der allgemeinen Schule unterrichtet werden.

In der DDR war eine vergleichbare Entwicklung nicht vorhanden. Vielmehr, so Ellger-Rüttgardt (1998, 249), geriet hier das Sonderschulwesen in den späten 1970er Jahren unter erhöhten Leistungsdruck, „was sich in der Ausschulung schwer schwachsinniger Kinder aus der Hilfsschule und deren Funktionsbestimmung als einer Leistungschule niederschlug". Integrative Orientierungen setzten somit erst nach 1989 ein (vgl. auch Heimlich 2000).

Literaturhinweise zur Geschichte der Integrationspädagogik: Hildeschmidt / Schnell 1998; Eberwein 2009; Prengel 2006; Heimlich 2003).

Salamanca-Konferenz Seit Anfang der 1990er Jahre erhielt die Diskussion um den angemessenen Förderort für Kinder und Jugendliche mit Behinderungen eine neue Aufmerksamkeit. So wurde auf der Weltkonferenz für Pädagogik 1994 in Salamanca in der Abschlusserklärung herausgestellt: „Regelschulen mit inklusiver Ausrichtung (sind) das beste Mittel (…), um diskriminierende Haltungen zu bekämpfen, um Gemeinschaften zu schaffen, die alle willkommen heißen, um eine integrierende Gesellschaft aufzubauen und um ‚Bildung für Alle‘ zu erreichen; darüber hinaus gewährleisten inklusive Schulen eine effektive Bildung für die Kinder und erhöhen die Effizienz sowie schließlich das Kosten-Nutzen-Verhältnis des gesamten Schulsystems (UNESCO, 1994)."

In den im gleichen Jahr erschienenen Empfehlungen der Kultusministerkonferenz (1994) ist zwar keine klare inklusive Ausrichtung umgesetzt, gleichwohl wird eine Flexibilisierung der sonderpädagogischen Förderung erkennbar. So wird festgestellt, dass die „Erfüllung sonderpädagogischen Förderbedarfs… nicht an Sonderschulen gebunden (ist), ihm kann auch in allgemeinen Schulen… vermehrt entsprochen werden. Die Bildung behinderter junger Menschen ist verstärkt als gemeinsame Aufgabe für grundsätzlich alle Schulen anzustreben. Die Sonderpädagogik versteht sich dabei immer mehr als eine notwendige Ergänzung und Schwerpunktsetzung der allgemeinen Pädagogik" (zit. nach Drawe u. a. 2000, 26). **KMK-Empfehlungen von 1994**

Auch in den Empfehlungen der KMK von 1999 zum Förderschwerpunkt Lernen wird diese Perspektive aufgenommen und betont, dass alle Schularten und Schulstufen in die Förderung der Kinder und Jugendlichen mit sonderpädagogischem Förderbedarf im Schwerpunkt Lernen einbezogen sind. „Dabei wird angestrebt, dass gemeinsames Lernen aller Schülerinnen und Schüler mit und ohne sonderpädagogischen Förderbedarf verwirklicht werden kann" (Empfehlungen zum Förderschwerpunkt Lernen, zit. nach Drawe u. a. 2000, 308). Die bisher vorherrschende Dominanz einer stationären Angebotsstruktur sonderpädagogischer Förderung wird somit durch flexiblere integrative und ambulante Strukturen ergänzt (Heimlich 1999a, 7 ff). **KMK-Empfehlungen von 1999**

De facto gibt es zur Zeit auf der Organisationsebene – positiv konnotiert – so etwas wie ein vielfältiges und differenziertes Angebot an Organisationsformen der Förderung; flapsig könnte man auch von einem sonderpädagogischen Gemischtwarenladen sprechen. Dazu gehört:

- **Sonderpädagogische Förderung im gemeinsamen Unterricht**, wobei hier eine zieldifferente Unterrichtung erfolgt, bei der die Schüler nicht in allen Unterrichtsfächern entsprechend dem Curriculum der allgemeinen Schule, sondern entsprechend ihrer individuellen Lernvoraussetzungen gefördert werden,

● **Sonderpädagogische Förderung in Förderschulen,** in denen auf der Grundlage besonderer Lehrpläne unterrichtet wird.

● **Sonderpädagogische Förderung in kooperativen Formen,** wobei eine enge pädagogische Zusammenarbeit zwischen allgemeinen Schulen und Förderschulen angestrebt wird. Hier geht es um eine partielle Zusammenführung der Schülerinnen und Schüler in Form von gegenseitigen Besuchen, gemeinsamen Vorhaben, gemeinsamen Schulwanderungen und -fahrten bzw. Schullandheimaufenthalten, Klassenpartnerschaften und gemeinsamen Unterrichtsvorhaben, vorrangig in Bereichen wie Arbeitslehre, Sport, Kunst und Musik.

● **Sonderpädagogische Förderung im Rahmen von sonderpädagogischen Förder- und Kompetenzzentren,** bei denen es sich um Einrichtungen handelt, die die Förderschwerpunkte Lernen, Sprache und emotionale und soziale Entwicklung umfassen. „Sie stellen die sonderpädagogische Förderung in allen Organisationsformen, einschließlich präventiver, integrativer und kooperativer Formen, in Zusammenarbeit mit allgemeinen Schulen und auch in eigenen Klassen fachgerecht und möglichst wohnortnah sicher" (KMK Förderschwerpunkt Lernen, zit. nach Drawe u. a. 2000, 312).

● **Sonderpädagogische Förderung durch vorbeugende Maßnahmen,** durch die bereits in elementaren Entwicklungsbereichen spezifischer Förderbedarf erkannt und angemessen berücksichtigt werden soll. Der Entstehung und Verfestigung von Lernbeeinträchtigungen in der allgemeinen Schule soll hierdurch präventiv entgegengewirkt werden.

● **Sonderpädagogische Förderung im berufsorientierenden und berufsbildenden Bereich beim Übergang in die Arbeitswelt.** Hierzu zählt die schulische Vorbereitung auf Beruf und Beschäftigung genauso wie nachschulische Förderlehrgänge und Berufsvorbereitungsjahre.

Gegenwärtig wird die Frage nach mehr gemeinsamem Unterricht von allen Kindern und Jugendlichen in bewusst heterogen zusammengesetzten Lerngruppen aufgrund internationaler Entwicklungen intensiv diskutiert. Dies soll im Folgenden vorgestellt werden.

5.2   Aktuelle Entwicklungen: Inklusive Bildung

UN-Behinderten-
rechtskonvention
Die gegenwärtige Diskussion der sonderpädagogischen Förderung ist durch die UN-Behindertenrechtskonvention ausgelöst worden, die 2006 durch die Vereinten Nationen verabschiedet und 2009 in Deutschland ratifiziert wurde. In Artikel 24 heißt es dort: „Die Vertragsstaaten erkennen das Recht von Menschen mit Behinderung auf Bildung an. Um dieses Recht ohne Diskriminierung und auf der Grundlage der Chancengleichheit zu verwirklichen, gewährleisten

die Vertragsstaaten ein inklusives Bildungssystem auf allen Ebenen."
(vgl. United Nations 2006, Artikel 24 (1)). In der deutschen Übersetzung im Bundesgesetzblatt Jahrgang 2008 Teil II Nr. 35, ausgegeben zu Bonn am 31. Dezember 2008, steht hier „integratives". In der
rechtsverbindlichen englischen Fassung wird der Begriff „inclusive"
verwendet, den auch wir in dieser Übersetzung benutzen.

Weiter heißt es dort in Artikel 24 (2):
„Bei der Verwirklichung dieses Rechts stellen die Vertragsstaaten sicher, dass

a) Menschen mit Behinderungen nicht aufgrund von Behinderung
   vom allgemeinen Bildungssystem ausgeschlossen werden und dass
   Kinder mit Behinderungen nicht aufgrund von Behinderung vom
   unentgeltlichen und obligatorischen Grundschulunterricht oder
   vom Besuch weiterführender Schulen ausgeschlossen werden;
b) Menschen mit Behinderungen gleichberechtigt mit anderen in der
   Gemeinschaft, in der sie leben, Zugang zu einem inklusiven, hoch-
   wertigen und unentgeltlichen Unterricht an Grundschulen und
   weiterführenden Schulen haben;
c) angemessene Vorkehrungen für die Bedürfnisse des Einzelnen getroffen werden;
d) Menschen mit Behinderungen innerhalb des allgemeinen Bildungssystems die notwendige Unterstützung geleistet wird, um
   ihre erfolgreiche Bildung zu erleichtern."

In Deutschland trifft das Konzept der inklusiven Bildung auf ein wenig
vorbereitetes, strukturell selektives Schulsystem, das durch die Fiktion
von homogenen Lerngruppen geprägt ist (vgl. Tillmann 2007, 32).
   Soziale und kulturelle Herkunft bestimmen maßgeblich den Schulerfolg (vgl. Werning/Löser & Urban 2008; Löser/Werning 2011).
Schwächere Schüler werden vom Schulbesuch zurückgestellt. Wer
dann in der Schule nicht mitkommt, bleibt sitzen, muss die Schule wechseln oder kommt auf die Förderschule (vgl. Werning/Löser
2010). Davon sind insbesondere sozial benachteiligte Kinder und
Jugendliche und solche mit Migrationshintergrund betroffen. 2008
wurden lediglich 18,4 % der Schülerinnen und Schüler mit sonderpädagogischem Förderbedarf in Regelschulen unterrichtet. Auch zwischen den Schulformen gibt es erhebliche Unterschiede, inwiefern
sie sich gegenüber Schülerinnen und Schülern mit besonderem Förderbedarf öffnen. Während an Grundschulen 60 % aller sogenannten

Integrationsschüler beschult werden, sind es an Gymnasien nur 1,7 % (KMK 2008, eigene Berechnungen). Es bleibt abzuwarten, wie dieser Umbau des Schulsystems hin zu mehr Inklusion und damit auch hin zu mehr Bildungsgerechtigkeit gelingt. Im Folgenden soll zunächst das Konzept einer inklusiven Bildung vorgestellt werden.

5.2.1 Was heißt inklusive Bildung?

Die internationale Inklusionsdebatte stellt die konsequente Minimierung von Diskriminierung und Bildungsbenachteiligungen von Schülerinnen und Schülern aufgrund von Behinderung, Leistung, Geschlecht, sozialer und/oder kultureller Herkunft in den Mittelpunkt (für die deutsche Diskussion vgl. Hinz 2003; Sander 2004). Ainscow u. a. sehen eine inklusive Perspektive in enger Verbindung mit übergreifenden Werten: "We articulate inclusive values as concerned with equity, participation, community, compassion, respect for diversity, sustainability and entitlement" (2006, 23). Sie formulieren daraus abgeleitet eine umfassende Perspektive für inklusive Schulen:

"Inclusion is concerned with all children and young people in schools, it is focused on presence, participation and achievement; inclusion and exclusion are linked together such that inclusion involves the active combating of exclusion; and inclusion is seen as a never-ending process. Thus an inclusive school is one that is on the move, rather than one that has reached a perfect state" (Ainscow u. a. 2006, 23).

Inklusive Pädagogik zielt dabei auf die Transformation der Kultur von Schule in Bezug auf: 1. Verbesserung des Zugangs aller Schülerinnen und Schüler zu einer gemeinsamen allgemeinen Schule; 2. Verbesserung der Akzeptanz aller Schülerinnen und Schüler mit ihren je individuellen Lern- und Entwicklungsmöglichkeiten durch Schulleitung, Lehrkräfte, Mitschüler und Eltern; 3. Verbesserung der Teilhabe aller Schülerinnen und Schüler an den Aktivitäten von Schule und 4. Verbesserung der Leistungsentwicklung aller Schülerinnen und Schüler (vgl. Artiles u. a. 2006, 67).

Das Konzept der inklusiven Bildung zielt damit auf die Überwindung einer engen, allein an Platzierungs- und Förderungsfragen von Kindern und Jugendlichen mit Behinderungen orientierten Sichtweise und stellt konsequent die grundlegende Frage nach dem Umgang mit Verschiedenheit im schulischen Kontext in den Mittelpunkt der pädagogischen Debatte. Die Fragen, die dabei aufgeworfen werden, richten sich auf die Prozesse der Inkludierung bzw. der Exkludierung von Schülergruppen allgemein. Inklusive Bildung umfasst damit

- eine Wertediskussion (Was sind die grundlegenden Werte einer inklusiven Bildung und eines inklusiven Gemeinwesens?),
- eine didaktische Diskussion (Wie kann der Unterricht in heterogenen Lerngruppen erfolgreich umgesetzt werden?),
- eine Schulentwicklungsdiskussion (Wie müssen Schulen beschaffen sein, damit sie alle Kinder willkommen heißen?) und
- eine Professionalisierungsdiskussion (Was müssen Lehrkäfte der allgemeinen Schule und SonderpädagogInnen können, um eine inklusive Bildung zu verwirklichen?).

5.3 Auswirkungen von heterogenen bzw. homogenen Lerngruppen auf die Lern- und Entwicklungsbedingungen von Schülerinnen und Schülern mit Lernbeeinträchtigungen

Eine inklusive Pädagogik setzt konsequent auf die Förderung in heterogenen Lerngruppen. An dieser Stelle soll deshalb der Frage nachgegangen werden, welche Auswirkungen es hat, wenn Kinder und Jugendliche mit Lernbeeinträchtigungen in leistungshomogenen Lerngruppen (z. B. in der Förderschule) oder in leistungsheterogenen Lerngruppen (in der allgemeinen Schule) unterrichtet werden. Dazu sollen Erkenntnisse über die Entwicklung der schulischen Leistung sowie der sozialen und emotionalen Entwicklung diskutiert werden.

5.3.1 Heterogene Lerngruppen und schulische Leistungen

Im Folgenden sollen wichtige Forschungsbefunde zur Wirkung von heterogenen Lerngruppen allgemein und von Schulversuchen zu integrativen Lerngruppen vorgestellt werden. Beginnen wir mit einer allseits bekannten Studie, die die Diskussion über Bildung in Deutschland nachhaltig beeinflusst hat: **Schulische Leistungen**

Die eher negative Auswirkung der schulischen Selektion auf die *Leistungsentwicklung* schulschwächerer Kinder konnte durch die Er- **PISA-Studie** gebnisse der ersten PISA-Studie belegt werden. Zum einen wird hier deutlich, dass das deutsche Schulsystem im internationalen Vergleich durch seine frühe Verteilung auf institutionell getrennte Bildungsgänge in besonderer Weise sozial selektiv wirkt (Schümer u. a. 2001, 458 ff). Hierdurch wird tatsächlich eine *Homogenisierung der Lerngruppen* in der einzelnen Schule erreicht. So zeigte sich, dass es im internationalen Vergleich „kaum leistungshomogenere Sekundarschulen als in Deutschland" gibt (Schümer u. a. 2001, 454). Zum anderen zeigen die PISA-Ergebnisse, dass insbesondere die Schüler in Förder- und Hauptschulen von dieser starken Selektion nicht profitieren, sondern ganz im Gegenteil, hier deutlich *schlechtere Leistungsergebnisse – z. B.* bei der Lesekompetenz – erreicht werden als in Ländern mit inklusiven Schulsystemen (Artelt u. a. 2001, 116 ff).

Die frühe Selektion im deutschen Schulsystem erzeugt also im internationalen Vergleich zwar homogenere Lerngruppen, dies hat aber für die Förderung sozial benachteiligter Kinder *negative Folgen* für die Lern- und Leistungsentwicklung.

Diese Ergebnisse können durch weitere Studien erhärtet werden. So kommt Hattie (2002) in seinem zusammenfassenden Forschungsbericht über „Tracking" – d. h. über die Zusammenfassung von Schülern in Lerngruppen aufgrund von ähnlichen Leistungsständen – zu dem Ergebnis, dass diese Form der Leistungsdifferenzierung den Erwartungen einer optimalen Förderung unterschiedlich leistungsstarker und unterschiedlich befähigter Schüler nicht gerecht wird.

Schümer (2004, 79) verweist auf empirische Studien zu Leistungsvergleichen zwischen heterogen und homogen zusammengesetzten Lerngruppen und konstatiert, dass die meisten Autoren zu dem Ergebnis kommen, dass leistungsschwache Schülerinnen und Schüler in heterogenen Lerngruppen besser gefördert werden, während leistungsstarke Schülerinnen und Schüler in homogenen Gruppen mit starken Schülerinnen und Schülern höhere Leistungen erbringen. Schümer verweist ferner auf Ergebnisse von Studien, die deutlich machen, „dass die Nachteile der leistungsstarken Schüler in heterogenen Gruppen weniger groß sind als die Vorteile, die leistungsschwache Schüler in solchen Gruppen haben" (Schümer 2004, 79). Es zeigt sich zudem, dass soziale Entmischung, also die Zusammenfassung von Kindern und Jugendlichen aus sozial benachteiligten gesellschaftlichen Milieus, wie sie in Förderschulen mit dem Schwerpunkt Lernen, aber auch an Hauptschulen zu finden sind, zu einer signifikanten Verschlechterung der Lernentwicklung der Schülerinnen und Schüler führt. So zeigen die Mehrebenenanalysen von Schümer (2004, 96 ff), dass im

Fall von sehr ungünstig zusammengesetzten Schülerpopulationen, d. h. Gruppen, die mehrheitlich aus Schülerinnen und Schülern zusammengesetzt sind, die überwiegend aus bildungsfernen Elternhäusern stammen, deren Familiensprache nicht deutsch ist, deren Väter nicht Vollzeit beschäftigt sind und die geringere kognitive Fähigkeiten mitbringen, beträchtliche negative Effekte auf die individuellen Lernleistungen festzustellen sind. Schümer (2004, 103) weist somit berechtigterweise auf die doppelte Benachteiligung von Schülerinnen und Schülern aus unterprivilegierten Gesellschaftsschichten hin, „wenn sie – selektionsbedingt – Schulen mit hohen Anteilen an Schülern besuchen, die ebenfalls unter ungünstigen familialen Bedingungen aufwachsen und – diesen Bedingungen entsprechend – bislang wenig erfolgreich in der Schule gewesen sind."

Eine Vielzahl von Untersuchungen liegt ebenfalls zu den Auswirkungen der Förderung von Schülerinnen und Schülern mit Lernbeeinträchtigungen in Förder- versus allgemeinen Schulen vor. Hier zeigte sich, dass leistungsschwache Schülerinnen und Schüler in der integrativen Lerngruppe oft bessere Lernentwicklungen zeigen als in der Förderschule, ohne dass leistungsstarke Schülerinnen und Schüler in ihrer Entwicklung beeinträchtigt werden. Hildeschmidt und Sander (1996, 122) kommen nach der Durchsicht einer Vielzahl von deutschen und internationalen Studien zu dem Ergebnis, dass bei sehr vorsichtiger Interpretation höchstens von einem Patt der integrativen versus segregativen Beschulungsarten ausgegangen werden kann. Insbesondere bei Lernbeeinträchtigungen gibt es jedoch eine Vielzahl empirischer Belege, die auf die größere Effizienz integrativer Lernformen hinweisen. Einen Überblick über die vorliegenden Untersuchungen geben z. B. Ahrbeck u. a. (1997), Bless (1995) und Hildeschmidt / Sander (1996). In einer Untersuchung von Kronig u. a. (2007) wurde die Lernentwicklung von Immigrantenkindern in Regelklassen, in Sonderklassen für Lernbehinderte und in speziellen Klassen für die intensive Förderung in der Unterrichtssprache (sog. Fremdenklassen) in der Schweiz analysiert. Die untersuchten Schülerinnen und Schüler wurden dabei in Bezug auf die Merkmale Alter, Intelligenzleistung und Ausgangsleistung in der Unterrichtssprache sowie Geschlecht parallelisiert. Es zeigte sich auch hier, dass die Immigrantenkinder in den Regelklassen die größten Fortschritte zeigten, gefolgt von denjenigen in Fremdsprachenklassen und dann erst von jenen in Förderklassen für Lernbehinderte (vgl. Kronig u. a. 2007, 131 f).

Inklusive Beschulung, so zeigen verschiedene Studien, hat positive Effekte auf die nachschulische Entwicklung. Myklebust (2006) hat in Norwegen in einer Langzeitstudie zwei Kohorten untersucht, wie sich Jugendliche mit Behinderungen (nicht allein Lernbeeinträchtigungen), die inklusiv bzw. separativ unterrichtet wurden, bezüglich Ausbildung und Persönlichkeit entwickelt haben. Er kommt zu dem Schluss:

> „Schüler/innen, die ausschließlich inklusiv unterrichtet wurden, waren in einem viel größerem Ausmaß erfolgreich als die anderen. Fast 60% von ihnen erreichten das (erwartete) Kompetenzniveau der Sekundarstufe II, während die übrigen dies nur zu 35% erreichten" (Myklebust 2006, zit. nach Klemm/Preuss-Lausitz 2011).

Zu ähnlichen Ergebnissen kommt die Studie von Eckhart u. a. (2011) aus der Schweiz. Sie befragten 452 junge Erwachsene, die auch schon in der 2. und 6. Klasse untersucht wurden und entweder die Regelschule (im gemeinsamen Unterricht) oder Kleinklassen für Lernbehinderte besuchten. Für die Studie wurden parallelisierte Stichproben ehemaliger Förderschüler und Regelklassenschüler hinsichtlich Geschlecht, Nationalität, sozioökonomischem Status, gemessener Intelligenz und Schulleistung in der Unterrichtssprache (Deutsch) gebildet. Als Ergebnis stellen die Forscher fest:

> „Junge Erwachsene, die ehemals eine Regelklasse besucht haben, können einen deutlich höheren Ausbildungszugang realisieren als junge Erwachsene aus Sonderklassen für Lernbehinderte. ... Für junge Erwachsene, die ehemals eine Regelklasse besucht haben, steigt das Chancenverhältnis, einen höheren Ausbildungszugang zu realisieren gegenüber sonst vergleichbaren ehemaligen Sonderklassenschülerinnen und -schülern um den Faktor 2.5 an. ... Selbst unter Kontrolle von Geschlecht, Nationalität, sozioökonomischem Status, Intelligenz und sprachlicher Schulleistung wirkt sich der Besuch einer Sonderklasse für Lernbehinderte auf die berufliche Integration negativ aus" (Haeberlin u. a. 2011, 63 ff).

Ziele und Grenzen schulischer Integration An dieser Stelle ist jedoch auch festzuhalten, dass die gemeinsame Beschulung in heterogenen Lerngruppen die Leistungsunterschiede zwischen lernstarken und lernschwachen Schülern nicht ausgleichen kann. So weist Reiser (1997, 267) darauf hin, dass „sich empirisch die relative Resistenz von Lernbeeinträchtigungen gegen gezielte Instruktionen" zeigte. Gleiches wird auch in der Hamburger Studie zur integrativen Grundschule im sozialen Brennpunkt (Hinz u. a. 1998) deutlich:

„Im Bereich der Schulleistungen ... konnte der Rückstand der lernproblema-
tischen Schülerinnen nicht aufgeholt werden. ... Unter zusätzlicher Berücksichtigung der Daten aus der Teiluntersuchung ‚Bildungsweg' muss damit
konstatiert werden, dass die soziale Integration bei lern-, sprach- und verhal-
tensproblematischen Schülerinnen im Schulversuch gelungen ist, dass dies
aber nicht zur Reduzierung des sonderpädagogischen Förderbedarfs nach
Ende der Grundschulzeit geführt hat" (Hinz u. a. 1998, 111 f).

Zur Erklärung wurde eine Milieuhypothese von Mitgliedern des Forscherteams (Andreas Hinz und Hans Wocken) herangezogen. Darin
wird auf den mehrfach untersuchten bedeutsamen Effekt des sozialen
Status des Elternhauses auf die Schulleistungen der Kinder rekurriert:
„Bei gleich gutem Unterricht in Schulen mit differentem Einzugsge-
biet setzt sich das soziale Milieu durch, und der Abstand zwischen den
Schulen wird zunehmend größer" (Hinz u. a. 1998, 119). Bei der Milieuhypothese wird davon ausgegangen, „dass Kinder aus differenten
Einzugsgebieten auch mit differenter Ausgangslage die Schule beginnen. Der Schulversuch ‚Integrative Grundschule' demonstriert nun,
dass diese sozialbedingte Differenz pädagogisch nicht ausgeglichen
worden ist. Die optimistische Hoffnung der kompensatorischen Erziehung, die einen pädagogischen Ausgleich gesellschaftlicher Nachteile
erwartet, ist damit nicht in Erfüllung gegangen. Aus den Ergebnissen
des Schulversuchs muss die wenig erfreuliche Schlussfolgerung gezogen werden, dass die pädagogische Kompensation gesellschaftlicher
Benachteiligungen eine schwerlich realisierbare Aufgabe ist" (Hinz
u. a. 1998, 123). Auf der anderen Seite konnte jedoch herausgestellt
werden, dass die Leistungsschere – also der Abstand zwischen den
leistungsstarken und den leistungsschwachen Schülerinnen und Schülern – nicht weiter auseinander gegangen ist. Als Quintessenz kann
festgestellt werden, dass integrative Erziehung bessere Lern- und
Leistungsentwicklungen bei Schülerinnen und Schülern mit Lernbeeinträchtigungen fördert, aber der Leistungsrückstand der lernschwachen Schülerinnen und Schüler nicht ausgeglichen werden kann.

Leistungsrückstände sind schwer aufholbar

Man spricht hier auch von dem so genannten „Matthäus-Effekt" (nach Mat-
thäus 13, Vers 12: „Wer hat, dem wird gegeben ..."), der beschreibt, dass leis-
tungsstärkere Schüler deutlich mehr als leistungsschwächere Schüler von Trai-
nings- bzw. Fördermaßnahmen profitieren (vgl. dazu auch Klauer 1993, 32).

Die Forschungsergebnisse in Hamburg machen auch deutlich, dass
in inklusiven Lerngruppen in besonderer Weise darauf zu achten ist,
dass genügend leistungsstarke Schülerinnen und Schüler einbezogen

Heterogene Lerngruppen

werden. Dies ist nicht zuletzt für die angemessene Entwicklungs- und Lernförderung leistungsstärkerer Kinder bedeutsam. Heterogenität führt somit nicht automatisch zu besseren Lernentwicklungen.

„Unsere Ergebnisse sprechen dafür, dass es offensichtlich bei zunehmender Heterogenität und zunehmend dünnerer Besetzung der Leistungsspitze schwieriger wird, für alle Leistungsgrade förderliche Lernbedingungen zu schaffen. Das Risiko einer Drift nach unten steigt, wenn Bedingungen der Ausdünnung der Leistungsspitze und der Vergrößerung der Heterogenität kumulieren" (Hinz u. a. 1998, 113).

Negative Effekte treten also auch in inklusiven Lerngruppen auf, wenn sie mehrheitlich aus soziokulturell benachteiligten und lernschwächeren Schülerinnen und Schülern zusammengesetzt sind. Deshalb ist darauf zu achten, dass inklusive Lerngruppen wirklich heterogen sind, d. h. dass auch hinreichend viele lern- und leistungsstarke Schülerinnen und Schüler zur Gruppe gehören. Hierdurch können optimale Lern- und Entwicklungsmöglichkeiten für alle Schülerinnen und Schüler gesichert werden. Die überwiegende Integration von Kindern und Jugendlichen in Hauptschulen – wie sie in vielen Bundesländern praktiziert wird – ist aus dieser Sicht sehr problematisch. Gute inklusive Lerngruppen brauchen in besonderer Weise gerade auch leistungsstarke Schülerinnen und Schüler.

Aus Untersuchungen zum entdeckenden und kooperativen Lernen in heterogenen Gruppen kann zudem geschlossen werden, dass Schülerinnen und Schüler mit umfangreicherem Vorwissen als Unterstützer für schwächere Schülerinnen und Schüler wirken und selbst davon profitieren. Die schwächeren Schülerinnen und Schüler lernen von den stärkeren und die stärkeren Schülerinnen und Schüler lernen durch die notwendige Umstrukturierung ihres Wissens, um angemessene Unterstützung geben zu können. Heterogene Gruppen sind somit sowohl für schwächere wie für stärkere Schülerinnen und Schüler förderlich (vgl. Gijlers / De Jong 2005, 280).

Literaturhinweis, der auch hier verwendet wird: J. Baumert u. a. (2001): PISA 2000. Basiskompetenzen von Schülerinnen und Schülern im internationalen Vergleich. Deutsches PISA-Konsortium. Opladen

5.3.2   Heterogene Lerngruppen und sozial-emotionale Entwicklung

Bei der Bewertung integrativer versus separativer Beschulung in Bezug auf die soziale bzw. sozial-emotionale Entwicklung zeigt sich ein Ineinandergreifen stigma- und bezugsgruppentheoretischer Aspekte (Randoll 1991, Kap. 3). **Soziale und emotionale Entwicklung**

Stigmatheoretische Aspekte umfassen die *negativen Auswirkungen*, die sich aus dem Besuch einer stigmatisierten und stigmatisierenden Institution – wie sie die Förderschule darstellt – ergeben. **Stigmatheoretische Aspekte**

Nach Goffmann (1967) zeichnet sich ein Stigma durch die Herabminderung einer Person oder einer Gruppe durch die Zuschreibung eines negativen Merkmals aus, das zu einer Diskriminierung sowie zu einer Herabsetzung von Lebenschancen und zu einer Beschädigung der Identität führen kann. **Stigma**

Beim Kind führt die Überweisung an eine Förderschule zur öffentlichen Etikettierung einer Abweichung im Lern- bzw. Leistungsbereich. Hierdurch erleben die Schüler einen „Verlust ihrer bisherigen Identität" (Homfeldt 1996, 183). Damit verbunden ist die Festschreibung einer negativen Schulkarriere und eine erhebliche Minderung der nachschulischen Lebenschancen. In einer neueren Untersuchung kommt Schumann (2007, 159) zu dem Ergebnis, dass auch heute der Sonderschulstatus stigmabehaftet ist und „bei den meisten Schülerinnen und Schülern aller untersuchten Schülergruppen Schamgefühle aus(löst), die sie als Belastung wahrnehmen. Das Verschweigen und Verleugnen des Sonderschulstatus in sozialen Alltagssituationen ist die vorherrschende Form der Schambewältigung und ein Hinweis auf ein gemindertes Selbstwertgefühl."

Die bezugsgruppentheoretische Perspektive stellt das Bedürfnis von Personen heraus, die eigenen Fähigkeiten, Leistungen und Meinungen, aber auch die eigenen Einstellungen, Werte und Motive im Vergleich zu relevanten anderen Personen zu bewerten. Die *Bezugsgruppe* eines Individuums ist die Gruppe von Personen, zu denen es intensive Beziehungen unterhält, zu der es sich zugehörig fühlt und mit der es sich identifiziert. Sie dient ihm zum einen als Orientierungsrahmen für das eigene Verhalten, für die eigenen Einstellungen, Werte und Meinungen und zum anderen als Richtschnur für die Beurteilung der eigenen Kompetenzen und Leistungen und hat so großen Einfluss auf das *Selbstwertgefühl* **Bezugsgruppentheoretische Aspekte**

Je nach Auswahl der Referenzgruppe, mit der sich z.B. ein Schüler vergleicht, entwickeln sich unterschiedliche positive oder negative Einschätzungen des eigenen Selbstbildes. Dieser Vergleich fällt für leistungsschwächere Schüler in heterogenen Gruppen erwartungsgemäß negativer aus als in homogenen Lerngruppen, die aus schwachen Schülern zusammengesetzt sind (vgl. ausführlich Randoll 1991, 98 ff). So kann auch Schumann (2007, 159) zeigen, dass die Förderschule Schwerpunkt Lernen „Wohlfühleffekte" bei den Schülerinnen und Schülern verbuchen kann. „Die positive Bewertung des ‚Schonraums' Sonderschule und die positive Selbstwahrnehmung als Schüler/in innerhalb der Sonderschule vollzieht sich vor dem Hintergrund der negativen Erfahrungen in der/den abgebenden Schule/n."

Bless (1995, 41) kommt nach Durchsicht internationaler Studien zu dem Ergebnis, dass „lernbehinderte Kinder in Regelklassen... im allgemeinen im Vergleich zu ihren Mitschülern eine niedrigere soziometrische Stellung" aufweisen. Hildeschmidt/Sander (1996) relativieren diese Einschätzung, indem sie darauf hinweisen, dass der Bezugspunkt für soziometrische Untersuchungen jeweils die einzelne Schulklasse ist. Dabei gilt zu berücksichtigen, dass sowohl in Regelschul- als auch in Förderschulklassen eine Gruppe besonders beliebter Schüler, ein Mittelfeld und eine Gruppe besonders unbeliebter Schüler vorkommt.

„Die durchschnittliche soziometrische Position der Schüler einer Sonderschulklasse liegt logischerweise im Mittelwert, also höher als vor der Umschulung. Daraus folgt aber auch, dass – wenn man bei der Dreiteilung bleiben will – nur jeder dritte leistungsschwache Schüler nach der Sonderschuleinweisung eine soziometrische Position im oberen Drittel einnehmen kann. Hinzu kommt, dass die Beliebtheitsrangordnung in Klassen der SfL (Schule für Lernbehinderte, R.W.)... praktisch denselben Kriterien zu folgen scheint wie in Regelschulklassen, nämlich Schulleistung, Sozialverhalten, äußere Erscheinung, allgemeines Selbstwertgefühl, Intelligenz, eventuelle auffällige Merkmale oder Verhaltensweisen" (Hildeschmidt/Sander 1996, 123).

Nach der Durchsicht von Studien zu den Auswirkungen separierender versus integrativer schulischer Förderung auf die sozial-emotionale Entwicklung kommen deshalb Hildeschmidt/Sander (1996) genauso wie Tent u.a. (1991a, b) zu dem Ergebnis, dass sich in Bezug auf die soziale Integration keine positiven Effekte nachweisen lassen, die überzeugend genug wären, die Stigmatisierungseffekte der Schule für Lernbehinderte zu kompensieren.

Emotionale Aspekte   Bei den emotionalen Auswirkungen integrativer versus segregativer Beschulung sind besonders das *Begabungs- und das Selbstkonzept* untersucht worden. Die Ergebnisse dieser Studien (Ahrbeck u.a.

1995; Bless 1995; Hildeschmidt/Sander 1996) können vorsichtig folgendermaßen zusammengefasst werden: Aufgrund bezugsgruppentheoretischer Effekte steigt das Begabungs- und Selbstkonzept bei Sonderbeschulung zunächst an. Gegen Ende der Schulzeit geht die emotionale Entlastung jedoch wieder verloren.

> „Mit Blick auf den niedrigen Schulabschluß und die ungünstigen Berufs- und Lebensperspektiven sinken sowohl das Selbstkonzept als auch die soziale Integriertheit zunächst allmählich und mit dem Schullaufbahnende abrupt wieder deutlich ab" (Hildeschmidt/Sander 1996, 131).

Dies lässt sich auch aus bezugsgruppentheoretischer Perspektive erklären. Naudascher (1980) unterscheidet hier zwischen der „membership group", also der Gruppe, der man selbst angehört und der „reference group", also der Gruppe, an der man sich orientiert, zu der man sich hingezogen fühlt, der man aber selbst nicht angehören muss. Gegen Ende der Schulzeit sinkt der entlastende Effekt einer leistungsschwächeren *membership group*, die in der Sonderschulklasse gegeben ist. Die Effekte der *reference group* (z. B. die Gruppe der Personen mit Ausbildungsplatz oder mit besseren Chancen auf einen Ausbildungsplatz) treten stärker in den Vordergrund und verweisen auf die eigene stigmatisierte Position in der Gruppe der Gleichaltrigen.

Fazit: Die Untersuchungen über die Auswirkungen der Förderung von Kindern und Jugendlichen mit Lernbeeinträchtigungen in homogenen Lerngruppen oder in heterogenen Lerngruppen zeigen die Fragwürdigkeit einer separierten Beschulung in Förderschulen auf. Die gegenwärtigen bildungspolitischen Entwicklungen in den Bundesländern zeigen auch eine erhöhte Bereitschaft der Beschulung von Schülerinnen und Schülern mit Lernbeeinträchtigungen in der Grundschule. Im Folgenden sollen deshalb die Möglichkeiten der inklusiven pädagogischen Förderung vorgestellt werden.

5.4 Perspektiven der inklusiven pädagogischen Förderung für die Primarstufe

Bei den Untersuchungen muss sowohl für die kognitive als auch für die soziale und emotionale Entwicklung berücksichtigt werden, dass der Erfolg inklusiven Unterrichts sich nicht – quasi automatisch – durch

die Zusammenführung von Kindern mit und ohne sonderpädagogischen Förderbedarf sowie durch die Arbeit von Sonderpädagogen
an Grundschulen einstellt. So konstatiert Reiser (1997, 267), dass der
Erfolg durch zwei Komponenten maßgeblich gesteuert wird:

- „von der Reformbereitschaft der Grundschule und ihrer Fähigkeit, sonderpädagogische Fragestellungen, Ziele und Arbeitsformen aufzunehmen
(und)
- von der Anschlussfähigkeit der Sonderpädagogik an die Reformbestrebungen der Grundschule".

Inklusion als Werteorientierung

Inklusion ist zunächst immer eine normative, eine moralische Entscheidung. Sie ist eine Frage des politischen Wollens und nicht der
pädagogischen Machbarkeit (Muth 2009). Die Entscheidung für oder
gegen Inklusion umfasst daher immer eine Entscheidung für oder gegen bestimmte pädagogische Orientierungen, deren Umsetzung zu
verantworten ist.

Inklusion als pädagogische Herausforderung

Inklusion stellt eine anspruchsvolle pädagogische Herausforderung dar und beinhaltet dabei keine begrenzte Veränderung von
Schule – wie vielleicht offener Schulanfang, aktive Pausengestaltung
oder die Einführung von Wochenplanarbeit. Vielmehr wird die Fra-
ge nach der Beziehung zwischen der Institution Schule und den in
ihr lernenden und lebenden Menschen neu gestellt. Inklusion versus
Exklusion sind Beschreibungen von Beziehungskonstruktionen. Ein
Schulsystem, das nach bestimmten Kategorien – meist Leistung und
Verhalten – sortiert, einteilt, trennt – entweder in unterschiedliche
Schultypen oder in Kurssysteme – braucht ein Auffangbecken für
die Schülerinnen und Schüler, die hier scheitern. Die Ausbildung von
Lehrern, die so gestaltet ist, dass die pädagogischen-didaktischen Anteile in dem Maße abnehmen, indem die Schülerinnen und Schüler als
leistungsfähiger (vom Kindergarten bis zur Hochschule) eingeschätzt
werden, unterstützt die Aussonderung der schwächeren, benachteiligten und beeinträchtigten Schülerinnen und Schüler, weil sie den vor-
formulierten Ansprüchen nicht genügen können oder manchmal auch
nicht wollen.

Inklusion verlangt eine neue pädagogische Beobachterperspektive, die vielleicht so umschrieben werden kann: Nicht mehr allein
das Kind muss sich den Bedingungen und Anforderungen der Schule anpassen, sondern die Schule ist aufgefordert, sich gegenüber
der Individualität der Schülerinnen und Schüler zu öffnen. Damit
wird das vorherrschende Konstrukt homogener Lerngruppen durch

eine heterogene Orientierung ersetzt. Wenn diese Perspektive umgesetzt werden soll, dann müssen bestehende schulische Routinen
und scheinbar unverrückbare Normalitäten hinterfragt werden. Dazu
gehören:

- das pädagogisch zumindest nicht zwingende, vielleicht sogar schädliche
  Konstrukt homogener Lerngruppen (normative, moralische Orientierung);
- die pädagogische Vorstellung eines Lehrens und Lernens im Gleichschritt
  (didaktische Orientierung);
- die Dominanz von Fachsystematiken und die Vernachlässigung der Unterstützung individueller Lernzugänge (diagnostische Orientierung);
- das Prinzip des sozialen Vergleichs – Leistung einer Schülerin / eines Schülers im Vergleich zur Leistung der anderen Gruppenmitglieder – als domi-
  nierender Bewertungs- und Selektionsmaßstab (Leistungsbewertung);
- die noch immer vorherrschende Mittelschichtsorientierung von Schule (gesellschaftliche Orientierung);
- die bestehenden Berufsrollen von Regelschullehrern und Sonderpädagogen (professionelle Orientierung).

5.4.1   Gemeinsamer Unterricht fördert eine neue Sicht von Schülerinnen und Schülern

Von Hentig (1993, 185) forderte, „dass in dieser Schule jedes Kind,
während der zehn oder zwölf oder 13 Jahre, die es an ihr verbringt,
erfährt: ich werde gebraucht, ich mit meiner Fähigkeit und Lust zum
Aufräumen, Marlies mit ihrem Mut voranzugehen und ihrer Kraft,
andere zu führen; Klaus mit seiner bedächtigen Art zuzuhören und
selbstlos zu raten, Anna mit ihrer Musikalität (und totalen Sperre gegen Mathematik), Michael mit seiner Gabe, ein Problem schnell zu
erfassen und verständlich zu erklären …".

Das bedeutet, dass Schule und Unterricht die Aufgabe zukommt,
das Selbstkonzept der Schüler zu stärken, positive soziale Beziehungen zu fördern und das Leistungsversagen zu reduzieren. Dazu ist eine
spezifische pädagogische Haltung gegenüber den Schülerinnen und
Schülern notwendig. Die Perspektive, aus der die Lehrerinnen und Lehrer
die Schüler wahrnehmen, konstituiert pädagogische Handlungsorientierungen. Der Unterricht in inklusiven und damit bewusst heterogenen Lerngruppen erfordert die Wahrnehmung der unterschiedlichen
Bedürfnisse der Kinder und Jugendlichen. Nicht der soziale Vergleich,
sondern die individuelle Entwicklung des Kindes bzw. Jugendlichen
im Kontext der Lerngruppe ist Ausgangs- und Bezugspunkt von Unterricht. Das Ziel ist, eine Passung zwischen der Individualität der

Schülerinnen und Schüler und den Entwicklungs- und Lernmöglichkeiten im Kontext Schule herzustellen. Die notwendigen pädagogischen Perspektiven hierzu sind:

Orientierung an Stärken

a) **Die Wahrnehmung von Stärken, Fähigkeiten und Ressourcen.** Aus Erfahrungen der Lern- und Entwicklungsförderung wird
deutlich, dass nicht die Auffälligkeit, das Defizit oder der Defekt
Anknüpfungspunkte für eine pädagogische Förderperspektive beinhalten. Es sind vielmehr die Fähigkeiten, Ressourcen und Po-
tentiale der Schüler. Die Zone der nächsten Entwicklung kann nur
von hieraus erarbeitet werden. Wenn man weiß, was ein Schüler
in einem bestimmten Gebiet beherrscht, so können weitere Entwicklungsschritte angeregt werden. Pädagogen stehen jedoch in
der Gefahr, besonders die Defizite von Schülerinnen und Schülern wahrzunehmen. Insbesondere bei der Auseinandersetzung mit
Schülerinnen und Schülern, die Lern-, Leistungs- und/oder Verhaltensauffälligkeiten zeigen, steht die Beschreibung des „Nicht-
Könnens" im Vordergrund. Der perspektivische Wandel von einer
Defizit- zu einer Fähigkeitenorientierung ist für inklusive Lerngruppen unerlässlich. Er ist aber auch grundlegend für die Stärkung eines positiven Selbstkonzepts, für die soziale Einbindung
aller Schüler und damit für die Unterstützung eines prosozialen
Klimas in Lerngruppe und Schule.

Lebenswelt-orientierung

b) **Die Berücksichtigung der Lebenswelt von Schülerinnen und
Schülern.** Die notwendige neue Sicht von Schülerinnen und Schülern in inklusiven Lerngruppen umfasst die Herausforderung, die
je unterschiedlichen Lebenswelten der Schülerinnen und Schüler
in Schule und Unterricht in besonderer Weise zu berücksichtigen. Diese – auch für die Förderung eines prosozialen Lernkli-
mas – notwendige Orientierung ist jedoch keineswegs einfach zu
realisieren und sie wird durch gemeinsamen Unterricht keinesfalls
einfacher. Die Lebenswirklichkeit und die Zukunftsperspektive eines Mädchens mit Lernschwierigkeiten aus einem sozialen
Brennpunkt oder eines Jungen mit einer spastischen Lähmung unterscheiden sich eben von denen vieler anderer Schülerinnen und
Schüler und nicht zuletzt von denen der Lehrkräfte. Ein Unterricht,
der hier nicht den Schülern das Wort gibt, wie es der Reformpäd-
agoge Celestin Freinet gefordert und in seinem Unterricht realisiert hat (Laun 1983), der nicht durch die Ermöglichung des freien
Ausdrucks im weitesten Sinne Raum für die je individuellen sozialen Erfahrungen der Schüler zur Verfügung stellt und der nicht auf

der positiven Wertschätzung der individuellen Lebenserfahrung der Schüler aufbaut, wird nicht inklusiv sein können.

5.4.2   Inklusion schafft eine neue Sicht auf Unterricht

Dass sich die Qualität von Unterricht auf das Verhalten und insbesondere auf das Lernen von Schülerinnen und Schülern auswirkt, dürfte unumstritten sein. So zeigen die einschlägigen Untersuchungen, dass schulisches Leistungsversagen, Distanz zu schulischen Normen und Werten, eine schlechte Lehrer-Schüler-Beziehung, aber auch Langeweile im Unterricht oder dauernde Überforderung vielfältige Probleme bis hin zu gewaltförmigen Verhaltensweisen der Schülerinnen und Schüler begünstigen (Bründel/Hurrelmann 1994 und Holtappels/Meier 1997). Die didaktisch-methodischen Herausforderungen, die mit gemeinsamem Unterricht verbunden sind, können hier positive Akzente setzen:

Gemeinsamer Unterricht nimmt Abschied von der Illusion einer homogenen Lerngruppe, die es nie geben kann. Eine integrative Perspektive fordert konsequent eine Akzeptanz von *normaler Vielfalt* im Gegensatz zu *normierter Einfalt* – wie dies Hiller (1991) treffend beschrieben hat – ein. Durch sie wird die Überwindung eines gleichschrittigen, lehrerzentrierten Unterrichts unabdingbar. Gemeinsamer Unterricht benötigt dazu keine Sonder-Didaktik, sondern vielmehr eine besonders gute „Normal"-Didaktik (Werning 1996a). Begriffe, Ideen und Bilder, die im Rahmen des gemeinsamen Unterrichts immer wieder genannt werden, sind:

- Handlungs- und Kooperationsorientierung,
- zeitliche Flexibilität,
- die Gestaltung einer anregenden, materialreichen und interessanten Lernumwelt,
- die Orientierung an den eigenen Interessen der Schüler,
- die Umsetzung von Binnendifferenzierung und Individualisierung sowie
- die Verbindung von kognitiven, sozialen und emotionalen Dimensionen.

Dabei sind vier Zielperspektiven besonders zu berücksichtigen: **Zielperspektiven**

1. Der gemeinsame Unterricht soll die Bildung aller Schülerinnen und Schüler bestmöglich fördern.
2. Der gemeinsame Unterricht soll das positive Selbstwertgefühl aller Schüler fördern.

3. Der gemeinsame Unterricht soll das solidarische Handeln in heterogenen Gruppen anregen und unterstützen.
4. Der gemeinsame Unterricht soll Anregungs- und Unterstützungsmöglichkeiten für die individuellen Förderbedürfnisse aller Schülerinnen und Schüler ermöglichen.

Gemeinsamer Unterricht

Inklusives pädagogisches Handeln kann dabei nicht durch die additive Verknüpfung allgemein- und sonderpädagogischer Didaktik und Methodik erreicht werden. Zu schnell könnte die Inklusion zu einer „Flüster-Integration" verkommen, bei der die nichtbehinderten Kinder wie bisher unterrichtet werden und der Sonderpädagoge mit „seinen" Schülern in einer Ecke des Raumes sitzt und – damit die anderen Kinder nicht gestört werden – flüsternd unterrichtet. Um ein gemeinsames Lernen zu erreichen, ist es vielmehr sinnvoll,

- *gemeinsame Lernsituationen* – möglichst in projektorientierter Form – zu bearbeiten, wobei die Beteiligung aller Schüler auf ihren jeweiligen individuellen Entwicklungsniveaus angestrebt wird (vgl. Kap. 4.3.6);
- *gegenseitige Hilfe und Unterstützung im Unterricht* zu fördern (vgl. Kap. 4.3.4);
- eine Verbindung der Förderung von *individualisierten Lernphasen* (z. B. im Rahmen von Wochenplanarbeit unter Berücksichtigung individueller Förderpläne) und von *kooperativen Gruppenarbeitsphasen*, in denen jedes Mitglied der heterogen zusammengesetzten Arbeitsgruppen einen wichtigen und unverzichtbaren Anteil an der Bearbeitung einer gemeinsamen Aufgabenstellung hat (vgl. Kap. 4.2.1, Werning/Avci-Werning 1998), umzusetzen;
- verstärkte Partizipation der Schülerinnen und Schüler zu ermöglichen (Einführung von Wahlmöglichkeiten beim Anspruchsniveau, bei Teilthemen, Zeitdauer, Medien, Sozialformen, Präsentationsarten);
- *handlungsorientierte Unterrichtsformen* zu realisieren, bei denen die Eigentätigkeit der Schüler betont und die Realisierung von Handlungsprodukten, auf die sich Schüler und Lehrer zuvor geeinigt haben, angestrebt werden (vgl. Kap. 4.2.3, Jank/Meyer 1994, 337ff);
- die *Förderung positiver sozialer Beziehungen* der Schüler als Unterrichtsprinzip zu verankern und durch Klassenversammlungen, gemeinsames Feiern und Klassenfahrten zu stärken (vgl. Kap. 4.3.7);
- Verantwortung auch an schwierige Schüler zu übergeben;
- eine transparente Rechenschaftslegung bzw. Dokumentation des Erreichens von Zielvereinbarungen, die individuell in Lernbüchern/Portfolios festgehalten werden, einzuführen (vgl. Winter 2011).

Literaturhinweise: Podlesch, W. (2003): Integrationspädagogische Lernprinzipien zum Förderschwerpunkt geistige Entwicklung. In: Eberwein, H./Knauer, S. (Hrsg.) (2003): Behinderungen und Lernprobleme überwinden. Stuttgart, 39–53; Heyer, P. (2009): Grundschule – Schule für alle Kinder. Grundsätze zur Entwicklung integrativer Arbeit. In: Eberwein, H./Knauer, S. (Hrsg.): Integrationspädagogik. 7. Auflage. Weinheim, Basel, 178–190.

Gemeinsamer Unterricht steht dabei immer vor der Herausforderung, das Recht auf Gleichheit und das Recht auf Verschiedenheit zu berücksichtigen. Förderung von Kooperation bzw. Solidarität und individuelle Förderung sind die Pole, zwischen denen die didaktisch-methodischen Ansätze zu vermitteln haben (vgl. Kap 4.2).

5.4.3   Inklusion schafft eine neue Perspektive für professionelles pädagogisches Handeln

Kooperation im schulischen Kontext kann bisher überwiegend als Gefüge-Kooperation (Rolff 1980) beschrieben werden, die die Interdependenz zwischen Lehrplan, Fächern, Unterrichtsstunden, der zeitlichen Ordnung und dem individuellen Lehrakt umfasst. Die bisher beschriebene Zunahme von Komplexität im gemeinsamen Unterricht erfordert dagegen die (Weiter-)Entwicklung von Formen der Teamkooperation, die Penné (1995) in die *allgemeine schulische Kooperation* und *Team-Teaching* unterteilt. *Allgemeine schulische Kooperation* umfasst die auf die pädagogische Arbeit gerichtete, außerunterrichtliche Form der Zusammenarbeit im schulischen Kontext. Diese beginnt bei dem Austausch von Material für und von Informationen über den Unterricht und geht hin bis zu interdisziplinären Fallbesprechungen und der gemeinsamen Erstellung von Förderplänen. *Team-Teaching* bezieht sich auf die Zusammenarbeit im Unterricht. Sie beinhaltet auf der untersten Stufe Formen der additiven und externen Förderung von Schülerinnen und Schülern mit besonderem Förderbedarf (z. B. externe Kleingruppenförderung) und geht bis zu strukturell verankerten Formen des Team-Teachings im gemeinsamen Unterricht (Friend/Bursuck 2005).

Kooperation im schulischen Kontext

Kooperation im Rahmen von gemeinsamem Unterricht durchbricht – zumindest vom Anspruch her – ein zentrales Merkmal der Berufsrolle von Lehrern: die im Rahmen der gefügeartigen Kooperation abgesteckte, weitgehend allein verantwortliche Arbeit mit Lerngruppen. Dies ist keineswegs nur eine marginale Veränderung, sondern durchaus ein fundamentaler Eingriff in die historisch gewachsene Form der Gestaltung von Unterricht. Diese immer wieder kritisch hinterfragte Isolierung des einzelnen Lehrers hat durchaus

Die Rolle des Lehrers

Vorteile, die im Rahmen der Realisierung vom gemeinsamen Unterricht nicht ignoriert werden dürfen. Denn Kooperation von Pädagogen im Unterricht stellt nicht selten die Achillesferse integrativer bzw. inklusiver pädagogischer Konzepte dar.

Autonomy-Equality-Pattern So hat Lortie (1964, 274) in diesem Zusammenhang von einem „autonomy-equality-pattern" (Autonomie-Gleichheits-Modell) gesprochen, das folgende Aspekte beinhaltet:

1. Lehrer sollten während des Unterrichts vor der Einmischung anderer Erwachsener sicher sein.
2. Lehrer sollten hinsichtlich ihrer Befähigung, Unterricht zu erteilen, als gleich betrachtet und behandelt werden.
3. Lehrer sollten einander gegenüber freundlich handeln, ohne im Bereich der Unterrichtsarbeit des anderen zu intervenieren.

Diese Isolation gewährt somit einen Schutzrahmen gegenüber Eltern, Kollegen und auch Vorgesetzten. Eng verbunden mit der allein verantwortlichen Arbeit im Unterricht ist auf der Schulebene das Prinzip der *Kollegialität*. Es wird gegenüber der Öffentlichkeit, d. h. vor allem gegenüber den Schülern und Eltern, aber auch intern gegenüber den Kollegen und Vorgesetzten vertreten und „garantiert die vorausgesetzte Gleichheit aller Lehrer" (Wellendorf 1969, 96). Die Entwicklung kooperativer pädagogischer Arbeitsstrukturen im gemeinsamen Unterricht erfordert nun einen fundamentalen Wechsel der Perspektive, denn gemeinsamer Unterricht ist ohne Kooperation von Lehrerinnen und Lehrern undenkbar. So weisen Mitglieder des Forscherteams des Hamburger Schulversuchs (D. Katzenbach / W. Rauer / K.D. Schuck / H. Wudke) auf die Risiken der integrativen Beschulung hin, die sich durch die Komplexitätserhöhung der Grundschularbeit ergeben. Dazu zählen sie:

- „eine neue Heterogenität der Schülerschaft
- neue Qualitäten der Kooperation im Team
- neue Anforderungen an die verwirklichten Konzepte des Unterrichts" (Hinz u. a. 1998, 115).

Kooperation von Lehrkräften Die Chance der Kooperation liegt in der Erweiterung professioneller Handlungskompetenzen und Handlungsfähigkeiten sowie in der Überwindung der Rolle des Lehrers als Einzelkämpfer, um die gestiegenen Herausforderungen pädagogischen Handelns zu bewältigen. Die Vorteile ergeben sich bei der Entwicklung vielfältiger, wechselseitiger

Lern-, Anregungs- und Entlastungsmöglichkeiten bei der alltäglichen Bewältigung der Aufgabe, möglichst alle Schülerinnen und Schüler auf ihrem jeweiligen Entwicklungsstand zu fördern, individuelle Förderpläne für gute wie für schwächere Schülerinnen zu erstellen und zu reflektieren sowie kooperative Lernprozesse in der Gruppe anzuregen und zu unterstützen (Lütje-Klose/Willenbring 1999, Lütje-Klose 2011b). Für eine gelingende Kooperation ist dabei die Verbindung professioneller Identität mit der Bereitschaft und Fähigkeit, Übertritte disziplinspezifischer Grenzen und Zuständigkeiten zu akzeptieren, erforderlich. Bei der Zusammenarbeit von Regelschullehrern und Sonderpädagogen, z. B. im Rahmen eines förderdiagnostischen Prozesses, oder bei der Abstimmung der pädagogischen Arbeit im Klassenteam, müssen die verschiedenen Wahrnehmungen von Kindern in ihren sozialen und räumlichen Umwelten zusammengetragen werden. Nicht die Durchsetzung einer „richtigen" Perspektive ist hier das Ziel. Vielmehr können die verschiedenen Perspektiven verknüpft werden, um ein kollektives Bild als Grundlage für die pädagogische Arbeit zu entwerfen.

Bedingungen für ein professionelles sonderpädagogisches Arbeiten in inklusiven Settings sind allerdings nicht nur in den Einstellungen und Haltungen der einzelnen kooperierenden Lehrkräfte zu sehen, sondern vor allem in strukturellen Faktoren, die die Arbeit der Grundschule insgesamt und ihre Bereitschaft zur Übernahme von Verantwortung für alle Kinder (einschließlich derer mit besonderem Förderbedarf) betrifft. So kommen Lütje-Klose u. a. im Rahmen einer Untersuchung der handlungsleitenden Vorstellungen von Sonderpädagogen in regionalen Integrationskonzepten zu folgendem Schluss:

„Als zentrale förderliche Bedingung für die integrative Arbeit erweist sich das Vorhandensein oder die gemeinsame Entwicklung kooperativer Strukturen im Kollegium der Grundschule (…). Der entscheidende Unterschied ist hier, dass die Verantwortung für die Schüler mit besonderem Förderbedarf nicht an die Sonderpädagogen abgegeben wird, sondern in der allgemeinen Schule verbleibt. Dies bedeutet, dass Integration als Schulentwicklungsprozess verstanden und umgesetzt wird" (Lütje-Klose u. a. 2005, 92 f.).

Ist das nicht der Fall, so liegt das oben angesprochene Ausweichen der Sonderpädagogen in äußere Differenzierungsgruppen nahe, das für Kinder und Lehrkräfte gleichermaßen exkludierende Wirkung haben kann. Um dies zu vermeiden, sollten Sonderpädagogen und Grundschullehrkräfte gemeinsam verbindliche Leitlinien für die inklusive Arbeit entwickeln und umsetzen. Der „Index für Inklusion" (Boban/Hinz 2003) kann hierfür wichtige Anregungen geben. Für die Sonderpädagogen hat die gemeinsame Verantwortungsübernahme für Schülerinnen und Schüler mit besonderem Förderbedarf u. a. Auswirkungen auf ihre Berufsrolle: Ein entscheidender neuer Schwerpunkt liegt auf der Ebene von Planungs-, Entwicklungs- und Problemlösungsprozessen in kooperativen Strukturen. Dazu gehören die Entwicklung von Klassen- bzw. Jahrgangsteams, von kollegialer Fallberatung und kooperativer Lernbegleitung (Lütje-Klose u. a. 2005, 94).

Für die Implementation solcher kooperativer Strukturen haben Eberwein und Knauer (1999, 294) wichtige Grundsätze benannt. Dazu gehören u. a. der offene Austausch über die gegenseitigen Vorstellungen von Kooperation und das jeweilige Rollenverständnis, die Thematisierung der eigenen Verunsicherung und Befürchtungen durch die Anwesenheit von weiteren Erwachsenen im Unterricht, die gemeinsame Entwicklung eines neuen Selbst– und Aufgabenverständnisses, konkrete Vereinbarungen über die Funktionen der Lehrkräfte im Unterricht sowie wöchentliche Teamsitzungen.

5.5　Perspektiven der Förderung in der Sekundarstufe I

Inklusive Entwicklungen Im Bereich der Sekundarstufe ist der Anteil der Schülerinnen und Schüler mit sonderpädagogischem Förderbedarf, die gemeinsam unterrichtet werden, zum gegenwärtigen Zeitpunkt noch gering. Dies gilt auch für die Bundesländer, in denen der gemeinsame Unterricht im Rahmen schulgesetzlicher Regelungen für die Primarstufe weitgehend oder generell zugelassen wird. Die frühe und umfassende Sortierung der Kinder im deutschen Schulsystem ist bis heute „die größte Barriere für die Fortsetzung gemeinsamer Erziehung an der Sekundarstufe" (Maikowski 1994, 195).

Inklusion als Provokation Insbesondere die zieldifferente gemeinsame Unterrichtung ist in einem nach Leistung differenzierten Schulsystem, in dem Kinder aufgrund nicht hinreichender Lernleistungen z. B. die Realschule oder das Gymnasium nicht besuchen dürfen, ein provozierender Gedanke. So ist es nicht verwunderlich, dass „nahezu zwei Drittel der Lehrer an Hauptschulen und an Gymnasien folgendem Statement voll bzw. weitgehend (zustimmen): Der behinderte Schüler wird entsprechend seinen Fähigkeiten und Lernmöglichkeiten in der Förderschule am besten gefördert…" (Dumke 1998, 247). In einer aktuellen Untersuchung von Amrhein (2011, 135) zeigen sich in einer Befragung von 167 Lehrkräften an zwölf nordrhein-westfälischen Schulen der Sekundarstufe I mit integrativen Lerngruppen 35,3% nicht bereit, in integrativen Lerngruppen zu unterrichten; 34,7% sind indifferent und 30% sind bereit dazu. 26,2% der befragten Lehrkräfte lehnten sogar einen Vertretungsunterricht in integrativen Lerngruppen ab.

Genau wie in der Primarstufe ist die Inklusion in der Sekundarstufe verbunden mit der Akzeptanz der Heterogenität der Lernvoraussetzungen und Lebenswelten der Schülerinnen und Schüler. Hier haben Sander u. a. (1994, 350 f) mehrere Faktoren herausgestellt, die dafür verantwortlich sind, dass die Fortführung des gemeinsamen Lernens in der Sekundarstufe häufig sehr schwierig ist. Dazu zählen u. a.:

- Der gefächerte Unterricht mit seiner verstärkten Orientierung am Unterrichtsstoff und an der Klasse erschwert die Berücksichtigung von Schülern mit individuellem Förderbedarf.
- Die rechtlich vorgegebene Leistungsmessung und -beurteilung regt eine Umorientierung auf binnendifferenzierenden und individualisierenden Unterricht nicht an.
- Aufgrund fehlender Kooperationszeit sind Beratungen und Absprachen bezüglich individueller Bedürfnisse einzelner Schüler im Fachlehrersystem der Sekundarschulen schwierig.
- Der Ko-Unterricht (Klassen- und FachlehrerInnen gemeinsam mit Ambulanzlehrer) wird von vielen Lehrkräften als unangenehm oder bedrohlich empfunden.
- Der Fremdsprachenunterricht wird bei zieldifferenter Integration als problematisch angesehen.
- Hauptschulen und Gesamtschulen fürchten, durch die Aufnahme behinderter Kinder einen Imageverlust zu erleiden.
- Es gibt nur unzureichende Fortbildungsangebote.

Im Folgenden sollen zwei unterschiedliche Formen der Förderung von Schülerinnen und Schülern mit Lernbeeinträchtigungen in der Sekundarstufe I vorgestellt werden. Zum einen ist dies die von Gotthilf G. Hiller konzipierte Jugendschule, die eine spezifische Bildung für sozial benachteiligte Jugendliche realisieren soll. Hiller grenzt sich damit von einem inklusiven Ansatz ab. Zum anderen sollen Möglichkeiten und Erfahrungen der inklusiven Bildung diskutiert werden.

5.5.1 Das Modell der Jugendschule

Obwohl die Möglichkeit der gemeinsamen Beschulung in der allgemeinen Schule also in unterschiedlichen Schulversuchen nachgewiesen werden konnte, kann von einer merkbaren bzw. umfangreicheren Umsetzung bis heute keineswegs gesprochen werden. Die lange und ausgeprägte Tradition des deutschen Bildungswesens, insbesondere in der Sekundarstufe I, die Schüler nach Leistung in unterschiedliche Bildungsgänge zu verteilen, behindert diese Entwicklung. Hiller (1997) hat mehrfach Zweifel an der Fähigkeit der allgemeinen Schule im Bereich Sekundarstufe I geäußert, gerade sozial benachteiligte und sozial randständige Schülerinnen und Schüler angemessen zu bilden. Als Gegenentwurf zu einer bürgerlichen Bildung entwickelte er das Modell der Jugendschule.

Jugendschule Ausgangspunkt seiner Überlegungen ist der radikale gesellschaftliche Wandel in seinen Auswirkungen auf die Arbeits- und Lebensverhältnisse von sozial benachteiligten bzw. randständigen Schülerinnen und Schülern. Der von ihm beschriebene Personenkreis umfasst die Jugendlichen im unteren Fünftel der Gesellschaft. Dazu gehören insbesondere Schüler der Förderschulen mit den Förderschwerpunkten Lernen und emotionale und soziale Entwicklung, schwache Hauptschüler sowie Schüler ohne Schulabschluss. Die realistische Betrachtung ihrer zukünftigen, nachschulischen Lebensbedingungen ist durch vielfältige Erschwerungen gekennzeichnet (vgl. Kap. 3.3), wozu u. a. marginalisierte, unsichere und gering bezahlte Beschäftigungsverhältnisse, Phasen der Arbeitslosigkeit, unsichere soziale Beziehungen, Probleme mit der Legalität und Bewältigung des Alltags gehören. Weder die Integrationsdiskussion, die Hiller als „gefährliche Sozialromantik" (Hiller 1997, 63) beschreibt, noch die gegenwärtige Sonder- oder Hauptschule werden seiner Meinung nach der Herausforderung gerecht, diese Schülerinnen und Schüler angemessen auf ihre zukünftigen Lebensbedingungen als Grenzgänger in der Gesellschaft vorzubereiten. Vielmehr kritisiert er auch an der Förderschule die Umsetzung einer mittelschichtorientierten Bildungsperspektive, die er als kulturimperialistisch bewertet.

Kultureller Imperialismus „Kultureller Imperialismus stellt sich heute längst nicht mehr allein als Problem zwischen Nationen dar. Mittel- und oberschichtsozialisierte Lehrer, Schulpsychologen, Sozial- und Sonderpädagogen sehen zwar die Schwierigkeiten, Belastungen und Diskriminierungen, denen Kinder und Jugendliche ausgesetzt sind, die an der Regelschule scheitern. Aber sie sehen sie ‚stratozentrisch', das heißt aus der Perspektive jener Einstellungen, Erwartungen und

Ansprüche an das Leben, die ihrer Schicht eigen sind. Es fehlt ihnen an Erfahrungen und Kenntnissen, die aus einer kontinuierlichen Teilhabe an der ‚Kultur' stammen, die dort entsteht, wo Leben unter auf Dauer gestellten, belastenden Bedingungen sich vollzieht" (Hiller 1997, 21).

Als Gegenmodell formuliert Hiller ein Konzept der Grundbildung in einer zu entwickelnden Jugendschule, das folgende Merkmale umfasst:

a) **Definierter und garantierter Erstzugang zum Beschäftigungssystem für benachteiligte Jugendliche.** Hiller schlägt dazu vor, Jugendschulen aufzubauen, die bindende Verträge mit Handwerk, mit kommunalen, regionalen, landeseigenen Arbeitgebern in ihrer Region haben, die eine Übernahme aller Absolventen in zeitlich befristete Erstbeschäftigungsverhältnisse garantieren. Die Jugendschule richtet ihr Curriculum (regionalspezifisch) auf die Anforderungen aus, die die Vertragspartner einfordern. Die Jugendlichen werden somit frühzeitig auf ein bestimmtes erstes Berufsfeld festgelegt, was ihnen nach der Schule – zumindest für einen bestimmten Zeitraum – einen garantierten Ausbildungsplatz sichert (Hiller 1997, 67 ff).

b) **Redliche Vorbereitung auf die Lebenswirklichkeit.** Hierzu gehören curriculare Schwerpunkte, die Arbeit und Arbeitslosigkeit, Leben mit wenig Geld, Möglichkeiten und Formen des Zusammenlebens, Legalität, Sexualität und Partnerschaft/Beziehungen etc. umfassen (Hiller 1997, 71 f; Burgert 2001, 196 ff).

c) **Definierte Zugänge zum gesellschaftlichen Leben.** Um Vereinzelung und Isolation vorzubeugen, ist es die Aufgabe einer Jugendschule, die Integration der Schülerinnen und Schüler in außerschulischen Gruppen anzubahnen, zu begleiten und zu unterstützen. Dazu gehören (Sport-) Vereine, Chöre, Volkshochschulen etc. „Aufgabe der Schule, vor allem in den sportlich-musischen Fächern, aber auch im Sach- und Deutschunterricht, wäre es dann, die Schüler auf eine qualifizierte Partizipation/Mitgliedschaft vorzubereiten" (Hiller 1997, 73).

d) **Vernetzung in suprafamiliale, primäre Gruppen.** Aufgrund der Überforderung der Familien hinsichtlich hinreichender Kompetenzen für Planungs-, Organisations- und Verhandlungsprozesse sowie ein umfangreiches Strategiewissen im privaten wie im öffentlichen Bereich, schlägt Hiller ein Modell der Alltagsbegleitung durch engagierte und kompetente Erwachsene vor. Dabei denkt er an Personen, „die bereit und fähig sind, Jugendliche in Halbdistanz zu begleiten, und die sich, wenn nötig, couragiert genug für die Belange des oder der Betreffenden verkämpfen" (Hiller 1997, 74).

Weitere Überlegungen zur Veränderung schulischer Angebote im Sekundarbereich liegen auch von Friedemann und Schroeder (2000) vor. Sie streben eine enge Verzahnung allgemeinbildender und berufsvorbereitender Angebote an und wollen sie durch „Formen und Angebote der Beratung, Betreuung und Stabilisierung der Jugendlichen in Krisensituationen" und ferner durch die „Vermittlung der Jugendlichen und jungen Erwachsenen an professionelle Berater" erweitern (Friedemann / Schroeder 2000, 189).

Der Verdienst Hillers liegt in der provokativen (Wieder-)Bewusstmachung der besonderen Bildungsanforderungen für Jugendliche am Rande der Gesellschaft, die mit mittelschichtsorientierten curricularen Inhalten, die auch an der Förderschule dominieren, wenig anfangen können, da sie weder ihren momentanen noch ihren zukünftigen Lebensbedingungen entsprechen. Fraglich bleibt zum einen, inwieweit der von Hiller geforderte, vertraglich gesicherte Erstzugang zu Beschäftigungsverhältnissen gesellschaftlich und politisch durchsetzbar sein wird. Zum anderen ist die von ihm umrissene Form der Grundbildung durchaus nicht an eine spezifische Schulform – Jugendschule – gebunden. So zeigen z. B. Erfahrungen an der Laborschule Bielefeld, dass im Rahmen eines projektorientierten, differenzierten Unterrichts mit heterogenen, inklusiven Lerngruppen eine redliche Vorbereitung auf spätere Lebensanforderungen durchaus möglich ist. Davon profitieren nicht nur sozial benachteiligte Schülerinnen und Schüler, sondern auch jene aus privilegierteren gesellschaftlichen Gruppen (vgl. Lernchancen 2000).

5.5.2   Perspektiven der inklusiven Förderung in der Sekundarstufe I

Schulversuche zur Integration   Im Rahmen von Integrationsversuchen konnte wiederholt nachgewiesen werden, dass auch in der Sekundarstufe I unterrichtliche Bedingungen geschaffen werden können, die gemeinsamen Unterricht von Schülerinnen und Schülern mit und ohne sonderpädagogischen

Förderbedarf ermöglichen (vgl. z. B. Köbberling / Schley 2000, 173 ff; Köbberling 1998; Dumke u. a. 1993; Feyerer / Prammer 2003). Die Auswertungen der verschiedenen Schulversuche zeichnen ein differenziertes Bild, das die vielfältigen Chancen gemeinsamer Erziehung und Bildung im Sekundarbereich unterstreicht, aber auch die spezifischen Schwierigkeiten nicht unberücksichtigt lässt.

Köbberling beschreibt auf der Grundlage der Auswertungen von 17 integrativen Abschlussklassen im Jahrgang 10 an Hamburger Sekundarschulen die spezifischen Probleme:

- „Gemeinsamer Unterricht kommt in starren Fachleistungsstrukturen an Gestaltungsgrenzen und bleibt nicht tragfähig für integrative Prozesse.
- Einsamkeit, Kränkungen, auch Erfahrungen mit gewaltvollen Konflikten für die ohnehin benachteiligten Kinder machen ratlos;
- Enttäuschung, Mitleid, Trauer und Bitterkeit bei Eltern und
- Gefühle des Versagens, Scheiterns, Schuldigwerdens bei den PädagogInnen müssen bewältigt werden." (1998, 259)

In der Abschlussevaluation werden jedoch auch die *Chancen* deutlich. Es zeigt sich, dass der integrative Prozess sich im Entwicklungsverlauf sehr unterschiedlich darstellt. Im 5. und 6. Jahrgang wird dabei auf den Erfahrungen der Grundschule aufgebaut, offene, differenzierte Unterrichtsformen werden noch häufig umgesetzt und soziales Lernen behält einen hohen Stellenwert. Hier erfolgt ein Aufbau der sozialen Gruppen. Im 7. und 8. Jahrgang setzt ein deutlicher Differenzierungsprozess ein, „der über spannungsvolle Abgrenzungsprozesse Unterschiede sichtbar werden lässt und Individuation ermöglicht" (Köbberling 1998, 272). Die Kontakte zwischen behinderten und nicht behinderten Schülerinnen und Schülern werden hier seltener. „Die ‚Schere der Entwicklung‘ geht weit auseinander, und die verunsichernde und anstrengende Suche nach der eigenen Identität macht die Jugendlichen zeitweise ungeduldig und abweisend im Umgang miteinander" (Köbberling 1998, 259).

In den Abschlussjahrgängen 9 und 10 wird dann aber wieder von einer Phase der Annäherung, der erneuten sozialen Zuwendung und auch Kooperation berichtet.

Entwicklungsverlauf des integrativen Prozesses

„Nach den schwierigen Auseinandersetzungen in der Phase der Pubertät können wieder Prozesse der Beruhigung und Annäherung eintreten, mit dem Ergebnis, dass sich die Schülerinnen zum Abschluss ihrer Schulzeit deutlich in ihrer Unterschiedlichkeit sehen und zugleich anerkennend als zusammengehörig erleben" (Köbberling 1998, 271).

Insbesondere für Schülerinnen und Schüler mit Lernbeeinträchtigungen werden im Bereich der sozialen Integration positive Erfahrungen bilanziert: „Jugendliche mit Lernbehinderungen haben sich oftmals nicht als ‚behindert' erfahren und haben ihre Freunde und Bezugsgruppen in der Schule, auch wenn sie in der Klasse vielleicht eher eine Randstellung einnehmen" (Köbberling/Schley 2000, 171 f).

Bei der Evaluation der Schulversuchsmodelle in Österreich zeigte sich eine Überlegenheit der Integrationsklassen gegenüber Stützlehrermodellen und Kleinklassen bzw. kooperativen Klassen. In Integrationsklassen, in denen die sonderpädagogische Förderung möglichst im Rahmen einer inneren „Differenzierung durch Individualisierung" (Feyerer/Prammer 2003, 30) umgesetzt wird, sehen die Lehrkräfte die Prinzipien der Förderung aller Schülerinnen und Schüler am besten verwirklicht. Es wird ferner herausgestellt, dass es den Lehrkräften dort besser als in anderen Modellen gelingt, ein pädagogisch reichhaltiges und sozial-integratives Klima herzustellen. Zudem werden die Erfolge im Bereich der Lehrerkooperation und der flexiblen inneren Unterrichtsdifferenzierung deutlich höher eingeschätzt als in den anderen Modellen (Feyerer/Prammer 2003, 37).

Keine Nachteile für die begabten Schüler Weitere positive Aspekte integrativen Unterrichts in der Sekundarstufe I werden auch in den Untersuchungen von Dumke (1992; 1998) und Hildeschmidt und Sander (1995) deutlich. Dumke (1998, 250) zeigt im Rahmen der wissenschaftlichen Begleitung des Bonner Integrationsklassen-Modells auf, dass sich die durchschnittliche soziometrische Position der behinderten Schüler nicht von der nichtbehinderter Schüler unterscheidet und Behinderung kein vorrangiges Gruppierungskriterium unter den Schülern darstellt. Hieraus lässt sich auf eine gelungene soziale Integration in den untersuchten Klassen schließen. Gleichzeitig konnte hier nachgewiesen werden, „dass die nichtbehinderten Kinder in Integrationsklassen zumindest nicht schlechter abschneiden als Schüler in Regelklassen" (Dumke 1998, 252). Dieser Befund wird auch durch eine Untersuchung von Bless und Klaghofer (1991) gestützt, die die Auswirkungen der Anwesenheit behinderter Schüler auf begabte nichtbehinderte Schüler analysiert haben. Hier zeigte sich, dass sich der Anstieg der Schulleistungen vom 4. zum 6. Schuljahr nicht signifikant von dem einer Kontrollgruppe unterschied. Die Autoren stellen deshalb heraus, dass die Integration von Kindern mit Lernbeeinträchtigungen keine Nachteile für die Entwicklung der begabten Schüler zur Folge hat.

Beurteilung durch Lehrer und Schüler Hildeschmidt und Sander (1995, 22) kommen aufgrund einer Befragung von 597 Schülerinnen und Schüler an saarländischen Sekundarschulen zu dem Ergebnis, „dass die emotionale und soziale Situation der lernbehinderten und anders behinderten Integrationsschüler in den großen Regelschulklassen ebenfalls positiv ist". Gleichzeitig zeigte sich in ihrer Untersuchung aber bei den Integrationsschülern mit Lernbeeinträchtigungen eine ungünstigere Einschätzung ihrer eigenen Leistungsfähigkeit als bei nichtbehinderten Schülern. Das Lehrerurteil hierüber weicht noch einmal nach unten ab. Insgesamt wird von den Autoren herausgestellt, dass die Lehrerinnen und Lehrer die Integration von sogenannten lernbehinderten Schülern als besonders schwierig einschätzen, was sich in ungünstigen Lehrervorstellungen gegenüber Schülern mit Lernbeeinträchtigungen bei der Beurteilung der Integration und der Leistungen niederschlägt. So zeigte es sich, dass Lehrkräfte für lernbehinderte Integrationsschüler geringere Entwicklungschancen und damit für sich selbst geringere Herausforderungen sehen (Hildeschmidt/Sander 1995, 24) und auch nach ein- oder mehrjähriger Unterrichtung die Motivation, lernbehinderte Schüler zu unterrichten, nicht ansteigt und niedriger bleibt als für die Unterrichtung von körper-, hör- oder sehbehinderten Kindern.

5.6   Ausblick: Perspektiven einer inklusiven Schulentwicklung (auch) im Bereich der Sekundarstufe I

In der Schulentwicklungsforschung der 1990er Jahre wurde die Bedeutung der Einzelschule als pädagogische Handlungseinheit herausgestellt, um die Qualität von Bildungs- und Erziehungsprozessen zu optimieren. „Schulen handeln ... angesichts von Umwelten, die ihre Arbeitsbedingungen vorgeben. Wie sie dies dann als korporative Akteure tun, ist hochgradig variabel. Sie sind auch hier verantwortliche Akteure, die ihr Zusammenhandeln und ihre Aufgabenerfüllung optimal oder defizitär gestalten können" (Fend 2008, 146). Im Mittelpunkt der Qualitätsentwicklung steht damit die einzelne Schule (vgl. Fend 2008; Kempfert/Rolff 1999). Auf der einen Seite wird so der Einzelschule mehr Verantwortung übertragen, auf der anderen Seite wird gleichzeitig auch die Kontrolle der Qualitätsentwicklung über eine Outcome-Steuerung eingeführt (vgl. Klieme 2004). Schulen sollen immer besser werden; der Qualitätsanspruch und der Qualitätsdruck steigen, wobei die Frage, was Qualität im pädagogischen Feld beinhaltet, sehr uneinheitlich beantwortet wird. So zeigt sich einerseits eine Konzentration auf Bildungsstandards und eine „empirische Verobjektivierung der Leistungen" (Heinrich 2010, 129).

Teach to the test   Andererseits soll die Qualität von Schule an einer inklusiven Orientierung gemessen werden, bei der es um die Reduktion von Diskriminierung und Bildungsbenachteiligung von einzelnen Gruppen von Schülerinnen und Schülern geht (vgl. Ainscow u. a. 2006). Dass dies konfliktträchtig ist, zeigen die Erfahrungen in England und den USA. In den USA führt die Form des High-Stakes-Testing (sanktionsbewehrte Leistungstests), das eingesetzt wird, um die jährliche Lernentwicklung der Schüler (insbesondere im Lesen und in Mathematik) zu testen, zu einer messbaren Veränderung der Schulkultur. So kommen Valli und Kollegen 2008 in ihrer Studie zu „High-Stakes Accountability in Elementary Schools" zu dem Ergebnis, dass durch High-Stakes-Testing die Vielfalt des Curriculums eingeschränkt wird. „Teach to the test" bestimmt – zumindest in den Wochen vor den Tests – den Unterricht. Schülerinnen und Schüler werden in homogenen Lerngruppen zusammengefasst, um für die Testanforderungen zu lernen. Lernschwache Schülerinnen und Schüler werden zum Verlassen der Schule bewegt. Schwache Schülerinnen und Schüler werden in dem Jahr vor dem obligaten Test nicht versetzt, um sie dann im nächsten Jahr gleich zwei Jahre weiterkommen zu lassen. Um sogenannte hoffnungslose Fälle, die die Testanforderungen nicht erreichen können, kümmert man sich weniger (vgl. auch Lind 2009).

Eine einseitige Überbewertung von Bildungsstandards, Vergleichsarbeiten und Tests unterstützt die Entwicklung einer Schulkultur, die mit inklusiven Werten im Widerspruch steht.

"On the face of it, inclusion and the standard agenda are in conflict because they imply different views of what makes an improved school, different ways of thinking about achievements and different routes for raising them" (Ainscow u. a. 2006, 12).

Mindeststandards statt Regelstandards   Herauszustellen ist, dass Standards und die Einführung von Feedbackstrukturen zu Lern- und Leistungsentwicklungen von Schülerinnen und Schülern an Schulen keineswegs unvereinbar mit inklusiven Prozessen sind. Die Frage ist, wie Schulen die unterschiedlichen Ansprüche bearbeiten, die sich aus den divergierenden Anforderungen von Fordern und Fördern, Bewerten und Unterstützen, Selektieren und Integrieren ergeben. Wenn sich dabei ein neoliberales Konzept von Schule durchsetzt, in dem es konkurrierend um das beste Abschneiden bei Vergleichsarbeiten geht und in dem das Erreichen von

Bildungsstandards in ausgewählten Lernfeldern als der zentrale Wert von Bildung angesehen wird, dann werden inklusive Werte schnell als Überforderung angesehen. Für die Entwicklung inklusiver Schulen ist es vielmehr notwendig, die in Deutschland eingeführten Regelstandards durch Mindeststandards zu ersetzen, die Kompetenzstufen definieren, unter die kein Schüler der allgemeinen Schule zurückfallen soll (vgl. BMBF 2007, 27 f). Im Rahmen individueller Lern- und Entwicklungspläne, die mit den Eltern und den Schülerinnen und Schülern zu entwickeln sind, können dann für jeden Lernenden individuelle Bildungsziele definiert werden, die je nach Lernvoraussetzungen höhere oder niedrigere Anforderungen beinhalten können. Damit ist sicherzustellen, dass für alle Schülerinnen und Schüler Bildungsangebote auf ihren jeweiligen Entwicklungsniveaus bereitgestellt werden. Statt einer Überhöhung der kriterialen und sozialen Bezugsnorm, wie sie durch die Regelstandards vorangetrieben wird, kann aus der Verbindung von Mindeststandards und individuell definierten Bildungszielen die Förderung aller Schülerinnen und Schüler in heterogenen Lerngruppen umgesetzt werden.

Im Folgenden sollen nun zentrale Qualitätsmerkmale inklusiver Schulen skizziert werden.

5.6.1 Was kennzeichnet gute inklusive Schulen?

Dyson, Howes und Roberts (2002; 2004) haben einen systematischen Forschungsüberblick über Studien zu inklusiven Schulen in England vorgelegt. Dabei konnten sie vier Aspekte herausarbeiten, die inklusive Schulen auszeichnen (vgl. auch Dyson 2010):

Qualitätsmerkmale von inklusiver Schule

● **Die Bedeutung von Schulkultur**
Hierzu gehört eine Kultur, die durch Anerkennung und Wertschätzung von Unterschiedlichkeit, die durch die Bereitstellung von Bildungsangeboten für alle Schülerinnen und Schüler auf ihren jeweiligen Entwicklungsständen, die durch eine ausgeprägte Kooperation zwischen den Lehrkräften sowie durch die Förderung der Zusammenarbeit zwischen Schülerinnen und Schülern und durch die konstruktive Einbeziehung von Eltern geprägt ist.

● **Leitung und Mitbestimmung**
Hierzu gehört eine kompetente und starke Schulleitung, die sich zu inklusiven Prinzipien bekennt, die auf Partizipation und Verantwor-

tung im Umgang mit dem Kollegium setzt und eine unterstützende und wegbereitende Funktion im Entwicklungsprozess übernimmt.

● **Strukturen und Praktiken**
Inklusive Schulen haben kein einheitliches organisatorisches Modell. Sie tendieren jedoch zu flexibleren und weniger segregierenden Unterrichtsformen und mehr pädagogischer Flexibilität, was individuelle Lernpläne, Individualisierung und Differenzierung im Unterricht und den Einsatz von Sozialformen etc. betrifft.

● **Unterstützung durch Bildungspolitik und -verwaltung**
Eine inklusionsförderliche und unterstützende Bildungspolitik und Schulverwaltung erleichtert die Entwicklung inklusiver Schulen deutlich.

Nun stellt sich die Frage, ob inklusive Schulen nur dann entstehen, wenn optimale Bedingungen vorliegen: Wenn also die politischen Rahmenbedingungen stimmen, die Schulleitung und die Lehrkräfte explizit an der Entwicklung einer inklusiven Schule arbeiten und mit tiefer Überzeugung inklusive Werte vertreten. Dass es nicht immer solcher exzeptionellen Bedingungen bedarf, zeigt eine weitere Studie aus England, in der Entwicklungsprozesse ganz normaler englischer Schulen begleitet wurden (vgl. Ainscow/Booth/Dyson 2004; 2006; 2009; Dyson/Gallannaugh 2007). Hier machten sich Schulen auf den Weg, Benachteiligung und Diskriminierung zu minimieren, ohne Inklusion explizit anzustreben. Bei diesem Entwicklungsprozess waren zwei Aspekte besonders bedeutsam: „Erstens war der Motor, der die Entwicklung der Schulen vorantrieb, nicht das Auftreten einer charismatischen Leitungsperson oder eine plötzliche Bekehrung zu inklusiven Prinzipien, sondern es war die Herausforderung, sich mit Befunden über die aktuellen Praxen der Schule und deren Auswirkungen auf die vorhandenen Schüler/innen auseinanderzusetzen. Gewiss brachten die Lehrkräfte Prinzipien mit, die für dieses Engagement nötig waren, aber es handelte sich dabei um Werte wie ‚das Beste für alle Schüler/innen zu wollen' .... Doch was das Denken und die Praxen veränderte, war nicht die Hinwendung zu einem Strauß neuer Werte, sondern gemeinsames Engagement angesichts von Befunden über reale Kinder in realen Klassen, durch die die bisherigen Annahmen der Lehrkräfte über sich selbst und die Schüler/innen ins Wanken geraten waren." (Dyson 2010, 125)

Hier wird deutlich, dass Schulentwicklungsprozesse an konkreten **Schulentwicklungs-** Problemstellungen im pädagogischen Alltag ansetzen. So beschreibt **prozess** Schratz (2003) Schulentwicklungsprozesse in vier Phasen. Phase 1 beschreibt den Zustand der relativen Zufriedenheit. Häufig werden die (nach einer Phase der Zufriedenheit) auftretenden Probleme zunächst geleugnet bzw. verschoben (Phase 2). Wenn der Problemdruck nicht nachlässt und man erkennt, dass die bisherigen Problemlösungsmuster nicht erfolgreich sind, entsteht Konfusion (Phase 3). „Man beginnt einzusehen, dass die alten ‚Glaubenssätze‘ nicht mehr stimmen, dass das eigene Verhalten – ‚mehr von Demselben statt Neuem‘ – sogar den Problemdruck erhöhen kann" (Schratz 2003, 15). Erst wenn die Reproduktion alter, nicht mehr wirksamer Problemlösungsmuster durchbrochen wird, beginnt eine Entwicklung in Richtung Erneuerung (Phase 4). „Für Schulentwicklung ist der Schritt von der dritten (Konfusion) in die vierte Phase (Erneuerung) der entscheidendste. Es ist auch der schwierigste Schritt, da LehrerInnen in ihrer Ausbildung einerseits darauf nicht vorbereitet worden sind und andererseits, weil durch den Blickwechsel vom ‚Ich und meine Klasse‘ zum ‚Wir und unsere Schule‘ gegenwärtig so etwas wie ein Kulturbruch in der Arbeit von Lehrerinnen und Lehrern stattfindet...." (Schratz 2003, 15). In der vierten Phase muss das bisher Bekannte und Vertraute verlassen werden, was meist mit dem Gefühl der Unsicherheit oder Unzufriedenheit verbunden ist. Dieser Schritt wird als Übergang von der unbewussten zur bewussten Inkompetenz beschrieben. Das Ziel ist dann der Aufbau bewusster Kompetenz. „Der Aufbau bewusster Kompetenzen heißt in unserem Fall der Erwerb von Fähigkeiten, Schule gemeinsam lebendig zu gestalten.... Dieser Prozess benötigt einer Zielvorgabe entsprechende Instrumente zur Erreichung der gemeinsamen Ziele" (Schratz 2003, 16).

Schulentwicklung ist dabei ein systematisch angelegter Lernprozess der Schule zur Verbesserung der Qualität. Der Aufbau neuer Kompetenzen findet dabei in den zentralen Bereichen der Unterrichtsentwicklung, der Personalentwicklung und der Organisationsentwicklung statt.

Zum Abschluss sollen die Bereiche der Visionen / Leitbildentwicklung, des Team-Lernens und der Gestaltung der Beziehungen zu der außerschulischen Lebenswelt der Schülerinnen und Schüler dargestellt werden, da sie eine herausgehobene Bedeutung für die Entwicklung inklusiver Schulen haben (vgl. Werning 2011; 2012; Werning / Avci-Werning in Vorb.)

5.6.2   Visionen, Team-Lernen und die Beziehung zu außerschulischen Kontexten

Leitbildentwicklung an inklusiven Schulen

Inklusives Leitbild Peter Senge, Direktor des Center for Organizational Learning an der MIT Sloan School of Management in Cambridge (Massachusetts), betont, dass eine Organisation auf Dauer kaum erfolgreich sein kann, wenn es keine gemeinsamen Ziele und Wertvorstellungen gibt. „Wenn eine echte Vision vorhanden ist…, wachsen die Menschen über sich selbst hinaus: Sie lernen aus eigenem Antrieb und nicht, weil man es ihnen aufträgt" (1996, 18). Zu einer Vision von Schule gehört somit die Entwicklung eines gemeinsamen Leitbildes, um darauf aufbauend eine pädagogische Perspektive für die Qualitätsentwicklung der Institution zu formulieren, die den Weg des Entwicklungsprozesses aufzeigt.

Inklusive Pädagogik beschreibt einen Perspektivenwechsel bei der Ausgestaltung der Relation zwischen Institution Schule und der in ihr lernenden und lebenden Menschen. Damit ist auch ein bestimmtes Leitbild verbunden. Statt der Anpassung des Kindes an die Schule ist nun die Institution aufgefordert, sich gegenüber der Individualität der Schülerinnen und Schüler zu öffnen. Damit wird das vorherrschende Konstrukt homogener Lerngruppen durch eine bewusst heterogene Orientierung ersetzt. Wenn diese Perspektive umgesetzt werden soll, dann müssen bestehende schulische Routinen und scheinbar unverrückbare Normalitäten hinterfragt werden. Um dies nachhaltig zu erreichen, ist die Entwicklung einer gemeinsamen inklusiven Perspektive nötig, die die Grundlage für eine gemeinsame Entwicklung von Leitlinien zur integrativen Arbeit an Schulen darstellt. Ein Leitbild stellt dabei das pädagogische Selbstverständnis einer Schulgemeinde dar (vgl. Kempfert/Rolff 1999, 61) und umfasst die gemeinsam getragene Vorstellung von der Qualität der pädagogischen Arbeit. Philipp und Rolff (1998) haben in einem Arbeitsbuch die Entwicklung von Schulprogrammen und Leitbildern vorgestellt. Sie beschreiben 13 Schritte zur Erstellung eines Schulprogramms (Philipp/Rolf 1998, 23):

Schulprogramm-
entwicklung

1. Initiierung
2. Kollegiumsbeschluss/Schulkonferenz
3. Bildung einer Entwicklungsgruppe/Steuergruppe
4. Bestandserhebung und Umweltanalyse
5. Diagnose der Schule: Stärken und Schwächen

6. Erarbeitung einer gemeinsamen Vision
7. Formulierung von Leitsätzen
8. Entwicklungsschwerpunkte finden und auswerten
9. Prioritätensetzung
10. Endformulierung des Textes
11. Abstimmung / Genehmigung
12. Umsetzung
13. Evaluation

Den Schritten 4 bis 7 kommt dabei eine besondere Bedeutung zu, da **Inklusive Leitlinien** hier die zentrale inhaltliche Arbeit stattfindet. Der Aufwand, den eine solche Entwicklungsarbeit mit sich bringt, macht sich jedoch schnell bezahlt. Eine Schule, in der die Personen nicht eine zumindest in größeren Bereichen geteilte gemeinsame Auffassung bezüglich der inklusiven Förderung von Schülerinnen und Schülern vertreten, wird sich in ständigen Auseinandersetzungen befinden. Gute inklusive Schulen haben sich deshalb auf Leitlinien der Arbeit im Kollegium verständigt, die auch mit den Eltern diskutiert werden. Darin sind die Grundsätze der inklusiven Arbeit fixiert. Im Folgenden wird ein Beispiel aus einem regionalen Integrationskonzept in Niedersachsen vorgestellt:

Leitlinien der inklusiven pädagogischen Arbeit

- Die Gesamtverantwortung für alle Kinder liegt bei der Grundschule.
- Gemeinsames Lernen soll in Schule und Unterricht in größtmöglichem Maß realisiert werden (Primat der inneren Differenzierung und Individualisierung).
- Die Grundschule stellt sich auf die Vielfalt der Schülerinnen und Schüler ein. Heterogenität wird als pädagogische Chance und Herausforderung angesehen.
- Pädagogische Arbeit setzt an den Stärken der Kinder an.
- Fördern ist integrativer Bestandteil des Grundschulunterrichts.
- Unterricht baut auf der Akzeptanz heterogener Lerngruppen auf.
- Differenziertes und individualisiertes Lernen verlangt eine differenzierte Leistungsbewertung.
- Integrativer Unterricht erfordert die Kooperation von Lehrkräften. Dazu ist ein institutionelles Konzept für Kooperation notwendig.
- Sonderpädagogen und Sonderpädagoginnen arbeiten nicht mehr überwiegend kindzentriert, sondern entwickeln in Kooperation mit den Lehrkräften der Grundschule Lern- und Entwicklungsmöglichkeiten für Kinder mit erschwerten Lernbedingungen im gemeinsamen Unterricht.
- Integration wird als gemeinsamer Schulentwicklungsauftrag verstanden.

Aufbauend auf einem solchen konsensuell erarbeiteten Leitbild können dann auf der Ebene des Unterrichts, der Organisationsentwicklung wie auch auf der Ebene der Personalentwicklung konkrete Indikatoren einer inklusiven Schule benannt und die für die Umsetzung notwendigen Ressourcen definiert und eingefordert werden. Leitbilder bieten zudem Anlässe für weitere pädagogische Diskussionen, für Wertediskussionen wie auch für Diskussionen über das professionelle Selbstverständnis der Pädagoginnen und Pädagogen und über die Möglichkeiten der Unterrichtsgestaltung. Leitbilder sind somit eine Art „Leitradar", die die weitere Entwicklung in unterschiedlichen pädagogischen Bereichen ausrichten können und gleichzeitig die gemeinsam vertretene Grundlage bilden, auf denen weitere Entwicklungen fußen können.

Kooperation als Qualitätsmerkmal von Schule

Team-Lernen und Kooperation: Die zentrale Stellung des Team-Lernens und der Kooperation für die inklusive Schulentwicklung soll vertiefend dargestellt werden. „Das Team-Lernen ist von entscheidender Bedeutung, weil Teams, nicht einzelne Menschen, die elementare Lerneinheit in heutigen Organisationen bilden. Sie sind die ‚Nagelprobe' für die Praxis. Nur wenn Teams lernfähig sind, kann die Organisation lernen" (Senge 1996, 19 f). Lernende Organisationen sind auf Teams angewiesen, die miteinander kooperieren, indem sie beginnen, miteinander zu denken und die nicht bestimmte Überzeugungen gegeneinander durchsetzen wollen. Teamarbeit beschreibt so die Zusammenarbeit von zwei oder mehr Personen, eventuell aus unterschiedlichen Disziplinen, die eine gemeinsame Aufgabe, ein gemeinsames Problem in einem gegenstandsbezogenen Gruppenprozess bearbeiten, indem sie ihr personales und disziplinspezifisches Wissen und Können einbringen, um daraus auf einer metadisziplinären Ebene ein kollektives Wahrnehmungs-, Deutungs- und Handlungsmuster zu entwickeln (vgl. Werning 1996b, 171).

Die Ergebnisse der Schulentwicklungsforschung zeigen dabei deutlich die positiven Effekte von Team-Lernen und Kooperation in Schule auf: In guten Schulen arbeiten Lehrkräfte enger und produktiver zusammen als in schlechten Schulen (vgl. Bolam 2008; Bonsen / von der Gathen 2006). Gute Schulen waren dabei durch hohe Leistungen der Schülerinnen und Schüler, durch geringe Leistungsunterschiede zwischen guten und schwachen Schülern und durch gute Leistungen von benachteiligten Schülerinnen und Schülern gekennzeichnet. Für die inklusive Schulentwicklung findet sich ein interessantes Beispiel im Kanton Aargau (Schweiz). Hier setzt man im Rahmen der integrativen

Beschulung in besonderer Weise auf das Konzept der professionellen Lerngemeinschaft, das dort Unterrichtsteam genannt wird.

„Ein Unterrichtsteam ist eine Gruppe von drei bis acht Lehrpersonen aus mindestens zwei Klassen der gleichen Schule (oder aus mehreren benachbarten kleinen Schulen). Die Lehrpersonen verantworten ihren Unterricht während mehrerer Schuljahre gemeinsam. Sie verstehen das Unterrichtsteam als Arbeits-, Lern- und Qualitätsteam. Die Lehrerinnen und Lehrer eines Unterrichtsteams schließen eine Arbeitsvereinbarung ab, unterstützen einander im Unterrichtsalltag und planen die Entwicklung ihres Unterrichts gezielt. Ein Unterrichtsteam ist eine Organisationseinheit in der Schule" (Windlinger u. a. o. J., 8). **Organisationseinheit Unterrichtsteam**

Im Kanton Aargau führte die Einrichtung von Unterrichtsteams in integrativen Lerngruppen aus der Sicht der Lehrpersonen zu positiven Veränderungen. „Viele Teams tauschen sich über pädagogische Fragen aus oder bereiten gemeinsam Unterricht vor. Die Arbeit und der Austausch im Unterrichtsteam führen nach Ansicht vieler Lehrpersonen zu höherer Sicherheit und Selbstvertrauen, sie berichten vom Erwerb von mehr Wissen, reflektieren ihr Tun öfter und nicht zuletzt optimieren und erweitern sie dadurch ihr Unterrichtsrepertoire. Die Arbeit und der Austausch im UT bringt jedoch erst für ein gutes Drittel der Befragten eine Entlastung mit sich" (Kunz / Heim / Arnold o. J., 9). Auch Hattie (2012, 35 f) kommt auf der Grundlage seiner umfangreichen Metaanalysen zu der Einschätzung, dass Lehrerkooperation ein entscheidendes Element zur Verbesserung der Lernentwicklung der Schülerinnen und Schüler darstellt.

"Accomplishing the maxium impact on student learning depends on teams of teachers, working together, with excellent leaders or coaches, agreeing on worthwile outcomes, setting high expectations, knowing the students' starting and desired success in learning, seeking evidence continually about their impact on all students, modifying their teaching in light of this evaluation, and joining in the success of truly making a difference to student outcomes."

In Deutschland fällt die Kooperation im gemeinsamen Unterricht bis heute schwer. In einer Untersuchung zur Kooperation zwischen Grundschullehrkräften und Sonderpädagoginnen / Sonderpädagogen im gemeinsamen Unterricht in Niedersachsen zeigte sich, dass nur an wenigen integrativen Schulen produktive Formen der Zusammenarbeit praktiziert wurden (vgl. Werning u. a. 2001, Lütje-Klose u. a. 2005). Es zeigte sich aber auch, dass dort, wo die Entwicklung kooperativer Strukturen als Aufgabe der Schulentwicklung bzw. als übergreifende Aufgabe der Modellentwicklung angesehen und bearbeitet wurde, gut funktionierende und wegweisende Ansätze entstanden sind.

Inklusive Schulen im Kontext: Kooperation findet in inklusiven Schulen nicht nur im Binnenraum, sondern auch nach außen, mit den Eltern, mit Einrichtungen in der Gemeinde und im Stadtteil statt. Die Umsetzung von Inklusion kann nicht nur auf die Schule gerichtet sein, sondern muss die Schule im Kontext ihrer sozialen Beziehungen wahrnehmen (vgl. Dyson 2008). In der inklusiven kanadischen Provinz New Brunswick ist dies unter den Begriffen „Child-Centered Schools" und „School-Centered Communities" zusammengefasst (MacKay 2006b). Beide Ausrichtungen haben zum Ziel, dass sich Schulen den Kindern anpassen. Wesentlich ist dabei die Öffnung der Schule. Gemeint ist eine Zusammenarbeit mit anderen Gruppen und Organisationen, z.B. Wirtschaftsunternehmen und Stadtteilinitiativen. Schulen nehmen aus dieser Perspektive heraus eine zentrale Position im Stadtteil ein (vgl. MacKay 2006b, 6). Als hilfreich für die gelingende inklusive Beschulung wird in New Brunswick neben der professionellen Unterstützung innerhalb der Schule ein gutes externes Netzwerk außerhalb der Schule angesehen (vgl. MacKay 2006a, 126 f). Das externe Netzwerk bietet den Lehrpersonen die Möglichkeit zur frühzeitigen und effizienten Hilfe und Beratung von außen. Um dieses Vorgehen zu systematisieren, werden „District Multi-Disciplinary-Teams" installiert (MacKay 2006a, 214).

Elternpartizipation   In England werden sogenannte „extended schools" ausgebaut und evaluiert. Extended Schools bieten eine große Palette von Angeboten für die Kinder, die Eltern und die Gemeinde an. Dies sind "childcare, adult education, parenting support programmes, community-based health care and social care services, multi-agency behaviour support teams and after-school activities" (DfES 2005, 7). Ein zentraler Bereich der Extended Schools liegt in der Elterneinbindung. Dazu gehören Kurse zur Kindererziehung, Lernangebote für Familien, in denen die Eltern mit ihren Kindern lernen können, aber auch die Vermittlung an außerschulische Experten wie Sprachtherapeuten, kinder- und jugendpsychologische Beratung, Gesundheits- und Sexualberatung (vgl. DfES 2005, 7 f).

Die besondere Bedeutung von Elterneinbindung wird – anders als in den USA oder England – bisher in deutschen Schulen wenig beachtet (vgl. Sacher 2008). Dabei zeigen internationale Forschungen, dass die Elternpartizipation ein entscheidender Faktor für den schulischen

Lernerfolg darstellt (vgl. Textor 2009; Henderson/Mapp 2002; Jeynes 2005, 2007, 2011; Desforges/Abouchaar 2003). In den Metaanalysen von Jeynes (2005, 2007, 2011) zeigt sich, dass besonders die positive elterliche Erwartungshaltung und das Zutrauen in die Fähigkeiten des Kindes sowie der Erziehungsstil und die Kommunikation mit dem Kind die stärksten Effekte auf eine positive Lernentwicklung haben. Die Kontrolle der Hausaufgaben oder die Teilnahme an Schulveranstaltungen hingegen zeigten keine große Wirkung. „Parental expectations and style may create an educationally oriented ambience, which establishes an understanding of a certain level of support and standards in the child's mind" (Jeynes 2005, 262). Diese Ergebnisse machen deutlich, dass inklusive Schulen eine Form der Elternarbeit entwickeln müssen, die über Elternsprechtage hinausgeht und stattdessen auch Bereiche der Erziehungsberatung und Erziehungsunterstützung umfassen sollten.

Fazit: Inklusive Schulentwicklung umfasst wie jeder schulische Entwicklungsprozess Unterrichtsentwicklung, Personalentwicklung, Organisationsentwicklung und die Vernetzung der Schule mit der familiären und außerschulischen Lebenswelt der Schülerinnen und Schüler. Dabei ist es das Ziel, die Möglichkeiten von Schule zu vergrößern und für alle Schülerinnen und Schüler ein lernförderlicher Entwicklungsraum zu werden. Bei der Entwicklung inklusiver Schulen muss nicht auf optimale Bedingungen gewartet werden. Vielmehr kann auf jeder Ebene begonnen werden. Ob man mit der Leitbildentwicklung anfängt oder Teamarbeit einführt, ob man kooperatives Lernen in heterogenen Gruppen einsetzt, oder mit Kooperativer Lernbegleitung (vgl. Werning 2005) und kollegialer Fallbesprechung (vgl. Burg, 2005) beginnt, oder ob man mit dem Index of Inclusion (Booth/Ainscow 2002; deutsche Fassung von Boban und Hinz 2003) arbeitet, immer gibt es Auswirkungen auf die ganze Schule. Die Grundvoraussetzung ist die Bereitschaft der Lehrkräfte, sich der Herausforderung zu stellen, an der Verbesserung der sozialen Teilhabe aller Kinder und Jugendlichen und der Minimierung von Exklusion und Diskriminierung zu arbeiten.

"Thus an inclusive school is one that is on the move, rather than one that has reached a perfect state" (Ainscow u. a. 2006, 25).

5.7 Übungsaufgaben zu Kapitel 5

Aufgabe 1 Stellen Sie gegenüber, welche Gründe für bzw. gegen die inklusive schulische Förderung von Schülern mit Lernbeeinträchtigungen sprechen.

Aufgabe 2 Welche Vor- und Nachteile sehen Sie in dem Modell der Jugendschule nach Hiller? Beziehen Sie die theoretischen Modellvorstellungen aus Kapitel 3 in ihre Argumentation ein.

Aufgabe 3 Führen Sie an, was sich an der Ausbildung von Lehrkräften der Sekundarstufe I (Regelschullehrkräfte und SonderpädagogInnen) ändern müsste, um sie besser für inklusive Lerngruppen vorzubereiten.

Aufgabe 4 Diskutieren Sie, welche Vorteile der gemeinsame Unterricht für nichtbehinderte Schüler haben könnte.

Musterlösungen unter www.reinhardt-verlag.de, www.utb.de

Anhang

Glossar

Autopoiese: Dieses von Maturana erfundene Kunstwort (zusammengesetzt aus den griechischen Wörtern autos = selbst und poiein = machen) beschreibt den grundlegenden Mechanismus lebender und damit nicht-trivialer Systeme, sich selbst herzustellen, indem sie durch ihr Operieren ihre eigene Organisation fortlaufend erzeugen.

Deutungsmusteranalyse: Rekonstruktion mehr oder weniger zeitstabiler und stereotyper Sichtweisen und Interpretationen von Mitgliedern einer sozialen Gruppe, die diese in ihren alltäglichen Handlungs- und Interaktionsbereichen ausgebildet haben. Deutungsmuster umfassen latent vorhandene Situations-, Beziehungs- und Selbstdefinitionen, in denen das Individuum seine Identität präsentiert und seine Handlungsfähigkeit aufrecht erhält.

Devianzkategorien: Zuschreibungen, an denen eine Abweichung von der Norm festgemacht wird und die zu einer institutionellen Aussonderung führen können, z. B. Lernbehinderung, Hyperaktivität, Legasthenie.

enaktives – ikonisches – symbolisches Lernen: Bruner (1974) hat die Unterscheidung dieser drei unterschiedlichen, aufeinander aufbauenden Repräsentationsweisen von Wissen in die didaktische Diskussion eingebracht, die von verschiedenen anderen Autoren aufgegriffen wird. Enaktives Lernen ereignet sich demnach in der handelnden Auseinandersetzung mit konkreten Gegenständen. Auf der ikonischen Ebene werden die konkreten Gegenstände durch Bilder, Schemata oder andere sinnlich wahrnehmbare Elemente repräsentiert und bildhaft veranschaulicht. Auf der symbolischen Ebene erfolgt die Repräsentation durch abstrakte Symbole (z. B. Sprache, Buchstaben oder Zahlen), und der Gegenstand der Auseinandersetzung wird rein gedanklich erfasst (siehe Kap. 4.2.3).

Generalisierung: Verallgemeinerung; hier: Anwendung einer erworbenen Erkenntnis oder Strategie auf zunächst eine und später verschiedene neue Situationen. Kutzer unterscheidet Generalisierungen 1., 2. und 3. Ordnung, die bis zur situationsunabhängigen Verfügbarkeit der neuen Erkenntnis führen (siehe Kap. 4.1.6).

Heterogene Lerngruppen: Lerngruppen, in denen die Vielfalt der Schüler (Leistungsfähigkeit, Geschlecht, Herkunft) respektiert und pädagogisch angemessen aufgegriffen wird.

Homogene Lerngruppen: Lerngruppen, in denen man versucht, die Schüler nach spezifischen Merkmalen (z. B. angenommener Leistungsfähigkeit, Geschlecht oder Herkunft) zu vereinheitlichen.

Hyperaktivität: auch hyperkinetisches Syndrom, ist ein – wissenschaftlich fragwürdiges – Konstrukt, das eine Vielzahl unterschiedlicher, in Wechselwirkung stehender Symptome umfasst. Am häufigsten genannt werden Impulsivität, Konzentrationsstörungen, motorische Unruhe; Ablenkbarkeit, Wahrnehmungsstörungen; Lernstörungen; Gedächtnisschwierigkeiten; niedrige Frustrationstoleranz; Aggressivität; Ängste; gestörtes Selbstkonzept; Auffälligkeiten im Sozialkontakt (siehe Hansen/Stein 1997, 95 f). Hyperaktivität gehört zu den Modediagnosen wie auch MCD und ADS und ist davon nicht klar abgrenzbar.

Hypostasieren: verdinglichen, vergegenständlichen.

Hypothese: unbewiesene Annahme von Gesetzlichkeiten.

Induktion: Schlussfolgerung vom Einzelfall auf das Allgemeine im Gegensatz zur Deduktion als Schlussfolgerung vom Allgemeinen auf den Einzelfall. Im induktiven Unterricht erfolgt die Einführung eines Gegenstandes anhand eines Beispiels, von dessen Erforschung ausgehend allgemeine Gesetzmäßigkeiten entwickelt werden. Im deduktiven Unterricht wird dagegen die Gesetzmäßigkeit zunächst eingeführt und dann auf ein Beispiel angewendet.

Inklusion: Überwindung von Diskrimination aller Risikogruppen in der Schule durch die gemeinsame Beschulung aller Kinder und Jugendlichen in einer „Schule für alle".

innere Differenzierung des Unterrichts: Differenzierung nach individuellen Lernniveaus, Interessen, Fähigkeiten etc. innerhalb einer gemeinsam unterrichteten Klasse oder Lerngruppe, z. B. durch unterschiedliche oder unterschiedlich umfangreiche Aufgabenstellungen, Materialien, Medien, Lehrerhilfe etc.; im Unterschied zur äußeren Differenzierung, in der die Schüler nach unterschiedlichen Gesichtspunkten wie unterschiedliche Lernniveaus oder unterschiedliche Interessen in Gruppen aufgeteilt und räumlich getrennt von verschiedenen Lehrkräften unterrichtet werden.

Integration: Einbezug zuvor ausgeschlossener Menschen zur Herstellung eines Miteinanders und Teilhabe durch einen Prozess des Zusammenfügens und Zusammenwachsens.

Intelligenzquotient: Von William Stern 1912 eingeführter Maßstab der Intelligenzmessung. Er wird berechnet, indem man das Intelligenzalter durch das Lebensalter dividiert und mit 100 multipliziert. Bei einem Kind mit dem IQ 100 entspricht bei dieser Berechnung das Intelligenzalter genau dem Lebensalter.

Kontext: Ein Bezugsrahmen bzw. Zusammenhang, in dem Verhaltensweisen und verbale wie nicht verbale Mitteilungen ihre Bedeutung erlangen.

Kontrollgruppe: Begriff aus der empirischen Forschung; in pädagogischen oder psychologischen Untersuchungen werden die Testergebnisse einer Versuchsgruppe, die z. b. eine bestimmte Fördermaßnahme erhalten, verglichen mit den Ergebnissen einer Kontrollgruppe, die hinsichtlich bestimmter zentraler Merkmale (z. B. Alter, Intelligenz, Umfeld) parallelisiert wurde.

Legasthenie: anderer Begriff für Lese-Rechtschreib-Schwäche; steht für eine bestimmte theoretische Position in der Lese-Rechtschreib-Forschung, die Lese-Rechtschreib-Schwäche als angeborenen oder durch frühkindliche Hirnschädigung erworbenen Defekt bei ansonsten normaler Intelligenz interpretiert.

Metatheorie: Wissenschaftliche Theorie, die ihrerseits Theorie zum Gegenstand hat. Aufgabe von Metatheoriebildung ist es, die vorhandenen Gegenstandstheorien auf ihre Aussagekraft und wissenschaftliche Tragfähigkeit zu überprüfen.

Migration: Migration (von lateinisch „Auswanderung") bezeichnet die Wanderungsprozesse von Individuen oder Gruppen innerhalb einer Gesellschaft oder zwischen Gesellschaften und ihren verschiedenen geografischen, wirtschaftlichen und kulturellen Lebensbereichen.

Objektdidaktik: Nestle verwendet den Begriff der Objektdidaktik in vergleichbarer Bedeutung wie Klafki den Begriff der materialen Bildung. Er versteht darunter eine Fachdidaktik, die ihre Inhalte und Methoden aus wissenschaftlichen Grundlagen rekrutiert und ausschließlich auf den Lerngegenstand bezogen ist, nicht auf die Bedeutung dieses Gegenstandes für die Schüler.

Ontische Wirklichkeit: Vor aller Wahrnehmung existierende, letztendliche, nicht in Frage zu stellende Wirklichkeit.

Ontologie: Lehre vom Sein der Dinge, von der absoluten, letztendlichen, von dem erkennenden Subjekt unabhängigen Wirklichkeit.

Paradigmenwechsel: Wechsel in den handlungsleitenden theoretischen Orientierungen.

Pathologisierung: Deutung von beobachtetem Verhalten als krankhaft.

Perturbation: Strukturveränderung in einem System, die durch Interaktionen mit dem umgebenden Milieu ausgelöst, aber keineswegs determiniert oder instruiert wird. Im Bereich sozialer Phänomene ist hierfür der Begriff der „Verstörung" eingeführt worden.

Selbstkonzept: Umfasst die Einstellung der Person gegenüber sich selbst. Es handelt sich dabei um selbstbezogene Kognitionen und Emotionen.

Selbstreferenzialität: Selbstrückbezüglichkeit; Prozesse, die auf sich selbst zurückwirken. Dazu zählen z. B. bestimmte Wahrnehmungen, Erwartungen, Glaubenssätze, theoretische Modellvorstellungen, die auf die Betroffenen in der Weise zurückwirken, dass sie ihr Verhalten und Erleben beeinflussen.

Soziales Milieu: Gruppierungen in der Bevölkerung mit gemeinsamen subjektiven Werthaltungen, Lebensauffassungen und Lebensweisen sowie in ähnlicher sozialer Lage und Statusdimension (Bsp.: kleinbürgerliches Milieu, traditionelles Arbeitermilieu, hedonistisches Milieu, alternativ-linkes Milieu)

Sprachperformanz: Sprachverwendung, beobachtbarer Sprachgebrauch in Sprechsituationen; im Unterschied zur Sprachkompetenz, welche die internen Strukturen und potenziellen sprachlichen Möglichkeiten des Menschen beschreibt, die keiner direkten Beobachtung zugänglich sind.

Strukturdeterminiertheit: Beschreibt die Eigenschaft von Systemen, dass die Möglichkeit sowie die Art und Weise von Strukturveränderungen, die z. B. durch äußere Gegebenheiten (Perturbationen) ausgelöst werden können, ausschließlich durch die schon bestehenden Strukturen des Systems determiniert werden.

Strukturelle Koppelung: Begriff von Maturana und Varela, der die nicht destruktive Interaktion zwischen System und Milieu beschreibt. Dabei wirken Milieu und System wechselseitig (perturbierend) aufeinander ein und lösen wechselseitig Zustandsveränderungen aus. Hierdurch ergibt sich eine Geschichte wechselseitiger Strukturveränderungen, die als strukturelle Kopplung bezeichnet werden.

Struktur- und Niveauorientierung: Begriff aus dem didaktischen Konzept Kutzers (siehe Kap. 4.1.6). Unter Strukturorientierung versteht er die Bezugnahme auf die Sachstruktur des Lerngegenstandes, unter Niveauorientierung die Bezugnahme auf das Aneignungsniveau des einzelnen Schülers. Zwischen den beiden Polen muss seinen Vorstellungen zufolge eine Passung hergestellt werden, damit es zu erfolgreichen Lernprozessen kommen kann.

Subjektdidaktik: Gegenbegriff zur Objektdidaktik. Nestle verwendet den Begriff in vergleichbarer Bedeutung wie Klafki den Begriff der formalen Bildung. Er versteht darunter eine Didaktik, die sich an den individuellen Entwicklungsprozessen, Interessen und Bedürfnissen der einzelnen Schüler orientiert, dabei aber unter Umständen die wissenschaftlichen Erkenntnisse über die Sache und die kulturelle Bedeutsamkeit des Themas vernachlässigt.

Syndrom: Krankheitsbild, das sich aus dem Zusammentreffen verschiedener charakteristischer Symptome ergibt.

Zone der nächsten Entwicklung: Der Begriff wurde von dem russischen Entwicklungspsychologen Wygotski geprägt und von verschiedenen Entwicklungspsychologen aufgegriffen. Er bezeichnet ein Entwicklungsniveau, das etwas höher ist als das vom Kind aktuell erreichte. Mit Unterstützung durch einen weiter entwickelten Menschen, so Wygotskis Vorstellung, kann ein Kind auf einem höheren Niveau agieren als allein, und macht durch diese Erfahrung Fortschritte in seiner Entwicklung.

Literatur

Aab, J., Pfeiffer, H., Reiser, H., Rockemer, H.G. (1974): Sonderschule zwischen Ideologie und Wirklichkeit. Für eine Revision der Sonderpädagogik. München

Adorno, Th., Albert, H., Dahrendorf, R., Habermas, J., Pilot, H., Popper, K.R. (1972): Der Positivismusstreit in der deutschen Soziologie. Berlin

Aebli, H. (1969): Die geistige Entwicklung von Anlage, Reifung, Umwelt- und Erziehungsbedingungen. In: Roth, H. (Hrsg.): Begabung und Lernen. Stuttgart

Ahrbeck, B., Bleidick, U., Schuck, K.D. (1997): Pädagogisch-psychologische Modelle der inneren und äußeren Differenzierung für lernbehinderte Schüler. In: Psychologie des Unterrichts und der Schule. Enzyklopädie der Psychologie. Serie I, Bd. III, 739–769

Ainscow, M., Booth, T., Dyson, D. (2004): Understanding and developing inclusive practices in schools: a collaborative action research network. In: International Journal of Inclusive Education, 2, 125–139

–, –, – (2009): Inclusion and the standards agenda: negotiating policy pressures in England. In P. Hick, G. Thomas (Hrsg.), Inclusion and diversity in England, vol. 2: developing inclusive schools and school systems. London

–, –, –, Farell, A., Frankham, P., Gallannaugh, F., Howes, A., Smith, R. (2006): Improving schools, developing inclusion. London

Altstaedt, I. (1977): Lernbehinderte – Kritische Entwicklungsgeschichte eines Notstandes: Sonderpädagogik in Deutschland und Schweden. Reinbek bei Hamburg

Amrhein, B. (2011): Inklusion in der Sekundarstufe. Eine empirische Analyse. Bad Heilbrunn

Armack, E. (1890): Über Einrichtungen resp. Klassen für Schwachbefähigte. In: Pädagogische Reform, 49

Artelt, C., Stanat, P., Schneider, W., Schiefele, U. (2001): Lesekompetenz: Testkonzeption und Ergebnisse. In: Deutsches PISA-Konsortium (Hrsg.): PISA 2000 Basiskompetenzen von Schülerinnen und Schülern im internationalen Vergleich. Opladen, 69–137

Artiles, A.J., Kozleski, E., Dorn, S.,Christensen, C. (2006): Learning in inclusive education research: Re-mediating theory and methods with a transformative agenda. In: Review of Research in Education, 30, 65–108

Ausubel, D.P. (1968): Educational Psychology, A Cognitive View. New York/Holt

Avci-Werning, M. (2004): Prävention ethnischer Konflikte in der Schule. Ein Unterrichtsprogramm zur Verbesserung interkultureller Beziehungen. Münster/New York/München/Berlin

Bach, H. (1973): Unterrichtslehre L. 2. Aufl. Berlin

Baier, H. (1980): Einführung in die Lernbehindertenpädagogik. Stuttgart/Berlin/Mainz

Balgo, R. (1998): Lehren und Lernen – der Versuch einer (Re)konstruktion. In: Pädagogik, 7–8, 58–62

– (2012): Sonderpädagogik im historischen und aktuellen Kontext. In: Werning, R., Balgo, R., Palmowski, W., Sassenroth, M.: Sonderpädagogik: Lernen, Verhalten, Sprache, Bewegung und Wahrnehmung. München, 13–100

Bannach, M. (2002): Selbstbestimmtes Lernen. Baltmannsweiler

Bargel, T. (1973): Probleme der Rezeption empirischer Sozialisationsforschung. In: Walter, H. (Hrsg.): Sozialisationsforschung I. Stuttgart/Bad Cannstatt, 119–138

Bartsch, M. (1909): Die Hilfsschule als Erziehungsanstalt. In: Monatsschrift: Die Hilfsschule, 2, 40–45

Baudisch, W., Bröse, B., Samski, C.S. (1987): Hilfsschulpädagogik. Berlin

Bauersfeld, H. (1983): Subjektive Erfahrungsbereiche als Grundlage einer Interaktionstheorie des Mathematiklernens und -lehrens. In: Bauersfeld, H.: Lernen und Lehren von Mathematik. Köln, 1–56

Baumert, J., Schümer, G. (2001): Familiäre Lebensverhältnisse, Bildungsbeteiligung und Kompetenzerwerb. In: Deutsches PISA-Konsortium (Hrsg.): PISA 2000. Basiskompetenzen von Schülerinnen und Schülern im internationalen Vergleich. Opladen, 321–407

Begemann, E. (1968): Die Bildungsfähigkeit der Hilfsschüler. Berlin
– (1970): Die Erziehung der sozio-kulturell benachteiligten Schüler. Hannover
– (1974): Behinderte – eine humane Chance unserer Gesellschaft. Berlin
– (1979): Erziehungs- und Sozialisationsbedingungen des lernbehinderten Kindes in der Familie. In: Dennerlein, H., Schramm, K. (Hrsg.): Handbuch Behindertenpädagogik, Bd. I. München
– (1996): Didaktische Konzeptionen in Schulen für Lernbehinderte. Notwendige pädagogische Umorientierungen. In: Eberwein, H. (Hrsg.): Handbuch Lernen und Lern-Behinderungen. Weinheim/Basel, 95–114
– (1996a): (Miß-)Deutungen der Sprache von „Lernbehinderten". In: Eberwein, H. (Hrsg.): Handbuch Lernen und Lern-Behinderungen. Weinheim/Basel, 135–156
– (1996b): Zum Begriff und Phänomen Lernen. Vom Lehren zum Selbstlernen. In: Eberwein, H. (Hrsg.): Handbuch Lernen und Lern-Behinderungen. Weinheim/Basel, 259–278
Belusa, A., Mand, J., Eberwein, H., Michaelis, E. (1992): Probleme des Lernens und Deutungsmuster – Ergebnisse einer Befragung an Schulen für Lernbehinderte in Berlin. In: Behindertenpädagogik, 31, 2, 162–170
Bergk, M. (1980): Leselernprozess und Erstlesewerke. Bochum
Beschel, E. (1980): Geschichte. In: Kanter, G. O., Speck, O.: Handbuch der Sonderpädagogik – Pädagogik der Lernbehinderten, Bd. IV. Berlin, 113–147
Blankertz, H. (1982): Die Geschichte der Pädagogik. Wetzlar
Bleidick, U. (1968): Über Lernbehinderung. In: Zeitschrift für Heilpädagogik, 19. Jg., 9, 449–464
–, Heckel, G. (1970): Praktisches Lehrbuch des Unterrichts in der Hilfsschule (Lernbehindertenschule). 2. Aufl. (1. Aufl. 1968) Berlin
– (1983): Konzeptionen der Lernbehindertendidaktik. In: Baier, H., Bleidick, U. (Hrsg.): Handbuch der Lernbehindertendidaktik. Stuttgart, 56–66
– (1985): Historische Theorien: Heilpädagogik, Sonderpädagogik, Pädagogik der Behinderten. In: Bleidick U. (Hrsg.): Theorie der Behindertenpädagogik. Berlin

– (1990): Bildungspolitische Entwicklungslinien zur gesellschaftlichen Integration von Behinderten. In: Schuck, K. D. (Hrsg.): Beiträge zur integrativen Pädagogik. Hamburg
Bless, G. (1995): Zur Wirksamkeit der Integration. Bern u. a.
–, Klaghofer, R. (1991): Begabte Schüler in Integrationsklassen. In: Zeitschrift für Pädagogik, 37, 215–223
–, Mohr, K. (2007): Die Effekte von Sonderunterricht und gemeinsamen Unterrichts auf die Entwicklung von Kindern mit Lernbehinderungen. In: Walter, J., Wember, F. B. (Hrsg.): Sonderpädagogik des Lernens. Göttingen, 375–382
Blumer, H. (1973): Der methodische Standort des Symbolischen Interaktionismus. In: Arbeitsgruppe Bielefelder Soziologen (Hrsg.): Alltagswissen. Interaktion und gesellschaftliche Wirklichkeit, Bd. I. Reinbek
Boban, I., Hinz, A. (2003): Index für Inklusion. Halle an der Saale
Böhm, O. (1986): Möglichkeiten der Differenzierung in der Sonderschule für Lernbehinderte unter besonderer Berücksichtigung des Deutschunterrichts. In: Zeitschrift für Heilpädagogik, 12, 817–825
Bolam, R. (2008): Professional learning communities and teachers' professional development. In: Johnson, D., Maclean, R. (Hrsg.): Teaching Professionalization, development and leadership. Springer, 159–179
Bönsch, M. (1991): Variable Lernwege. Ein Lehrbuch der Unterrichtsmethoden. Paderborn
Bonsen, M., von der Gathen, J. (2006): Fünf Säulen professionellen Lernens. Das Konzept der Professionellen Lerngemeinschaften in der Schulpraxis. In: Journal für Schulentwicklung, 10, 3, 23–28
Booth, T., Ainscow, M. (2002): Index for Inclusion. Developing Learning and Participation in Schools. London: Centre for Studies on Inclusive Education
Borchert, J., Schuck, K. D. (1992): Integration? Ja! Aber wie? Ergebnisse aus Modellversuchen zur Förderung behinderter Kinder und Jugendlicher. Hamburg
Böse, R., Schiepek, G. (1989): Systemische Theorie und Therapie. Ein Handwörterbuch. Heidelberg

Bower, G. H. (1981): Mood and Memory. American Psychologist, 36, 129–148

Brezinka, W. (1989): Aufklärung über Erziehungstheorie. München/Basel

Bründel, H., Hurrelmann, K. (1994): Gewalt macht Schule. München

Bruner, J. S. (1974): Entwurf einer Unterrichtstheorie. Düsseldorf

– (1980): Der Prozess der Erziehung. 5. Aufl. Düsseldorf

– (1987): Wie das Kind sprechen lernt. Bern u. a.

Brusten, M., Hurrelmann, K. (1973): Abweichendes Verhalten in der Schule. Eine Untersuchung zu Prozessen der Stigmatisierung. München

Büeler, X. (1994): System Erziehung. Ein bio-psycho-soziales Modell. Bern u. a.

Bundesministerium für Bildung und Forschung (BMBF) (Hrsg.) (2007): Zur Entwicklung nationaler Bildungsstandards – Expertise. Bildungsforschung Band 1: Zur Entwicklung nationaler Bildungsstandards. Bonn, Berlin

– (2010): Berufsbildungsbericht 2010. Bonn und Berlin

Bundschuh, K., Heimlich, U., Krawitz, R. (Hrsg.) (2001): Wörterbuch Heilpädagogik. 2. Aufl. Bad Heilbrunn

Burg, C.-G. (2005): Kollegiale Fallbesprechung und Hospitationen bei Schülerproblemen. In: Grewe, N. (Hrsg.): Praxishandbuch Beratung in der Schule. Neuwied, 299–310

Burgert, M. (2001): Fit fürs Leben. Grundriss einer Pädagogik für benachteiligte Jugendliche in Schule, Ausbildung und Erwerbsarbeit. Langenau-Ulm

Busch, C. (1997): Freie Arbeit nach Montessori an der Schule für lernbehinderte Kinder und Jugendliche – Beispiele aus der Praxis. In: Reiß, G., Eberle, G. (Hrsg.): Offener Unterricht – Freie Arbeit mit lernschwachen Schülerinnen und Schülern. Weinheim, 226–239

Campion, J. (1985): The Child in Context. Family-Systems Theory in Educational Psychology. London/New York

Chorover, L. (1982): Die Zurichtung des Menschen. Von der Verhaltenssteuerung durch die Wissenschaften. Frankfurt/M.

Chotzen, F. (1912): Die Bedeutung der Intelligenzprüfungsmethode von Binet und Simon. In: Die Hilfsschule, 5, 153–162

Ciompi, L. (1997): Die emotionalen Grundlagen des Denkens. Göttingen

Cloerkes, G. (1997): Soziologie der Behinderten. Heidelberg

Comenius, J. A. (1638): Didacta Magna. Große Didaktik. Übers. und hrg. von A. Flitner (1960), 2. Aufl. Düsseldorf/München

Committee on Development in the Science of Learning (Bransford, J. D., Brown, A. L., Rodney, R. C. (Hrsg)) (2000): How People Learn. Brain, Mind, Experience, and School. Washington, D.C.

Creaghead, N. A. (1990): Mutual Empowerment through Collaboration: A New Script for an Old Problem. In: Secord, W. A., Wiig, E. H. (Hrsg.): Collaborative Programs in the Schools: Concepts, Models and Procedures. The Psychological Corporation: Hartcourt Brace, 109–116

– (1992): Classroom Interactional Analysis/Script Analysis. In: Secord, W. A., Damico, J. S. (Hrsg.): Descriptive/Nonstandardized Language Assessment. The Psychological Corporation: Hartcourt Brace, 65–72

Cronbach, L. J. (1975): Wie kann Unterricht an individuelle Unterschiede angepasst werden? In: Schwarzer, T., Steinhagen, K. (Hrsg.): Adaptiver Unterricht. München, 42–58

Delitsch, J. (1908): Bedeutung der Hilfsschule. In: Monatsheft: Die Hilfsschule, 1, 1, 4–6

Demmer-Dieckmann, I. (1991): Innere Differenzierung als wesentlicher Aspekt einer integrativen Didaktik. Bremen

–, Struck, B. (2001) (Hrsg.): Gemeinsamkeit und Vielfalt. Pädagogik und Didaktik einer Schule ohne Aussonderung. Weinheim und München

Deppe-Wolfinger, H. (2006): PISA und IGLU-Bildungspolitische Dimensionen aus der Sicht der Sonder- und Integrationspädagogik. In: Stechow, E. von, Hoffmann, C. (Hrsg.): Sonderpädagogik und PISA. Bad Heilbrunn, 35–52

Desforges, C., Abouchaar, A. (2003): The Impact of Parental Involvement, Parental Support and Family Education on Pupil Achievement and Adjustment: A literatur review. Research Report 433. London

Deutsche Bundesregierung (2008): Lebenslagen in Deutschland. Der 3. Armuts- und Reichtumsbericht der Bundesregierung. In: www.bmas.de/DE/Service/Publikationen/forschungsbericht-der-3-armuts-und-reichtumsbericht-der-bundesregierung.html, 26.04.2012

Deutscher Bildungsrat (1968): Gutachten und Studien der Bildungskommission. Bd. IV. Begabung und Lernen. H. Roth (Hrsg.). Stuttgart

– (1973): Empfehlungen der Bildungskommission: Zur pädagogischen Förderung behinderter und von Behinderung bedrohter Kinder und Jugendlicher. Bonn

Dewey, J., Kilpatrick, W. H. (1935): Der Projektplan. Grundlegung und Praxis. Weimar

DfES (2005): Extended schools: Access to opportunities and services for all. A prospectus. London

Die Hilfsschule (1919): Die Schulforderungen des deutschen Lehrervereins und die Hilfsschule. (ohne Autor) 12, 26–31

Diefenbach, H. (2008): Kinder und Jugendliche aus Migrantenfamilien im deutschen Bildungssystem: Erklärungen und empirische Befunde. 2. Aufl. Wiesbaden

Dörner, D. (1976): Problemlösen als Informationsverarbeitung. Stuttgart

Drawe, W., Rumpler, F., Wachtel, P. (Hrsg.) (2000): Empfehlungen zur Sonderpädagogischen Förderung. Würzburg

Dumke, D. (1992): Gemeinsame Unterrichtung von Behinderten und Nichtbehinderten in der Grundschule und der Sekundarstufe I, Abschlußbericht der wissenschaftlichen Begleitung des Bonner Schulversuchs zum Integrationsklassen-Modell. Frechen

– (1998): Schulische Integration in der Sekundarstufe. In: Hildeschmidt, A., Schnell, I. (Hrsg.): Integrationspädagogik. Auf dem Weg zu einer Schule für alle. Weinheim/München, 241–256

–, Kellner, M., Kranenburg, M. (1993): Unterrichtsorganisation in Integrationsklassen. In: Dumke, D. (Hrsg.): Integrativer Unterricht. 2. Aufl. Weinheim, 109–160

Duyme, N., Dumret, A. C., Tomkiewicz, S. (1999): How can we boost IQs of dull children? A late adoption study. In: Proc. Natl. Acad. Sci. USA, Vol. 96, 8790–8794

Dyson, A. (2008): Schools, communities and community agencies. In: Alenkaer, R. (Hrsg.): Den inkluderende skole i et ledelsesperspektiv. Copenhagen

– (2010): Die Entwicklung inklusiver Schulen: drei Perspektiven aus England. In: DDS – Die Deutsche Schule 102, 2, 115–129

–, Gallannaugh, F. (2007): National policy and the development of inclusive school practices: a case study. In: Cambridge Journal of Education, 37, 4, 473–488

–, Howes, A. J., Roberts, B. (2002): A systematic review of the effectiveness of school-level actions for promoting participation by all students. Research evidence in education library

–, –, – (2004): What do we really know about inclusive schools? A systematic review oft he research evidence. In: Mitchell, D. (Hrsg.): Special educational needs and inclusive education: Major themes in education. London

Eberhard, K., Kohlmetz, G. (1973): Verwahrlosung und Gesellschaft. Göttingen

Eberwein, F. (1996): Sozialpsychologische Untersuchungen zur Stigmatisierung und Diskriminierung sowie zum Selbstkonzept sogenannter Lernbehinderter. In: Eberwein, H. (Hrsg.): Handbuch Lernen und Lern-Behinderungen. Weinheim/Basel, 192–211

Eberwein, H. (Hrsg.) (2009): Behinderte und Nichtbehinderte lernen gemeinsam. Handbuch der Integrationspädagogik. 7. Aufl. Weinheim/Basel

–, Mand, J. (1992): Deutungsmusteranalyse in der sonderpädagogischen Forschung. In: Chassé, K.A., Drygalla, A., Schmidt-Noerr, A. (Hrsg.). Randgruppen 2000. Bielefeld, 113–126

–, Knauer, S. (1999): Rückwirkungen integrativen Unterrichts auf Teamarbeit und Lehrerrolle. In: Eberwein, H. (Hrsg.): Integrationspädagogik. Weinheim, Basel, 291–295

Eckhardt, A. (2008): Sprache als Barriere für schulischen Erfolg. Münster

Eckhart, M., Haeberlin, U., Sahli Lozano, C., Blanc, P. (2011): Langzeitwirkungen der schulischen Integration. Eine empirische Studie zur Bedeutung von Integrationserfahrungen in der Schulzeit für die soziale und berufliche Situation im jungen Erwachsenenalter. Bern, Stuttgart, Wien

Eggert, D. (1972): Ein Beispiel zur Sozial- und Familienstatistik von geistig behinderten Kindern. In: Eggert, D. (Hrsg.): Zur Diagnose der Minderbegabung. Weinheim

–, Ratschinski, G. (1993): Diagnostisches Inventar motorischer Basiskompetenzen. Dortmund

– (2007): Von den Stärken ausgehen. Individuelle Entwicklungspläne (IEP) in der Lernförderungsdiagnostik. Dortmund (5. überarb. Aufl.)

Einsiedler, W. (1989): Innere Differenzierung und Offener Unterricht. In: Kasper, H. (Hrsg.): Lasst die Kinder lernen. Offene Lernsituationen. Braunschweig, 48–54

Ellger-Rüttgardt, S. (1981): Widerstände gegen die Braunschweiger Hilfsschule. In: Braunschweiger Werkstücke Reihe A, Bd. XVII: Heinrich Kielhorn und der Weg der Sonderschulen – Hundert Jahre Hilfsschulen in Braunschweig. Bearbeitet von Bleidick, U., Braunschweig, 69–91

– (1983): Geschichte des Unterrichts mit Lernbehinderten. In: Baier, H., Bleidick, U. (Hrsg.): Handbuch der Lernbehindertendidaktik. Stuttgart, 20–26

– (1985): Historiographie der Behindertenpädagogik. In: Bleidick, U. (Hrsg.): Theorie der Behindertenpädagogik. Berlin, 87–125

– (1994): Kritiker der Hilfsschule als Vorläufer der Integrationsbewegung. In: Eberwein, H. (Hrsg.): Behinderte und Nichtbehinderte lernen gemeinsam. Handbuch Integrationspädagogik. 3. Aufl. Weinheim/Basel, 48–54

– (1998): Das Sonderschulwesen. In: Führ, Ch., Furch, C.-L. (Hrsg.): Handbuch der deutschen Bildungsgeschichte. Band VI, 1945 bis zur Gegenwart. Zweiter Teilband: Deutsche Demokratische Republik und neue Bundesländer. München, 233–254

– (Hrsg.) (2003): Lernbehindertenpädagogik. Studientexte zur Geschichte der Behindertenpädagogik. Band 5. Weinheim/Basel/Berlin

– (2008): Geschichte der Sonderpädagogik. Eine Einführung. München

Fereidooni, K. (2011): Schule – Migration – Diskriminierung. Ursachen der Benachteiligung von Kindern mit Migrationshintergrund im deutschen Schulwesen. Wiesbaden

Fend, H. (1974): Gesellschaftliche Bedingungen schulischer Sozialisation. Weinheim

– (1980): Theorie der Schule. München u. a.

– (2008): Schule gestalten: Systemsteuerung, Schulentwicklung und Unterrichtsqualität. Wiesbaden

Ferdinand, W., Uhr, R. (1973): Sind Arbeiterkinder dümmer – oder letztlich nur die Dummen? In: Die Grundschule, 237–239

Feuser, G. (1982): Integration = die gemeinsame Tätigkeit (Spielen/Lernen/Arbeiten) am gemeinsamen Gegenstand/Produkt in Kooperation von behinderten und nichtbehinderten Menschen. In: Behindertenpädagogik, 21, 86–105

–, (1995): Behinderte Kinder und Jugendliche zwischen Integration und Aussonderung. Darmstadt

–, (2011): Entwicklungslogische Didaktik. In: Kaiser, A., Schmetz, D., Wachtel, P., Werner, B. (Hrsg): Didaktik und Unterricht. Enzyklopädisches Handbuch der Behindertenpädagogik Bd. 4. Stuttgart, 86–100

–, Meyer, K. (1987) : Integrativer Unterricht in der Grundschule – ein Zwischenbericht. Solms-Oberbiel

Feyerer, E., Prammer, W. (2003): Gemeinsamer Unterricht in der Sekundarstufe I. Weinheim/Basel/Berlin

Fischer, H. R. (1995): Abschied von der Hinterwelt. In: Fischer, H.R. (Hrsg.): Die Wirklichkeit des Konstruktivismus. Heidelberg, 11–34

Fittje, H. (1986): Beiträge zu einer Revision der Hilfsschulgeschichte von den Anfängen bis 1918, Dissertation. Universität Oldenburg

Foerster, H. v. (1987): Entdecken oder Erfinden – Wie läßt sich Verstehen verstehen? In: Rotthaus, W. (Hrsg.): Erziehung und Therapie in systemischer Sicht. Dortmund, 22–58

Freinet, C. (1979): Die moderne französische Schule. 2. Aufl. (1. Aufl. 1934). Paderborn

Frenzel, F. (1903): Die Hilfsschule für schwachbefähige Kinder in ihrer Entwicklung, Bedeutung und Organisation. Hamburg

Frey, K. (2002): Die Projektmethode. 9. Aufl. Weinheim/Basel

Friedemann, H.-J., Schroeder, J. (2000): Von der Schule … ins Abseits? Untersuchungen zur Eingliederung benachteiligter Jugendlicher. Weg aus der Ausbildungskrise. Langenau/Ulm

Friederici, W. (1911): Hochschule und Hilfsschullehrer. In Monatsschrift: Die Hilfsschule, 4, 7, 181–188

Friend, M., Bursuck, W. (2005): Including Students with Special Needs: A Practical Guide for Classroom Teachers. Boston

Fuchs, S. (1922): Schwachsinnige Kinder, ihre sittlich-religiöse, intellektuelle und wirtschaftliche Rettung. Versuch einer Hilfsschulpädagogik. 3. Aufl. Halle

Fünfte Durchführungsbestimmung zum Gesetz über das einheitliche sozialistische Bildungssystem, Sonderschulwesen, vom 9. Februar 1984 – Gesetzblatt, Teil I, Nr. 8. vom 23. März 1984

Gallin, P., Ruf, U. (1998): Dialogisches Lernen in Sprache und Mathematik. Seelze-Velber

Garlichs, A., Beck, U., Ring, K. (1990): Alltag im offenen Unterricht. Frankfurt

Gijlers, H., De Jong, T. (2005): The relation between prior knowledge and students' collaborative discovery learning processes. In: Journal of Research in Science Teaching, 42, 3, 264–282

Glasersfeld, E. v. (1996): Radikaler Konstruktivismus. Ideen, Ergebnisse, Probleme. Frankfurt/M.

Gnerlich (ohne Vornamen) (1912): Hilfsschullehrer als pädagogischer Sachverständiger. In: Monatsschrift: Die Hilfsschule, 5, 9, 246–249

Goffmann, E. (1967): Stigma. Über Techniken der Bewältigung beschädigter Identität. Frankfurt/M.

Gogolin, I. (1994): Der monolinguale Habitus der multilingualen Schule. 2. unveränderte Aufl. 2008. Münster, New York

–, (2009): Zweisprachigkeit und die Entwicklung bildungssprachlicher Fähigkeiten. In: Gogolin, I., Neumann, U. (Hrsg.): Streitfall Zweisprachigkeit – The Bilingualism Controversy. Wiesbaden, 263–280

Golin, A. K., Ducanis A. J. (1981): The interdisciplinary Team. Rockvill/London

Golz, S. (1996): Ausländische Kinder als sogenannte Lernbehinderte. In: Eberwein, H. (Hrsg.): Handbuch Lernen und Lern-Behinderungen. Weinheim/Basel, 231–242

Gomolla, M. (2010): Fördern und Fordern allein genügt nicht! Mechanismen institutioneller

Diskriminierung von Migrantenkindern im deutschen Bildungssystem. In: Auernheimer, G. (Hrsg.): Schieflagen im deutschen Bildungssystem. Die Benachteiligung der Migrantenkinder. Wiesbaden, 87–102

–, Radtke, F.-O. (2002): Institutionelle Diskriminierung – die Herstellung ethnischer Differenz in der Schule. Opladen

Grünke, M. (2004): Lernbehinderung. In: Lauth, G. W., Grünke, M., Grunstein, J. C. (Hrsg.): Intervention bei Lernstörungen. Göttingen u. a., 65–77

Gudjons, H. (1986): Handlungsorientiert lehren und lernen. Projektunterricht und Schüleraktivität. Bad Heilbrunn

Gürtler, R. (1924) Triebgemäßer Erlebnisunterricht. Halle/S.

Haeberlin, U., Eckart, M., Lazano Sahli, C., Blanc, Ph. (2011): Schulische Separation und die berufliche Situation im frühen Erwachsenenalter. In: Ludwig, L., Luckas, H., Hamburger, F., Aufenanger, St. (Hrsg.): Bildung in der Demokratie II. Opladen/Farmington Hills, 55–68

Hänsel, D. (Hrsg.) (1986): Das Projektbuch Grundschule. Weinheim/Basel

Hameyer, U. (2002): Entdeckende Lerntätigkeit. In: Hameyer, U., Schlichting, F. (Hrsg.): Entdeckendes Lernen. Impulse Band 3. Kronshagen, 27–37

Hansen, G., Stein, R. (1997): Sonderpädagogik konkret. Ein Handbuch in Schlüsselbegriffen. 2. Aufl. Bad Heilbrunn

Hargreaves, D. H. (1980): Labeling-Prozesse und ihre Konsequenzen für die Schüler. In: Ulich, K. (Hrsg.): Wenn Schüler stören. München, 96–111

Hattie, J. (2002): Classroom composition and peer effects. International Journal of Educational Research, 37, 5, 449–481

– (2012): Visible Learning For Teachers. Maximizing Impact On Learning. London/New York

Hausotter, A. (2000): Integration und Inclusion – Europa macht sich auf den Weg. In: Hans, M., Ginnold, A. (Hrsg.): Integration von Menschen mit Behinderung – Entwicklungen in Europa. Neuwied/Berlin, 43–83

Heese, G. (1954): Über Verallgemeinerungsbestrebungen in der Geschichte der Schwerhörigenbildung. In: Neue Blätter für Taubstummenbildung, 341–345

Heimann, P. (1973): Didaktik als Theorie und Lehre. In: Beckmann, H./Faber, W. (Hrsg.): Pädagogische Kontroversen Bd. II. Das Problem der Didaktik. München, 115–140

–, Otto, G., Schulz, W. (1970): Unterricht. Analyse und Planung. Hannover

Heinrich, M. (2010): Zum Problem der Anerkennung fragiler Bildungsprozesse innerhalb neuer Steuerung und demokratischer Governance. In: Aufenanger, S., Hamburger, F., Ludwit, L., Tippelt, R. (Hrsg.): Bildung in der Demokratie. Beiträge zum 22. Kongress der Deutschen Gesellschaft für Erziehungswissenschaft. Opladen/Farmington Hills, 125–143

Heimlich, U. (1993): Wege zum Projektunterricht bei Schülern mit Lernschwierigkeiten. In: Baudisch, W., Schmetz, D. (Hrsg.): Sonderpädagogische Beiträge. Bd. I. Lernbehinderung und Wege zur differenzierten Förderung. Frankfurt, 58–68

– (1999a): Einleitung: Orte sonderpädagogischer Förderung auf dem Weg zur Integration. In: Heimlich, U. (Hrsg.): Sonderpädagogische Fördersysteme. Auf dem Weg zur Integration. Stuttgart, 7–10

– (1999b): Gemeinsam lernen in Projekten. Bad Heilbrunn

– (2000): 10 Jahre Integrationsentwicklung in Ostdeutschland – Ein Rückblick nach vorn. Gemeinsam leben, 8, 4, 156–159

– (2003): Integrative Pädagogik. Stuttgart

– (2012): Projektunterricht. In: Heimlich, U., Wember, F. B. (Hrsg.): Didaktik des Unterrichts im Förderschwerpunkt Lernen. 2. Aufl. Stuttgart, 125–137

Helmke, A., Weinert, F. E. (1997): Bedingungsfaktoren schulischer Leistung. In: Weinert, F. E. (Hrsg.): Psychologie des Unterrichts und der Schule. Enzyklopädie der Psychologie, Themenbereich D, Serie I, Bd. III. Göttingen u. a., 71–176

Henderson, A. T., Mapp, K. L. (2002): A New Wave of Evidence. The Impact of School, Family, and Community Connections on Student Achievement. National Center for Family & Community Connections with Schools

Henning, C., Knödler, U. (1985): Problemschüler – Problemfamilien. Praxis des systemischen Arbeitens mit schulschwierigen Kindern. Weinheim/Basel

Hentig, H. v. (1993): Die Schule neu denken. München/Wien

Henze, A. (1928): Hilfsschule für geistesschwache Kinder. In: Nohl, H. v., Pallat, L. (Hrsg.): Handbuch der Pädagogik, Bd. III, Langensalza

Herrnstein, R. J. (1973): IQ in the Meritocracy. Boston

Heuser, C., Schütte, M., Werning, R. (1997): Kooperative Lernbegleitung von Kindern und Jugendlichen mit besonderem Förderbedarf in heterogenen Gruppen. In: Heimlich, U. (Hrsg.): Zwischen Aussonderung und Integration. Neuwied, 102–118

Heyer, P.(2009): Grundschule – Schule für alle Kinder. Grundsätze zur Entwicklungintegrativer Arbeit. In: Eberwein, H., Knauer, S. (Hrsg.): Integrationspädagogik. 7. Aufl. Weinheim und Basel, 178–190

–, Korfmacher, E., Podlesch, W., Preuss-Lausitz, U., Sebold, L. (Hrsg.) (1993): Zehn Jahre wohnortnahe Integration. Frankfurt/Main

–, Preuss-Lausitz, U., Zielke, G. (1990): Wohnortnahe Integration. Gemeinsame Erziehung behinderter und nichtbehinderter Kinder in der Uckermark-Grundschule in Berlin. Weinheim/München

–, –, – (1994): Überblick über die Integrationsentwicklung in Deutschland. Zusammen, 10, 12–16

Hildeschmidt, A., Sander, A. (1988): Der ökosystemische Ansatz als Grundlage für Einzelintegration. In: Eberwein, H. (Hrsg.): Behinderte und Nichtbehinderte lernen gemeinsam. München/Weinheim, 220–227

–, – (1995): Integration behinderter Schüler und Schülerinnen in der Sekundarstufe I. In: Heilpädagogische Forschung, 21, 14–26

–, – (1996): Zur Effizienz der Beschulung sogenannter Lernbehinderter in Sonderschulen. In: Eberwein, H. (Hrsg.): Handbuch Lernen und Lern-Behinderungen. Weinheim/Basel, 115–134

–, Schnell, I. (Hrsg.) (1998): Integrationspädagogik. Auf dem Weg zu einer Schule für alle. Weinheim/München

Hiller, G. G.: (1991): Von normierter Einfalt zu normaler Vielfalt. Plädoyer für eine Stärkung der integrativen Funktion des Bildungssystems. In: Zeitschrift für Pädagogik, 2, 225–244

– (1995): Alltagsbegleitung. Begründung, Konzepte und Realisierungsvorschläge für eine Zusammenarbeit mit jungen Menschen in erschwerten Lebenslagen. Die Sonderschule, 40, 2–13

– (1997): Ausbruch aus dem Bildungskeller. Pädagogische Provokationen. 4. Aufl. (1. Aufl. 1989, 2. Aufl. 1990). Langenau/Ulm

– (2007): Aufriss einer kultursoziologisch fundierten, zielgruppenspezifischen Didaktik. In: Heimlich, U., Wember, F. (Hrsg.): Didaktik des Unterrichts im Förderschwerpunkt Lernen. Stuttgart (2. Aufl.), 41–55

Hintz, O. (1897): Welche pädagogischen Maßnahmen eignen sich für den Unterricht und die Erziehung solcher Kinder, welche durch die Volksschule nicht genügende Förderung erfahren? In: Pädagogische Zeitungen, 821–824

Hinz, A. (2003): Die Debatte um Integration und Inklusion – Grundlage für aktuelle Kontroversen in Behindertenpädagogik und Sonderpädagogik? In: Sonderpädagogische Förderung, 4, 330–347

– (2009): Inklusive Pädagogik in der Schule. In: Zeitschrift für Heilpädagogik, 60. Jg., 5, 171–179

–, Katzenbach, D., Rauer, W., Schuck, K. D., Wocken, H., Wudke, H. (1998): Die Integrative Grundschule im sozialen Brennpunkt. Ergebnisse eines Schulversuchs. Hamburg

Holtappels, H. G., Meier, U. (1997): Gewalt an Schulen. Erscheinungsformen von Schülergewalt und Einflüsse des Schulklimas. In: Die Deutsche Schule, 89, 1, 50–62

Homfeldt, H. G. (1996): Die Schule für Lernbehinderte unter labelingtheoretischen Aspekten – Konsequenzen für schulisches Lernen. In: Eberwein, H. (Hrsg.): Handbuch Lernen und Lern-Behinderungen. Weinheim/Basel, 176–191

– (1974): Stigma und Schule. Düsseldorf

Horrix, H. (1899): Das erziehliche Wirken in der Hilfsschule. In: Bericht über den Zweiten Verbandstag der Hilfsschulen in Deutschland zu Cassel am 4. und 5. April 1899, Langensalza

Hurrelmann, K., Andresen, S. (2007): Kinder in Deutschland 2007: 1. *World Vision* Kinderstudie. Frankfurt

–,– (2010): Kinder in Deutschland 2010: 2. *World Vision* Kinderstudie. Frankfurt

Huth, A. (1952): Was fordert die Wirtschaft von der Schule? In: Die Bayrische Schule, 5, 9, 133

Iben, H. (1991): Randgruppen der Gesellschaft. München

ICD-10 (1999) (Internationale statistische Klassifikation der Krankheiten und verwandter Gesundheitsprobleme) 10. Revision. Hrsg. vom Deutschen Institut für medizinische Dokumentation und Information (DIMDI) im Auftrag des Bundesministeriums für Gesundheit. Bd. I. Systematisches Verzeichnis, Version 1.3., Stand Juli 1999. Bern u.a.

ICF (2001) (International Classification of Functioning, Disability and Health. In: www.who.int/classifications/icf/en/, 26.04.2012

Ingenkamp (1988): Intelligenz als Prädikator von Lernerfolg? In: Schirp, H. u.a.: Begabung – Lernen – Schulqualität. Soest, 45–48

Jank, W., Meyer, H. (1991): Didaktische Modelle. Berlin

–, – (1994): Didaktische Modelle. 3. Aufl. Frankfurt/M.

Jansen (ohne Vornamen) (1914): In: Monatsheft: Die Hilfsschule, 7

Jantzen, W. (1978): Behindertenpädagogik, Persönlichkeitstheorie, Therapie. Vorbereitende Arbeiten zu einer materialistischen Behindertenpädagogik. Gießen

– (1983): Galperin lesen. Anmerkungen zur Entwicklung einer historisch-materialistischen Theorie schulischen Lernens. In: Demokratische Erziehung, 9, 5, 30–37

– (1990): Behinderung. In: Sandkühler, H. J. (Hrsg.): Europäische Enzyklopädie zur Philosophie und Wissenschaft. Bd. I, 369–371

Jeynes, W. (2005): A Meta-Analysis of the Relation of Parental Involvement to Urban Elementary School Student Academic Achievement. In: Urban Education, 40, 3, 237–269

– (2007): The Relationship Between Parental Involvement and Urban Secondary School Student Academic Achievement: A Meta-Analysis. In: Urban Education, 42, 82

– (2011): Parental Involvement and Academic Success. New York and London

Kail, R., Pellegrino, J. W. (1989): Menschliche Intelligenz. Heidelberg

Kanter, G. O. (1980): Lernbehinderung und die Personengruppe der Lernbehinderten. In: Kanter, G. O., Speck, O. (Hrsg.): Pädagogik der Lernbehinderten. Handbuch der Sonderpädagogik, Bd. IV, 34–75

– (1998): Weiterentwicklungen im Bereich der Lernbehindertenpädagogik. FernUniversität Hagen

–, Speck, O. (Hrsg.) (1977): Pädagogik der Lernbehinderten. Handbuch der Sonderpädagogik, Band 4. Berlin

Kautter, H. J. (1979): Störungen des Aufbaus kognitiver Kompetenz. Studienbrief Fernuniversität Hagen

Keeney, B. P. (1987): Konstruieren therapeutischer Wirklichkeiten. Dortmund

Kemper, T., Weishaupt, H. (2011): Zur Bildungsbeteiligung ausländischer Schüler an Förderschulen – unter besonderer Berücksichtigung der spezifischen Staatsangehörigkeit. In: Zeitschrift für Heilpädagogik, 62, 10, 419–431

Kempfert, G., Rolff, H.-G. (1999): Pädagogische Qualitätsentwicklung. Weinheim / Basel

Kerkhoff, W. (1975): Vater-Kind-Beziehung und soziale Schichtzugehörigkeit. Neuburgweier

Kielhorn, H. (1908): Aus der Hilfsschule zu Braunschweig. In: Monatsschrift: Die Hilfsschule, 1, 8, 88–90

Klafki, W. (1964): Studien zur Bildungstheorie und Didaktik. Weinheim / Basel

– (1971): Erziehungswissenschaft als kritisch-konstruktive Theorie: Hermeneutik – Empirie – Ideologiekritik. In: Zeitschrift für Pädagogik, 17, 351–385

– (1994): Neue Studien zur Bildungstheorie und Didaktik. Zeitgemäße Allgemeinbildung und kritisch-konstruktive Didaktik. 4. Aufl. (1. Aufl. 1985) Weinheim / Basel

Klauer, K. J. (1964): Programmierter Unterricht in Sonderschulen. Berlin

– (1977): Lernbehindertenpädagogik. 8. Aufl. (1. Aufl. 1966, 3. Aufl. 1970, 6. Aufl. 1975). Berlin

– (1993): Trainingsforschung: Ansätze, Theorien, Ergebnisse. In: Klauer, K. J. (Hrsg.): Kognitives Training. Göttingen, 15–66

–, Lauth, G. W. (1997): Lernbehinderung und Leistungsschwierigkeiten bei Schülern. In: Weinert, F. E. (Hrsg.): Psychologie des Unterrichts. Enzyklopädie der Psychologie, Serie I, Bd. III. Göttingen u. a., 701–738

Klein, G. (1971): Kritische Analyse gegenwärtiger Konzeptionen der Lernbehindertenschule. In: Sonderpädagogik, 1, 1–13

– (1973): Die soziale Benachteiligung der Lernbehinderten. In: Heese, G., Reinartz, A. (Hrsg.): Aktuelle Probleme der Lernbehindertenpädagogik. Berlin, 7–21

– (1976): Spezielle Fragen soziokultureller Determinanten bei Lernbehinderung. In: Kanter, G. O., Speck, O. (Hrsg.): Pädagogik der Lernbehinderten. Handbuch der Sonderpädagogik, Bd. IV, 65–75

– (1985): Lernbehinderte Kinder und Jugendliche: Lebenslauf und Erziehung. Stuttgart

– (1997): Montessori-Pädagogik in der Schule für Lernbehinderte. In: Reiß, G., Eberle, G. (Hrsg.): Offener Unterricht – freie Arbeit mit lernschwachen Schülerinnen und Schülern. Weinheim, 212–225

(2001): Sozialer Hintergrund und Schullaufbahn von Lernbehinderten / Förderschülern 1969 und 1997. In Zeitschrift für Heilpädagogik, 2, 51–61

Klemm, K. (2009): Sonderweg Förderschulen: Hoher Einsatz, wenig Perspektiven. Eine Studie zu den Ausgaben und zur Wirksamkeit von Förderschulen in Deutschland. Gütersloh: Bertelsmann Stiftung

–, Preuss-Lausitz, U. (2011): Auf dem Weg zur schulischen Inklusion in Nordrhein-Westfalen. Empehlungen zur Umsetzung der UN-Behindertenrechtskonvention im Bereich der allgemeinen Schulen. In: www.schulministerium.nrw.de/BP/Inklusion_Gemeinsames_Lernen/Gutachten__Auf_dem_Weg_zur_Inklusion_/NRW_Inklusionskonzept_2011__-_neue_Version_08_07_11.pdf, 26.04.2012

Klieme, E. (2004): Begründung, Implementation und Wirkung von Bildungsstandards: Aktuelle Diskussionslinien und empirische Befunde. In: Zeitschrift für Pädagogik, 5, 625–634

Kneer, G., Nassehi, A. (1994): Niklas Luhmanns Theorie sozialer Systeme. 2. Aufl. München

Kniel, A. (1979): Die Schule für Lernbehinderte und ihre Alternativen. Reinstetten

Köbberling, A. (1998): Gemeinsamkeit und Vielfalt in der Sekundarstufe: Wege in verschiedene Lebenswelten teilen. In: Hildeschmidt, A., Schnell, I. (Hrsg.): Integrationspädagogik. Auf dem Weg zu einer Schule für alle. Weinheim/München, 257–276

–, Schley, W. (2000): Sozialisation und Entwicklung in Integrationsklassen. Untersuchungen zur Evaluation eines Schulversuchs in der Sekundarstufe. Weinheim/München

Koch, H. (1914): Die Beurteilung der Prüfungsordnung für Hilfsschullehrer in einem Teile der Berliner Tagespresse. In: Monatsschrift: Die Hilfsschule, 7, 15–17

Koch, K. (2004a): Die soziale Lage der Familien von Förderschülern. Teil I: Sozioökonomische Bedingungen. In: Sonderpädagogische Forschung, 49, 2, 181–199

– (2004b) Die soziale Lage der Familien von Förderschülern. Teil II: Sozialisationsbedingungen in Familien von Förderschülern. In: Sonderpädagogische Forschung, 49, 4, 411–427

König, E., Zedler, P. (1998): Theorien der Erziehungswissenschaft. Weinheim/Basel

Kornmann, R. (1998a): Wie ist das zunehmende Schulversagen bei Kindern von Migranten zu erklären und zu beheben? In: Vierteljahresschrift für Heilpädagogik und ihre Nachbargebiete, 67, 1, 55–68

– (1998b): Lernbehindernder Unterricht? – Vorschläge zur förderungsorientierten Analyse der Lerntätigkeit einzelner Schülerinnen und Schüler in der konkreten Unterrichtspraxis. In: W. Mutzeck (Hrsg.): Förderdiagnostik bei Lern- und Verhaltensstörungen. Weinheim, 59–92

– (1999): Schwierigkeiten von jungen Menschen, deren Erstsprache nicht deutsch ist, in und mit der Schule: Ansätze zur förderorientierten Diagnostik. Studienbrief. Hagen: Fernuniversität – Gesamthochschule

– (2000): Kinder mit Lernschwierigkeiten gestalten ihr Anschauungs- und Fördermaterial im Rechenunterricht selbst. In: H. Schell (Hrsg.): Selbstgestaltung in der Sonderpädagogik. Begegnungen mit Hansjörg Kautter. Heidelberg, 51–56

– (2008): Möglichkeiten der Fehleranalyse bei freien Verschriftungen – ein Beispiel. In: Zeitschrift für Heilpädagogik, 59, 4, 143–147

– (2010a): Inklusiv orientierte Unterrichtsgestaltung und Aufgaben der Pädagogischen Diagnostik. In: Sonderpädagogische Förderung heute, 55, 3, 252–270

– (2010b): Beispielhaftes – Inklusion in der täglichen Unterrichtspraxis. In: Grundschule, 42, 12, 22–25

–, Ramisch, R. (1984): Lernen im Abseits. Erfahrungen mit handelndem Unterricht in der Sonderschule für Lernbehinderte. Heidelberg

–, Ramisch-Kornmann, B. (2000): Lernen in Projekten – oder Veränderungen der Welt als Gegenstand und Impuls subjektorientierten Unterrichts. In: Geiling, U. (Hrsg.): Pädagogik, die Kinder stark macht. Opladen, 91–100

–, Röpert, G. (2011): Aufgaben bei der Entwicklung inklusiv orientierter Unterrichtskonzepte. Gemeinsam leben. In: Zeitschrift für Inklusion, 19, 3, 158–161

–, Burgard, P., Eichling, H.-M. (1999): Zur Überrepräsentation von ausländischen Kindern und Jugendlichen in Schulen für Lernbehinderte. In: Zeitschrift für Heilpädagogik, 3, 106–109

–, Meister, H., Schlee, J. (Hrsg.) (1994): Förderungsdiagnostik. 3. Aufl. Heidelberg

–, Klingele, Ch. (1996): Ausländische Kinder und Jugendliche an Schulen für Lernbehinderte in den alten Bundesländern. In: Zeitschrift für Heilpädagogik, 1, 2–9

–, Kornmann, A. (2003): Erneuter Anstieg der Überrepräsentation ausländischer Kinder in Schulen für Lernbehinderte. In: Zeitschrift für Heilpädagogik, 54, 7, 286–289

Kottmann, B. (2007): Die Feststellung von sonderpädagogischem Förderbedarf: Benachteiligung der Benachteiligten. In: Demmer-Diekmann, I., Textor, A. (Hrsg.): Integrationsforschung und Bildungspolitik im Dialog. Bad Heilbrunn, 99–108

Krämer-Kilic, I. K. (2000): Kooperatives Lernen in integrativen Klassen. In: Die neue Sonderschule, 4, 1–9

– (2001): Zur Bedeutung kooperativen Lernens in integrativen Klassen, dargestellt anhand eines Fallbeispiels. In: Zeitschrift für Heilpädagogik, 1, 22–27

Kretschmann, R. (1993): Methodik und Didaktik integrativen Unterrichtens. In: Mohr, H. (Hrsg.): Integration verändert Schule. Konzepte der Arbeit sonderpädagogischer Förderzentren. Hamburg, 54–72

Kron, F. (2008): Grundwissen Didaktik. 5. Aufl. München

Kronig W., Haeberlin, U., Eckhart, M. (2007): Immigrantenkinder und schulische Selektion – Pädagogische Visionen, theoretische Erklärungen und empirische Untersuchungen zur Wirkung integrierender und separierender Schulformen in den Grundschuljahren. 2. unveränderte Aufl. Bern / Stuttgart / Wien

Krüll, M., Luhmann, N., Maturana, H. R. (1987): Grundkonzepte der Theorie autopoietischer Systeme. In: Zeitschrift für Systemische Therapie, 5, 1, 4–25

Kuhn, S. Th. (1967): Die Struktur wissenschaftlicher Revolutionen. Frankfurt / M.

Kultusministerkonferenz (KMK) (1972): Empfehlung zur Ordnung des Sonderschulwesens. Bonn

– (1994): Empfehlungen zur sonderpädagogischen Förderung in der Bundesrepublik Deutschland. Bonn

– (2008): Sonderpädagogische Förderung in Schulen 1997 bis 2006. Dokumentation Nr. 185. Bonn. In: www.kmk.org/fileadmin/pdf/Presse UndAktuelles/Dok185.pdf, 26.04.2012

Kunz Heim, D., Arnold, C. (o. J.): Arbeiten in Unterrichtsteams – Erfahrungen von Lehrerinnen und Lehrern. Zusammenfassender Kurzbericht einer qualitativ-quantitativen Untersuchung. Fachhochschule Nordwestschweiz, Pädagogische Hochschule

Kutzer, R. (1973): Das Erfordernis einer Neuorientierung gegenwärtiger Didaktiken der Schule für Lernbehinderte als Voraussetzung für eine Emanzipation der Sonderschüler und eine Beseitigung sozialer Randständigkeit. In: Abé, I., Probst, H., Graf, S., Kutzer, R., Wacker, G., Klode, W., Wagner, H. (Hrsg.): Kritik der Sonderpädagogik. Giessen, 310–342

– (1982): Strukturorientierter Mathematikunterricht in der Schule für Lernbehinderte. 2. Aufl. In: Probst, H. (Hrsg.): Kritische Behindertenpädagogik in Theorie und Praxis. Solms-Oberbiel, 29–62

– (1999): Überlegungen zur Unterrichtssituation im Sinne strukturorientierten Lernens. In: Probst, H. (Hrsg.): Mit Behinderungen muss

gerechnet werden. Der Marburger Beitrag zur lernprozessorientierten Diagnostik, Beratung und Förderung. Oberbiel, 15–69

Langermann, J. (1963): Der Erziehungsstaat nach Stein-Fichteschen Grundsätzen in einer Hilfsschule durchgeführt. Hrsg. von Beschel, E., (1. Aufl. 1911). Berlin

Laun, R. (1983): Freinet – 50 Jahre danach. Dokumente und Berichte aus drei französischen Grundschulklassen. Heidelberg

Lernchancen (2000): Themenheft Geld oder Leben, 18, 2–76

Lind, G. (2009): Amerika als Vorbild? Erwünschte und unerwünschte Folgen aus Evaluationen. In: Bohl, T., Kiper, H. (Hrsg.): Lernen aus Evaluationsergebnissen – Verbesserungen planen und implementieren. Bad Heilbrunn, 61–79

Lipowski, F. (1999): Offene Lernsituationen im Grundschulunterricht. Frankfurt / M.

Lortie, D. C. (1964): The Teacher and Team Teaching. Suggestions for Longe-Range Research. In: Shaplin, J. T., Olds, H. T. (Hrsg.): Team Teaching. New York / London, 270–305

Lösel, F. (1975): Prozesse der Stigmatisierung in der Schule. In: Brusten, M., Hohmeier, J. (Hrsg.): Stigmatisierung 2. Darmstadt, 7–32

Löser, J. M. (2010): Der Umgang mit kultureller und sprachlicher Vielfalt an Schule. Ein Vergleich zwischen Kanada, Schweden und Deutschland. Frankfurt

–, Werning, R. (2011): Equity for Immigrant Students in German Schools? In: Artiles, A. J., Kozleski, E. B., Waitoller, F. R. (Hrsg.): Inclusive Education. Examininig Equity on Five Continents. Cambridge, Massachusetts, 89–100

Luhmann, N. (1987): Sozialisation und Erziehung. In: Rotthaus, W. (Hrsg.): Erziehung und Therapie in systemischer Sicht. Dortmund, 77–90

Lütje-Klose, B. (1997a): Wege integrativer Sprach- und Kommunikationsförderung in der Schule. St. Ingbert

– (1997b): Ganzheitlich orientierte Kommunikationsförderung im Musikunterricht. Menschenschattentheater mit Schüler / innen einer siebten Klasse an einer Schule für Lernhilfe. Hannover: 2. Staatsexamensarbeit

– (2003): Didaktische Überlegungen für Schülerinnen und Schüler mit Lernbeeinträchtigun-

gen aus systemisch-konstruktivistischer Sicht. In: Balgo, R. / Werning, R. (Hrsg.): Lernen und Lernprobleme im systemischen Diskurs. Dortmund: Verlag modernes lernen, 173–203
– (2009): Kinder mit besonderen Bedürfnissen und Behinderungen im Schulalter. In: Andresen, S., Brumlik, M., Koch, K. (Hrsg.) (2009): Das ElternBuch. Entscheidungshilfen für mündige Eltern. Weinheim, 379–393
– (2010): Lehrerbildung für eine inklusive Schule – das Beispiel des Studiengangs „Integrierte Sonderpädagogik" an der Universität Bielefeld. In: Sonderpädagogische Förderung in NRW. Mitteilungen, 1, 48, 4–10
– (2011a): Inklusion – Welche Rolle kann die Sonderpädagogik übernehmen? In: Sonderpädagogische Förderung in NRW Mitteilungen 4, 8–21
– (2011b): Müssen Lehrkräfte ihr didaktisches Handeln verändern? Inklusive Didaktik als Herausforderung für den Unterricht. In: Lernende Schule 55 (2011), 13–15
–, Pfeiffer, R. (2001): Alexander und Cagtay schreiben Tütengeschichten – Kinder mit unterschiedlichen Lernvoraussetzungen lernen lesen und schreiben. In: Grundschule, 2, 18–24
–, Smits, A. M. (2007): Sachrechengeschichten gemeinsam erfinden. Schülerkooperation beim Entdeckenden Lernen. In: Lernchancen, 56, 10. Jg., 37–42
–, Willenbring, M. (1999): Kooperation fällt nicht vom Himmel. Behindertenpädagogik, 1, 2–31
–, Langer, M.T., Serke, B., Urban. M. (Hrsg.) (2011): Inklusion in Bildungsinstitutionen. Eine Herausforderung an die Heil- und Sonderpädagogik. Bad Heilbrunn. Klinkhardt
–, Urban, M., Werning, R., Willenbring, M. (2005): Sonderpädagogische Grundversorgung in Niedersachsen – qualitative Studie zur pädagogischen Arbeit in regionalen Integrationskonzepten. In: Zeitschrift für Heilpädagogik, 3, 82–94

MacKay, A. W. (2006a): Connecting Care and Challenge: Tapping Our Human Potential. Inclusive Education: A Review of Programming and Services in New Brunswick. In: www.gnb.ca/0000/publications/mackay/mackay-e.asp, 26.04.2012
–, (2006b): Author's summary – connecting care and challenge: trapping our human potential. In: www.gnb.ca/0000/publications/mackay/mackay-e.asp, 26.04.2012
Maikowski, R. (1994): Gemeinsames Lernen in der Sekundarstufe I – eine Standortbestimmung. In: Eberwein, H. (Hrsg.): Behinderte und Nichtbehinderte lernen gemeinsam. Handbuch der Integrationspädagogik. 3. Aufl. Weinheim / Basel, 195–201
Mand, J. (1996): Lernbehinderung als soziale Benachteiligung. In: Eberwein, H. (Hrsg.): Lernen und Lernbehinderung. Weinheim / Basel, 165–175
– (2002): Sonderschule oder gemeinsamer Unterricht? Zum Einfluss von Gutachtervariablen auf Schullaufbahnentscheidungen für schulschwache oder auffällige Kinder und Jugendliche. In: Zeitschrift für Heilpädagogik, 1, 8–13
– (2003): Lern- und Verhaltensprobleme in der Schule. Stuttgart
Marx, K. (1981): Die deutsche Ideologie, MEW, Bd. III. Berlin
Maslow, A. (1973): Psychologie des Seins. München
Maturana, H. R. (1998): Biologie der Realität. Frankfurt a. M.
–, Varela, F. J. (1987): Der Baum der Erkenntnis. Bern / München
May, P. (1997): Hamburger Schreibprobe HSP. Diagnose orthographischer Kompetenz zur Erfassung der grundlegenden Rechtschreibstrategien. Hamburg
McGeoch, J. A., Irion, A. L. (1952): The psychology of human learning. New York
Mead, G. H. (1973): Geist, Identität und Gesellschaft. Frankfurt / M.
Mietzel, G. (1998): Pädagogische Psychologie des Lernens und Lehrens. 5. Aufl. Göttingen u. a.
Milani-Comparetti, A., Roser, O. (1987): Förderung der Normalität und der Gesundheit in der Rehabilitation. In: Wunder, M., Sierek, U. (Hrsg.): Sie nennen es Fürsorge. Behinderte zwischen Vernichtung und Widerstand. Frankfurt / M., 77–88
Mitteilung des Verbandvorstandes (1908) In: Die Hilfsschule, 1, 4
Möckel, A. (1988): Geschichte der Heilpädagogik. Stuttgart, 114
Münter, L. (1914): Die Prüfungsordnung und die Ausbildung der Hilfsschullehrer und -lehrerinnen. In: Die Hilfsschule, 7, 6, 145–154

Montessori, M. (1991): Die Entdeckung des Kindes. 10. Aufl. (1. Aufl. 1913). Stuttgart/Freiburg

Müller, U., Salzen, W. v. (1981): Auswirkungen der sozial-ökonomischen Verhältnisse auf die Verhaltensweisen von „Hilfsschülern". In: Jantzen, W.: Soziologie der Sonderschule. Weinheim/Basel, 129–168

Müller, W. (1997): Freie Arbeit – eine notwendige Dimension einer pädagogischen Schule: Voraussetzungen und Bedingungen ihrer Realisierung. In: Reiß, G., Eberle, G. (Hrsg.): Offener Unterricht – Freie Arbeit mit lernschwachen Schülerinnen und Schülern. Weinheim, 115–160

Muth, J. (2009): Zur bildungspolitischen Dimension der Integration. In: Eberwein, H. (Hrsg.): Behinderte und Nichtbehinderte lernen gemeinsam. Handbuch der Integrationspädagogik. 7. Aufl. Weinheim/Basel, 17–24

Mutzeck, W. (Hrsg.) (1998): Förderdiagnostik bei Lern- und Verhaltensstörungen. Weinheim/Basel

Myschker, N. (1969) : Der Verband der Hilfsschulen Deutschlands und seine Bedeutung für das deutsche Sonderschulwesen. In: Zeitschrift für Heilpädagogik, 2, 114–126

– (1983): Lernbehindertenpädagogik. In: Solarová, S. (Hrsg.): Geschichte der Sonderpädagogik. Stuttgart u. a., 120–166

Myklebust, J. O. (2006): Class placement and competence attainment among students with special education needs. In: British Journal of Special Education, 33, 2, 76–81

Naudascher, B. (1980): Das übergangene Selbst. Pädagogische Perspektiven zur Selbstkonzeptforschung. New York/Frankfurt/M.

Nestle, W. (1975): Probleme und Aufgaben der Didaktik der Schule für Lernbehinderte. In: Zeitschrift für Heilpädagogik, 26, 9, 523–537

– (1976): Didaktik und Sonderpädagogik. In: Zeitschrift für Heilpädagogik, 27, 3, 167–180

– (1980): Innere Differenzierung in der Schule für Lernbehinderte. In: Baier, H., Klein, G. (Hrsg.): Die Schule für Lernbehinderte. Berlin, 161–190

– (1996): Zum Allgemeinheitscharakter von „Lernbehinderung". In: Eberwein, H. (Hrsg.): Handbuch Lernen und Lern-Behinderungen. Weinheim/Basel, 279–292

Norrenbrock, P. (2007): Kompetenzen und bildungsrelevante Einstellungen von Jugendlichen mit Migrationshintergrund in Deutschland. Ein Vergleich mit ausgewählten OECD-Staaten. In: PISA-Konsortium (Hrsg.) PISA 2006. Münster, 337–366

Penné, K. J. (1995): Kooperation im Kontext der Professionalisierung. In: Zeitschrift für Heilpädagogik, 6, 275–281

Peschel, F. (2003): Offener Unterricht, Idee-Realität-Perspektive und ein praxisorientiertes Konzept zur Diskussion. Baltmannsweiler

Pestalozzi (1799): Pestalozzis Brief an einen Freund über seinen Aufenthalt in Stans. Hrsg. und interpretiert von Klafki, W. (1971). Weinheim/Berlin/Basel

Peukert, R., Asmus, H. J. (1979): Der theoretische Bezugsrahmen: „Labeling-Approach" In: Peukert, R., Asmus, H. J. (Hrsg.): Abweichendes Schülerverhalten. Heidelberg, 15–32

Philipp, E., Rolff, H. G. (1998): Schulprogramme und Leitbilder entwickeln. Ein Arbeitsbuch. Weinheim

Piaget, J. (1995): Intelligenz und Affektivität in der Entwicklung des Kindes. Frankfurt/M.

Picht, G. (1964): Die deutsche Bildungskatastrophe. Analyse und Dokumentation. Freiburg

Podlesch, W. (2003): Integrationspädagogische Lernprinzipien zum Förderschwerpunkt geistige Entwicklung. In: Eberwein, H., Knauer, S. (Hrsg.): Behinderungen und Lernprobleme überwinden. Stuttgart, 39–53

Popper, K. R. (1994): Logik der Forschung. 10. Aufl. Tübingen

Pörksen, B. (2001): Abschied vom Absoluten. Heidelberg

Prengel, A. (2006): Pädagogik der Vielfalt. Verschiedenheit und Gleichberechtigung in Interkultureller, Feministischer und Integrativer Pädagogik. Wiesbaden. (1. Aufl. Opladen 1993, 3. Aufl. 2006)

– (1994): Zur Dialektik von Gleichheit und Differenz in der Integrationspädagogik. In: Eberwein, H. (Hrsg.): Behinderte und Nichtbehinderte lernen gemeinsam. Handbuch der Integrationspädagogik. 3. Aufl. Weinheim/Basel, 93–98

– (1995): Pädagogik der Vielfalt. 2. Aufl. (1. Aufl. 1993) Opladen

Preuss-Lausitz, U. (1981): Fördern ohne Sonderschule. Weinheim/Basel

Probst, H. (1981): Zur Diagnostik und Didaktik der Oberbegriffsbildung. Solms-Oberbiel

– (1982): Strukturbezogene Diagnostik. 2. Aufl. In: Probst, H. (Hrsg.): Kritische Behindertenpädagogik in Theorie und Praxis. Solms-Oberbiel, 113–135

– (1996): Inventar impliziter Rechtschreibregeln IiR. Marburg: Institut für Sonder- und Heilpädagogik

– (1999): Am besten testen! In: Probst, H. (Hrsg.): Mit Behinderungen muss gerechnet werden. Der Marburger Beitrag zur lernprozessorientierten Diagnostik, Beratung und Förderung. Solms-Oberbiel, 156–183

–, Wacker, G. (1986): Lesenlernen. Ein Konzept für alle. Oberbiel

Projektgruppe Integrationsversuch (Hrsg.) (1988): Unser Fläming-Modell. Weinheim / Basel

Raatz, W. (1920): Denkschrift über das deutsche Hilfsschulwesen. In: Monatsschrift: Die Hilfsschule, 13, 51–58

Rabenstein, K., Reh, S. (2007): Kooperatives und selbständiges Arbeiten von Schüler. Zur Qualitätsentwicklung von Unterricht. Wiesbaden

Ramisch-Kornmann, B., Kornmann, R. (2004): Emotionale Aufwertung von Schrift als pädagogische Aufgabe: ein Beispiel aus der Förderschule. In: Kautter, H., Munz, W. (Hrsg.): Schule und Emotion. Heidelberg, 173–179

Randoll, D. (1991): Lernbehinderte in der Schule. Integration oder Segregation? Köln / Wien

Reich, K. (2000): Systemisch-konstruktivistische Pädagogik. 3. Aufl. Neuwied

Reich, H. H., Roth, H. J. (2002): Spracherwerb zweisprachig aufwachsender Kinder und Jugendlicher. Ein Überblick über den Stand der nationalen und internationlaen Forschung. Hamburg

Reichmann, E. (1981): Zur Geschichte der Hilfsschule. In: Jantzen, W. (Hrsg.): Soziologie der Sonderschule – Analyse einer Institution. Weinheim / Basel, 101–128

–, Struwe, K., Müller, U. (1984): Lernbehinderung. In: Reichmann, E. (Hrsg.): Handbuch der kritischen und materialistischen Behindertenpädagogik und ihrer Nachbarwissenschaften. Solms, 407–414

Reichmann-Rohr, E., Weiser, M. (1996): Geschichtliche Entstehung und Entwicklung von Schulen für Lernbehinderte. In: Eberwein, H. (Hrsg.): Handbuch Lernen und Lern-Behinderungen. Weinheim / Basel, 19–32

Reinmann-Rothmeier, G., Mandl, H. (2001): Unterrichten und Lernumgebungen gestalten. In: Krapp, A., Weidenmann, B. (Hrsg.): Pädagogische Psychologie. 4. Aufl. Weinheim, 601–646

Reiser, H. R. (1981): Sonderschulen. Schulen für Ausländerkinder? Berlin

Reiser, H. (1991): Wege und Irrwege zur Integration. In: Sander, A, Raidt, P. (Hrsg.): Integration und Sonderpädagogik. Referate der 27. Dozententagung für Sonderpädagogik in deutschsprachigen Ländern im Oktober 1990 in Saarbrücken. St. Ingbert: Röhrig, 13–33

– (1997): Lern- und Verhaltensstörungen als gemeinsame Aufgabe von Grundschul- und Sonderpädagogen unter dem Aspekt der pädagogischen Selektion. In: Zeitschrift für Heilpädagogik, 7, 266–275

– (2003): Vom Begriff der Integration zum Begriff der Inklusion – was kann mit dem Begriffswechsel angestoßen werden? In: Sonderpädagogische Förderung, 48, 4, 305–312

–, Klein, G., Kreie, G., Kron, M. (1986): Integration als Prozess. In: Sonderpädagogik, 16, 115–122 und 154–160

–, Lotz, W. (1995): Themenzentrierte Interaktion als Pädagogik. Mainz

Reiß, E., Eberle, G., Böhm, O. (1997): Offener Unterricht mit lernschwachen Schülerinnen und Schülern – eine Einführung. In: Reiß, E., Eberle, G. (Hrsg.): Offener Unterricht und Freie Arbeit mit lernschwachen Schülerinnen und Schülern. Weinheim / Basel, 9–44

–, Reiß, G. (1997): Einführung und Weiterentwicklung von Freier Arbeit in der Schule für Lernbehinderte (Förderschule) – Bericht über ein Pilotprojekt. In: Reiß, G., Eberle, G. (Hrsg.): Offener Unterricht – Freie Arbeit mit lernschwachen Schülerinnen und Schülern. Weinheim / Basel, 161–190

–, Werner, B. (2012): Offener Unterricht. In: Heimlich, U., Wember, F. (Hrsg): Didaktik des Unterrichts im Förderschwerpunkt Lernen. Stuttgart, 112–124

Rempler, H. (1954): Psychologie der Persönlichkeit. München

Renkl, A. (1997): Lernen durch Lehren. Zentrale Wirkmechanismen beim kooperativen Lernen. Wiesbaden

Rohr, B. (1982): Handelnder Unterricht. Versuche zur Bestimmung eines materialistisch orientierten Unterrichts bei lernbehinderten Schülern. 2. Aufl. Rheinstetten

Rohrmann, E. (2000): Dialektisch-materialistische Ansätze. In: Borchert, J. (Hrsg.): Handbuch der Sonderpädagogischen Psychologie. Göttingen/Bern/Toronto/Seattle, 170–183

Rolff, H.-G. (1980): Sozialisation und Auslese durch die Schule. 9. Aufl. (5. Aufl. 1972). Heidelberg

Rosenthal, R., Jacobson, L. F. (1968): Pygmalion in the Classroom. New York

Roth, G. (1999): Das Gehirn und seine Wirklichkeit. Kognitive Neurobiologie und ihre philosophischen Konsequenzen. Frankfurt/M.

Roth, H. (1968): Einleitung und Überblick. In: Roth, H. (Hrsg.): Begabung und Lernen. Stuttgart

Rousseau, J. J. (1762): Emile oder Über die Erziehung. Hrsg. von Martin Rang, Stuttgart 1963

Saarschmidt, G. (1884): Bericht an das Herzogliche Konsistorium zu Wolfenbüttel. Quelle: Niedersächsisches Staatsarchiv Wolfenbüttel 103B (neu 327)

Sacher, W. (2008): Elternarbeit. Gestaltungsmöglichkeiten und Grundlagen für alle Schularten. Bad Heilbrunn

Sander, A. (1994): Empfehlungen der Kommission zur Förderung der Integration behinderter Schüler und Schülerinnen in Schulen des Sekundarbereichs (KOFIS). Empfehlungen zur Förderung der Bereitschaft von Schulen der Sekundarstufe I für die Integration behinderter Kinder und Jugendlicher. In: Sander, A. u. a.: Saarbrücker Beiträge zur Integrationspädagogik. Bd. VIII. Schulreform Integration. St. Ingbert, 350–351

– (2004): Konzepte einer inklusiven Pädagogik. In: Zeitschrift für Heilpädagogik, 5, 240–244

Schade, W. (1962): Allgemeine Grundsätze der Arbeit in der Hilfsschule. Berlin

Scheller, I. (1981): Erfahrungsbezogener Unterricht. Praxis, Planung, Theorie. Königstein/Ts

Schenkel, G. (1951): Rede des Kultusministers Schenkel vor dem Württemberg-Badischen Landtag über „Mehrstellen, Hilfsschulausbau und Hilfsschullehrerausbildung", Auszug abgedruckt in: Zeitschrift für Heilpädagogik, 2, 449

Scherer, P. (1995): Entdeckendes Lernen im Mathematikunterricht der Schule für Lernbehinderte. Heidelberg

Schiepek, G. (1986): Systemische Diagnostik in der Klinischen Psychologie. Weinheim/München

Schlippe, A. v., Schweitzer, J. (1999): Lehrbuch der systemischen Therapie und Beratung. Göttingen

Schlömerkemper, J. (1998): Soziale Interaktion als pädagogische Entwicklungsarbeit. In: Altrichter, H., Schley, W., Schratz, M. (Hrsg.): Handbuch zur Schulentwicklung. Innsbruck, 638–660

Schmidt, S. J. (Hrsg.) (1986): Selbstorganisation – Wirklichkeit – Verantwortung. Der wissenschaftliche Konstruktivismus als Erkenntnistheorie und Lebensentwurf. Siegen

– (2000): Der Diskurs des Radikalen Konstruktivismus. Frankfurt/M.

Schnebel, S. (2003): Unterrichtsentwicklung durch kooperatives Lernen. Hohengehren

Schnell, I., Sander, A., Federolf, C. (Hrsg.) (2011): Zur Effizienz von Schulen für Lernbehinderte. Forschungsergebnisse aus vier Jahrzehnten. Bad Heilbrunn

Schoelzel, K. (1981): Die Auslese für die Hilfsschulen. In: Grazmann, M. R. W. (Hrsg.): Heinrich Kielhorn und der Weg der Sonderschulen – 100 Jahre Hilfsschulen in Braunschweig. Braunschweig, 52–68

Scholz-Ehrsam, E. (1963): Hilfsschulen. In: Pädagogische Enzyklopädie. Berlin, 414–418

Schröder, U. (1998): Grundriss der Lernbehindertenpädagogik. 3. Aufl. (2. Aufl. 1996). Berlin

– (2002): Das Konzept der „learning disabilities" und seine Rezeption in der deutschen Sonderpädagogik. In: Schröder, U., Wittrock, M., Rolus-Borgward, S., Tänzer, U. (Hrsg.): Lernbeeinträchtigung und Verhaltensstörung. Konvergenzen in Theorie und Praxis. Stuttgart u. a., 24–38

Schulverwaltungsblatt für Niedersachsen (1994): Empfehlungen der Kultusministerkonferenz zur Sonderpädagogischen Förderung in der Schule in der Bundesrepublik Deutschland. Bekanntmachung der Ministerkonferenz vom 1.9.1994, 9, 263–269

– (2000): Bekanntmachung der KMK-Empfehlungen zum Förderschwerpunkt Lernen vom 1.10.1999, 1

Schulze, M. (1993): Zur Öffnung des Unterrichts in der Schule für Lernbehinderte. In: Baudisch, W., Schmetz, D. (Hrsg.): Sonderpädagogische Beiträge. Bd. I. Lernbehinderung und Wege zur differenzierten Förderung. Frankfurt, 45–57

Schulze, T. (1980): Schule im Widerspruch. München

Schumann, B. (2007): „Ich schäme mich ja so!". Die Sonderschule für Lernbehinderte als „Schonraumfalle". Bad Heilbrunn

Schümer, G. (2004): Die Institution Schule und die Lebenswelt der Schüler. Vertiefende Analysen der PISA-2000-Daten zum Kontext von Schülerleistungen. Wiesbaden

–, Weiß, M., Steinert, B., Baumert, J., Tillmann, K.J., Meier, U. (2001): Lebens- und Lernbedingungen von Jugendlichen. In: Deutsches PISA-Konsortium (Hrsg.): PISA 2000. Basiskompetenzen von Schülerinnen und Schülern im internationalen Vergleich. Opladen, 409–509

Schratz, M. (2003): Qualität sichern: Schulprogramme entwickeln. Seelze

Sebold, L. (1993): Schritt für Schritt den Unterricht öffnen. In: Heyer, P., Korfmacher, E., Podlesch, W., Preuss-Lausitz, U., Sebold, L. (Hrsg.): Zehn Jahre wohnortnahe Integration. Frankfurt, 91–100

Seitz, S. (2008): Leitlinien didaktischen Handelns. In: Zeitschrift für Heilpädagogik, 6, 226–233

–, (2010): Erziehung und Bildung. In: Kaiser, A., Schmetz, D., Wachtel, P., Werner, B. (Hrsg.): Bildung und Erziehung. Enzyklopädisches Handbuch der Behindertenpädagogik Bd. 3. Stuttgart, 43–58

Seligmann, M. (1992): Erlernte Hilflosigkeit. 4. Aufl. Weinheim/Basel

Senge, P.M. (1996): Die Fünfte Disziplin. Kunst und Praxis der lernenden Organisation. Stuttgart

Simon, C. (1987): Out of the broom closet and into the classroom: the emerging SLP. In: Journal of Childhood Communication Disorders, 11, 1, 41–66

Slavin, R.E. (1993): Kooperatives Lernen und Leistung: Eine empirisch fundierte Theorie. In:

Huber, G.L. (Hrsg.): Neue Perspektiven der Kooperation. Hohengehren, 151–171

Souvignier, E. (2012): Kooperatives Lernen. In: Heimlich, U./Wember, F.R. (Hrsg.): Didaktik des Unterrichts im Förderschwerpunkt Lernen. 2. Aufl. Stuttgart, 138–148

Stanat, P., Christensen, G. (2006): Schulerfolg von Jugendlichen mit Migrationshintergrund im internationalen Vergleich. OECD/BMBF, Bildungsforschung Band 19. Berlin

Statistisches Bundesamt (2011): Bildung und Kultur. Allgemein bildende Schulen, Fachserie 11, Reihe 1, 2010/11, Wiesbaden. In: https://www.destatis. de/DE/Publikationen/Thematisch/BildungForschungKultur/Schulen/AllgemeinbildendeSchulen2110100117004.pdf?__blob=publicationFile, 26.04.2012

Stähling, R. (2010): „Du gehörst zu uns". Inklusive Grundschule. 3. Aufl. Hohengehren

Steele, C.M. (1997): A Threat in the Air. In: American Psychologist, 52, 2, 613–629

–, Aronson, J. (1995): Stereotype threat and the entellectual test performance of African Americans. In: Jornal of Personality and Social Psychology, 69, 797–811

Stein, R. (1997): Didaktik. In: Hansen, G., Stein, R. (Hrsg.): Sonderpädagogik konkret. Bad Heilbrunn/Obb., 65–70

Stern, E. (2005): Lernen als der mächtigste Mechanismus der kognitiven Entwicklung: Der Erwerb mathematischer Kompetenzen. In: Tätigkeitsbericht Max-Planck-Gesellschaft, 45–50

Stötzner, H.E. (1963): Schulen für schwach befähigte Kinder. Hrsg. von Beschel, E., Heese, G., vollständiger Nachdruck der Originalausgabe von 1864. Berlin

Straßburg, K. (1998): Fehleranalyse als diagnostische Methode. In: Eberwein, H., Knauer, S. (Hrsg.): Handbuch Lernprozesse verstehen. Weinheim/Basel, 209–218

Suhrweier, H. (1993): Lernbehinderte Kinder und Jugendliche – Kennzeichnung der Population. In: Siepmann, G. (Hrsg.): Lernbehinderung. Berlin, 34–81

Tent, L., Witt, M., Zschocke-Liebermann, Ch., Bürger, W. (1991a): Über die pädagogische Wirksamkeit der Schule für Lernbehinderte. In: Zeitschrift für Heilpädagogik, 42, 289–320

–, –, –, – (1991b): Ist die Schule für Lernbehinderte überholt? In: Heilpädagogische Forschung, 17, 3–13

Textor, M. R. (2009): Bildungs- und Erziehungspartnerschaft in der Schule: Gründe, Ziele, Formen. Norderstedt

Thielen, M. (2011): Berufsorientierende Konzepte für benachteiligte Jugendliche in der allgemeinbildenden Schule zwischen Integrationsbestrebungen und Exklusionsrisiken. In: Lütje-Klose, B., Langer, M. T., Serke, B. (Hrsg.), Urban, M.: Inklusion als Herausforderung an die Heil- und Sonderpädagogik. Bad Heilbrunn, 328–335

Thimm, W. (1975): Lernbehinderung als Stigma. In: Brusten, M., Hohmeier, J. (Hrsg.): Stigmatisierung 1. Neuwied/Darmstadt, 125–144

–, Funke, E. H., (1980): Soziologische Aspekte der Lernbehinderung. In: Kanter, G. O., Speck, O. (Hrsg.): Handbuch der Sonderpädagogik, Bd. IV. Pädagogik der Lernbehinderten. Berlin, 581–614

Tillmann, K.-J. (1996): Sozialisationstheorien. 7. Aufl. Reinbek

– (2007): Viel Selektion – wenig Leistung. Ein empirischer Blick auf Erfolg und Scheitern im deutschen Schulsystem. In: Firscher, D., Eisenbarth, V. (Hrsg.): Zur Gerechtigkeit im deutschen Bildungssystem, Münster, 25–37

–, Meier, U. (2001): Schule, Familie und Freunde – Erfahrungen von Schülerinnen und Schülern in Deutschland. In: Deutsches PISA-Konsortium (Hrsg.): PISA 2000. Basiskompetenzen von Schülerinnen und Schülern im internationalen Vergleich. Opladen, 468–505

Topsch, W. (1975): Grundschulversagen und Lernbehinderung. Essen

UNESCO (1994): The Salamanca statement and framework for action on special needs education. UNESCO/Ministry of Education Spain

United Nations (2006): Convention on the Rights of Persons with Disabilities. In: www.un.org/disabilities/convention/conventionfull.shtml, 26.04.2012

Urban, M. (2011): Anspruch auf Inklusion und Umgang mit Heterogenität in den Systemen der frühkindlichen Bildung und der Schule. In: Lütje-Klose, B., Langer, M. T., Urban, M., Serke, B. (Hrsg.): Inklusion als Herausforderung an die Heil- und Sonderpädagogik. Bad Heilbrunn, 229–237

Valli, L., Croninger, R. G., Chambliss, M. J., Graeber, A. O., Buese, D. (2008): Test driven. Highstakes accountability in elementary schools. New York, London

Vester, F. (2000): Die Kunst vernetzt zu denken. 6. Aufl. Stuttgart

Voß, R., Werning, R. (1989): Systemische Konsultation von Familien mit sozial auffälligen Kindern und Jugendlichen. In: Hohmeier, J., Mair, H. (Hrsg.): Eltern- und Familienarbeit. Familien zwischen Selbsthilfe und professioneller Hilfe. Freiburg, 137–153

Wagner, S., Powell, J. (2003): Ethnisch-kulturelle Ungleichheit im deutschen Bildungssystem – Zur Überrepräsentanz von Migrantenjugendlicher an Sonderschulen. In: Cloerkes, G. (Hrsg.): Wie wird man behindert? Heidelberg, 183–208

Wallrabenstein, W. (1992): Offene Schule – offener Unterricht. Reinbek

Walter, J., Suhr, K., Werner, B. (2001): Experimentell beobachtete Effekte zweier Formen von Mathematikunterricht an der Förderschule. In: Zeitschrift für Heilpädagogik, 52, 4, 143–151

Weidner, M. (2003): Kooperatives Lernen im Unterricht. Seelze-Velber

Weiß, K. (1909): Fortbildungslehrer und Hilfsschullehrer. In: Monatsschrift: Die Hilfsschule, 2, 185–188

Wellendorf, F. (1969): Formen der Kooperation von Lehrern in der Schule. In: Fürstenau, P. u. a.: Zur Theorie der Schule. Weinheim/Basel, 94–95

Werner, B. (2011): Didaktik und Förderung unter erschwerten Bedingungen. In: Kaiser, A., Schmetz, D., Wachtel, P, Werner, B. (Hrsg.): Didaktik und Unterricht. Behinderung, Bildung Partizipation. Enzyklopädisches Handbuch der Behindertenpädagogik Band 4. Stuttgart, 43–63

Werning, R. (1995): Gleichheit, Verschiedenheit, Integration. Lehrer lernen ihre Kinder neu sehen. In: Pädagogik, 10, 30–33

– (1996a): Überlegungen zum Sachunterricht für Kinder mit Lernbeeinträchtigungen. In: Baudisch, W., Schmetz, D. (Hrsg.): Sonderpädagogische Beiträge. Bd. IV. Mathematik und Sachunterricht im Primar- und Sekundarbereich. Frankfurt, 137–155

– (1996b): Anmerkungen zu einer Didaktik des gemeinsamen Unterrichts. In: Zeitschrift für Heilpädagogik, 11, 463–469

– (1998): Konstruktivismus – eine Anregung für die Pädagogik? In: Pädagogik, 7–8, 39–41

– (2002): Disziplin: Pädagogische Beziehungen gestalten. In: Becker, G. u. a. (Hrsg.): Disziplin. Sinn schaffen – Rahmen geben – Konflikte bearbeiten. Friedrich Jahresheft XX. Seelze, 4–77

– (2005): Kooperative Lernbegleitung. In: N. Grewe (Hrsg.): Praxishandbuch Beratung in der Schule. Neuwied, 291–298

– (2007): Das systemisch-konstruktivistische Paradigma. In: Walter, J., Wember, F. (Hrsg.): Sonderpädagogik des Lernens. Handbuch Sonderpädagogik, Bd. 2, Göttingen u. a., 128–142

– (2011): Inklusive Pädagogik – Eine Herausforderung für die Schulentwicklung. In: Lernende Schule, 14, 55, 4–8

– (2012): Lernen und Behinderung des Lernens. In: Werning, R., Balgo, R., Palmowski, W., Sassenroth, M.: Sonderpädagogik. Lernen, Verhalten, Sprache, Bewegung und Wahrnehmung. München / Wien, 101–130

–, Avci-Werning, M. (1998): Individualität stärken und Kooperation fördern. In: System Schule, 2, 1

–, – (in Vorbereitung): Inklusive Schulentwicklung. Stuttgart

–, Bannach, M. (1994): Möglichkeiten des entdeckenden Lernens im Sachunterricht der Primarstufe der Schule für Lernbehinderte. In: Schmetz, D., Wachtel, P. (Hrsg.): Unterricht mit Lernbehinderten. Breitenbach, 83–92

–, Löser, J. M., Urban, M. (2008): Cultural and Social Diversity. An Aalysis of Minority Groups in German Schools. In: The Journal of Special Education, 42, 1, 47–54

–, Lütje-Klose, B. (2012): Entdeckendes Lernen. In: Heimlich, U., Wember, F. (Hrsg.): Didaktik des Unterrichts im Förderschwerpunkt Lernen. 2. Aufl. Stuttgart, 149–162

–, Löser, J. M. (2010): Inklusion: Aktuelle Diskussionslinien, Widersprüche und Perspektiven. In: Die Deutsche Schule, 102, 2, 103–114

–, Reiser, H. (2002): Störungsbegriff und Klassifikation von Lernbeeinträchtigungen und Verhaltensstörungen aus konstruktivistischer Sicht. In: Schröder, U., Wittrock, M. u. a. (Hrsg.): Lernbeeinträchtigung und Verhaltensstörung. Konvergenzen in Theorie und Praxis. Stuttgart

–, Urban, M. (Hrsg.) (2006): Das Internet bei Schülerinnen und Schülern mit Lernbeeinträchtigungen. Stuttgart

–, –, Arndt, A. K., Rothe, A. (2011): Zwischen Regelschule, Förderschule und Zurückstellung vom Schulbesuch – Transitionsprozesse unter erschwerten Bedingungen. In: Lütje-Klose, B., Langer, M. T., Serke, B., Urban, M. (Hrsg.): Inklusion als Herausforderung an die Heil- und Sonderpädagogik. Bad Heilbrunn, 238–245

–, –, Sassenhausen, B. (2001): Kooperation zwischen Grundschullehrern und Sonderpädagogen im Gemeinsamen Unterricht. In: Zeitschrift für Heilpädagogik, 5, 178–186

–, Willenbring, M. (2005): Dialogische Diagnostik für den pädagogischen Alltag. In: Lernchancen, 43, 4–8

–, Wischer, B. (2002): Kindliche Lebenswelten und Planungskompetenz. In: Lernchancen, 25, 40–45

Wember, F. (B. (2001): Adaptiver Unterricht. In: Sonderpädagogik, 3, 161–181

Whiteman, M., Deutsch, M. (1968): Social disadvantage as related to intellective and language development. In: Deutsch, M., Katz, J., Jensen, A. R. (Eds.): Social class, race and psychological development. New York, 86–114

Wiig, E. H., Secord, W. A. (1994): Language Disabilities in School Age Children and Youth. In: Shames, G. H., Wiig, E. H., Secord, W. A. (Eds.): Human Communication Disorders. New York, 185–226

Willenbring, M. (2004): Ressourcen- und kompetenzorientierte Diagnostik aus systemischer Sicht. In: Lernende Schule, 26, 10–15

Willke, H. (1994): Systemtheorie II. Interventionstheorie. Stuttgart

Windlinger, R. in Zusammenarbeit mit Achermann, E. und Eschelmüller, M. (o. J.): Unterrichtsteams – zusammenarbeiten – entwickeln – entlasten. Fachhochschule Nordwestschweiz, Pädagogische Hochschule

Winter, F. (2011): Leistungsbewertung. Eine neue Lernkultur braucht einen anderen Umgang mit den Schülerleistungen. 4., unveränd. Aufl. Baltmannsweiler

Wittoch, M. (1980): Anregungen zur Gruppenarbeit in der Lernbehindertenschule. In: Baier, H., Klein, G. (Hrsg.): Die Schule für Lernbehinderte. Organisatorische Fragen pädagogisch gesehen. Berlin, 191–210

Wocken, H. (1992): Bewältigung von Andersartigkeit. Untersuchungen zur sozialen Distanz in verschiedenen Schulen. Hamburg: unveröffentlichtes Skript, zitiert in: Podlesch, W., Preuss-Lausitz, U.: Soziale Integration – Ziele und Ergebnisse nach 15 Jahren gemeinsamer Erziehung. In: Heyer, P. u. a. (Hrsg.): 10 Jahre wohnortnahe Integration. Frankfurt, 65–72

– (1994): Das sonderpädagogische Förderzentrum. Theorie, Konzept und Kritik. In: Schmetz, D., Wachtel, P. (Hrsg.): Unterricht mit Lernbehinderten. Breitenbach, 43–51

–, (1998): Gemeinsame Lernsituationen. Eine Skizze zur Theorie des gemeinsamen Unterrichts. In: Hildeschmidt, A., Schnell, I. (Hrsg.): Integrationspädagogik. Auf dem Weg zu einer Schule für alle. Weinheim, 37–52

– (2000): Leistung, Intelligenz und Soziallage von Schülern mit Lernbehinderungen. Vergleichende Untersuchungen an Förderschulen in Hamburg. In: Zeitschrift für Heilpädagogik, 12, 492–503

–, (2005): Andere Länder, andere Schüler? Vergleichende Untersuchungen von Förderschülern in den Bundesländern Brandenburg, Hamburg und Niedersachsen. Forschungsbericht. In: http://bidok.uibk.ac.at/library/wocken-forschungsbericht.html, 26.04.2012

–, (2007): Fördert Förderschule? Eine empirische Rundreise durch Schulen für „optimale Förderung". In: Demmer-Dieckmann, I., Textor, A. (Hrsg.): Integrationsforschung und Bildungspolitik im Dialog. Bad Heilbrunn, 35–59

–, (2011): Das Haus der inklusiven Schule. Hamburg

Wulf, Ch. (1983): Theorien und Konzepte der Erziehungswissenschaft. München

Wygotski, L. S. (1977): Denken und Sprechen. Frankfurt/Main

Youniss, J. (1994): Soziale Konstruktion und psychische Entwicklung. Frankfurt/M.

Zimbardo, P. G., Gerrig, R. J. (2003): Psychologie. 7. Aufl. Berlin

Zielinski, W. (1995): Lernschwierigkeiten. Ursachen – Diagnosen – Interventionen. 2. Aufl. Stuttgart

Bildnachweis

S. 26 aus: Emmerig, E. (1927): Bilderatlas zur Geschichte der Taubstummenbildung, München, 93

S. 27 aus: Bleidick, U. (1981): Heinrich Kielhorn und der Weg der Sonderschulen. 100 Jahre Hilfsschulen in Braunschweig. Braunschweig, 9

Sachregister